Reform des Strafvollzuges

Kritische Beiträge zu dem Amtlichen Entwurf eines Strafvollzugsgesetzes

unter Mitwirkung von

Privatdozent Dr. phil. Bondy, Professor Dr. iur. Exner, Justizrat Dr. iur. Gentz, Regierungsrat Krebs, Professor Dr. iur. et phil. Liepmann, Ministerialrat Dr. iur. Starke, Oberarzt Dr. med. Villinger

herausgegeben von

Dr. iur. Lothar Frede und **Dr. iur. Max Grünhut**

Oberregierungsrat
Vortragendem Rat im Thüringischen
Justizministerium in Weimar

o. ö. Professor der Rechte
an der Universität Jena

Berlin und Leipzig 1927

Walter de Gruyter & Co.

vormals G. J. Göschen'sche Verlagshandlung — J. Guttentag, Verlagsbuchhandlung — Georg Reimer — Karl J. Trübner — Veit & Comp.

Vorwort.

Die reichsgesetzliche Regelung des Strafvollzuges kann nicht auf die gleiche lange Geschichte zurückblicken wie die Kodifikation des Strafrechtes und die Bestrebungen zu seiner Reform. Nach dem ergebnislosen Versuch von 1879 hat die Reichsregierung am 13. Januar 1927 einen Amtlichen Entwurf eines Strafvollzugsgesetzes veröffentlicht, das den Schlußstein der Strafrechtsreform bilden soll. In gesetzgeberischen Maßnahmen allein wird sich freilich eine Reform des Strafvollzuges niemals erschöpfen lassen. Sie bleibt eine Frage der Menschen, welche ihn leiten und handhaben. Ihre Auswahl und Schulung, ihre innere Einstellung und ihr Können, aber auch die Resonanz, die ihre Bestrebungen in der Allgemeinheit finden, sind hier das Entscheidende. Jedoch der Strafvollzug ist auch ein Problem der Gesetzgebung und insoweit wird die gegenwärtig in die Wege geleitete Neuregelung auf lange Zeit das Schicksal des Strafvollzuges in Deutschland bestimmen. Darüber hinaus wird sich zeigen, ob nicht in diesem Teil des großen Reformwerkes Gedanken von stärkerer Lebenskraft verwirklicht sind als in manchen jetzt grundlegend erscheinenden Bestimmungen des materiellen Strafrechtes. Dann wird vielleicht der Strafvollzug auf die Gestaltung des materiellen Strafrechts einen entscheidenden Einfluß gewinnen, wie er jetzt noch nicht wirksam geworden ist. Die Vertiefung des Erziehungsgedankens und die Verstärkung der rechtlichen Garantien des Gefangenen durchziehen als leitende Gesichtspunkte mit aller Deutlichkeit die gesamten Bestimmungen des Entwurfs. Daher müssen alle diejenigen, welche an der Erneuerung dieses wichtigen Teiles der deutschen Rechtspflege mitarbeiten, zu dem Entwurf Stellung nehmen und helfen, ihn vor dem Schicksal zu bewahren, daß die Wirkung seiner leitenden Gedanken durch Kompromisse beeinträchtigt und die innere Weiterbildung des Strafvollzuges durch unangebrachte gesetzliche Bindung gehemmt wird.

Aus solchen Gedanken sind die Beiträge entstanden, die in dem vorliegenden Buch zusammengefaßt sind. Sie wollen nicht nur eine Einzelkritik an den Bestimmungen des Entwurfes üben, sondern zugleich unter dem Gesichtspunkt der gegenwärtigen gesetzgeberischen Aufgabe der wissenschaftlichen Grundlegung des ganzen Strafvollzugsproblems dienen. Dabei bleiben sie in doppelter Hinsicht hinter den Gegenständen des Entwurfs zurück: der Vollzug der Todesstrafe und die Vollstreckung der Geldstrafe sind nicht behandelt. Zu jenem ist nur die Forderung zu stellen, daß — wenn das künftige Strafrecht die Todesstrafe beibehält — in Anstalten, welche für einen wirklichen Erziehungsstrafvollzug bestimmt sind, in keinem Falle Hinrichtungen stattfinden dürfen. Im übrigen läßt sich der Vollzug dieser Strafe nicht »reformieren«, — auch nicht durch Einführung des elektrischen Stromes oder von Blausäuregas an Stelle der Enthauptung. Bei der Vollstreckung der Geldstrafe muß dafür Sorge getragen werden, daß die um ihrer kriminalpolitischen Zweckwidrigkeit eingeschränkten kurzen Freiheitsstrafen nicht in verstärktem Maß als Ersatzfreiheitsstrafen zurückkehren. Daher sollte z. B. das Abarbeiten durch freie Arbeit, für dessen Anwendung bisher noch keineswegs alle Möglichkeiten erschöpft sind, weiterhin reichgesetzlich zugelassen werden.

Die Begründung lag bei der Abfassung der nachstehenden Beiträge noch nicht vor. Für den Inhalt trägt jeder Mitarbeiter selbst die Verantwortung. Die Tagungen der »Arbeitsgemeinschaft für die Reform des Strafvollzuges« haben während der letzten Jahre einen Teil der Mitarbeiter zu persönlichem Gedankenaustausch über die hier behandelten Fragen zusammengeführt. So hoffen wir, daß bei aller Selbständigkeit und Verschiedenheit im einzelnen die innere Gemeinsamkeit erkennbar und wirksam sein wird.

Weimar und Jena, Mai 1927.

Lothar Frede Max Grünhut

Inhalt.

Abkürzungen.

VE. 09	Vorentwurf 1909 zum Strafgesetzbuch.
GE. 11	Gegenentwurf 1911 zum Strafgesetzbuch.
KE. 13	Kommissionsentwurf 1913 zum Strafgesetzbuch.
E. 19	Entwurf 1919 zum Strafgesetzbuch.
AE. 25	Amtlicher Entwurf 1925 zum Strafgesetzbuch. Zahlen in Klammern bedeuten die Paragraphenfolge des *AE.* in der Fassung der Reichstagsvorlage.
Begr.	Begründung.
Denkschr.	Denkschrift.
BGr.	Bundesratsgrundsätze 1897.
GVF.	Grundsätze für den Vollzug von Freiheitsstrafen 1923.
Pr., ThürDVO.	Preußische, Thüringische usw. Dienst- und Vollzugsordnung.
EntwStVG. 79	Entwurf eines Strafvollzugsgesetzes von 1879.
Vorschläge 1914	Vorschläge des Vereins deutscher Strafanstaltsbeamten zu einem Reichsgesetz über den Vollzug der Freiheitsstrafen und sichernden Maßnahmen.
EntwVJH.	Entwurf der von der Vereinigung für Jugendgerichte und Jugendgerichtshilfen eingesetzten Kommission.
EntwStVG. 27	Amtlicher Entwurf eines Strafvollzugsgesetzes von 1927.
EntwAVO.	Entwurf einer Verordnung zur Ausführung des Strafvollzugsgesetzes.
Aschrott-Kohlrausch	Aschrott-Kohlrausch, Reform des Strafrechts 1926.
Klein	Klein-Wackermann-Weitzdorff, die Vorschriften über Verwaltung und Vollzug in den Gefangenenanstalten der Preuß. Justizverwaltung. 4. Aufl., 1924.
Kriegsmann	Kriegsmann, Einführung in die Gefängniskunde 1912.
Krohne	Krohne, Lehrbuch der Gefängniskunde 1889.
VDA.	Vergleichende Darstellung des deutschen und ausländischen Strafrechts, Allgemeiner Teil.
VDB.	Desgl., Besonderer Teil.
BlGK.	Blätter für Gefängniskunde.
MittIKV.	Mitteilungen der Internationalen Kriminalistischen Vereinigung.
MKrimPsych.	Monatsschrift für Kriminalpsychologie und Strafrechtsreform.
RhWestf.	Jahresbericht der Rheinisch-Westfälischen Gefängnisgesellschaft.
ZStW.	Zeitschrift für die gesamte Strafrechtswissenschaft.

Der Strafvollzug als Erziehungsaufgabe.

Von

Professor Dr. M. Liepmann, Hamburg.

I.

Die kriminelle Strafe und Erziehungsmaßnahmen sind Jahrhunderte hindurch als Gegenstände verschiedener Ordnung angesehen worden. Erzieht die Menschen in Haus und Schule, durch den Beruf und das Leben — so sagen noch heute viele, auch Fachleute —, wenn aber ein Mensch eine strafbare Handlung begangen hat, so sei das ein Beweis dafür, daß insoweit Erziehung keinen Erfolg gehabt habe. Dann habe die Strafe in ihr Recht zu treten als vergeltende Sühne für die Tat, zugleich als Unterstreichung der Staatsautorität, zur Verstärkung der Strafnormen, gegen die der Rechtsbrecher verstoßen hat, und zum Schutz der Rechtsgüter und Interessen, die die Straftat verletzt oder in Frage stellt.

In dieser Auffassung — die am feinsten Adolf Merkel vertreten hat und die neuerdings vor allem in der »Vereinigungstheorie« durch Robert v. Hippel eine zusammenfassende Darstellung gefunden hat — liegt zunächst ein Widerspruch zu der aufgestellten These. Denn hier werden ja der Strafe eine Fülle von Erziehungsaufgaben gestellt. Als Strafdrohung soll sie die Mission ausüben (neben anderen Erziehungsmächten religiöser, ethischer oder konventioneller Herkunft), Hemmungen gegen das Verbrechen aufzurichten oder zu verstärken. Im Urteil und im Strafvollzug hat sie spezial- und generalpräventiv, dem Rechtsbrecher wie der Allgemeinheit gegenüber in der gleichen Richtung zu wirken. Also: Hemmungen gegen das Verbrechen, Stärkung der vom Recht für schutzbedürftig gehaltenen Interessen, Arbeit im Dienst der Staatsautorität. Das sind, wie man sieht, sozialpädagogische Aufgaben ersten Ranges. Demnach kann es sich im Grunde nur noch darum handeln, ob neben diesen Erziehungsaufgaben noch Vergeltung und Sicherung als Sonderzwecke Berücksichtigung zu finden haben und ob sie als über-, neben- oder gar untergeordnete Zwecke Nachachtung fordern dürfen?

Was bedeutet die Strafe als Vergeltung? Ich selbst habe lange im Bann dieser Auffassung gestanden und geglaubt, daß die Rechtsstrafe auf den Zweck der Vergeltung nicht verzichten könne. Die Erforschung der Eigenart der Kriminellen, das Studium der Strafrechtsentwicklung, die einen unermüdlichen Kampf gegen die vergeltenden Tendenzen der Strafe geführt hat, und schließlich die Rechtfertigungsversuche der Vergeltungsstrafe in den Arbeiten von Birkmeyer bis zu Beling, Nagler und Sauer haben mir völlige Klarheit gegeben, daß diese Auffassung nicht zu halten ist, und daß Vergeltung, in jeder noch so versteckten, spiritualisierten oder formaljuristisch verwässerten Form ein praktisch unbrauchbares und vor allem auch undurchführbares Prinzip darstellt. Sie ruht einmal auf dem Grundsatz, daß die Strafe ein Äquivalent sein soll für das Übel, das durch die Straftat angerichtet ist. Aber der Wert (oder Unwert) des Verbrechens ist nur ein Moment für die Beurteilung. Neben ihm kommt als gleichberechtigter, ja stärkere Beachtung fordernder Faktor die Persönlichkeit des Rechtsbrechers in Betracht, seine Motiv- und Charaktereinstellung zu den Mächten der Ordnung, die intellektuellen, psychischen und emotionellen Komponenten seines Handelns und Wollens. Auch ist niemals die Strafbeurteilung eine Angelegenheit bloß zwischen dem strafenden Staat und dem zu strafenden Rechtsbrecher[1]). Es kommt stets hinzu die Rücksicht auf die allgemeine Situation, in die ein Verbrechen einschlägt. Das Bedürfnis nach der staatlichen Gegenwehr ist in Art und Höhe durch die allgemeinen oder besonderen Verhältnisse der Gemeinschaft wesentlich beeinflußt: die Zunahme gleichartiger Delikte, gesteigerte Zersetzung und Zügellosigkeit, Notlagen der Allgemeinheit, der Stand der Funktionskraft der Polizei und sonstiger präventiver Faktoren, die Notwendigkeit, die ganze Atmosphäre des politischen Kampfes (z. B. in Beleidigungsprozessen) erzieherisch zu beeinflussen u. a. m. Wer also Straftaten und Strafjustiz nicht vom Schreibtisch, sondern vom Leben aus beurteilt, kann sich der Erkenntnis nicht verschließen, daß die Vergeltung, wenn überhaupt, jedenfalls nur ein Glied in dem zu berücksichtigenden Komplex der Strafzwecke bildet, und daß die Rücksicht auf die Persönlichkeit des

---

[1]) »Die Vergeltung betrifft ausschließlich das Verhältnis zwischen dem Verbrecher und dem Strafberechtigten, der Ungehorsam des ersteren rief den Ausgleichungsdrang der Rechtsgemeinschaft wach, darum richtet sich auch der Rückstoß der angegriffenen Ordnung wider den Rechtsverächter persönlich, wird also von dem Gedanken beherrscht, eine lediglich mit ihm zu bereinigende Rechnung in Ordnung zu bringen«, Nagler, Die Strafe I, 1918, S. 566/67.

Täters und die allgemeine psychologische Situation ungleich bedeutsamer und folgenreicher ist, als die sog. »angemessene Sühne der Tat«.

Aber diese Erkenntnis (die in der Strafreform der letzten 30 Jahre sich langsam durchgesetzt hat und jetzt bis weit in die Reihen unsrer Klassiker gedrungen ist) ist zwar ein Fortschritt, aber sie genügt keineswegs. Wie steht es denn mit diesem Satz von der angemessenen Sühne der Tat, der mit der gleichen Sicherheit von den Kanzeln unsrer Kirchen und Lehrstühle wiederklingt, wie er vom ältesten Richter bis zum jüngsten Referendar in die Urteilsgründe hineingeschrieben wird? »Der Glaube an einen in irgendeiner Weise bestehenden in seiner Verwirklichung nicht auf den blinden Zufall gestellten, objektiven Zusammenhang von Schicksal und Verdienst[2])« — wird als seine Grundlage angesehen. Aber wenn wir schon vom religiösen Standpunkt eine solche Auffassung für die Sphäre der Strafjustiz abzulehnen haben (»Richtet nicht, auf daß ihr nicht gerichtet werdet«, »Die Rache ist mein, ich will vergelten, spricht der Herr«), so haben wir vollends kein Recht zu ihr, sobald wir uns auf die Fundamente unsrer Rechtsordnung besinnen. Wir wissen heute, daß unsere Justiz nicht mehr das Recht hat, sich als Vollstreckerin göttlichen Willens zu fühlen, daß sie die Verantwortung für ihre Maßnahmen auf die eignen menschlichen Schultern zu nehmen hat. Damit ist aber der Zusammenhang zu jener religiösen Grundlage vollkommen zerrissen und dem Strafrecht die Legitimation genommen, sich auf Vergeltung zu berufen. Der Versuch, eine rein rechtliche, von der religiösen Vergeltung scharf zu trennende Vergeltung aufrechtzuerhalten, schlägt fehl. »Nicht irgendein erregter Einzelwille — heißt es bei Nagler[3]) —, sei es nun der Verletzte oder eine Person seiner Sympathie oder ein Unbeteiligter — soll eine persönliche Befriedigung finden, sondern dem im unparteiischen Gesetze sich niederschlagenden, besonnen die Rechtsbedürnisse abwägenden Gesamtwillen soll Genüge geschehen.« Das aber ist nichts als ein Schwelgen in Worten. Wenn der Richter im Zivilprozeß ein Äquivalent für den angerichteten Schaden feststellt, so nennt das niemand in der Welt »Vergeltung«, weil hier eben eine rein rationalistische und ökonomische Rechnung aufgemacht wird, der jede Beziehung zu dem vergeltenden Ausgleichungstrieb fehlt. Die Rücksicht auf ein solches triebhaftes Bedürfnis ist mit der Vergeltungs-

---

[2]) Merkel, Über vergeltende Gerechtigkeit (Ges. Abhandlungen aus dem Gebiet der allgemeinen Rechtslehre und des Strafrechts I, S. 3.

[3]) Nagler a. a. O. S. 568/69; vgl. auch S. 700 ff.

strafe untrennbar verbunden[4]). Und hier erkennt man, daß jede an Vergeltungstendenzen irgendwie gebundene Strafjustiz dem gefährlichsten Feind einer sinnvollen, dem Recht wirklich dienenden Aufbauarbeit Eingang gewährt. »Auge um Auge«, eine Strafjustiz, die sich von den in den Gerichtssaal drängenden, Ruhe und unparteiisches Abwägen zum Schweigen bestimmenden Erregungen des Verlezten oder der Allgemeinheit beeinflussen läßt — so und nicht anders kann eine Vergeltungsstrafe aussehen. Versucht man aber, sie rücksichtslos auszuschalten (nicht bloß sie mit anderen tönenden Worten nach Art Naglers wegzueskamotieren), dann zerrinnt einem jeder Gehalt der »angemessenen Sühne«. Deutlich sieht man, daß hier nur eine Redensart gebraucht wird, der jeder Sinn fehlt. Denn es ist schlechterdings unmöglich, ein Strafquantum nach Jahren, Monaten und Tagen anzurechnen, das »gleichwertig« sein kann dem »schuldhaften Rechtsbruch«. Nicht den Richtern ist ein Vorwurf zu machen, daß ihre Strafen nach allen Seiten den Eindruck gefühlsmäßiger Unsicherheit und Unberechenbarkeit machen, — solange man sich in den Dienst dieses Phantoms stellt und gefühlsmäßig Strafdosierungen angeblich im Namen der Gerechtigkeit[5]) fordert, kann es nicht anders sein.

Aber selbst, wenn man der Vergeltung irgendeine Rolle für das Strafverfahren und die Strafzumessung zuweisen will — was freilich mit aller Entschiedenheit abzuweisen ist —, darüber dürfte keine Diskussion mehr zulässig sein, daß ihr Arbeitsgebiet jedenfalls mit dem Beginn des Strafvollzuges aufzuhören habe. Es ist kein Zufall, daß die Vergeltungsstrafe ihre Hauptkraft in der öffentlichen Meinung und in den Theorien der Strafrechtslehrer (und Theologen) hat, daß sie von Richtern und Staatsanwälten vertreten wird, — daß aber die Praktiker und Theoretiker des Strafvollzugs sie in überwältigender Mehrheit ablehnen.

---

[4]) Typisch dafür gerade Nagler. »Nur vom Boden der Gefühlsreaktion läßt sich die Strafe voll erfassen«, sagt er auf S. 533. Ebenso S. 531: »Der Intellekt mit seinen Überlegungen der Zweckmäßigkeit und Staatsklugheit steht erst in zweiter Linie. Er bemächtigt sich der aus elementaren Gefühlserregungen heraus entsprungenen Bewegungen, zügelt sie und leitet sie in die dem Ganzen heilsamsten Bahnen. Aber er vermag niemals die Herrschaft an sich zu reißen. Er bleibt immer nur Diener und Ergänzer der bleibenden und tragenden Kräfte.« Wie vertragen sich diese Sätze mit dem oben im Text S. 3 gegebenen Zitat?

[5]) »Du, Bild der Gerechtigkeit auf alten Brunnen! Blind an Augen, taub an Ohren und lahm an Füßen, mit dir rede ich nicht. Ich weiß keine Specifika und keine Arkana für deinen menschenverheerenden Apothekerkram, alter Scharlatan! Mit dir rede ich nicht.« Pestalozzi.

Denn wenn Vergeltung im Gefängnis und Zuchthaus herrschen sollte, so würde das heißen, daß der Unwert der Tat das Maß der Leiden in dem Strafhaus zu bestimmen habe. Das leichte Verbrechen soll nur eine kurze Spanne Leid und ein qualitativ geringes Übel eintragen. Je schwerer aber die Tat, um so länger und intensiver muß die von der Vergeltung geforderte Leidzufuhr sein. In der Tat ist das eine Konsequenz der Vergeltungstheorie, ja: es ist offenbar auch der tragende Grund für das Strafensystem des StGB.s. Die Unterscheidung zwischen Haft, Gefängnis, Zuchthaus auf der einen — Festung auf der anderen Seite[6]) beruhen auf dem Glauben einer qualitativen und quantitativen Steigerungsmöglichkeit von Leid. Das ist nicht bloß Theorie geblieben. Die Geschichte des Strafrechts, die ja in besonderem Maße eine Geschichte menschlicher Grausamkeit und Unvernunft gewesen ist, lehrt, daß man verstanden hat, dieses Rezept in die Praxis umzusetzen. Man hat Vergeltung geübt, indem man einfache und verschärfte Todesstrafen, Verstümmelungen vom Brandmarken bis zum Augenausstechen im Namen vergeltender Gerechtigkeit unterschied[7]). Und im Strafvollzug ist man dieselben Wege gegangen. Prügel als »Willkomm« und »Abschied« (in Mecklenburg »Deutscher Gruß« genannt) bei Einlieferung in das Strafhaus und Entlassung aus ihm — harte und sinnlose Arbeit, schlechte Nahrung oder sogar bloß Wasser und Brot, Hand- und Fußfesseln, Einsperrung in dunklen Gelassen, Kahlscheren und gestreifte Kleidung, Schweigezwang und völlige »Mortifizierung« der Persönlichkeit —, so sieht die Skala vergeltenden Leids in dem Strafhaus der Vergangenheit aus. Sie ist wirklich ein echtes Reis vom Baume der Vergeltung.

Aber man hat sie aufgegeben, weil alle, die sie anzuwenden oder zu erdulden hatten, nur schlechter durch diese vergeltende Strafe wurden. Alle, vor allem auch die Strafvollzugsbeamten, die alten »Kerkermeister«. Sie waren mit der fürchterlichen Aufgabe betraut, einen Beruf auszuüben, der sich darauf konzentrierte, menschliche Wesen leiden zu lassen. Das aber war eine Aufgabe, die nur ein roher und stumpfer Mensch zu verwirklichen vermochte und auch

---

[6]) Bei den neueren Bestrebungen, den »Überzeugungsverbrecher« mit Einschließung zu bestrafen, zeigt sich der gleiche Zusammenhang mit der Auffassung der Strafe als Vergeltung: Liepmann in *Aschrott-Kohlrausch* S. 132 ff.

[7]) Noch 1925 nennt Richard Schmidt in seinem Grundriß des Strafrechts diese Unterscheidungen in der Geschichte des Strafrechts eine »höhere Entwicklung« und eine »verfeinerte Abstufung« (S. 16). Von seinem Vergeltungsstandpunkt hat er sogar Recht zu einer solchen Behauptung.

er nicht, ohne Schaden zu nehmen an seiner Seele. Je stärker Vergeltung in dem »Hause der Freudlosen« ihre lähmende und bedrückende Macht ausübte, um so hoffnungsloser und sinnloser erschien die Tätigkeit ihrer Organe, um so dumpfer und kleinkreisiger wurde ihr Gesichtskreis, um so stärker anderseits bei denen, die der Beruf noch nicht zerrieben hatte, das Bestreben, zu einer tieferen und feineren Handhabung ihres Amtes zu kommen. Und daß die Strafe den Gefangenen selbst in den Strafhäusern alten Stils nur brechen und vernichten oder zu dauerndem Haß und Gegensatz zu Staat und Gesellschaft, zu allen seelischen und aufbauenden Triebkräften des Lebens anstacheln konnte — wer will, wer kann das bestreiten?

So ist der Vergeltungsgedanke gerade im Strafhause in seiner wirklichen Gestalt zu erkennen, als das, was er in Wahrheit ist: ein durchaus unsittliches Prinzip[8]), eine schwere Schädigung für die Gesellschaft, eine lebendige Keimkraft für Rückfälle und Vernichtung wertvoller menschlicher Eigenschaften. Es ist eine Ruhmesleistung, daß gerade die Strafvollzugsbeamten — nicht die öffentliche Meinung, nicht die Juristen und Männer der Wissenschaft, auch nicht die Kirchen — am stärksten gegen die vergeltende Strafauffassung revoltiert haben. Maconochie, Crofton, Montesinos, Obermaier, Brockway, Krohne, Thomas Mott Osborne! Sie haben, immer wieder durchkreuzt und gehindert durch den Traditionalismus der Juristen oder den »gesunden Menschenverstand« des Mannes von der Straße, den Sachverstand der Sachunkundigen, unermüdlich ihre Bahn verfolgt, um ihren eigenen Stand geistig und sittlich zu heben, vor allem aber, um der Menschheit selbst einen wirklichen Dienst zu leisten. Allmählich ist der größere Teil aller derer, die mit dem Kriminellen zu tun haben, in Erziehungs- und Heilanstalten, in Wohlfahrts- und Armenpflege, in weltlicher und kirchlicher karitativer Tätigkeit und schließlich in Strafanstalten von dem Geist und Vorbild dieser Führer mitgerissen worden. Aber noch immer drohen Vorurteil, Mißverständnis und Gedankenlosigkeit im Alltag der Strafrechtspflege als Gegengewichte und retardierende Einflüsse.

---

[8]) Bitzius, Die Todesstrafe vom Standpunkte der Religion und der theologischen Wissenschaft, 1870, S. 76, sagt von der Strafauffassung Kants und Hegels: »Sie wollten den Staat hoch heben und machten ihn zum Büttel, einen heiligen Geist in das Recht hineintragen und arbeiteten nur der brutalen Gewalt in die Hände; sie meinten, das Recht auf seine tiefsten Grundlagen zu stellen, und doch, stößt man nur leise an den stolzen Bau, so fällt der Mörtel ab und das alte, blutige Auge um Auge schaut hervor.«

In der Entwicklung des deutschen Strafrechts hat die Emanzipierung von den zerstörenden Kräften der Vergeltung unter dem Einfluß Liszts und seiner Schule die Schaffung des Jugendgerichts und der mit ihm zusammenhängenden Einrichtungen, den bedingten Strafaufschub und das Geldstrafengesetz durchgesetzt. So leidenschaftlich die Kämpfe waren, die diesen Reformen sich entgegenstellten, heute besteht auf diesem Gebiet nur noch ein verschwindender Rest von Dissentienten, die man sich selbst überlassen darf. Anders hat sich die Reform des Strafvollzuges entwickelt. Die deutsche Öffentlichkeit hat im Gegensatz zu dem lebendigen Interesse für diese Fragen in England und namentlich in den Vereinigten Staaten von Amerika den Problemen des Strafvollzugs nur dann Aufmerksamkeit zugewendet, wenn Ausbrüche oder Meutereien, literarische Äußerungen von Intellektuellen über ihre Straferlebnisse oder sonst eine cause célèbre (Fall Höfle) sie weckten. Über solche Sensationsbedürfnisse hinaus fehlt leider immer noch ein nachhaltiges Interesse und eine dauernde Mitarbeit weiter Kreise. Wie viele Politiker und für allgemeine Fragen Interessierte, ja sogar wie viele Juristen wissen etwas von den »Reichsratsgrundsätzen über den Strafvollzug« von 1923? — wissen, daß hier eine große Neuerung zur Vergeistigung und Beseelung des Strafvollzuges vorgenommen ist, eine mutige Loslösung von dem Ungeist der Vergeltung und ein klares Bekenntnis zu der Erziehungsaufgabe der Strafe? Jetzt hat das Reichsjustizministerium den Amtlichen Entwurf eines Strafvollzugsgesetzes veröffentlicht und damit die Öffentlichkeit aufgerufen, zur Vorbereitung der parlamentarischen Beratung des weittragenden Werkes Stellung zu nehmen. Es ist dringend zu wünschen, daß dieser Ruf eine Resonnanz in allen Schichten und Kreisen des deutschen Volkes findet. Denn der Strafvollzug ist nicht eine bloße Juristenaufgabe, eine Angelegenheit von verwaltungstechnischer Bedeutung, er berührt vielmehr Menschheitsfragen von aufwühlender und aufrüttelnder Gewalt.

II.

»Die Strafe ist Erziehung oder sie hat überhaupt keine Existenzberechtigung.« Mit diesem Satz des Italieners Vincenzo Lanza, des Gründers der Strafrechtsschule der »Menschlichkeit« (Umanesimo) ist eine Richtschnur aufgestellt, die sich mit meiner eigenen Auffassung deckt, die heute schon von einem großen Kreis von Menschen vertreten wird und die hoffentlich in absehbarer Zeit Gemeingut der Kulturmenschheit werden wird.

Erziehung soll die Strafe sein einmal für die »anderen«, die durch die Strafdrohung verhindert werden, Verbrechen zu begehen — das Gegengewicht gegen die zur Verletzung von Strafnormen treibenden Kräfte. Daß eine solche Erziehungsbedürftigkeit der Allgemeinheit besteht, wird nicht zu leugnen sein. Ohne unsere Strafnormen und unsere Strafjustiz würde mancher in Zeiten der Not, der wirtschaftlichen oder der seelischen, einen Ausweg in das Reich der kriminellen Handlung suchen, der jetzt durch Furcht vor Strafe davon ferngehalten wird. Daher darf die Strafe niemals nur als »Spezialprävention« betrachtet werden. Sie verliert nicht ihre Existenzberechtigung dadurch, daß der einzelne Gesetzesübertreter keiner weiteren Erziehung bedarf, weil er vielleicht nur unter dem Zwang eines nie wiederkehrenden Motivs straffällig geworden ist. Die Strafe muß stets auch an die Allgemeinheit denken, an die vielen zu kriminellem Tun geneigten, aber auch an die gesetzestreuen Bürger, die den Respekt vor dem strafenden Staat behalten sollen. Trotzdem wird man sagen können: mag die durch Warnung erziehende Strafe infolge ihrer Tragweite für die Allgemeinheit berechtigt sein auch gegen solche, bei denen im einzelnen Fall ein Erziehungsbedürfnis überhaupt nicht besteht, eine Freiheitsstrafe sollte nur da zu verbüßen sein, wo eine soziale Beeinflussung des Bestraften selbst sich als notwendig erweist. Denn eine Einsperrung ist, wie wir heute wissen, stets ein schwerer Eingriff in ein Menschenschicksal: durch die Herausreißung aus Familie und Beruf, durch die meist eintretende Schädigung seines späteren Fortkommens kann sie sein ganzes Leben von Grund auf gefährden und mit ihm auch die Wohlfahrt seiner Angehörigen untergraben. Eine solche Maßnahme sollte daher nur da verhängt werden, wo eine erzieherische Beeinflussung des Inhaftierten geboten erscheint. Ist dies nicht der Fall und auch die Erziehung der Allgemeinheit durch andre Maßnahmen als Freiheitsstrafe zu erreichen, so sollte stets Geldstrafe oder Tilgung durch »freie Arbeit« genügen. Fordert aber die Erziehung der Allgemeinheit eine Freiheitsstrafe, so müßte, falls ein Erziehungsbedürfnis bei dem zu Bestrafenden nicht besteht, ihre Verbüßung nur bedingt angedroht werden, d. h. also nur eintreten, wenn der präsumtiv durch Androhung zu Erziehende sich innerhalb der Bewährungszeit nicht bewährt.

Die Freiheitsstrafe hat also nur da einen Sinn, wo ein erzieherischer Einfluß auf den Gefangenen ausgeübt werden soll. Haft und kurze Gefängnisstrafen sind eine Versündigung an den Bestraften ebenso wie an den Beamten, die eine solche Strafe ohne Sinn und Vernunft zu vollstrecken haben. Daß der *Entw.* 25 diese Zwergstrafen nicht über Bord geworfen hat, ist sehr zu bedauern. Der *EntwStVG.* war daran gebunden: Die §§ 189—193 zeigen, daß es unmöglich ist, irgendeine greifbare sinnvolle Wirksamkeit einer solchen Strafe zu geben[9]).

Ebenso halte ich die Beibehaltung oder gar Erweiterung der Festungshaft (»Einschließung« nach dem *Entw.*) für verkehrt und schädlich. Auch hier darf ich auf meine Ausführungen an anderer Stelle verweisen[10]). Die Verpflichtung zur Arbeit ist jetzt im § 177 des *Entw.* anerkannt. Im übrigen haben die Bestimmungen über die Einschließung keinerlei Wert. Dafür trifft die Schuld nicht die Verfasser des *Entw.* Eine Freiheitsstrafe, die einen Strafcharakter behalten und sich doch qualitativ von einer erzieherisch gefaßten Gefängnisstrafe unterscheiden soll, ist einer vernünftigen Strafvollstreckung nicht fähig.

Schließlich ist auch hier wieder für die Beseitigung der Zuchthausstrafe einzutreten. Mit Krohne, H. Seuffert, Radbruch, Grünhut ist erneut gegen diese aus dem Arsenal des alten »peinlichen Rechts« mit seiner auf Brandmarkung gerichteten antipädagogischen Tendenz stammende Strafart Einspruch einzulegen[11]). Für den Strafvollzug hat sie ja längst ihren Sondercharakter eingebüßt. Es gibt keinen vernünftigen Unterschied in der Verwirklichung von Gefängnis und Zuchthaus mehr. Auch im Zuchthaus soll der progressive Strafvollzug, vernünftige, d. h. individualisierte Arbeit, menschenwürdige Behandlung und Rücksicht auf Erholung und Ausspannung herrschen. Der *Entw.* bemüht sich, noch Unterschiede zu statuieren. Aber er hat nur fünf Verschiedenheiten ausfindig machen können. Im Zuchthaus müssen die Gefangenen Anstaltskleidung tragen, die deutlich von der anderer Gefangenen zu unterscheiden ist (§ 151). Da diese Kleidung nicht in der früher noch üblichen Weise (Zebrakleidung)[12]) ein Stigma enthalten soll und da weitaus die größte Zahl der Gefangenen auf das Privileg der eigenen Kleidung gar keinen Wert legt, so bedeutet diese Differenzierung wenig oder vielmehr nichts. Die tägliche Arbeitszeit ist gemäß § 152 im Zuchthaus höchstens 10 Stunden, im Gefängnis höch-

---

[9]) Liepmann in *Aschrott-Kohlrausch* a. a. O. S. 140.

[10]) *Aschrott-Kohlrausch* S. 131 ff. und Liepmann, Die neuen Grundsätze über den Vollzug von Freiheitsstrafen in Deutschland, 1924, S. 15 ff.

[11]) Zu folgendem die Ausführungen bei Liepmann in *Aschrott-Kohlrausch* S. 130 ff. und die dort angegebene Literatur.

[12]) In Hamburg hat man leider noch diese Einrichtung aus der Inflationszeit beibehalten; man hatte sie damals eingeführt als Schutz gegen das »Verschärfen« der einfarbigen Stoffe, nicht etwa als Stigmatisierung.

stens 9 Stunden — eine törichte und gefährliche Bestimmung aus der alten Vergeltungskonsequenz, die Arbeit für den Übelsgehalt der Strafe zu verwenden, anstatt sie — wie allein richtig — in den Dienst erzieherischer Aufgaben zu stellen. Die Außenarbeiten im Zuchthaus sind ohne Zustimmung der Gefangenen zulässig, im Gefängnis nur mit seiner Zustimmung (§ 152 Abs. 2 und 3). Da aber die Gefangenen, auch solche mit erhaltenem Ehrgefühl, die Arbeit im Freien der hinter Mauern durchaus vorziehen, so ist auch das keine Unterscheidung von Wert. Besuch und Schriftenverkehr sind im Zuchthaus an längere Fristen zu knüpfen als im Gefängnis (§ 154). Damit kann man freilich die Unlustgefühle eines Gefangenen steigern, — aber Wert im Sinne einer Resozialisierung hat eine solche Verschärfung ganz gewiß nicht. Schließlich soll, soweit die »auf Grund dieses Gesetzes zu erlassenden Vorschriften oder Anordnungen nichts anderes bestimmen«, das Rauchen den Zuchthausgefangenen nicht gestattet werden (§ 153). Die Klausel sieht also Ausnahmen vor, von denen die Hamburger Gefängnisverwaltung nach meiner Kenntnis Gebrauch machen wird. Im übrigen ist dieses Rauchverbot im Zuchthaus eine Grausamkeit (ohne jeden erzieherischen Wert) und eine Kurzsichtigkeit zudem: Jenes, weil gerade bei der langen Freiheitsberaubung des Zuchthauses das Bedürfnis nach einem Excitans durch Nikotin ins Leidenschaftliche wächst. Dieses aber, weil solche im Widerspruch zu den Gesetzen menschlichen Wunschlebens stehenden Verbote nicht zur Rauchabstinenz, sondern meist nur zu Durchstechereien, Korruptionserscheinungen und Rauchsurrogaten verleiten, d. h. zu viel schlimmeren Folgen.

Im Ergebnis also zeigt sich, daß die Unterscheidungen in der Praxis wenig und jedenfalls keinen im Dienst erzieherischer Aufgaben stehenden Wert beanspruchen können. Das wäre gleichgültig, wenn nicht mit dem Namen »Zuchthaus« der Makel einer ehrenrührigen »Strafe« unauslöschlich verbunden wäre und die mit ihr automatisch verbundene »Aberkennung der bürgerlichen Ehrenrechte« — die der Strafgesetzentwurf in »Rechtsverwirkungen« umtauft, ohne ihren Charakter ändern zu können — ein veraltetes und schädliches Volksvorurteil konservierte. Mit dem Geist des *EntwStVG.* sind aber beide Nachwirkungen absolut unvereinbar, — die »Zuchthausstrafe« ist zu beseitigen.

III.

In welcher Weise soll nun Erziehungsarbeit im Gefängnis geleistet werden? Die Bestimmungen des *Entw.* sind im wesentlichen auf der Grundlage der Reichsratsgrundsätze aufgebaut. Da »Erziehung«

nicht eine Nebenaufgabe neben oder gar unter anderen Strafzwecken sein darf, da sie nicht wie »Zusatznahrungsmittel« dosiert werden kann, so erstreckt sich ihr Bereich begreiflicherweise auf alle Lebensäußerungen des Strafvollzugs: die Arbeit ebenso wie die Freizeit, die Behandlung der Gefangenen, ihre geistige und seelische Hebung, ihr Verkehr mit der Außenwelt, ebenso wie die Regelung ihrer Beziehungen untereinander und zu den Beamten. Aus der Fülle dieser Fragen können nur diejenigen herausgehoben werden, denen eine grundsätzliche Bedeutung für den Erziehungsstrafvollzug zukommt.

»Zum Strafanstaltsbeamten im Hauptamt soll nur bestellt werden, wer für den Strafanstaltsdienst theoretisch und praktisch ausgebildet ist. Dies gilt nicht für Beamte, die nicht mit der Behandlung von Gefangenen befaßt werden. Die praktische Ausbildung soll eine gründliche Kenntnis aller Zweige des Strafanstaltsdienstes und des Strafvollzugs vermitteln. Die theoretische Ausbildung soll sich insbesondere auf pädagogische und psychiatrische Fragen erstrecken, soweit sie für die Beurteilung und Behandlung von Gefangenen von Bedeutung sind. Auch auf das Gebiet der Fürsorge für entlassene Strafgefangene ist besonderes Gewicht zu legen. Die Beamten müssen ferner über die Grundzüge des Strafrechts und des Strafprozeßrechts unterrichtet sein.«

Dieser § 9 der *GVF.* ist nicht in den *Entw.* aufgenommen worden. Nichts, aber auch wirklich nichts erinnert an diese Bestimmung. Während sonst alle Bestimmungen aus dem Titel »Anstaltsbeamte« aus den Grundsätzen übernommen sind[13]) (§ 25 bis 30), — so fehlt jetzt eine Anordnung des Reichsrechts über die Notwendigkeit einer Berufsausbildung der Gefängnisbeamten. Weshalb? Versteht sich das von selbst, gehört es nicht in ein Gesetz, darf es nur durch Dienstordnungen der einzelnen Länder geregelt werden[14]), ist es weggelassen worden, um auch in Zukunft 50 Prozent unserer »Versorgungsanwärter« ohne weiteres in den Gefängnisdienst übernehmen zu können? Ich weiß nicht, ob die »Begründung« (die auch diesmal wieder, wie bei dem *AE.* 25, erst nachträglich herauskommen soll — ein höchst anfechtbares Verfahren) auf diese Fragen Antwort geben wird. Das aber weiß ich, daß hier eine ganz und gar unentbehrliche Bestimmung

---

[13]) Verwässert ist jetzt die Bestimmung über die »Beamtenbesprechungen« (§ 30 *Entw.* im Vergleich mit § 15 der Grundsätze).

[14]) Das GVG. S. 2 ff. gibt bekanntlich reichsrechtliche Grundsätze über die Ausbildung der Richter.

offenbar absichtlich beseitigt worden ist. Erzieherische Aufgaben im Strafvollzug durchzuführen, — dazu gehört zunächst einmal, daß niemand mit der Behandlung von Gefangenen betraut werden darf, der nicht, abgesehen von seiner inneren Eignung, auch durch seine Ausbildung Garantien dafür bietet, daß er von den vielseitigen und schweren Problemen seines Berufs eine Ahnung hat, daß er über sie mit der Gründlichkeit ausgebildet ist, die wir, sehr oft leider ohne Berechtigung, als Eigenart des Deutschen und besonders des deutschen Beamten hervorheben. Wir haben bisher auf diesem Gebiet einen ganz unverantwortlichen Dilettantismus getrieben, wie jeder Fachmann weiß. Soll also das Strafvollzugsgesetz mit seinen Anforderungen an einen erzieherischen Strafvollzug nicht bloß Papier und Paragraphenkram bleiben, so brauchen wir, genau so wie bei Lehrern, Ärzten, Verwaltungsbeamten, Richtern, gesetzliche Sicherungen gegen — Kurfuscherfreiheit im Gefängnis.

Es gibt zwei Methoden der Erziehung. Die eine, die repressive, arbeitet mit Druck und Abschreckung. Sie will die schlechten und schwachen Eigenschaften im Menschen bekämpfen dadurch, daß sie deren Auswirkungen durch Zwangsmittel verbietet und den Übertreter schwere Strafübel fühlen läßt. Sie wendet sich an das äußere Verhalten und will Arbeit, Ordnung und Gewissenhaftigkeit durch Zuckerbrot und Peitsche zur gewohnheitsmäßigen Lebenshaltung machen. Von hier aus soll dann der Übergang zu höheren Werten und zu einer Umwandlung des inneren Menschen vermittelt werden: im Unterricht und in Moralpredigt sollen ihm Maßstäbe höherer Ordnung, geistige, sittliche, religiöse Bindungen entgegengebracht werden.

Mit dieser Methode ist der größere Teil der Menschen behandelt worden, sie herrscht noch heute in Familie, Schule und Lehrlingsausbildung alten Stiles. Ob man in den deutschen Gefängnissen »Gefangenenerziehung« seit etwa 100 Jahren ernsthaft versucht hat, wie Nagler behauptet[15]), kann immerhin zweifelhaft sein. Jedenfalls aber kannte man hier, soweit die Aufgabe überhaupt ernsthaft (nicht bloß für den Pastor und den Sonntag) in Angriff genommen wurde, nur diese repressive Art der Menschenbehandlung. Sicher aber hat sie hier ebenso wie in den alten Rettungshäusern und Zwangsbesserungsanstalten gefährdeter oder verwahrloster Jugendlicher mit allen, aus

[15]) Nagler, Das Erziehungsproblem im modernen Strafvollzug, 1926, S. 34. Dieser Vortrag ist erfreulich als Symptom, daß nun auch die Vergeltungstheoretiker Erziehung in der Strafe nicht missen wollen, zeigt aber nur ein Zerrbild wirklicher Erziehungsarbeit im Strafvollzug.

der Grundauffassung zu gewinnenden Mitteln der Technik gearbeitet und einem jeden, der sich von der Erfahrung leiten lasen will, einen Anschauungsunterricht über das, was auf diesem Wege zu erreichen ist, gegeben. Das Urteil muß im wesentlichen negativ ausfallen. Der Prozentsatz derer, denen diese Methode wirklich fürs Leben geholfen hat, ist klein, und auch bei ihnen bleibt die Frage offen, ob nicht auch ohne die Lehren der Anstalt der gleiche Erfolg eingetreten wäre, denn es gibt — viel Jugendverwahrlosung und Erwachsenenkriminalität, die nur eine Entwicklungsphase in der Art der Pubertätserscheinungen darstellt, die sich also von selbst wieder zurückbildet und abstirbt. Weitaus größer dagegen ist die Zahl derer, bei denen wir mit Händen greifen können, daß gerade die repressive Anstaltserziehung das Übel verschlimmert hat. Daß der größte Teil unserer Rezidivisten und Berufsverbrecher ihre Karriere in Zwangserziehungsanstalten begonnen hat, ist weder ein Zufall noch eine selbstverständliche oder gleichgültige Erscheinung. Solange man dem Verbrecher nur mit der bequemen, gedankenlosen Haltung von Entrüstung und Mißachtung gegenübersteht, kann man freilich keine Schlüsse hieraus ziehen und weiß keinen anderen Rat als eine Verschärfung der Strafen, um dann nach mehrfacher Erfolglosigkeit sich mit der Diagnose der »Unverbesserlichkeit« zu beruhigen. Um der Sache noch einen wissenschaftlichen Beigeschmack zu geben, kann man das Resultat aus erbbiologischen Gesichtspunkten herleiten — eine Methode, die freilich weder feiner noch tiefer fundiert ist, als einst der Glaube an die Besessenheit vom Teufel. Wer aber mit wirklich wissenschaftlichen Methoden den Verbrecher untersucht, wie dies die Amerikaner nach dem großen Vorbild von William Healy tun, erkennt, daß die Kriminalität in allen ihren Anfangserscheinungen, zu denen die Jugendverwahrlosung als bedeutsamstes Symptom gehört, aus Verhaltensschwierigkeiten — behaviour problems — zu erklären ist, d. h. aus unausgeglichenen, zu Störungen tendierenden Kräften des emotionellen Lebens stammt. Solche Störungen sind nicht eine besondere Eigentümlichkeit eines »geborenen Verbrechers«, sie finden sich vielmehr in jedem Menschen, am stärksten und allgemein in der Zeit seiner Pubertätsentwicklung, aber auch später stets da, wo durch wirtschaftliche oder seelische Not, durch Leichtsinn oder Gedankenlosigkeit das Gleichgewicht zwischen dem, was die Mächte der Ordnung fordern, und dem Ungestüm der individuellen Gefühlsantriebe gestört wird. Ist man über diese Ätiologie des Verbrechens klar, so versteht man, warum die übliche repressive Anstaltserziehung so viele Rückfälle züchtete und — von seltenen Ausnahmen abgesehen — Schiffbruch leiden muß. Man kann nicht Menschen, die in Not sind, die nur Unlustgefühle gegen Arbeit und Ordnung im Äußeren wie Innern empfinden, durch Zufügung von Druck und Unlust, durch das, was die Sprache der Vergangenheit »angemessene Sühne« und »unerbittlichen Ernst des Strafvollzuges« nennt, zu einer grundsätzlich anderen Haltung bringen. Wohl ist es möglich, durch den Befehlsmechanismus einer Anstaltsordnung, durch Beobachtung und Kontrolle Disziplin zu schaffen. Man kann auch Arbeitsfleiß, Exaktheit in Ausführung von Anordnungen erzwingen, wie im Zuchthaus vielfach und gerade bei denjenigen zu sehen ist, deren gutes Gesamtverhalten nur von ihrem — Rückfallsrekord übertroffen wird. Denn alle diese Methoden können die vorhandenen »Störungen« nur zurückdrängen, durch psychische Nötigung ins Unbewußte verdrängen. Je mehr Repression und Unlust den Insassen angetan wird, um so stärker wuchern die verdrängten Gefühle, um so leidenschaftlicher suchen sie nach Befriedigung. Strafanstaltsbeamte, die von Psychologie und pädagogischen Methoden nichts wissen, stehen immer wieder vor dem, was ihnen ein Rätsel erscheint: daß gerade die besten, gefügigsten, fleißigsten Gefangenen so leicht wieder rückfällig werden. Sie können diesen Unterschied des Verhaltens nicht erklären und, da sie überzeugt sind von dem Wert der ihnen anerzogenen, »bewährten« Methoden der Gefangenenbehandlung, so glauben sie an die »Unverbesserlichkeit« dieser Rückfälligen.

In Wahrheit ist diese ganze Methode in hervorragendem Maße geeignet, die vorhandenen »Verhaltensschwierigkeiten« zu steigern. Man braucht gewiß nicht alle Übertreibungen und Deutungsversuche der Psychoanalyse und Individualpsychologie mitzumachen. Sicher aber ist, daß sie uns ganz wesentliche und neue Einblicke psychologisch-pädagogischer Art erschlossen haben[16]), Erkenntnisse, die gerade für die Methoden der Anstaltsbehandlung von entscheidender Bedeutung sind. Wir wissen jetzt, warum so viele Anfänger in Verwahrlosung und Kriminalität auf die gutgemeinten Erziehungssysteme repressiver Art mit Haß, Groll und Minderwertigkeitsgefühlen reagiert haben, wissen — oder könnten wenigstens wissen, daß durch diese Verdrängungen keine Lösung der vorhandenen Störungen, sondern im Gegenteil ihre Verhärtung und Steigerung bewirkt wurde, so daß wir uns nicht wundern können,

[16]) Vgl. dazu Nohl, Erziehungsgedanken für die Erziehungstätigkeit des einzelnen mit besonderer Berücksichtigung der Erfahrungen von Freud und Adler in Zeitschrift Die Erziehung, Band II S. 1 ff. und Bondy, Pädagogische Probleme im Jugendstrafvollzug (Hamb. Schriften zur ges. Strafrechtswissenschaft, Heft 8), 1925 S. 26 ff., 57 ff.

daß der Weg zum Gefängnis und Zuchthaus durch die Fürsorgeerziehungsanstalt und jede folgende Strafbehandlung geebnet worden ist. Meine amerikanischen Studien, die ich an anderer Stelle[17]) veröffentlichen werde, zeigen den Irrweg dieser repressiven Erziehungsmethode und die Notwendigkeit, nach dem Vorbild der guten Erziehungsanstalten diesseits und jenseits des Ozeans (Childrens Village bei New York, Whittier State School bei Los Angeles, Reformatory in Sleighton Farm [Philadelphia Pa.] und Framingham bei Boston [Massachusetts]) seine ganze Kraft auf die zweite Art von Erziehungsarbeit zu konzentrieren. Ich nenne sie die konstruktive, von innen heraus aufbauende Methode. Ihre Hauptgedanken lassen sich zusammenfassen in Lösung, Selbstverantwortung und Bindung. Dazu gehört erstens eine genaue Untersuchung der Entwicklungsgeschichte des einzelnen Falles in seinen kausalen Faktoren (physisch, psychisch, namentlich emotionell, den Beeinflussungen in Haus, Schule, Beruf und Freizeit), bis man die »wunde Stelle« gefunden hat, aus der die »Verhaltensschwierigkeiten» entsprungen sind[18]). Von diesem Ausgangspunkt ist dann zweitens an diejenigen Kräfte in dem Menschen anzuknüpfen, die er als positiver Anhaltspunkt für den Erziehungsplan darbietet: nicht die schlechten und schwachen Seiten seines Wesens sind durch Gegenbeeinflussung zu bekämpfen, sondern vor allem sind die brauchbaren und guten Qualitäten zu entwickeln und zu steigern. Das aber geschieht — drittens — nicht durch Befehl und Unterordnung, Zwang und Gewöhnung. Vielmehr handelt es sich auch hier darum, ihn zur Eigentätigkeit anzuregen und mit ihm und durch ihn gemeinsam Interesse, Vertrauen und Bindung aus dem Material seiner Triebkräfte und Neigungen zu gewinnen und »höheren Zielen und sozialen Zwecken dienstbar zu machen« (Nohl a. a. O. S. 7). Auf Grund des in Amerika Gesehenen bin ich zu genau den gleichen Schlußfolgerungen gekommen, die Nohl aus seiner allgemeinen pädagogischen Erfahrung entwickelt. Die Erziehung in der Fürsorgeerziehungsanstalt und durch den Strafvollzug ist nicht eine für sich abgeschlossene Welt, die durch besonders zielbewußte Strenge im Sinne der Abschreckung heilkräftige Ergebnisse erzielen kann. Eine hundertjährige Erfahrung hat überall in der Welt klargelegt, daß man so Disziplin und Ordnung in der Anstalt schaffen, aber kein

[17]) Heft 11 meiner »Hamb. Schriften zur ges. Strafrechtswissenschaft«.

[18]) Vgl. William Healy, Augusta Bronner, Case Studies (Judge Baker Foundation Boston), wo in 20 einzelnen Fällen die Grundsätze dieser Methode für Unterrichtszwecke entwickelt werden.

soziales Verhalten für das Leben in der Freiheit verbürgen kann. Der Weg, der dem Gefängnis der Zukunft vorgeschrieben ist, hat anzuknüpfen an die allgemeinen Ergebnisse der Pädagogik und die alten erfolglosen mechanischen Sicherungen und Zwangsbeeinflussungen zu verlasssen. An ihre Stelle ist eine Erziehungsanstalt zu setzen, die in allen ihren Beamten[19]) und in allen ihren Einrichtungen sich das Ziel setzt, mit geistigen und seelischen Mitteln von innen heraus die ihnen anvertrauten Menschen umzuwandeln. Möchte der neue *EntwStVG.* Mittel und Kräfte für dieses Ziel freimachen.

[19]) Vgl. *ThürDVO.* § 17 und meine »Grundsätze« S. 12.

Rechtliche Garantien im Strafvollzug.

Von

Professor Dr. Max Grünhut, Jena.

Die Ausbildung rechtlicher Garantien im Strafvollzug bildet den Schlußstein der Entwicklung, welche den Gedanken des Rechtsstaates in der Strafrechtspflege zur Geltung bringt. Erst mit ihnen wird die Gewähr geschaffen, daß Rechtssicherheit und Rechtsgleichheit auch für diejenigen gelten, welche von den Auswirkungen der staatlichen Strafrechtspflege betroffen werden. Dem Beschuldigten gewähren die Institute des Prozeßrechts in gleicher Weise Sicherheit gegen die Unzulänglichkeit und Subjektivität menschlicher Tatsachenwürdigung wie die minutiös ausgestaltete Dogmatik der strafrechtlichen Tatbestände gegen die Relativität richterlicher Werturteile. All dies trifft ihn lediglich bis zu dem Zeitpunkt des Urteils. Was das weitere Schicksal des Verurteilten anlangt, so versuchte das überkommene Strafrecht eine gewisse Gewähr für berechenbare und gleichgerichtete Eingriffe der Staatsgewalt fast ausschließlich dadurch zu geben, daß es den Richter an möglichst enge gesetzliche Strafrahmen band. Wenn hier die Strafrechtswissenschaft der Gegenwart sich von einer einseitigen Überspannung des Magna-Charta-Gedankens freizumachen sucht[1]), so gewinnt der Ausbau rechtlicher Garantien im Strafvollzug selbst erhöhte Bedeutung.

Diese Forderung einer rechtsstaatlichen Durchbildung des Strafvollzuges hat ihren theoretischen Ausdruck in der Lehre Freudenthals gefunden, welche den Strafvollzug als Ganzes als ein Rechtsverhältnis des öffentlichen Rechts auffaßt[2]). Dieser Lehre gebührt das große Verdienst, in klarer und anschaulicher Formulierung den Gedanken zum Ausdruck gebracht zu haben, daß das Interesse des Rechtes nicht mit der Urteilsfällung erschöpft

---

[1]) Kohlrausch in *Aschrott-Kohlrausch* S. 3 ff.; Grünhut, *MKrimPsych. 18*, 13 ff.

[2]) Freudenthal, Die staatsrechtliche Stellung des Gefangenen (Frankfurter Rektoratsrede) 1910; ders. *ZStW. 32*, 222 ff.; *35*, 917 ff., *39*, 493 ff.

ist und das Schicksal des Gefangenen nicht bloßer Verwaltungspraxis überlassen bleiben darf, sondern daß die gesamten Lebensbeziehungen des Gefangenen von echten Rechtsnormen bestimmt sein müssen, welche nicht nur dem Gefangenen einseitig Pflichten auferlegen, sondern auch die allem Rechte eigene Garantiefunktion zugunsten des Gefangenen wirksam werden lassen. So verstanden wird der Strafvollzug als Rechtsverhältnis die grundlegende Formel für eine kritische Betrachtung des geltenden Rechts und für rechtspolitische Forderungen an die künftige Gesetzgebung bleiben. Gleichwohl aber liegt in dieser Formel die Gefahr einer Einseitigkeit, wenn man glaubt, mit ihr allein die komplizierten rechtlichen Beziehungen der Gefangenschaft meistern zu können. Auch im Prozeßrecht gebührt der Lehre vom »Prozeß als Rechtsverhältnis« das Verdienst, den Gedanken in klarer Weise zum Ausdruck gebracht zu haben, daß die typischen Wirkungen der Klageerhebung besondere prozessuale Rechtswirkungen sind, die sich nicht allein daraus erklären lassen, daß irgendwelche Mittel zur Durchsetzung bürgerlicher Rechte der Parteiinitiative überlassen sind. Aber dem dynamischen Charakter des »Prozesses« gegenüber hat die Vorstellung eines — im Grunde statischen — Rechtsverhältnisses etwas Unwirkliches. Ähnlich ist sicherlich der Strafvollzug eine Minderung der Rechtsstellung des Bürgers um den gesetzlichen Inhalt der Strafe[3]), aber es geschieht diese Minderung in der besonderen Form der Einweisung in eine (unselbständige) öffentliche Anstalt[4]). Diese Form ist für die Gestaltung der rechtlichen Beziehungen von ausschlaggebender Bedeutung. Der Verurteilte, der die Strafanstalt betritt, tritt damit in den Bannkreis einer öffentlichen Anstalt. Die darin liegende »Mediatisierung« läßt ein besonderes Gewaltverhältnis entstehen, innerhalb dessen der ihm Unterworfene unmittelbar zum »arbeitenden oder zu bearbeitenden Glied des staatlichen Verwaltungsapparates« wird. Er unterliegt in der Anstalt einer besonderen Befehlsgewalt, deren Formen zwischen konkreten Einzelanordnungen und generellen Verwaltungsverordnungen schwanken. Dieses Hausrecht findet seine Grenze in der Zweckbestimmung der Anstalt und diese steht unter dem Vorbehalt des Gesetzes: »Fundament und Grenzmauer müssen vom Gesetzgeber herstammen« (Fleiner). Innerhalb dieser gesetzlich gegebenen Zweckbestimmung aber »weicht der verfassungsmäßige Vorbehalt zurück, soweit das Hausrecht reicht« (Otto

---

[3]) Freudenthal, *ZStW. 32*, 223.

[4]) Zu dem Folgenden Otto Mayer, Dtsch. Verwaltungsrecht, Bd. II S. 336 u. a.; Fleiner, Institutionen des Verwaltungsrechts, 6./7. Aufl., 1922, S. 67, 157, 299 ff. und die dort Zitierten.

Mayer). Das führt für die praktische Wirksamkeit der rechtlichen Garantien im Strafvollzug zu einer doppelten Folgerung. Einmal bedarf dieses Hausrecht, das an der Zweckbestimmung der Anstalt orientiert ist, einer breiten Sphäre freien Ermessens: nicht nur im Sinne einer aller Reglementierung abholden persönlich-pädagogischen Behandlung, sondern auch, soweit die Sorge für »Sicherheit und Ordnung in der Anstalt« ein Abgehen von den festen Regeln des Anstaltsleben gebietet (z. B. *EntwStVG.* 27 §§ 108 Abs. 3, 109 Abs. 3, 112 Abs. 3, 116 Abs. 2, 119 Abs. 4, 120 Abs. 1 u. a.). Und zweitens wird nur von hieraus verständlich, inwiefern der Gefangene selbst nicht nur tatsächlich, sondern auch rechtlich von den an die Beamten gerichteten Dienst- und Vollzugsordnungen betroffen wird. Diese Verwaltungsverordnungen, welche im geltenden Recht, abgesehen von den wenigen Sätzen des StGB. über Strafen, den Inhalt der Freiheitsstrafe bestimmen, sind Dienstrecht für das Personal der Anstalt, aber sie wirken insofern gegen die Insassen, als diese, wenn sie freiwillig oder unfreiwillig in den Machtbereich der Anstalt getreten sind, es sich rechtlich gefallen lassen müssen, so behandelt zu werden, wie es der an die Beamten gerichteten Instruktion entspricht. So haben unabhängig von der Frage, wieweit allgemein Verwaltungsverordnungen an der zweiseitig verpflichtenden Form der Rechtssätze teilnehmen, die Anstaltsregulative ihre Front auch gegen Dritte, welche in den Bannkreis der Anstalt treten. Die Verletzung dieser Vorschriften begründet eine zivilrechtliche Verantwortlichkeit gegenüber dem Gefangenen gemäß § 839 BGB., a 131 RV. Die Zulässigkeit einer Beschwerde »gegen alle Maßnahmen des Vollzuges« (*PrDVO.* § 87) macht die doppelte Frontstellung des Anstaltsrechts deutlich.

Diese theoretische Überlegung läßt erkennen, daß bereits im gegenwärtigen Zustand einer im wesentlichen den Verwaltungsverordnungen der Länder überlassenen Regelung Möglichkeiten einer gesicherten Rechtsstellung des Gefangenen gegeben sind, deren verfassungsmäßige Garantie freilich auf die im Etatrecht liegende parlamentarische Verwaltungskontrolle der Länder und auf die zur Wahrung der Interessen des Reiches befugte, aber zugleich durch diesen Maßstab begrenzte Reichsaufsicht beschränkt bleibt. Die neueste Entwicklung bringt eine zunehmende Stärkung der Rechtsstellung des Gefangenen. Der Schritt von den *BGr.* von 1897 zu den *GVF.* von 1923 bedeutet nicht nur eine unverkennbare Wandlung zum Erziehungsgedanken, sondern zugleich eine bewußte Steigerung der persönlichen Rechtssicherheit des Gefangenen und der allgemeinen Rechtseinheit im Strafvollzug. Und zwar erreichen die

GVF. das nicht nur durch kasuistische Spezialisierung des dem einzelnen überlassenen freien Ermessens, sondern vor allem durch klare Direktiven dafür, wie die Beamten des Strafvollzugs dem Leben des Gefangenen, dessen Schicksal ihnen anvertraut ist, gegenübertreten sollen. So hat die verwaltungsmäßige Ordnung jenes Maß von Allgemeinheit und Bestimmtheit erreicht, welches sie dazu reif macht, durch eine gesetzliche Regelung abgelöst zu werden. Dabei bedeutet die bloße Form des Gesetzes eine weitere Stärkung der rechtlichen Garantien in doppelter Hinsicht. In politischem Sinne wird die Schaffung und Änderung der rechtlichen Grundlagen des Strafvollzuges zur Sache der gesetzgebenden Faktoren des Reiches. Für die Kritik des *EntwStVG. 27* ist es dabei wichtig, wie eng oder weit das künftige Gesetz die Grenze zwischen den von ihm selbst zu regelnden und der einer AusfVO. überlassenen Gegenständen zieht. In der psychologischen Wirkung erhebt ein Strafvollzugsgesetz im Bewußtsein der Organe der Strafrechtspflege den Strafvollzug aus der Sphäre eines subalternen »Vollstreckungsbetriebes« zu einem voll berechtigten Glied der Rechtspflege.

Indem neben der zielbewußten Durchführung des Erziehungsgedankens die Schaffung rechtlicher Garantien als wesentliche Aufgabe der Strafvollzugsgesetzgebung erkannt wird, nimmt der Strafvollzug teil an der das gesamte Strafrecht durchziehenden Antinomie von Zweckgedanke und formaler Garantiefunktion. Es ist keineswegs innerlich begründet, sondern erklärt sich psychologisch aus der traditionellen Minderbewertung des Strafvollzuges, daß in Zeiten, welche die Wirksamkeit der Strafe auf Vergeltung zur Wahrung der Rechtsordnung beschränken zu müssen glaubten, bei aller Bindung des Richters kaum an Garantien für die Rechtsstellung des Gefangenen im Vollzug gedacht wurde. Eine Reglementierung des Strafübels, eine rechtlich garantierte Reinhaltung der Freiheitsstrafe müßte — theoretisch — dem Standpunkt der Vergeltungsdoktrin naheliegen, während das gleiche Bestreben in dem Maße problematisch wird, in dem die Strafe im Dienste pädagogischer Ziele den ganzen Menschen zu erfassen sucht[5]). In der gegenwärtigen Situation gehen freilich beide Ziele, Erziehungszweck und Rechtsschutz, eine weite Strecke zusammen. Indem die Erziehung in der Strafe nicht die Person des Gefangenen niederwerfen, sondern seinen Willen anerkennen und stärken soll, wird der Gefangene aus dem

---

[5]) In dieser Richtung liegen die Überlegungen, von denen aus v. Liszt *ZStW. 35,* 657 ff. eine Ergänzung der Freudenthalschen Lehre erstrebte. Dazu Freudenthal ebendort S. 917 ff.

Objekt einer abgemessenen und vorherbestimmten Behandlung zum Subjekt nicht nur von Pflichten, sondern auch von Rechten. Dem Ziel, »dem Gefangenen in dem Maße sein persönliches Bestimmungsrecht wiederzugeben, als er es lernt, selbstverantwortlich zu leben« (Bondy), wird niemals ein System einseitiger Belohnungen und Vergünstigungen gerecht, sondern dazu gehört ein freimütiges Einräumen bestimmter Ansprüche auf Grund klar erkennbarer Bedingungen. Je mehr die Bemühungen des Strafvollzuges über das bescheidene Ziel der Erzwingung eines »hausordnungsgemäßen Verhaltens« hinausgehen, um so mehr sind Sicherungen gegen die Gefahr eines Mißbrauchs der ungewöhnlich starken Abhängigkeit im Strafvollzug durch Unverständnis, Vorurteil und Willkür notwendig. Das Bestehen derartiger Rechtsgarantien braucht die »pädagogische Atmosphäre« ebensowenig zu stören, wie im Familien- und Eherecht die für den Konfliktsfall vorhandene Zwangsregelung der Rechtsordnung eine innere Lebensgemeinschaft gefährdet, — wenn diese besteht. Und doch muß mit allen diesen Vorbehalten eine pädagogische Grenze der rechtlichen Garantien im Strafvollzug anerkannt werden. Je mehr im Arbeitsverhältnis, in der Auf- und Abstufung, im Disziplinarrecht rechtliche Garantien in Voraussetzungen, Verfahren und Instanzen den Eintritt bestimmter Rechtsfolgen formalisieren, um so mehr sind Beamte und Gefangene geneigt, sich auf den »reinen Rechtsstandpunkt« zurückzuziehen, womit der mühsam geknüpfte Faden persönlicher Bindung oft genug abreißt. Es hängt mit dieser Erfahrung zusammen, daß im Verhältnis des Strafprozesses zum Jugendgerichtsverfahren und von diesem zum vormundschaftsrichterlichen Verfahren die Formenstrenge und damit das Maß rechtlicher Garantien in dem gleichen Umfang abnehmen, in dem erzieherische Tendenzen in den Vordergrund treten.

Im geltenden Recht und im gegenwärtigen Zustand unseres Gefängniswesens ist freilich diese Grenze der rechtlichen Garantien bei weitem noch nicht erreicht. Und es bleibt auch grundsätzlich der doppelte Vorbehalt, daß sich positive Erziehungsarbeit niemals durch Einräumung einer schrankenlosen Ermessensfreiheit erzwingen läßt und daß, in je stärkere persönliche Abhängigkeit der Mensch gerät, um so mehr für ihn der Eigenwert einer formalen Gerechtigkeit wächst, die auch auf der tiefsten Stufe menschlichen Leidens — nicht selten in grotesker Übersteigerung — zum letzten Halt wird.

Prüft man nach diesen allgemeinen Gesichtspunkten die praktischen Vorschläge, welche *EntwStVG.* 27 für die Ausgestaltung rechtlicher Garantien macht, so ist davon auszugehen, daß wie in anderen Gebieten des öffentlichen Rechts auch im Strafvollzug rechtliche Garantien letzten Endes auf einer »Gewaltenteilung«, auf einer organisatorisch bestimmt abgegrenzten Gliederung der zuständigen Organe innerhalb des Vollzuges selbst beruhen. Das ist schon aus äußeren Gründen bei den kleinen Amtsgerichtsgefängnissen unmöglich. Es zeigt sich auch hier, daß die neuzeitlichen Forderungen um so eher durchzuführen sind, je länger der Gefangene der Anstalt überlassen bleibt und am ehesten im Zuchthaus, wo die pädagogische Verantwortung sich unabweisbar aufdrängt. Daher ist auch in diesem Zusammenhang die Forderung auf Heraufsetzung der Mindestgrenze für Gefängnis in § 31 *AE.* 25 (35) zu erheben[6]). Auch wenn kurze Freiheitsstrafen als Ersatzfreiheitsstrafen und im Falle des Widerrufs des bedingten Straferlasses[7]) immer vorkommen werden, so würde jene Forderung die Zahl der kurzfristigen Gefangenen und damit die Bedeutung der kleinen Gerichtsgefängnisse erheblich herabmindern. Aber solange sie überhaupt in der bisherigen Form bestehen, darf nicht die Rücksicht auf sie die Ausgestaltung der rechtlichen Vollzugsgrundlagen für alle Anstalten mitbestimmen. Grade umgekehrt können vorbildliche große Anstalten auf die kleinen Gefängnisse anspornend zurückwirken. So verlangt eine rechtliche Durchbildung des Strafvollzuges als erstes eine gesetzliche Teilung in zwei oder drei Gruppen, in große und kleine bzw. mittlere Anstalten. Jede Gruppe ist im Gesetz durch eine zahlenmäßig annähernd bestimmte Höchst- und Mindestbelegungsziffer abzugrenzen und dabei für jeden Anstaltstyp bestimmte, organisatorische Mindestgarantien für Zahl, Art, Ausbildung und Eignung der Beamten reichsrechtlich sicherzustellen. Insbesondere sollen diese Bestimmungen angeben, auf welche Mindestzahl von Gefangenen ein Fürsorger und ein Arzt kommen muß. Eine weitere Frage wäre, ob das Gesetz die Zuweisung zu einer Anstalt der zwei oder drei vorgesehenen Größen von einer Mindeststrafzeit des Verurteilten abhängig machen soll. Derartige organisatorische Voraussetzungen sind in § 25—32 *EntwStVG.* 27 nur in völlig vager und eingeschränkter Form angedeutet. Hier bedarf der *Entw.* nicht nur vom Standpunkt des Erziehungszwecks[8]), sondern ebenso unter dem Gesichts-

[6]) Liepmann in *Aschrott-Kohlrausch* S. 139 schlägt 3 Monate vor.

[7]) § 13 Abs. 2 JGG. und § 40 Abs. 1 S. 2 *AE.* 25 (44) erstreben durch die Summierung der Einzelstrafen längere Strafzeiten. Gesamtstrafenbildung nur im Fall § 79 StGB. bzw. § 66 *AE.* 25 (68), wenn die neue Tat vor der früheren Verurteilung begangen ist.

[8]) Hierzu Liepmann oben S. 11 und unten Bondy.

punkt rechtstaatlicher Fundierung des Strafvollzugs einer energischen Umgestaltung.

In der Unterbringung ist die Höchstgrenze von drei Jahren für die gegen den Willen des Gefangenen durchgeführte Einzelhaft beibehalten, ihre Ausführung in § 55 *Entw.* gegenüber § 22 StGB. im einzelnen verbessert. Wichtig ist, daß mit dem Wegfall der Differenzierung in Einzelhaft und Zellenhaft, wie sie § 39 f. *GVF.* vorsieht, die absolute Einzelhaft der älteren Zeit beseitigt und zugleich die irrige Meinung unmöglich gemacht wird, es könne die gemilderte Einzelhaft, wie sie § 40 *GVF.* unter Zellenhaft versteht, auch gegen den Willen des Gefangenen über drei Jahre durchgeführt werden[9]. Eine ganz andere Frage ist es, ob die Festlegung dieser Maximalgrenze und der Hinweis auf einige allgemeine Gesichtspunkte zur Entscheidung über die Haftform (§ 54 *EntwStVG.*) genügen, oder ob das Gesetz nicht einige mehr oder weniger bestimmte materielle Voraussetzungen für die Notwendigkeit einer Einzelhaft über drei Monate hinaus aufstellen sollte[10]. Die praktische Schwierigkeit eines solchen Vorschlages besteht zurzeit darin, daß das Wertverhältnis zwischen Einzelhaft und Gemeinschaftshaft in den verschiedenen Anstalten völlig relativ ist. Selbst bei der unerläßlichen Forderung nächtlicher Trennung glaubt der heutige Gesetzgeber die peinliche Einschränkung »nach Möglichkeit« nicht entbehren zu können (§ 53 Abs. 2 *EntwStVG.*).

Im Arbeitsverhältnis wird die verschiedenartig gefaßte rechtliche Stellung des Gefangenen besonders deutlich. Die ältere Auffassung legte dem Gefangenen eine einseitige Arbeitspflicht zugunsten der Staatskasse auf und gewährte ihm zögernd und in sehr geringem Umfang eine Arbeitsbelohnung, auf die ihm ausdrücklich jeder Anspruch versagt blieb. *BGr.* von 1897 ließen eine Arbeitsbelohnung als »nicht ausgeschlossen« erscheinen (§ 21), auch in den *Vorschlägen* 1914 war die Arbeitsbelohnung nur fakultativ. Die Kritik hat diese Anschauung seit langem als vom pädagogischen Standpunkt unzweckmäßig und unter dem Gedanken des Rechtsstaates bedenklich bekämpft. *GVF.* § 79 machen die Arbeitsbelohnung obligatorisch, überlassen aber ihre Höhe dem Vorsteher der Anstalt — vorbehaltlich grundsätzlicher Vereinbarungen der Länder. Regelmäßig bestimmen die Zentralbehörden nicht die einzelnen Lohnsätze, sondern den Gesamtbetrag, der vom reinen Arbeitsverdienst für Ar-

---

[9]) *PrVDO.* S. 65 Abs. 5 und Umhauer in *MittIKV.* *22*, 4 S. 98 f. Dagegen Liepmann ebendort S. 54 f.

[10]) Hierzu Freudenthal, *MittIKV.* *22*, 4 S. 78.

beitsbelohnungen zu verwenden ist; so PrABAKO., § 12 (*Klein*, S. 517 f.). Die gesetzgeberische Lösung hat davon auszugehen, daß die Gefangenenarbeit im Rahmen der öffentlichen Anstalt und der durch sie gegebenen Zweckbestimmung zu leisten ist. Der Arbeitszwang ist im Rahmen der gesetzlichen Grundlage ein Stück Anstaltsgewalt. Damit steht es in Einklang, wenn der Ertrag dem Staate zugewiesen wird, — daß er nicht dem unmittelbar Arbeitenden zufällt, ist bei unserer heutigen Wirtschaftsordnung im Verhältnis zwischen Arbeitnehmer und Arbeitgeber der Regelfall. Daß man »nicht jedem Gefangenen den vollen Lohn zahlen darf, den seine Arbeit wert ist«[11]), sagt unser geltendes Recht sicherlich nirgends, — aber es kennt ebensowenig einen über die privatrechtliche Grundlage der §§ 612, 632 BGB. in das öffentliche Recht sich erstreckenden Rechtsanspruch auf gerechten Arbeitslohn. Die Bezahlung der Gefangenenarbeit ist eine — eminent wichtige — Zweckmäßigkeitsfrage, rechtlich unzulässig ist lediglich eine Differenzierung der Bezahlung nach der Schwere der Delikte oder (*BGr.* § 21) nach der Art der Strafe, weil dadurch eine gesetzlich nicht vorgesehene Differenzierung der Rechtsfolgen im Verwaltungsweg eingeführt würde. Wenn noch *GVF.* § 79 dem Gefangenen den Rechtsanspruch auf Auszahlung der vorgeschriebenen Arbeitsbelohnung abspricht, so kann das einen dreifachen Sinn haben: Entweder es soll dem Gefangenen überhaupt keine ausgesprochene Rechtsstellung eingeräumt werden, — das ist ein Anachronismus, der mit dem Gedanken des Rechtsstaates in schärfstem Widerspruch steht. Oder man will — zugunsten des Gefangenen — die Pfändbarkeit ausschließen; dazu bietet § 851 ZPO. die entsprechende Handhabe. Oder schließlich, es soll im Streitfall um des öffentlich-rechtlichen Charakters der Gefangenenarbeit willen der Rechtsweg ausgeschlossen werden. *EntwStVG.* 27 hat diese Differenzierung vorgenommen. § 84 Abs. 3, § 91 sprechen ausdrücklich von einem »Anspruch«, § 87 Abs. 1 von »zustehen«. Die Pfändbarkeit wird durch die Unübertragbarkeit des Anspruches verhindert (§ 84 Abs. 3 in Vbd. mit § 851 ZPO.). Und der Rechtsweg wird zugunsten der Beschwerde im Verwaltungsweg ausgeschlossen (§ 91). Aus der Zweckbestimmung der Anstalt ergeben sich weitere Folgerungen für die rechtlichen Beziehungen des Gefangenen zum Arbeitsverdienst wie die kompensierende Wirkung gegenüber den Haftkosten (§ 83), die Art und der Zeitpunkt der Aushändigung der Arbeitsbelohnung (§§ 85 und 87), die Haftung für Ersatzansprüche unter Ausschluß einer Kürzung im Wege der Haus-

[11]) Freudenthal, *ZStW.* 35, 917.

strafe (§ 86 in Vbd. mit § 139). Öffentlich-rechtlichen, nicht erbrechtlichen Charakter tragen auch die Bestimmungen darüber, an wen nach dem Tode des Gefangenen die Arbeitsbelohnung auszuhändigen ist (§ 88). Das Ganze läßt sich vielleicht als zweckgebundener öffentlich-rechtlicher Anspruch charakterisieren. Als Beispiel einer ähnlichen Erscheinung aus einem ganz andern Rechtsgebiet wäre die Entschädigung für Mitglieder des Reichstages (Ges. v. 21. Mai 1906) zu nennen. Die Anerkennung der Rechtsnatur des Verdienstanteils führt in der unlängst aufgeworfenen Frage[12]), ob der zu einem auswärtigen Termin als Zeuge geladene Gefangene wegen des dadurch entstandenen Ausfalls an Arbeitsverdienst gemäß § 71 StPO. eine Entschädigung für Zeitversäumnis beanspruchen kann, dahin, daß in der Tat der ausgefallene Verdienstanteil als Erwerbsversäumnis i. S. von § 2 Abs. 2 GKG. anzusehen ist.

So muß die Kritik die Regelung des *EntwStVG.* in dieser lange umstrittenen Materie als erfreulichen Fortschritt anerkennen. Nur eines ist aus der alten Zeit stehengeblieben: der Name. Das Gesetz sollte den irreführenden, zivilistisch klingenden Namen der »Belohnung« fallen lassen[13]) und nach dem Vorbild *SchweizEntw.* 1918 § 398 ff. von »Verdienstanteil« sprechen. Eine weitere Stärkung der Rechtsstellung ist in materieller Beziehung notwendig. Das künftige Gesetz sollte wenigstens das Prinzip festsetzen, nach dem der Verdienstanteil zu differenzieren ist: ob nach Delikten, Strafart (so *Vorschläge* 1914 § 31 Abs. 2), Stufenzugehörigkeit oder — wie es am richtigsten ist — allein nach der typischen Arbeitsleistung[14]). Zu erwägen bleibt, ob darüber hinaus das Gesetz Minimalsätze des zu gewährenden Verdienstanteils, sei es in absoluten Zahlen, sei es in Bruchteilen des allgemeinen oder des individuellen Arbeitsverdienstes vorsehen soll.

Die Entlohnung der Gefangenenarbeit ist nur ein, wenn auch der am häufigsten behandelte Teil des Gefangenenarbeitsrechtes. *EntwStVG.* § 75 Abs. 2 erklärt den allgemeinen gesetzlichen Betriebsschutz auf die Anstaltsbetriebe für anwendbar. Ob eine solche allgemeine Bestimmung genügt, oder ob der öffentliche Charakter der Gefangenenarbeit und die Verschiedenartigkeit ihrer Betriebsformen Sondervorschriften nach dem Vorbild des RGes. v. 30. Juni 1900 nötig

---

[12]) Der Strafvollzug, 17. Jahrg., Heft 2 S. 69 und — mit entgegengesetzter Lösung wie oben — Heft 3 S. 110.

[13]) Ebenso G. Guggenheim, Zur Frage des Arbeitsertrages im Straf- und Sicherungsvollzuge, Berlin 1923, S. 35 ff.

[14]) So *ThürDVO.* § 88.

machen, kann nur auf Grund besonderer arbeitsrechtlicher Untersuchungen entschieden werden. Unklar bleibt die Stellung des *EntwStVG.* zum Arbeitszeitschutz. § 78 differenziert die tägliche Arbeitszeit der überkommenen Tradition entsprechend nach der Strafart, ohne selbst eine gesetzliche Maximal- oder Minimalgrenze anzugeben. Die Überschreitung dieser — für den Strafvollzug — regelmäßigen Arbeitszeit in den bei Notarbeiten und landwirtschaftlichen Arbeiten zulässigen Fällen darf bis zu der für freie Arbeiter zulässigen Grenze gehen. Heißt das, daß die gesetzliche Arbeitszeit der freien Arbeiter in jedem Fall die obere Zeitgrenze der Gefangenenarbeit bilden soll? Diese Auslegungsfrage sollte das Gesetz selbst entscheiden, indem es entweder das allgemeine Arbeitszeitrecht für anwendbar erklärt oder eigene Zeitgrenzen aufstellt. In der Sache selbst ist der Gedanke, durch Differenzierung der Arbeitszeit nach der Schwere der Strafart in das Arbeitsverhältnis selbst ein pönales Element hineinzutragen — wie mehrfach nachgewiesen —, aus pädagogischen und kriminalpolitischen Gesichtspunkten abzulehnen[15]).

Die Unzulänglichkeit der Rechtsstellung des Gefangenen im überkommenen Recht zeigte sich am deutlichsten in dem Fehlen einer gesetzlichen Regelung der Hausstrafen. Mit Recht hat es Kriegsmann als »unbegreifliche Anomalie« bezeichnet, daß im Zeitalter des Konstitutionalismus die äußerste Grenze menschlichen Leidens, welches, abgesehen von der Todesstrafe, der einzelne von Rechts wegen zu erdulden hat, die Disziplinarstrafe im Zuchthaus, dem Ermessen der Verwaltung überlassen blieb[16]). *EntwStVG.* § 139 bringt den Katalog der Hausstrafen aus § 139 *GVF.* Weitere Bestimmungen geben gewisse Direktiven für die Strafzumessung (§§ 140, 141, 143). Dunkelarrest ist verboten, wobei § 143 Abs. 2 sinngemäß auch für die Sicherungsmaßnahme des § 131 Z. 2 u. 3 zu gelten hat, zweckmäßiger freilich auch in diesem Zusammenhang zu wiederholen wäre. Die Mitwirkung des Anstaltsarztes ist sichergestellt (§ 147), Strafaufschub vorgesehen (§ 148). Das Verhältnis dieser internen Anstaltsjustiz zu der unter dem Legalitätsprinzip stehenden öffentlichen Strafrechtspflege ist in der Weise gelöst, daß der Vorsteher unter den gleichen Voraussetzungen von Anzeige absehen darf, unter der nach der StPO. die Erhebung der öffentlichen Klage unterbleiben darf (§ 138 Abs. 2). Ob er dabei in den Fällen des § 153 Abs. 2 StPO. und § 32 Abs. 1 u. Abs. 2 S. 1 JGG. der

[15]) Art. Gefangenenarbeit, Handwörterbuch der Staatswissenschaften, 4. Aufl. Bd. IV. Sp. 670 und unten Bondy.

[16]) *Kriegsmann* S. 169.

Vorsteher die Zustimmung des Richters einholen muß, bleibt unklar. Zu erwägen ist, ob nicht aus dem Kreis der reinen Disziplinarfälle einzelne Tatbestände nach dem Vorbild des § 122 StGB. in Delikte des allgemeinen Strafrechts umzuwandeln sind und indem man z. B. Entweichungen nach amerikanischem Vorbild kriminell mit einer Zusatzfreiheitsstrafe ahndet[17]). Für die Verhängung der Hausstrafen enthält § 146 *EntwStVG.* eine Reihe von Vorschriften, welche eine sorgsame und fehlerfreie Untersuchung gewährleisten sollen. In auffallendem Gegensatz dazu ist die Strafbefugnis in § 145 rein monokratisch geordnet. Damit beraubt sich das Hausstrafverfahren der wertvollen Garantien, welche in der Rechtsprechung kollegialer Instanzen liegen: die stärkere Betonung der Mündlichkeit, der Zwang zu restloser Durchführung der Unmittelbarkeit und die starke Sicherung gegen eigene Fehler des Vorsitzenden, wenn er der Mehrheit der Beisitzer die Richtigkeit seiner Auffassung klarzumachen genötigt ist. Darum sollte auch der Anstaltsleiter ein kollegiales Anstaltsgericht nicht als ein Institut des Mißtrauens, sondern als wertvolle Hilfe und als wichtigstes Instrument verantwortungsvoller Zusammenarbeit ansehen. Auch hier gehen rechtliche Garantieforderungen und erzieherische Ausgestaltung parallel, wenn verlangt wird, daß stets ein Arzt oder (und) ein Fürsorger als stimmberechtigte Mitglieder im Anstaltsgericht mitwirken sollen. *EntwStVG.* 27 bedarf einer Ergänzung in dem Sinne, daß in allen großen und mittleren Strafanstalten schwere Disziplinarstrafen (etwa § 139 Abs. 4 u. 10, andere »Beschränkungen« über eine bestimmte Frist hinaus) nur von einem unter Vorsitz des Anstaltsleiters tagenden Anstaltsgericht auf Grund einer unverzüglich stattfindenden Verhandlung und Beweisaufnahme verhängt werden dürfen[18]). Auch die Möglichkeit eines Wiederaufnahmeverfahrens muß bei der Verhängung solcher Hausstrafen, welche dem künftigen Schicksal des Gefangenen (vorläufige Entlassung) hinderlich sein können, gesetzlich sichergestellt werden. Wie sich nach der heute überwiegenden Ansicht im Strafrecht an die Strafe die Maßnahmen der Besserung und Sicherung anschließen, so unterscheidet *EntwStVG.* 27 von den Hausstrafen auf der einen Seite Erziehungsmittel, wie Verwarnung und Verzögerung der Aufstufung und die Abstufung im progressiven Strafvollzug, auf der andern Seite die — vom Waffengebrauch des § 136 gesonderten —

[17]) Nach Mitteilungen von Liepmann über dessen Studien in amerikanischen Strafanstalten.

[18]) Zu dieser Frage: Bericht über die dritte Tagung der Arbeitsgemeinschaft für die Reform des Strafvollzuges, *MKrimPsych. 18,* 104—108.

Sicherungsmaßnahmen des § 131. Aber in beiden Rechtsgebieten ist der Gegensatz, auf dem diese Mehrspurigkeit beruht, problematisch geworden. Das traditionelle Festhalten an dieser Auffassung führt hier wie dort zu der Gefahr, daß eine Fülle rechtlicher Garantien die Verhängung auch der leichten »Strafe« erschwert, während die praktisch immer wichtiger werdenden »bloßen Maßnahmen«, auch wo sie zu den schwersten Eingriffen führen, von Hemmungen und Bindungen befreit werden, die sonst als Grundpfeiler der Strafjustiz anerkannt werden. Vom Gefangenen aus wird Sicherungsarrest und Fesselung (§ 131 Abs. 2 u. 4) oder Abstufung, welche zugleich die Aussicht auf Strafresterlaß zerstört, als schwerste Strafen empfunden werden, auch wenn jene »nur« zur Sicherung und diese »nur« zur Erziehung angeordnet sind[19]). Ebenso wie im Verhältnis zwischen Strafe und Sicherungsverwahrung im materiellen Strafrecht, dürfen auch hier die rechtsstaatlichen Garantien nicht allein an einen doktrinären Begriff der Strafe geknüpft werden, sondern sie sollen den Gefangenen und die Rechtspflege bei allem, was man von Rechts wegen in menschliches Schicksal eingreift, nach Möglichkeit vor der Gefahr und dem Verdacht der Willkür bewahren. Daher ist eine sinngemäße Anwendung des § 146 und eine Entscheidung des Anstaltsgerichtes auch für die Verhängung der Sicherungsmaßnahmen des § 131 zu fordern. Ein einzelner Beamter sollte nur bei Gefahr im Verzug zur Verhängung von Sicherungsmaßnahmen befugt und unverzüglich die Entscheidung des Anstaltsgerichtes einzuholen verpflichtet sein. Beim Aufrücken und bei der Abstufung verlangt auch *EntwStVG.* §§ 160, 164, daß der Vorsteher die Angelegenheit in der Beamtenbesprechung oder einem besonderen Ausschuß erörtert. Dieser Ansatz ist sinngemäß zu einer Entscheidung durch das kollegiale Anstaltsgericht zu erweitern. Es bedeutet weder eine Gefahr für die Erziehungsaufgabe noch eine Verwässerung der Disziplin, daß das gleiche Anstalts»gericht«, d. h. ein bestimmter Ausschuß, zur Entscheidung dieser scheinbar heterogenen Eingriffe in das Schicksal des Gefangenen eingesetzt werden soll. Grade wenn, wie es hier gefordert wird, neben dem Aufsichtsdienst auch Arzt und Fürsorger in ihm mitbestimmend vertreten sind, erfüllt er seine Mission, bei den schwersten Eingriffen stets das Ganze der Zwecke des Strafvollzuges zum Ausdruck zu bringen.

---

[19]) Bondy, Pädagogische Probleme im Jugend-Strafvollzug, Mannheim 1925, S. 83, bezeichnet mit Recht Verzögerung der Aufstufung und Rückversetzung in eine untere Stufe als erzieherisch besonders bedeutungsvolle »neue Strafmittel«.

Die unverkennbaren Formen rechtlicher Garantien zugunsten dessen, der von Rechtswirkungen betroffen wird, sind die Rechtsmittel. Dem bisherigen Zustand entsprechend kennt *EntwStVG.* 27 zwei Wege: die Entscheidung des Vollstreckungsgerichts und die Beschwerde im Verwaltungsweg. Diese ist das allgemeine Rechtsmittel des Gefangenen gegen »Maßnahmen des Strafvollzugs, durch die er betroffen wird« (§ 213), jene kommt zur Anwendung bei allen Entscheidungen, welche, gewissermaßen als Ausstrahlung der richterlichen Urteilsfällung, den zeitlichen Umfang der Strafhaft betreffen (§ 5). Eine Erweiterung der Nachprüfung durch unabhängigen Richterspruch verbietet sich überall dort, wo, wie in den meisten Fällen des Strafvollzuges, nicht die Zulässigkeit, sondern die Zweckmäßigkeit einer Maßnahme, sei es in pädagogischer Hinsicht, sei es im Interesse der Sicherheit und Ordnung der Anstalt, also eine Frage des freien Ermessens, Gegenstand der Beschwerde ist. Das gleiche gilt aber nicht für die Fälle des durch abgegrenzte Voraussetzungen oder inhaltlich bestimmte Rechtsfolgen gebundenen Ermessens. So sollten Beschwerden über Disziplinarsachen richterlicher Entscheidung unterliegen[20]). Das gleiche aber hätte zu gelten bei denjenigen Sicherungs- und Erziehungsmaßnahmen, bei denen oben in erster Instanz für die größeren Anstalten Entscheidung durch das Anstaltsgericht gefordert wurde. In diesem letzten Punkt wird freilich die Grenze rechtlicher Garantien gegenüber pädagogischen und polizeilichen Maßnahmen problematisch. Entsprechend der Beschränkung der Rechtsmittel gegen die Auswahl der Erziehungsmittel durch Urteil des Jugendgerichts (JGG. § 35) wird man z. B. eine richterliche Nachprüfung der Fristsetzung bei der Abstufung ausschließen. Zuständig sollte ebenso wie bei der Entscheidung über bedingte Entlassung, Fortdauer der Unterbringung und Unterbleiben von Unterbringung oder Strafe (*AE.* 25 §§ 36, 46, 47 [jetzt nur § 60]) nicht wie in *EntwStVG.* § 4 das Gericht erster Instanz, sondern das Amtsgericht des Bezirks sein, in welchem die Strafanstalt liegt, das — etwa in der Besetzung mit einem Richter und zwei sachkundigen Spezialschöffen — die Aufgaben einer richterlichen Kontrollinstanz und einer richterlichen Entlassungsbehörde in zweckentsprechender Verbindung vereinen würde.

Technische Garantien, wie sie der *EntwStVG.* bringt und wie sie in verstärktem Maße hier gefordert werden, beruhen freilich

---

[20]) Vgl. *GE.* § 11, *Kriegsmann* a. a. O. 179 und die viel weitergehende Forderung Goldschmidts, *VDA. 4,* 395 f. *BadDVO* § 260 läßt über Beschwerden den (rechtskundigen) Vorsitzenden des Beirats oder den Landgerichtspräsidenten entscheiden.

nicht lediglich auf der Einführung gesetzlicher Bestimmungen, sondern sie können nur wirksam sein durch das Können und den Willen der Organe des Strafvollzuges. Die Rechtswissenschaft der Gegenwart erkennt in zunehmendem Maße den starken subjektiv bedingten Anteil aller Entscheidungen, mögen sie noch so sehr durch dogmatische Voraussetzungen und gesetzliche Bindungen eindeutig und allgemeingültig bestimmt erscheinen. Diese Erkenntnis soll nicht die Rechtssicherheit illusorisch machen, sondern sie will ihr durch eine Stärkung der Verantwortlichkeit des einzelnen Trägers der Entscheidung eine tiefere Fundierung geben. So steht und fällt der Strafvollzug nicht nur als Erziehungsaufgabe, sondern auch im Hinblick auf die rechtlichen Garantien gegenüber dem Gefangenen mit den Menschen, die in ihm tätig sind. So wichtig diese Feststellung für die Frage der Auswahl und Vorbildung der Strafvollzugsbeamten ist, so darf sie darum der Gesetzgebung die Verantwortung nicht nehmen, Formen zu finden, unter denen auch bei einem *nicht idealen* Stand des Gefängnispersonals die Rechtsstellung des Gefangenen so gewährleistet ist, wie es den Anforderungen des Rechtsstaates entspricht.

Der Strafvollzug als Gegenstand staatlicher Verwaltung.

Von

Dr. iur. Lothar Frede, Weimar.

I.

Das zweite, umfangreichste Buch des *EntwStVG.* 27 trägt die Überschrift »Vollzug von Strafen«. Hierunter ist die Tätigkeit zu verstehen, die das Strafurteil unmittelbar am Verurteilten verwirklicht[1]). Der Vollzug von Freiheitsstrafen im besonderen bedeutet den Inbegriff der Tätigkeit, die in der Strafanstalt zu entfalten ist, um hier den Verurteilten gemäß dem Strafurteil festzuhalten. Der *Entw.* sucht den Begriff des Strafvollzugs von dem der Strafvollstreckung, d. h. der auf die Herbeiführung des Strafvollzugs gerichteten Maßnahmen, zu scheiden. Das ist zu begrüßen, denn bisher wurden die beiden Begriffe in der Gesetzgebung ganz willkürlich gebraucht und durcheinandergeworfen[2]). Freilich gelingt es dem *Entw.* noch nicht ganz, die Scheidung durchzuführen. Die Begriffe methodisch zu klären und festzulegen ist um so wichtiger, als im *Entw.* die Frage zu lösen ist, wieweit die Vollstreckungsbehörde überhaupt in den Vollzug eingreifen darf und wieweit die ordentlichen Gerichte als »Vollstreckungsgerichte« (§ 4) an denjenigen

[1]) Begrifflich kann es daher nur einen Vollzug von Leibes- (Todes-) Strafen und von Freiheitsstrafen geben, keinen Vollzug von Geldstrafen. So ist es folgerichtig, wenn in den Vorschriften des letzten Abschnittes des 2. Buches, der von der Geldstrafe handelt, das Wort »Vollziehen« nicht gebraucht wird, sondern vom Vollstrecken der Geldstrafe die Rede ist. Die Überschrift des Buches paßt demnach nicht ganz auf die Geldstrafe.

[2]) Das StGB. spricht in §§ 17 und 18 ganz richtig vom »Vollzug«, dagegen gebraucht es den Begriff Vollstreckung nicht richtig in § 13 »Die Todesstrafe ist durch Enthauptung zu vollstrecken«. Die StPO. verwendet im 7. Buch nur den auch in der Überschrift dieses Buches enthaltenen Ausdruck »Strafvollstreckung«, obwohl hier einiges sich auf den Strafvollzug bezieht. Systematisch richtig §§ 16 I—II u. V und 36 JGG., unrichtig dagegen § 16 III.

Rechtsgarantien zu beteiligen sind, die der Verurteilte in der Gefangenschaft genießt. Im wesentlichen umgrenzt der *Entw.* die Zuständigkeit der Vollstreckungsbehörde (§ 2)[3]) vernünftigerweise so, wie sie sich jetzt schon aus dem 7. Buch der StPO. ergibt. Die Vollstreckungsbehörde darf also in den eigentlichen Vollzug nicht eingreifen[4]). Es wäre in der Tat untragbar für den Vollzug von Freiheitsstrafen, zumal den Erziehungsstrafvollzug in Stufen, wenn eine außenstehende Behörde auf die Einzelheiten der Erziehungsarbeit der Anstalt entscheidenden Einfluß nehmen dürfte. Eng mit der Zuständigkeit der Strafvollstreckungsbehörde hängt die des Vollstreckungsgerichts zusammen, weil dieses über Einwendungen gegen Entscheidungen der Vollstreckungsbehörde zu entscheiden hat (§ 5 I Nr. 2 u. 3).

Der *Entw.* kennt nur ein Vollstreckungsgericht, kein Vollzugsgericht: »Die gerichtlichen Entscheidungen, die bei der Vollstreckung notwendig werden, erläßt das Vollstreckungsgericht« (§ 4 I). Diese Beschränkung ist durchaus richtig. Es würde wiederum mißlich sein, wenn jeder Gefangene sich an das dem Vollzug ganz fernstehende Gericht wenden könnte, sobald er glaubt, eine der zahlreichen Vollzugsvorschriften des Gesetzes oder der Hausordnungen sei ihm gegenüber verletzt worden. Anders als wie bei der Untersuchungshaft handelt es sich bei der Strafhaft nicht mehr um einen Teil des gerichtlichen Verfahrens[5]), sondern um Verwaltungsmaßnahmen[6]). Die Rechtsgarantien des Gefangenen im Vollzug müssen — darin ist dem *Entw.* voll zuzustimmen — durch einen Rechtszug an höhere Vollzugsbehörden und die oberste Justizverwaltungsbehörde gewährleistet werden. Wenn die Gerichte als Beschwerdeinstanz in alle Vollzugsmaßnahmen entscheidend einzugreifen hätten, würde wiederum die planmäßige Erziehungsarbeit leicht gestört werden können. Vor allem würde die Einheitlichkeit dieser Arbeit beein-

---

Bezeichnend ist es auch, wie z. B. im Kommentar der StPO. von Löwe-Rosenberg (16. Aufl.) in der Vorbemerkung zum 1. Abschnitt des 7. Buches beide Begriffe durcheinander gebraucht werden.

[3]) Die Zuständigkeit ist — vom § 2 I abgesehen — nicht allgemein geregelt, sondern in zahlreichen Einzelbestimmungen besonders erwähnt; die wichtigsten sind in § 3 III aufgezählt.

[4]) Auch wenn sie z. B. nach Aufnahme eines Verurteilten in die Anstalt so wichtige Entscheidungen wie die über seine Haftfähigkeit zu fällen hat (§ 95 II).

[5]) Auch wenn in Art. 7 Nr. 3 der RVerf. vom »gerichtlichen Verfahren einschließlich des Strafvollzuges« die Rede ist.

[6]) Frede, Gefängnisrecht, im Handwörterbuch der Rechtswissenschaften, Bd. 2 S. 613.

trächtigt werden, da ja zahlreiche Gerichte als Vollstreckungsgerichte für die Gefangenen einer Anstalt in Frage kommen, auch Gerichte anderer Länder und des Reichs.

Es ist also sehr zu begrüßen, daß der *Entw.* es beim Vollstreckungsgericht beläßt, wie wir es jetzt schon in § 458 StPO. haben, und es nicht zu einem Vollzugsgericht erweitert.

II.

1. Die Vollstreckung strafgerichtlicher Entscheidungen[7]) ist im *Entw.* ausdrücklich als eine ausschließliche Aufgabe staatlicher Behörden gekennzeichnet[8]).

Auch der Vollzug von Freiheitsstrafen ist Aufgabe des Staates. Das folgt aus dem Wesen unseres Strafrechts, mag nun die Strafe in einem Offizialverfahren oder im Privatklageverfahren verhängt sein. Aber der *Entw.* schreibt nicht ausdrücklich vor, daß der Vollzug auch in Anstalten des Staates zu erfolgen hat, wie das für die Sicherungsverwahrung (§ 254 I 2) ausdrücklich bestimmt ist. Es folgt jedoch aus den Bestimmungen des § 24 über die Oberaufsicht, daß der Vollzug in Staatsanstalten, und zwar in solchen der Justizverwaltung, zu geschehen hat. Das wird jedoch nicht ausschließen, daß nach wie vor Strafgefangene vorübergehend auch in staatlichen oder kommunalen Polizeigefängnissen untergebracht werden dürfen, wenn sie sich auf den Transport befinden. Dadurch werden aber die Gefangenen dort nicht zu »Polizeigefangenen«, mit denen etwa bloß nach den für die Polizeigefängnisse erlassenen, oft noch sehr rückständigen Dienstvorschriften verfahren werden könnte. Insbesondere darf ihnen künftig im Polizeigefängnis nicht das, worauf sie nach dem Strafvollzugsgesetz einen Anspruch haben, vorenthalten und es darf ihnen dort keine Rechtsgarantie verkümmert werden[9]).

2. Die Grenzen des Strafvollzugs als Aufgabe des Staates sind im *Entw.* erfreulicherweise insofern weit gezogen, als nicht Halt gemacht wird an den Mauern der Strafanstalt. Durch die Entlassenenfür-

---

[7]) Nur auf solche bezieht der *Entw.*, nicht auch auf die von Polizeibehörden in Strafverfügungen verhängten Haft- und Geldstrafen, wenn diese auch den Begriffen der Haft- und Geldstrafe des StGB. unterfallen.

[8]) Und zwar entweder staatsanwaltschaftlicher Behörden: Oberreichsanwalt, Staatsanwalt beim Oberlandesgericht oder Landgericht, Amtsanwalt; oder gerichtlicher Behörden: Amtsrichter, Jugendrichter oder Gerichtsschreiber (§§ 2 II, III und 3 I).

[9]) Auch der Vorbehalt in § 133 III für die über Fesselung auf den Transporten erlassenen Vorschriften gilt nur für die Beförderung an andere Orte, also nicht auch für den Aufenthalt an diesen Orten!

sorge soll der Staat am Schicksal des Verurteilten über das Ende der Strafzeit hinaus teilnehmen. Dieses Gebiet sozialer Fürsorge, das bisher vielfach — teilweise schon seit über hundert Jahren — von Vereinen der freien Liebestätigkeit sehr segensreich bearbeitet wurde, wird jetzt im § 232 *E.* zur Angelegenheit auch des Staates gemacht, der er sich gemeinsam mit der Gesellschaft widmen soll. Dadurch wird gewährleistet, daß fürsorgerische Maßnahmen dem Strafvollzug ein- und angegliedert werden, die gerade für den Erfolg des Erziehungsstrafvollzugs in Stufen von wesentlicher Bedeutung sind. Ist es doch eine schon längst erkannte Tatsache, daß materielle Not, Arbeitslosigkeit, Rückkehr in die alten häuslichen Verhältnisse auch dann den Rückfall ins Verbrechen beschleunigen, wenn man bei der Entlassung hoffen durfte, der Strafvollzug habe bessernd gewirkt. So ist eine systematische Entlassenenfürsorge nicht nur — wie bisher — eine Forderung des sozialen oder religiösen Gewissens, sondern auch des Strafvollzugs.

3. Der bereits erwähnte § 24, der von der Landesaufsicht über die Strafanstalten handelt, regelt gesetzlich eine Frage, die lange umstritten war, aber schon in § 16 *GVF.* ihre Entscheidung gefunden hat, nachdem ihr die tatsächlichen Verhältnisse bereits vorausgegangen waren. Es ist die Frage, ob die Strafanstalten der Justiz oder der inneren Verwaltung unterstellt werden sollen. Die Entscheidung ist zugunsten der Justiz gefallen. In Preußen, wo der Dualismus zwischen den beiden Verwaltungen besonders umkämpft worden ist und eine ganze Literatur heraufbeschworen hat, ist es 1918[10]) geschehen. Als letztes großes Land ist Sachsen 1923 gefolgt. Der *Entw.*, der ja überhaupt zur Hauptsache kodifizieren und nicht um jeden Preis neuern will, konnte gar nicht mehr an dem nun überall erreichten »monistischen« Zustand rütteln. Die Unterstellung der Strafanstalten unter die Justiz — mag sie auch z. B. in Preußen letzten Endes nur aus Gründen einer durch den Krieg bedingten Verwaltungsvereinfachung und Kostenersparnis vorgenommen worden sein — ist aber auch sachlich berechtigt. Dies näher auszuführen, würde heutzutage in Fachkreisen bedeuten, offene Türen einrennen[11]). Die jetzt erreichte Einheitlichkeit ist verwaltungsmäßig auch in Preußen so fest verankert, daß schon aus diesem Grund niemand wird raten

---

[10]) Erl. v. 14. 12. 1917 GS. 1918 S. 11.

[11]) Bis vor nicht langer Zeit fand freilich auch in Fachkreisen der preußische Dualismus Fürsprecher, auch nach dem Tode Krohnes, der ihn ja besonders verteidigt und die Justiz als »Partei« abgelehnt hat (Lehrbuch d. Gefängniskunde, S. 323). S. hierzu Schwandner in *BlGK.* 1918, Bd. 52, S. 47 ff.

wollen, sie wieder zu zerreißen. Für eine einheitliche Oberleitung kommt aber schon um deswillen nur die oberste Justizverwaltungsbehörde in Frage, weil die zahlreichen Gerichtsgefängnisse begriffsnotwendig der Justizverwaltung unterstehen müssen. Man wird bei objektiver Betrachtung auch sagen müssen, daß die Unterstellung der Strafanstalten unter die Justiz der Entwicklung des Strafvollzugs gerade in den letzten Jahren sehr zum Vorteil ausgeschlagen ist. Wir hatten seit 1921/22 in Deutschland auf dem Gebiete des Gefängniswesens eine starke Reformbewegung, die sich — zum ersten Male seit den Reformbestrebungen um die Mitte des vorigen Jahrhunderts — in entschiedenen Taten geäußert hat. Es ist die Einführung des Strafvollzugs in Stufen und die damit bezweckte Durchführung des Erziehungsgedankens im Strafvollzug. Ihren Ausdruck — nicht ihren Abschluß — fand diese starke Reformbewegung sowohl in neu gestalteten Vollzugsordnungen, als besonders auch in der vom Reichsjustizministerium in die Wege geleiteten Vereinbarung der *GVF.* vom 7. Juni 1923 und in den Würzburger Beschlüssen vom November 1924. Während so die Justiz nachhaltigen Reformeifer an den Tag legte und noch legt, ist diese ganze Bewegung an den der inneren Verwaltung unterstehenden Polizeigefängnissen bis in die jüngste Zeit fast spurlos vorübergegangen. Erst ganz neuerdings versucht man hier und da vorsichtig, einige Reformen nach dem Beispiel der Justiz einzuführen[12]). Gewiß liegen in den Polizeigefängnissen, weil sie Durchgangsgefängnisse sind und darin ein fortwährendes Kommen und Gehen ist, die Verhältnisse besonders schwierig. Aber das ändert nichts an der Tatsache, daß gerade die Justiz den Nachweis erbracht hat, daß sie neuen Geist und neues Leben zu wecken und zu pflegen gewillt und auch fähig ist. Wenn jetzt, wie schon erwähnt, beim Strafvollzug als neue Pflichtaufgabe des Staates die Entlassenenfürsorge auftritt, also reine soziale Fürsorgetätigkeit, so wird man auch dieses Gebiet, das in naturnotwendigem Zusammenhang mit dem ganzen Erziehungsstrafvollzug steht, getrost der Justizverwaltung anvertrauen können. Wird es doch hier gerade um deswillen mit besonderer Anteilnahme behandelt und gefördert werden können, weil es hier nicht bloß eine von vielen fürsorgerischen Aufgaben bildet, sondern ziemlich allein sich darbietet. An fürsorgerischen Angelegenheiten beschäftigen nur noch soziale Gerichtshilfe und Jugendgerichtshilfe die Justizverwaltung; diese Zweige sozialer Fürsorgetätigkeit hängen aber eng mit der Entlassenenfürsorge zusammen und werden teilweise sogar von den gleichen Stellen und

---

[12]) Hierzu Frede a. a. O. S. 629 f.

Organisationen bearbeitet. Daß die Justizverwaltung auf diesem Gebiete eng mit den der inneren Verwaltung unterstehenden Fürsorgebehörden (Wohlfahrtsämtern, Arbeitsämtern, Jugendämtern usw.) zusammenarbeiten muß, ist selbstverständlich. Das läßt sich aber, wie die Erfahrungen gezeigt haben, reibungslos durchführen. Die Stellung des gesamten Strafvollzugswesens, einschließlich der Entlassenenfürsorge unter die Justiz hat auch den Vorteil, daß dadurch hoffentlich Staatsanwälte und Richter, die zum Teil den neuen Ideen der Gefängnisreformbewegung noch recht fernstehen, allmählich in nähere Beziehung zu diesem wichtigen Gebiet der Strafrechtspflege gebracht werden[13]). Man wird soweit gehen können, zu sagen, daß es für den Staatsanwalt und den Strafrichter in vielen Fällen geradezu unmöglich ist, ohne Kenntnis des heutigen Strafvollzugs und seiner Reform das rechte Strafmaß zu beantragen und zu finden. Auch beim Begnadigungswesen, das ja — besonders in Preußen — in großem Umfange den Gerichten übertragen ist und das, soweit es noch bei den Ministerien liegt, die Justizbehörden stark mit dem Erstatten von Berichten in Anspruch nimmt, ist es gerade heute unbedingt erforderlich, daß der Strafvollzug nicht mehr wie bisher ein isoliertes Dasein, entrückt den Augen der Richter und Staatsanwälte, führt[14]). Diese in die heute den Strafvollzug beherrschenden Ideen und in ihre praktische Verwirklichung einzuführen wird eine wichtige Aufgabe für die Landesjustizverwaltungen bilden müssen. Sie kann nicht bloß durch mehr oder weniger flüchtige Führungen durch Strafanstalten erfüllt werden. Mehrtägige Lehrgänge werden — besonders wenn erst einmal der *Entw.* Gesetz geworden sein wird — notwendig sein. Daneben wird daran zu denken sein, Referendare wenigstens für kurze Zeit des Vorbereitungsdienstes einer Strafanstalt zuzuweisen, nicht um hier den verwaltungsmäßigen Bureaubetrieb, sondern das Leben der Gefangenen in der Anstalt kennenzulernen. Gewiß wird den Referendaren jetzt schon viel zugemutet und man möchte ihre Vorbereitung auf die große Staatsprüfung nicht gerne noch mehr zersplittern. Aber da sie später als Richter und Staatsanwälte in der Regel keine Zeit haben werden, einmal einige Wochen lang zu sehen und zu erleben, was eigentlich aus den zu einer längeren Freiheits-

---

[13]) Hasse, DStZ. 1918 S. 10 ff. und 66 ff. und v. Hippel, Z. 1918 (39), S. 462.

[14]) Ein Oberstaatsanwalt, der ein Menschenalter hindurch beim Schwurgericht mitgewirkt und ungezählte Jahre Zuchthaus beantragt hatte, erzählte mir, als er eben in den Ruhestand getreten — es war kurz nach dem Krieg —, daß er noch nie ein Zuchthaus von innen gesehen habe!

strafe Verurteilten nun wird, kann dieser Anschauungsunterricht nur während der Referendarzeit gegeben werden[15]).

III.

1. *Krohne* hat schon 1889 gesagt[16]), daß für den Strafvollzug der gesetzliche Unterschied von Zuchthaus und Gefängnis nur auf dem Papier stehe. Die wenigen Bestimmungen, die darüber der *Entw.* in §§ 151—154 bringt, werden daran nicht viel ändern. Gefängnis- und Haftstrafe unterscheiden sich in der Praxis erst recht nicht, zumal sie im gleichen Gefängnis vollzogen werden; manchmal besteht der einzige Unterschied darin, daß an der Zellentür der Haftgefangenen eine Tafel mit der Aufschrift »Haftlokal« hängt. Aus diesen Erfahrungstatsachen hat der *AE.* 25 nicht die Lehre gezogen, endlich eine einheitliche Freiheitsstrafe einzuführen, bei der die Länge der Strafe und die besonderen Erfordernisse des Erziehungsgedankens entscheidend für die Wahl der Strafanstalt sind. Vielmehr hat der Gedanke die Oberhand gehalten, der Strafrichter dürfe nicht vor dem Strafvollzugsbeamten abdanken; der Strafrichter solle entscheiden, wohin die Verurteilten gehören, und nicht solle der Strafvollzugsbeamte sie nach irgendwelchen Vollzugsgrundsätzen auf die Strafanstalten verteilen. So hat denn der *AE.* 25 die alten Strafen alle wiedergebracht: die Zuchthausstrafe, die Gefängnisstrafe, die Festungsstrafe unter der Bezeichnung Einschließung und schließlich auch die Haftstrafe. Daraus ergeben sich auch für den *Entw.* die alten Arten von Strafanstalten: Zuchthaus, Gefängnis (in dem auch Haft und militärischer Arrest zu vollziehen ist), Einschließungsanstalt (§ 16).

Nur die Zuchthäuser sind ausschließlich für die eine Strafart bestimmt (§ 16 I). Aber auch hier sind in § 23 — wie schon in § 6 II *GVF.* — Ausnahmen für kleinere Länder zugelassen. Wenn hier die Einrichtung eines besonderen Zuchthauses nicht zweckmäßig erscheint, so darf die Zuchthausstrafe im Gefängnis vollzogen werden, allerdings muß hier eine besondere Abteilung dafür eingerichtet werden (§ 23 I). Wenn man einmal Zuchthaus- und Gefängnisstrafe unterscheiden will, so wäre es schon richtiger, diesen Vorbehalt zumindest für Männeranstalten fortzulassen und so die kleineren Län-

[15]) In Thüringen werden Referendare auf Antrag vierzehn Tage einer Strafanstalt zugewiesen. Das ist nicht lange, aber die Zeit wird dadurch nach Kräften ausgenutzt, daß sie in der Strafanstalt in einer Aufseherzelle wohnen und sich an allen Zweigen des Tag- und Nachtdienstes beteiligen.

[16]) Lehrbuch d. Gefängniskunde S. 225.

der zu veranlassen, sich am Zuchthaus eines anderen Landes zu beteiligen (§ 22).

Ob unter der Herrschaft des künftigen Allgem. StGB., das nach den Beschlüssen des Reichsrats die custodia honesta der Einschließung bei allen Straftaten zulassen soll, die Zahl der zu dieser Strafart Verurteilten so zunehmen wird, daß besondere Einschließungsanstalten notwendig werden, bleibt abzuwarten. Zurzeit gibt es, nachdem sich die innerpolitischen Verhältnisse beruhigt und verschiedene Amnestien ausgewirkt haben, im allgemeinen so wenige Festungsgefangene, daß nur noch Hamburg eine besondere Anstalt besitzt, die ausschließlich dem Vollzuge dieser Strafe dient. Im übrigen sind nur Festungsstuben oder kleinere Festungsabteilungen in einigen Gefängnissen eingerichtet.

2. Die Vorschriften über die Anstalten für Frauen (§ 17) decken sich im wesentlichen mit denen der *GVF.* Es müssen besondere Anstalten oder Abteilungen eingerichtet werden. Auch jedes Gerichtsgefängnis muß demnach eine besondere Abteilung für Frauen aufweisen, wobei schon durch die Einrichtung selbst jeder Verkehr zwischen den männlichen und weiblichen Gefangenen zu verhindern ist. Eine an sich sehr richtige Bestimmung, die aber zumindest bei den kleinen Gerichtsgefängnissen mehr oder weniger auf dem Papier stehen bleiben wird. Abhilfe kann nur durch eine Änderung des materiellen Rechts gebracht werden, indem die kurzen Freiheitsstrafen abgeschafft werden, auch als Ersatzstrafen. Bei Freiheitsstrafen von einem Monat an läßt sich eine Zusammenlegung in Frauenanstalten durchführen. Bleiben dann freilich immer noch die weiblichen Untersuchungsgefangenen in den kleinen Gerichtsgefängnissen übrig, deren Zahl aber hier immer verschwindend gering sein wird; der Anteil der Frauen an der Kriminalität ist ja überhaupt verhältnismäßig gering[17]). Neu ist die Bestimmung des § 17 II, daß die Einschließungsstrafe an Frauen in Frauengefängnissen vollzogen werden darf, ohne daß eine besondere Abteilung gebildet wird. Einen großen Unterschied im Strafvollzug gegenüber der Gefängnisstrafe werden hier die Verurteilten kaum spüren. Die Einschließung wird sich allenfalls ähnlich wie die Untersuchungshaft gestalten[18]).

Dem Alter der Gefangenen nach bringt der *Entw.* eine große Spezialisierung der Anstalten. Die *GVF.* sehen in § 4 Anstalten und Abteilungen außer für Jugendliche nur noch für minderjährige Ge-

[17]) Reichsdurchschnitt 1924: 16,8%.

[18]) S. z. B. §§ 174, 175, 176, 181. Die §§ 172 (Gemeinschaftsraum) und 173 (Verschluß) werden in den Gerichtsgefängnissen kaum praktische Bedeutung haben.

fängnisgefangene vor, die über 18 Jahre alt sind. Der *Entw.* schreibt sie für alle Minderjährigen vor, also auch für die im Zuchthaus befindlichen. Minderjährige kommen im Zuchthaus erfreulicherweise nicht sehr häufig vor[19]). Sie sind hier für die Verwaltung eine arge Last. Könnte man wohl auch eine kleine Abteilung aus ihnen bilden, so werden es doch — von den ganz großen, den zu großen Anstalten abgesehen — immer zu weng sein, um für sie besondere Progressivstufen einzurichten. Ein gemeinschaftliches Jugendzuchthaus für mehrere Länder einzurichten, würde ein Ausweg sein, wobei es freilich etwas Peinliches bliebe, die Begriffe »Jugend« und »Zuchthaus« zu kombinieren. Die Erfahrungen des Strafvollzugs werden hoffentlich einmal dahin führen, daß die Minderjährigen durch Ausdehnung des Jugendgerichtsgesetzes auf sie ganz aus dem Zuchthaus verschwinden, wenn sich nicht schon vorher die einheiltliche Freiheitsstrafe auch für Erwachsene durchsetzen sollte.

Die Aussonderung der jugendlichen Gefangenen im Jugendgefängnis (§ 19 I 2) sollte nicht bindend vorgeschrieben werden. Es sind ihrer in der Regel nur wenige, die dazu noch meist zwischen 17 und 18 Jahre alt sind. Aus ihnen eine besondere Abteilung für den Strafvollzug zu bilden, würde schwer durchführbar und für den Stufenstrafvollzug nur hinderlich sein. Wohl aber wird es hier angebracht sein, die sämtlichen Insassen für den Unterricht usw. unter erzieherischen Gesichtspunken in verschiedene Gruppen zu gliedern[20]).

Etwas Neues gegenüber den *GVF.* sind die Anstalten und Abteilungen für Volljährige, die noch nicht fünfundzwanzig Jahre alt sind und die noch keine oder keine erheblichen Freiheitsstrafen verbüßt haben. Sie können »nach Bedarf« eingerichtet werden. In Sachsen hat man damit bereits einen Anfang gemacht. Auch den Jugendgefängnissen sollen solche Abteilungen angegliedert werden dürfen. Die Frage ist, ob dadurch deren Charakter als Jugendanstalten nicht allzusehr verwischt wird, selbst wenn man nur ledige Volljährige aufnimmt. In Nordamerika gelten freilich als »juvenile aduets«, die in reformatorys untergebracht werden, Menschen vom 16. bis zum 30. Lebensjahr.

---

[19]) Die Reichskriminalstatistik läßt leider nicht erkennen, wieviel Minderjährige zu Zuchthaus verurteilt worden sind. In dem Thür. Männerzuchthaus waren am 1. 4. 1927 unter 274 Gefangenen nur 2 Minderjährige, also noch nicht einmal 1 v. H.! In anderen Ländern sollen es allerdings mehr sein.

[20]) S. hierzu Bondy, Pädagogische Probleme im Jugend-Strafvollzug, S. 63/64.

Der *Entw.* sieht auch für solche erstmals Bestrafte, die über fünfundzwanzig Jahre alt sind, besondere Gefängnisse oder Gefängnisabteilungen vor (§ 20). Es ist zweifellos zuzugeben, daß solche Gefangene in der Regel leichter erziehbar sein werden, als vielfach Vorbestrafte. Es ist auch richtig, daß Gefangene, die noch nicht allzu weit auf der Bahn des Verbrechens vorgeschritten sind, nach Möglichkeit vor schlechter Beeinflussung durch Mitgefangene, die alte abgefeimte Verbrecher sind, behütet werden müssen, wie in einem Beschluß des Londoner Gefängniskongresses 1925 hervorgehoben ist[21]). Zweifelhaft kann es nur sein, ob nicht in kleineren und mittleren Anstalten, wo der Strafvollzug in Stufen erfolgt, durch die Aussonderung der nicht Vorbestraften und ihre Zusammenfassung in einer besonderen Abteilung dem Stufenstrafvollzug gerade diejenigen Gefangenen entzogen werden, die auf der der II. und ganz besonders auf der III. Stufe den Stamm der besonders Zuverlässigen und die Stütze der Erzieher bilden und die die übrigen Gefangenen günstig beeinflussen können. Der Londoner Gefängniskongreß 1925 hat sich dafür entschieden, daß die Gefangenen auch nach Charakter und Besserungsfähigkeit einzuteilen sind. Wir werden in Deutschland noch Erfahrungen sammeln müssen, ob solche Klassifikation wirklich dem Stufenstrafvollzug zum Vorteil gereicht.

Mit der Vorschrift, daß für geisteskrank werdende und einer Geisteskrankheit verdächtige sowie für geistig minderwertige Gefangene nach Bedarf besondere Anstalten oder Abteilungen einzurichten sind (§ 21), erweitert der *Entw.* den § 5 I der GVF., wo solche Einrichtungen nur für geistig Minderwertige vorgesehen sind. Daß geisteskranke Gefangene in einer Irrenabteilung einer Strafanstalt, statt in einer öffentlichen Irrenanstalt untergebracht werden, liegt meist dann im Interesse der Gesellschaft, wenn es sich um gemeingefährliche Kranke handelt; die sind in der Regel in einer öffentlichen Irrenanstalt nicht so sicher verwahrt wie in der Irrenabteilung der Strafanstalt. Auch im Interesse des Gefangenen kann es liegen, daß er nicht in eine öffentliche Irrenanstalt verlegt wird, weil in diesem Fall die Strafe nach § 218 I unterbrochen werden kann und dann der Aufenthalt in der Irrenanstalt nicht auf die Strafe angerechnet wird.

Die Aussonderung der in hohem Grade geistig Minderwertigen aus den gewöhnlichen Strafanstalten ist zu deren Entlastung sehr zweckmäßig. Sie befinden sich hier doch meist auf der untersten Stufe; werden sie einmal höher gebracht,

---

[21]) *ZStW*. 47, 195.

so dauert es meist nicht lange, bis sie wieder zurückversetzt werden müssen. Sie sind das Kreuz der Anstaltsverwaltungen. Ihre Unterbringung in besondere Anstalten, wo dann nicht die gleichen Anforderungen an ihren Willen (§ 156 I 1) gestellt zu werden brauchen, wäre sehr wertvoll. Ob Verurteilte, deren verminderte Zurechnungsfähigkeit schon im Strafurteil festgestellt ist (§ 17 II *AE*) alsbald in eine solche Sonderanstalt einzuliefern sind, wird von Fall zu Fall zu entscheiden sein; Voraussetzung dafür wäre, daß ein psychiatrisches Gutachten auf Grund längerer Beobachtung in einer Irrenanstalt (§ 81 StPO.) und nicht etwa nur ein kreisärztliches Zeugnis vorliegt.

Besondere Anstalten oder Abteilungen sollen nach Bedarf auch für Gefangene, die an Tuberkulose leiden, eingerichtet werden (§ 97 II)[22]). Bei dem im allgemeinen erfreulicherweise nur geringen Bestand solcher Kranker[23]) werden besondere Abteilungen nur selten eingerichtet werden können. Die Zusammenlegung derjenigen Kranken, die längere Strafen zu verbüßen haben, in hygienisch einwandfreien Spezialstrafanstalten ist sehr zu wünschen. Wenn diese Anstalten sich auch — abgesehen von den verschlossenen Toren und verwahrten Fenstern — in ihrer Einrichtung nicht von Heilanstalten unterscheiden werden, so hat doch die Möglichkeit, Verurteilte hier unterzubringen, den Vorteil, daß die Krankheit nicht mehr Freibrief für alle möglichen strafbaren Handlungen ist, wie das jetzt manchmal vorkommt. Der Zwangsaufenthalt in einer solchen Anstalt wird durch das ruhige Leben häufig im eigenen gesundheitlichen Interesse des Verurteilten liegen. Bei der geringen Zahl der in Frage kommenden Verurteilten werden einige wenige solcher Spezialanstalten für das ganze Reich genügen.

Nicht erwähnt sind im *Entw.* unter den Strafanstalten die Zwischenanstalten, wie sie seit 1856 beim irischen Stufenstrafvollzug zur Erleichterung des Übergangs in die volle Freiheit als wesentlicher

---

[22]) Die Vorschrift findet sich im Untertitel »Gesundheitsfürsorge«, gehört aber vor in den Untertitel »Strafanstalten«; die Folge der jetzt unrichtigen Anordnung ist, daß die Tuberkuloseanstalten nicht in § 22 — s. folgenden Abschnitt — erwähnt sind, was wünschenswert ist.

[23]) Die Statistik über die Gefangenenanstalten der Justizverwaltung in Preußen für das R.-Jahr 1923 weist bei einer Gesamtzahl von nicht weniger als 473 351 Gefangenen nur 1802 Tuberkulosekranke auf, von denen aber 1237 schon vor der Einlieferung an Tuberkulose oder an tuberkuloseverdächtigen Erkrankungen behandelt waren. Auch bei der Mehrzahl der dann verbleibenden 553 (= 0,11 v. H. des Gesamtbestandes ist wohl anzunehmen, daß sie die Krankheit oder die Veranlagung dazu in die Anstalt mitgebracht haben.

Bestandteil des Systems üblich sind[24]). Der *Entw.* würde damit kein Neuland betreten, Hamburg hat solche Anstalten schon eingerichtet[25]). Freilich sind praktische Erfahrungen im großen Ausmaße in Deutschland noch nicht gesammelt worden, und es ist anzuerkennen, daß die Praxis der Gesetzgebung noch eine Zeitlang voranschreiten muß. Zunächst wird es schon genügen, wenn die Ausführungsbestimmungen einen Anlaß geben, solche Anstalten in allen Ländern einzurichten[26]).

Soweit in einzelnen Ländern die vorgesehenen Spezialanstalten- und Abteilungen nicht eingerichtet werden können, sollen nach § 22 *Entw.* für mehrere Länder gemeinsame Einrichtungen durch Vereinbarung der beteiligten Regierungen geschaffen werden. Sehr zweckmäßig — es bleibt nur abzuwarten, ob diese vorsichtig gefaßte Sollvorschrift mehr Erfolg hat als die ähnliche Vorschrift des § 6 I *GVF.*, die sich noch nicht ausgewirkt hat, obwohl sie in ihrer Fassung strenger ist. Planwirtschaft wäre für den Vollzug langer Strafen, die Transporte außer Landes lohnen, schon angebracht, scheint aber — wenigstens zurzeit noch — in weiter Ferne zu liegen. Erwünscht wäre auch, daß sich nicht nur — was § 22 wohl auch gar nicht im Auge hat — kleinere Länder, wie z. B. früher die thüringischen Kleinstaaten — zu Verwaltungsgemeinschaften zusammenschließen, sondern daß auch andere Länder einen Austausch von Gefangenen vereinbaren, je nachdem was für Spezialanstalten in den Ländern vorhanden sind. Eine Initiative des Reiches bei dem Zustandekommen solcher Vereinbarungen wäre sehr erwünscht.

3. Der *Entw.* enthält keine Vorschriften über die Größe der Anstalten. Er spricht zwar in § 26 II von »großen« Anstalten und an anderer Stelle von solchen, in denen »eine größere Zahl der Gefangenen« Freiheitsstrafen verbüßen, sagt aber nicht, welche Zahlen er bei diesen Begriffen im Auge hat. Leider würde auch, selbst wenn die untere Zahlengrenze für die Belegung großer Anstalten festgelegt würde, schon aus finanziellen Gründen nicht erreichbar sein, daß die Größe der Anstalten auch nach oben hin durch gesetzliche Bestimmung der Höchszahl der Gefangenen begrenzt würde. Und doch wäre es für den Strafvollzug von großem Werte, wenn das Fortbestehen von

---

[24]) Holtzendorff, Das irische Gefängnissystem, Leipzig 1859, S. 64 ff.

[25]) Hamb. OVO. § 456 ff.

[26]) Ihre Erfolge werden davon abhängen, wieweit das Arbeitsproblem gelöst ist. Jedenfalls wird man sich in dem immer mehr zum reinen Industriestaat sich entwickelnden Deutschland nicht auf landwirtschaftliche Arbeiten beschränken dürfen. — Im übrigen siehe das hierzu in dem Aufsatz über den Strafvollzug in Stufen Gesagte.

Riesenanstalten mit tausend Gefangenen und mehr verhindert würde. In solchen Anstalten besteht die Gefahr, daß der Betrieb sich ganz zwangsläufig mechanisiert, um die große Verwaltungsmaschine in reibungslosem Gang zu erhalten. Das Verwaltungstechnische läßt leicht die Erziehungsarbeit zu kurz kommen; die leitenden Beamten werden durch die Verwaltungsarbeit ganz in Anspruch genommen und müssen froh sein, wenn alles äußerlich gut klappt. Der Vorsteher kann schwerlich die Seele einer solchen Riesenanstalt sein, nur ihr Motor. Die Erziehungsarbeit kann er nicht in der Hand halten; er wird kaum die Namen der Gefangenen kennen. *Krohne*[27]) hat Zahlen für Männerstrafanstalten angegeben, die auch heute noch das Richtige treffen; er bezeichnet als wünschenswert nicht weniger als 200 und nicht mehr als 500 Köpfe. Für den Stufenstrafvollzug wird etwa eine Belegung von 300—400 am günstigsten, von 500 aber nicht zu hoch sein[28]).

Anzunehmen ist, daß künftig bei Neubauten schon der Kostenfrage wegen nicht mehr allzu große Anstalten errichtet werden. Auch die Verkleinerung der vorhandenen Riesenanstalten ließe sich, ohne daß Gebäude überflüssig würden, dadurch erreichen, daß die Schlafsäle in Einzelzellen umgebaut würden. Durch ein kategorisches Verbot von Schlafsälen und Schlafkojen würde der *Entw.* den inneren Abbau der zu großen Anstalten erzwingen. Aber an ein solches Verbot wagt sich der *Entw.* nicht heran. Das Schicksal seines Vorgängers von 1879 schreckt ihn. Dieser blieb bekanntlich im Bundesrat nach der ersten Lesung auf ein Machtwort Bismarcks stecken und schlief dann ein[29]). Den preußischen Ministerpräsidenten hatte es besorgt gemacht, daß die Durchführung jenes Entwurfs, vor allem der Bestimmung, daß jeder Gefangene für die erste Zeit in Einzelhaft kommen solle, 80 bis 100 Millionen Mark kosten sollte. So blieb's beim alten — und die Folge ist, daß wir heute noch in vielen Anstalten Schlafsäle haben[30]), obwohl wir längst wissen, daß sie die Brutstätten der schlimmsten Laster sind und daß jeder noch einigermaßen anständige Gefangene dort sehr schnell derart verdorben wird, daß keine noch so sorgfältige

[27]) Lehrbuch d. Gefängniskunde S. 291.

[28]) Schon Heine, Direktor der Strafanstalt zu Stade, hat in einem 1866 erschienenen noch heute sehr lesenswerten Büchlein »Die Besserung als Strafzweck« als Hindernis für die Besserung der Gefangenen übergroße Anstalten aufgeführt und einen Bestand von 300 Gefangenen als Höchstzahl angegeben (S. 18).

[29]) Bumke in DJZ. 1927 Sp. 282.

[30]) Nach der erw. preuß. Statistik für das allerdings wegen des hohen

Erziehungsarbeit die Schäden gutmachen kann. Aber so oft auch schon vor dem Krieg auf diesen Krebsschaden hingewiesen worden ist[31]), hat man ihm in den langen Jahren vor dem Krieg, als wir noch reich waren, aus falscher Sparsamkeit nicht abgeholfen. Jetzt ist das schwer nachzuholen, aber es muß versucht werden, wenn wir Ernst damit machen wollen, den Strafvollzug erziehlich zu gestalten; denn solange nicht in einer Strafanstalt die erziehungswidrigen Einflüsse, wie sie in besonderem Maße aus den Schlafsälen erwachsen, weggeräumt sind, darf man nicht hoffen, positive Erziehungsarbeit mit Erfolg treiben zu können. Die Gemeinschaftshaft, die wesentlicher Bestandteil des Stufenstrafvollzugs ist, darf sich nur tagsüber auswirken. Nachts müssen auch in der Gemeinschaftshaft die Gefangenen getrennt werden. Der § 53 *Entw.* sagt schüchtern: »nach Möglichkeit« und läßt damit die Schlafsäle fortbestehen. Ganz offen rechnen damit die *GVF.* und schreiben in § 42 V vor, daß in einem Schlafsaal nicht mehr als zwanzig Gefangene untergebracht werden sollen. In die AusfBest. sollte — da wir nun einmal dieses Übel weiter mitschleppen müssen — die Bestimmung des § 42 IV übernommen werden, daß jüngere und weniger verdorbene und anderseits besonders der Ordnung schädliche Gefangene aus den Schlafsälen ferngehalten werden sollen. Man lege möglichst nur die Landarbeiter hinein, die sich tagsüber an frischer Luft körperlich aus- und müde arbeiten.

Fragen der baulichen Gestaltung der Strafanstalten schneidet der *Entw.* im übrigen kaum an. Die Anstalten unterstehen den allgemeinen Vorschriften über gesundheitspolizeiliche Überwachung (§ 93); das könnte sich — falls die Bestimmung nicht überhaupt nur auf dem Papier stehen bleibt — auch auf die bauliche Einrichtung (Abortverhältnisse z. B.) auswirken. Die Größe der Hafträume zu bestimmen wird in § 94 einer an die Zustimmung des Reichsrats gebun-

---

Gefangenenbestandes abnorme Jahr 1923 waren für durchschnittlich täglich 70 035 Gefangene vorhanden:

34 101	Einzelhaftzellen
4 888	Einzelschlafzellen
27 345	Betten in Schlafsälen
3 661	Betten in Kojen

dabei ist zu berücksichtigen, daß unter den Gefangenen die zahlreichen Untersuchungsgefangenen inbegriffen sind, die wohl einen sehr großen Teil der Einzelzellen in Anspruch genommen haben werden (§ 116 I StPO.).

[31]) Heine a. a. O. S. 30 spricht (1866!) von dem »häßlichsten Schatten des Gefängniswesens«. Besonders eindringlich auch *Krohne* S. 244 f.; merkwürdigerweise sagt er dann S. 305, daß gerade im Gefängnissen »nach dem gemischten bzw. Stufensystem« zum Schlafen Schlafsäle oder Schlafzellen dienen können.

denen Ausführungsverordnung überlassen[32]); dasselbe wird für die Größe der Fenster zu erwarten sein. § 97 III bringt eine Einzelheit für Krankenräume; sie sind »freundlicher« zu gestalten und einzurichten. Zutreffender wäre es wohl, wenn an solche Räume nicht das Erfordernis der »Freundlichkeit«, sondern der hygienisch einwandfreien Beschaffenheit gestellt würde; ein Gefängnislazarett sollte sich — außer durch die Sicherung der Türen und Fenster — nicht von einem neuzeitlich eingerichteten Krankenhaus unterscheiden. Man braucht nicht zu fürchten, daß beim Vorhandensein eines solchen Gefängnislazaretts mehr Gefangene als sonst krank melden. Außerdem liegt ja die Entscheidung, wer ins Lazarett aufgenommen werden soll, beim Anstaltsarzt.

Eine weitere Einzelheit betrifft die Strafzellen (§ 143 II). Sie müssen den Anforderungen entsprechen, die an eine zum Aufenthalt bei Tag und Nacht bestimmte Zelle gestellt werden; sie müssen vom Tageslicht hinreichend erhellt sein und dürfen nicht verdunkelt werden.

Im übrigen finden wir im *Entw.* über bauliche Einrichtung der Strafanstalten nur noch eine Übergangsbestimmung in § 315. Danach müssen die zur Durchführung der erwähnten Vorschriften erforderlichen Einrichtungen, soweit sie noch nicht vorhanden sind, bis zum Ablauf des fünften Jahres nach dem Inkrafttreten des Gesetzes geschaffen werden; reicht für ein Land diese Frist nicht aus, so kann sie auf Antrag der Landesregierung von der Reichsregierung mit Zustimmung des Reichsrats um drei Jahre verlängert werden. Bei Neubauten und umfassenden Umbauten ist darauf Bedacht zu nehmen, daß die Einrichtungen geschaffen werden. Bedauerlich ist, daß diese ziemlich strenge Übergangsbestimmung sich nicht auch auf die Beseitigung der Schlafsäle bezieht.

Die Zurückhaltung des *Entw.* in bezug auf die bauliche Einrichtung der Anstalten (von der Schlafsaalfrage einmal abgesehen) ist verständlich. Denn wir suchen noch den neuen Typ, den wir für die moderne Strafanstalt, wo der Vollzug in Stufen erfolgt, brauchen. Von dem panoptischen Strahlenbau[33]) müssen wir uns jedenfalls bei Anstalten, die dem Erziehungsstrafvollzug in Stufen dienen sollen,

[32]) § 87 *GVF.*

[33]) Solcher läßt sich übrigens manchmal schlechter für die Zwecke des Stufenstrafvollzugs einrichten als die in alten Gebäuden untergebrachten Anstalten, weil sich die notwendigen Aufenthaltsräume in dem eine fertige, kaum veränderliche Einheit bildenden Bau schwer schaffen lassen.

losmachen, so praktisch er wegen seiner Übersichtlichkeit für den rein polizeimäßigen Aufsichtsdienst ist. Dem Stufenstrafvollzug wird am besten eine Art Pavillonsystem aus drei miteinander durch verdeckte Gänge verbundenen Zellenhäusern dienen, für jede Stufe eins; daneben natürlich Verwaltungsgebäude, Werkstattgebäude, Krankenhaus, Kirche. Die Häuser der II. und III. Stufe müssen außer den Zellen auch die nötigen Schul- und Vortragssäle enthalten sowie die Gemeinschaftsräume, wo die Gefangenen die Mahlzeiten einnehmen und sich Sonntags, die der III. Stufe auch Werktags, in den Abendstunden aufhalten dürfen. Das Haus der III. Stufe wird sich durch unvergitterte Fenster von gewöhnlicher Größe und Form schon äußerlich von den anderen abheben. Die bis jetzt bei den Strafanstalten übliche Architektur ist als Zuchthausstil sprichwörtlich geworden. Der gotisierende Aufputz der Backsteinarchitektur der Verwaltungsgebäude und der Anstaltskirche pflegen die Peinlichkeit des Eindrucks nur noch schlimmer zu machen. Für einen modernen Architekten müßte es eine in jeder Beziehung reizvolle Aufgabe sein, die zweckmäßigste Anlage einer modernen Strafanstalt zu finden und ihr auch die Form zu geben, die dem auf Sachlichkeit und Schönheit der Zweckform abgestellten Empfinden unsrer Zeit entspricht.

4. Ein guter Strafanstaltsbau gewährleistet noch nicht ohne weiteres einen guten Strafvollzug; auch das beste Strafvollzugsgesetz und die verständnisvollste Dienstvorschrift können das nicht. Das Entscheidende sind die Beamten, die den Strafvollzug handhaben. Denn es handelt sich hier nicht um irgendeine Verwaltungstätigkeit, die gut erledigt ist, wenn die Paragraphen genau befolgt werden. Gewiß gibt es auch im Strafvollzug manches, was reine Verwaltungstätigkeit ist und sich von der der anderen Behörden nicht wesentlich unterscheidet; aber diese Tätigkeit hat keine Eigenbedeutung. Auch die sichere Verwahrung der Gefangenen — so wichtig und notwendig sie ist — ist nicht die schwierigste Aufgabe; sie ist beim Vorhandensein von hohen Mauern, festen Wänden, sicheren Toren, guten Gitterstäben und genügend Wachtposten nicht schwer erfüllbar. Ziel und Zweck des Strafvollzugs ist — das betont der *Entw.*[34]) — die Erziehung. Erziehung ist aber nicht die Anwendung eines Reglements. Erziehung ist Wirkung von Mensch zu Mensch. Die Dinge liegen also nicht anders wie bei jeder anderen Erziehungsaufgabe. Wie die Erfolge z. B. der Schulreform nicht von den Büchern abhängen, die darüber geschrieben, und den Vorschriften, die dafür gegeben werden, sondern letzten Endes davon, ob man die geeigneten

[34]) *Entw.* §§ 57, 156.

Lehrer in genügender Zahl findet, die wirklich geborene Erzieher sind — so werden in gleicher Weise auch die Erfolge und Mißerfolge der Strafvollzugsreform bedingt. Damit sage ich nichts Neues. Die Erkenntnis von der Bedeutung der Personenfrage, der Beamtenfrage, ist schon längst Allgemeingut[35]). Auch die Folgerungen, die daraus zu ziehen sind, sind klar. Nur ist es unendlich schwer, sie zu verwirklichen. Ist es doch schon schwierig, sie in Paragraphen zu bringen. Immerhin erscheint es etwas sehr wenig, was der *Entw.* über die Anstaltsbeamten bringt. In vier kurzen Paragraphen (25—28) werden einige Beamte aufgeführt, die — zum Teil nur bei Bedarf — vorhanden sein müssen. Ein weiterer Paragraph handelt von der Dienstkleidung und Bewaffnung; der letzte des Untertitels bringt eine Sollvorschrift über Beamtenbesprechungen.

Einen Vorsteher muß jede Anstalt haben (§ 25 I). Damit ist nicht viel gesagt, zumal der Vorsteher im Hauptamt nur bei Anstalten, »in denen eine größere Zahl von Gefangenen Freiheitsstrafen von längerer Dauer verbüßt«, bestellt zu werden braucht (§ 25 II). Auch hinsichtlich von Arztpflege ist nicht viel gewonnen, wenn es im folgenden Paragraphen heißt, daß bei jeder Anstalt die ärztliche Versorgung der Gefangenen sicherzustellen ist; nur für jede »große« Anstalt ist mindestens ein Arzt im Hauptamt zu bestellen — eine Forderung, die in großen Anstalten sicher längst erfüllt ist, wenn man unter »großen« Anstalten solche von etwa 800 Gefangenen an versteht. Nötig ist aber ein hauptamtlicher, psychiatrisch vorgebildeter Arzt in jeder Anstalt mit Stufenstrafvollzug, deren Belegung nicht unter der wünschenswerten unteren Grenze von 200 Mann liegt. Nicht mit der ärztlichen Versorgung, aber mit der psychiatrischen Untersuchung und Beobachtung der Gefangenen wird er auch in einer so kleinen Anstalt genug zu tun haben. Die Bestimmung des § 27 über Lehrer und Fürsorger bringt auch keinen Fortschritt. Sie sind ebenfalls nur nach Bedarf im Haupt- oder Nebenamt zu bestellen oder durch Vertrag zu verpflichten. Dabei ist nicht gesagt, was eigentlich unter Fürsorger zu verstehen ist. Im Wittlicher Jugendgefängnis haben sie z. B. ganz andere Aufgaben

[35]) Z. B. werden in der schon mehrmals zitierten Schrift des Strafanstaltsdirektors W. Heine aus dem Jahre 1866 unter den »Hindernissen der Besserung« ganz besonders »ungenügend gute Aufseher« hervorgehoben (S. 18 ff., 53 ff.). Schon vor ihm hatte vor allem Wichern die Beamtenfrage als die Kardinalfrage der Strafvollzugsreform erkannt und dem wiederholt Ausdruck gegeben, so bereits in seinem ersten berühmten Bericht an Friedrich Wilhelm IV. vom August 1854 unter 5b (Gesammelte Schriften Bd. 4 S. 50 ff.).

als in Thüringen, wo sie die eigentlichen Erzieher darstellen, in deren Hand die »weltliche Seelsorge« neben dem gesamten Gebiet der Gefangenenfürsorge und dem Unterricht liegt[36]).

Der Aufsichtsdienst an Frauen ist nach § 28 nur bei Anstalten, in denen eine größere Zahl von Frauen Freiheitsstrafen von längerer Dauer verbüßen, ausschließlich Frauen zu übertragen. In anderen Anstalten »soll« es nur »möglichst« geschehen. Insoweit sanktioniert also der *Entw.* den notgedrungenermaßen bei den kleineren Gerichtsgefängnissen bestehenden, an sich wenig erfreulichen Zustand, daß hier auch Männer beim Aufsichtsdienst über weibliche Gefangene verwendet werden. Die Durchsuchung bei der Aufnahme darf — wie bisher schon — nur von Frauen ausgeübt werden (§ 46 II). Auch beim Baden und ähnlichen Gelegenheiten muß die Aufsicht durch eine Frau — in der Regel ist's die Frau des Gefangenmeisters — geführt werden. Im übrigen läßt sich schwer vermeiden, daß sich auch der Gefangenmeister am Aufsichtsdienst über weibliche Gefangene beteiligt, weil seine Frau nicht ständig im Dienst sein kann. Die Anstellung besonderer Aufseherinnen — eine würde auch in einem kleinen Gefängnis nicht genügen, weil ja auch für die Nacht jemand zur Verfügung stehen muß — stößt auf Schwierigkeiten, weil sie bei der geringen und noch dazu ganz unregelmäßigen Belegung der kleinen Gerichtsgefängnisse mit weiblichen Gefangenen nicht genügend beschäftigt sein und manche Tage überhaupt nichts zu tun haben würden. In ganz kleinen Gerichtsgefängnissen kommen weibliche Gefangene wochen-, ja monatelang nicht vor. Oben habe ich schon darauf hingewiesen, daß bei den jetzt noch häufig vorkommenden kurzen Freiheitsstrafen (besonders Ersatzfreiheitsstrafen und Haftstrafen) dem Zusammenlegen sämtlicher weiblicher Gefangener in größeren Gerichtsgefängnissen und Strafanstalten Grenzen gezogen sind und dadurch auch noch nicht die Schwierigkeiten hinsichtlich weiblicher Untersuchungsgefangener behoben werden. Bei den mittleren Gerichtsgefängnissen, wo ein ständiger, wenn auch kleiner Bestand an weiblichen Gefangenen vorhanden ist, könnte man daran denken, die nicht voll beschäftigten Aufseherinnen mit zur Beaufsichtigung männlicher Gefangener heranzuziehen. Aber trotz der rechtlichen Gleichstellung von Mann und Frau kann man hier doch noch keine derart weitgehende tatsächliche vornehmen. Auch die neuerdings eingestellten weiblichen Polizeibeamten werden nur gegenüber Frauen verwendet.

---

[36]) Thür. DVO. § 14. Ähnlich jetzt auch Sachsen (s. Starke in *MKrimPsych. 18*, 279).

Vollends im Gefängnis, wo die Beamten mit den Gefangenen häufig allein in der Zelle zu tun haben, wird man weibliche Beamte nicht wie männliche beschäftigen können. Es gibt zu viele gefährliche und unberechenbare Gefangene, mit denen man Aufseherinnen nicht in Berührung kommen lassen möchte. Befriedigend ist also das Problem vorderhand kaum zu lösen, vor allem nicht gesetzgeberisch.

Über die Dienstkleidung der Beamten ist nichts Positives gesagt. Sie wird von der obersten Aufsichtsbehörde geregelt. Hoffentlich geschieht dies immer mehr in dem Sinne, daß die Dienstkleidung sich in Farbe, Schnitt und Art der Kopfbedeckung von militärischer Uniform entfernt[37]). Gewiß müssen die Aufsichtsbeamten eine einheitliche Dienstkleidung tragen. Aber wenn sie zu militärisch gestaltet ist, verführt sie leicht zu äußerer Schneidigkeit auf Kosten verständnisvoller innerer Einstellung zu den Aufgaben des Strafvollzugs. Auch das Tragen von Degen und Säbel im Dienste wird nunmehr als überholt gelten können.

Als letzte Bestimmung steht in dem Untertitel über Anstaltsbeamte die aus § 14 *GVF.* übernommene Vorschrift, daß in Anstalten, in denen eine größere Anzahl von Gefangenen Freiheitsstrafen von längerer Dauer verbüßt, regelmäßig Beamtenbesprechungen unter dem Vorsitz des Vorstehers stattfinden sollen; auch in anderen Anstalten soll dies nach Bedarf geschehen (§ 30). Die *GVF.* lassen sich darüber aus, was diese Besprechungen bezwecken, nämlich »das Interesse der Beamten am Strafvollzug und am Schicksal der einzelnen Gefangenen zu wecken und stärken«. Darüber, wie dies gemacht werden soll, werden dort einige nähere Vorschriften gegeben. Der *Entw.* dagegen will sie offenbar den Ausführungsbestimmungen überlassen. So steht der § 30 im Gesetzentwurf etwas einsam da und ist in seiner Bedeutung kaum verständlich. Dabei berührt er gerade das Gebiet, auf dem ein Reichsstrafvollzugsgesetz etwas Positives bringen sollte: die Aus- und Fortbildung der Beamten. Die *GVF.* schreiben in § 9 vor, daß zum Strafanstaltsbeamten im Hauptamt nur bestellt werden soll, wer für den Strafanstaltsdienst theoretisch und praktisch ausgebildet ist. Die praktische Ausbildung soll nach demselben Paragraphen eine gründliche Kenntnis aller Zweige des Strafanstaltsdienstes und des Strafvollzugs vermitteln. Die theoretische Ausbildung soll sich insbesondere auf pädagogische und psychiatrische

[37]) Die in Hamburg — allerdings nur für Verwaltungsbeamte und Sozialpädagogen, bei denen eine Uniform entbehrlich erscheint — eingeführte blaue Dienstkleidung, die der in der Handelsmarine üblichen nachgebildet ist, mit einer Art Kapitänsmützen, scheint mir für die künftige Uniformierung der Aufsichtsbeamten Richtung geben zu können.

Fragen erstrecken, soweit sie für die Beurteilung und Behandlung von Gefangenen von Bedeutung sind. Auch auf das Gebiet der Fürsorge für entlassene Strafgefangene ist besonderes Gewicht zu legen. Auch über die Grundzüge des Strafrechts und des Strafprozeßrechts müssen die Beamten unterrichtet sein.

Eine solche oder ähnliche Bestimmung in das Gesetz aufzunehmen ist angebracht. Noch immer wird das Wort Vambérys auf dem Gefängniskongreß von Washington für berechtigt gehalten[38]): »Der Gefängnisbeamte von heute ist für die Behandlung der Kriminellen ebensogut ausgebildet, wie eine Krankenschwester vor einem Jahrhundert für die Behandlung der Kranken ausgebildet war.« Auch wird der Strafvollzugsdienst vielfach noch immer als letzter Zufluchtsort für Leute und von Leuten angesehen, die sonst keinen Beruf gefunden haben. Eine gesetzliche Schranke wäre da von Wert. In der Praxis hat sich bereits die Erkenntnis der Notwendigkeit einer sorgfältigen Ausbildung der Strafanstaltsbeamten durchgesetzt, vor allem auch in den Kreisen der Aufsichtsbeamten. Der Bund der Gefängnis-, Straf- und Erziehungsanstaltsbeamten Deutschlands hat kürzlich eine kleine Schrift »Der Aufsichtsbeamte im Strafvollzuge« herausgegeben, die sich mit diesem Thema beschäftigt. Dem, was hier über »die allgemeinen Voraussetzungen für die Eignung zum Strafvollzugsbeamten« sowie über »die erforderlichen geistigen und moralischen Kenntnisse, Fähigkeiten und Eigenschaften« gesagt wird, kann man unbedenklich zustimmen.

Aufsichtsbeamte, und zwar charakterlich geeignete und beruflich gut ausgebildete, sind auch beim Erziehungsstrafvollzug unentbehrlich. Denn auch bei diesem besteht ein erheblicher Teil der Anstaltstätigkeit in Überwachung, bei der die Erziehung zurücktritt. Gewiß soll diese nicht bloß als »Zusatznahrung« (Liepmann) gewährt werden; es soll vielmehr der gesamte Strafvollzug vom Erziehungsgedanken beherrscht sein. Aber das schließt eine gewisse Arbeitsteilung unter den Anstaltsbeamten nicht aus. Eine solche ist gerade heute notwendig, da wir für die Erziehungsarbeit ganz besonders gut vor- und ausgebildete Fachleute — Fürsorger, Erzieher, Sozialpädagogen oder wie man sie nennen will![39]) — brauchen. Diese müssen natürlich gut bezahlt werden. Solche Kräfte kann man dann nicht mit zum Aufsichtsdienst verwenden. Die Beaufsichtigung,

[38]) Von Liepmann in seinem Vortrag auf der Versammlung der JKV. in Hamburg 1924 zitiert (Mitt. S. 44).

[39]) Wichern: »Pflegeramt« (Ges. Schriften Bd. 4 S. 52 f.).

die Notwendigkeit zu ständiger Beaufsichtigung der Gefangenen tritt zwar im Stufenstrafvollzug zurück, aber doch erst auf der obersten Stufe. Auf den unteren beiden Stufen muß scharfe Aufsicht geführt werden. Dazu braucht man zahlreiche Aufsichtsbeamte. Der Ersatz für diese ist jetzt, seitdem ihre Einreihung in die Besoldungsordnung ganz günstig — jedenfalls günstiger als die der Justizwachtmeister — geregelt ist, viel besser geworden. Besonders unter den jetzt aus der Reichswehr nach zwölfjähriger Dienstzeit ausscheidenden Versorgungsanwärtern finden sich recht brauchbare und tüchtige Bewerber. Sie haben auf den Heeresfachschulen jetzt meist eine gute und durch Zeugnisse nachprüfbare Vorbildung genossen, auf der sich die Spezialausbildung in einem mindestens auf sechs Monate zu bemessenden Probedienst leicht aufbauen läßt. Fortbildungslehrgänge müssen ständig abgehalten werden; die für Beförderungsstellen in Frage kommenden Aufsichtsbeamten müssen ganz besonders weitergebildet werden. Auch hier wird sich ein Feld für Vereinbarungen zwischen den Ländern bieten.

Ob man für die Erziehungsbeamten Hochschulbildung verlangen soll, ist keine grundsätzliche Frage. Man wird auch unter den anderweit vorgebildeten Lehrern sehr geeignete Kräfte finden. Doch ist zu betonen, daß der Strafanstaltslehrer bisher üblicher Art, wenn seine Tätigkeit nur in Unterrichtserteilung und vielleicht noch in der Verwaltung der Bücherei bestand, noch nicht ohne weniteres denjenigen Erzieher darstellt, wie man ihn heute im Erziehungsstrafvollzug braucht. Besondere Ausbildungslehrgänge oder noch besser besondere ständige Schulen für Strafanstaltserzieher an einigen deutschen Strafanstalten, wo der Erziehungsstrafvollzug schon besonders weit systematisch durchgeführt ist, wären sehr nötig. Der Bedarf an solchen Erziehungsbeamten wird in den nächsten Jahren — besonders wenn erst einmal der *Entw.* verabschiedet ist — sehr groß sein. Freilich gilt gerade hier das Wort, daß viele berufen, aber wenige auserwählt sind.

Die Forderung gründlicher Vor- und Ausbildung gilt natürlich in besonderem Maße für den hauptamtlichen V o r s t e h e r. Er muß heutzutage sehr vielseitig gebildet sein. Wenn er auch nicht auf allen beim Strafvollzug in Frage kommenden Gebieten — Recht, Pädagogik, Psychologie, Psychiatrie, Kriminalbiologie, Verwaltung, Wirtschaft, Technik usw. — wird Fachmann sein können, so muß er doch überall bewandert sein und sich sein eigenes Urteil bilden können. Trotzdem wird der Gesetzgeber gerade für ihn keinen bestimmten Ausbildungsgang — etwa wie für den Richter (GVG. § 2) — vorschreiben können. Denn letzten Endes muß bei der Wahl eines

Vorstehers die Persönlichkeit entscheiden. Es kommt auch bei ihm vor allem darauf an, daß er Menschen zu behandeln und zu beeinflussen versteht. Auch er muß als Erzieher geboren sein und dabei organisatorisches Geschick besitzen. Solche Persönlichkeiten sind selten, sehr selten, und wenn man sie findet, soll man nicht durch gesetzliche Vorschriften über Prüfungen u. dgl. gehindert sein, sie mit dem schwierigen Amt eines Strafanstaltsvorstehers zu betrauen. Auch bei diesen würde eine Forderung, wie sie § 9 *GVF.* an die Ausbildung aller Strafanstaltsbeamten stellt, genügen.

Der *Entw.* erwähnt nicht mehr die Gefängnisbeiräte, die nach § 17 *GVF.* aus Vertrauenspersonen außerhalb des Beamtenkörpers gebildet werden können. Das ist nicht weiter bedauerlich. Wenn ein Land — nicht jedes kennt sie — sie beibehalten will, so ist das ihm unbenommen. Den Zweck, in weiteren Kreisen Verständnis für den Strafvollzug zu wecken, haben sie kaum erfüllt. Wenn die Presse sich jetzt öfters mit dem Leben hinter den Zuchthaus- und Gefängnismauern beschäftigt, so darf man das wohl noch nicht ohne weiteres dahin deuten, daß die Öffentlichkeit beginnt, ernsthaft an den schwierigen Problemen, die der Strafvollzug gerade heute bietet, Anteil zu nehmen.

Der *Entw.* bringt aber etwas anderes, neues: den »Anstaltshelfer« (§§ 31, 32). Er ist bewußt dem englischen visitor nachgebildet. Seine Aufgabe soll sein, die Anstaltsbeamten und Fürsorger bei der Fürsorge für die Gefangenen und deren Angehörige zu unterstützen. Sie besteht also in dem, was auch jetzt schon vielfach Privatpersonen tun, wenn nicht, wie z. B. in Sachsen, Beamte für die Außenfürsorge bestellt sind. Freiwillige Helfer und neuerdings immer mehr fest angestellte Geschäftsführer der Gefangenenfürsorgevereine arbeiten schon jetzt sehr segensreich auch auf diesem Gebiet, wobei ihnen vielfach unbehinderter Eintritt ins Gerichtsgefängnis und Besuch bei den Strafgefangenen gestattet ist. Der »Anstaltshelfer« des *Entw.* bedeutet also nur, daß solche privaten Hilfkräfte durch eine Bestallung der Aufsichtsbehörde (§ 31) enger mit der Anstalt verknüpft werden und gleich einem Beamten darin ein- und ausgehen dürfen. Auch zu Untersuchungsgefangenen werden sie bei ihrer beamtenähnlichen Stellung ohne weiteres zugelassen werden können. Ihren Rechten müssen dann natürlich auch Pflichten entsprechen, z. B. die Pflicht zum Einhalten des Dienstgeheimnisses; darüber werden die Ausführungsbestimmungen Näheres zu sagen haben. Auch müssen sie die einmal übernommene Aufgabe dann stetig durchführen.

Solche Anstaltshelfer werden besonders in den Gerichtsgefängnissen, wo keine Fürsorger angestellt sind, wertvolle Dienste leisten können. Dazu gehören freilich großes Geschick, Takt, Menschenkenntnis und Lebenserfahrung. Der Vorsteher muß es sich angelegen sein lassen, einen festen Stamm zuverlässiger Helfer heranzubilden. Auch nebenamtliche Vorsteher müssen sich dieser Aufgabe annehmen, wenn aus der Einrichtung etwas Brauchbares werden soll.

IV.

Der Strafvollzug ist seinem Wesen nach Verwaltungstätigkeit. Infolgedessen haben letzten Endes alle Bestimmungen, die der *E.* darüber enthält, Bedeutung für die staatliche Verwaltung. Als Verwaltungsbehörde kommen — von den militärischen Strafanstalten[40]) abgesehen — nur Verwaltungsbehörden der Länder in Betracht. Kein Reichsgesetz trifft für sie derart ins Einzelne gehende Verwaltungsvorschriften, wie sie der *E.* vorsieht. Um so bedeutungsvoller und erfreulicher ist es, daß dessen Inhalt nicht nur eine rein juristisch formulierte Regelung der Verwaltungstechnik bringt, sondern daß es neuzeitliche Ideeen wiederspiegelt und einen starken Strom lebendigen Gefühls erkennen läßt. Die Justizbehörden, in deren Hände der Strafvollzug nun endgültig gelegt wird, haben auf diesem Gebiete Aufgaben zu erfüllen, die von größter Vielseitigkeit sind und die engen Grenzen der übrigen Justizverwaltung weit hinter sich lassen. Sie müssen sich, um Wichtigstes herauszugreifen, Fragen der Erziehung, der Fürsorge, des Gesundheitswesens, der Psychiatrie, der Kriminalbiologie widmen, aber auch mit Landwirtschaft, Technik und kaufmännischer Buchführung beschäftigen. Sie haben im Strafvollzug mit Persönlichkeiten zusammenzuarbeiten, wie sie sonst in der Justiz allenfalls als Schöffen oder ehrenamtlich bei der Gerichtshilfe tätig sind, mit Pädagogen, Ärzten, Pfarrern usw. Gerade hieraus werden der Justizverwaltung dauernd neue Anregungen und Ideen erwachsen können. Das wird helfen, den Strafvollzug auch bei den Stellen, die ihn nicht unmittelbar handhaben, sondern nur seine Durchführung überwachen und leiten, vor einer Gefahr zu bewahren, die mehr oder weniger aller gesetzlich gebundenen Verwaltungstätigkeit droht: vor der Gefahr, daß allmählich das warme Gefühl und die lebendige Anteilnahme zurückgedrängt werden.

Ein ins einzelne gehende Reichsstrafvollzugsgesetz wird auch helfen können, daß sich in breiteren Kreisen die Erkenntnis von der Bedeutung des Strafvollzugs immer weiter durchsetzt. Man kann

---

[40]) S. Nr. 41 der Strafvollstreckungsvorschrift für das Reichsheer vom 18. Mai 1926 und § 6 der Marinevollstreckungsordnung vom 28. Dezember 1927 (Rhbl. 1927 I 1).

schon beobachten, daß der Strafvollzug nach ständiger Vernachlässigung seit fünf Jahren unter den Aufgaben der Justiz in den Vordergrund getreten ist. Programmatische Regierungserklärungen gehen, wenn sie auf dieses Gebiet staatlicher Verwaltung zu sprechen kommen, nicht mehr am Strafvollzug vorüber, pflegen vielmehr dessen Reform besonders zu erwähnen und ihre Förderung zu versprechen. Dieses Interesse wird sich freilich nicht nur platonisch, sondern auch praktisch wirksam bei der Aufstellung der Justizhaushaltspläne offenbaren müssen. Wenn man bedenkt, was jährlich die Gesellschaft und den Staat das Verbrechen und seine polizeiliche und strafrechtliche Bekämpfung kostet, so wird man sagen dürfen, daß das Geld nicht vergebens aufgewendet ist, das dem Zwecke dient, den Strafvollzug wirksamer zu gestalten und h i e r d u r c h die Gesellschaft wirksamer zu schützen.

Die praktische Ausgestaltung des Strafvollzuges.

Von

Justizrat Dr. Werner Gentz, Kiel.

I. Grenzen und Bedeutung.

Neben den großen Grundproblemen des Strafvollzuges die Kleinarbeit des täglichen Dienstes. Also Praxis in der Potenz. Dem Wissenschaftler doppelt verdächtig. Die »Gefängniskunde« mußte seit je im Theater der Wissenschaft sich mit einer Seitenloge begnügen. Kann da die Praxis des Anstaltsdienstes überhaupt Anspruch auf wissenschaftliche Wertung erheben?

Im Rahmen dieses Werkes von der praktischen Ausgestaltung des Strafvollzuges zu reden, heißt, ihn unter natürlichen und künstlichen Grenzen behandeln. — Nicht alles, was im Gefängnis geschieht, gehört zur Praxis des Strafvollzuges. Gemeint sind die Dinge der Anstaltstechnik, die sich erschöpfen in der Frage zweckmäßigster Verwaltungsführung: Die Verwaltung der Anstaltskassen; die Beschaffung der Wirtschaftsbedürfnisse; die Verwahrung des Anstaltsgerätes u. a. m. Aufgaben, deren richtige oder falsche Lösung auf das ganze Anstaltsleben von großem Einfluß ist; die aber zur Behandlung der Gefangenen in der Anstalt keine Wesensbeziehung haben. — Die Darstellung wird sich beschränken auf diejenigen Dinge, in denen der Organismus Gefängnis dem Gefangenen gegenüber sich auswirkt. Sie wird sich beschäftigen mit den spezifischen Lebensbedingungen, unter die der Gefangene mit seiner Persönlichkeit, unter die er »als Mensch« mit seiner Aufnahme ins Gefängnis tritt. — Aus diesem Komplex aber müssen nach der Anlage des Werkes jene Gebiete ausscheiden ,denen Sonderabhandlungen gewidmet sind: die Gefangenenarbeit, der Strafvollzug in Stufen, der Strafvollzug an Minderjährigen, die Hausstrafen, die Sicherungsmittel, der Vollzug der bessernden und sichernden Maßnahmen und die Fürsorge. Sie alle greifen tief in das tägliche

Anstaltsgeschehen ein. Ihre Ausscheidung bedingt sachliche Lücken der Schilderung.

Die Darstellung baut auf dem auf, was an anderer Stelle dieses Werkes vom Rechtsgedanken und vom Erziehungsgedanken im Strafvollzuge entwickelt wird. Sie wird zu zeigen haben, wie diese Gedanken auch die tägliche Praxis durchdringen. Positive Arbeit kann in der Strafanstalt nur geleistet werden, wenn die Beamten des Strafvollzuges sich des Rechtscharakters ihrer Aufgabe bewußt sind, und wenn ein einheitlicher pädagogischer Geist sie beherrscht. Positive Arbeit aber verlangt noch mehr. Sie bedingt, daß dieser pädagogische Geist auch das Anstaltsgeschehen durchtränkt, die Anstaltseinrichtungen gestaltet; sie bedingt, daß Geschehen und Einrichtungen auch dem Rechtscharakter der Gefangenschaft angepaßt sind. Unter diesen geistigen Vorzeichen erst wird aus dem Anstaltsmechanismus ein Anstaltsorganismus. Die gleichen Vorzeichen unterscheiden die wissenschaftliche von der technischen Darstellung des Anstaltslebens.

Ort und Zeit stellen wechselnde Ansprüche an die Anstaltspraxis. Je stärker die Anforderungen der Praxis ort- und zeitgebunden sind, um so weniger eignen sie sich für eine Festlegung durch formales Gesetz. Der schwerfällige Apparat der Gesetzgebung verbietet es, den Strafvollzug mit Vorschriften zu belasten, die unter schnell und oft veränderlichen Verhältnissen die praktische Handhabung hemmen. Das Gesetz muß sich darauf beschränken, die Leitgedanken zu geben. Die Ausfüllung des Rahmens muß es Ausführungsvorschriften beweglicherer Art überlassen. § 314 des *EntwStVG. 27*[1]) behält die Befugnis auch hierzu grundsätzlich dem Reiche vor. Die Landesregierungen haben nur da freie Hand, wo das Reich von dieser Befugnis keinen Gebrauch gemacht hat. Die Bestimmung bedeutet einen neuen Schritt auf dem Wege zur Justizhoheit des Reiches. Nur eingefleischte Partikularisten werden ihn bedauern. Aber es ist ein Regiefehler, daß der *Entw.* des Gesetzes ohne den *Entw.* der reichsrechtlichen Ausführungsvorschriften zur Diskussion gestellt worden ist. Es ist schwer, zu Bestimmungen Stellung zu nehmen, von denen man nicht weiß, in welchem Ausmaß Ausführungsvorschriften sie noch einschränken oder ergänzen sollen. Ganz besonders gilt das für das Anstaltsgeschehen im Bereich des täglichen

[1]) Soweit in dieser Abhandlung Paragraphen ohne Zusatz des Gesetzes usw. zitiert werden, bezieht das Zitat sich stets auf die Bestimmungen des *EntwStVG. 27*.

Dienstes. Gesetzliche Regelung ist hier vielfach weder notwendig, noch auch nur möglich.

Ort und Zeit bestimmen wechselnd den täglichen Dienst. Das heißt nicht, daß er überhaupt ohne einheitliche Richtschnur bleiben dürfe. Das stände im Widerspruch zu den Rechtsgarantien, auf die der Gefangene Anspruch hat. Je mehr Macht über eine Person der Strafvollzug in den Händen einer Behörde vereinigt, je stärker er also Menschen unter den Willen und unter die Gewalt anderer Menschen beugt, um so näher rückt er die Gefahr persönlicher Willkür, um so dringender braucht er Garantien gegen eben diese Willkür. Solche Garantien liegen in den Regeln, die über den Einzelfall hinaus gelten (vgl. § 58 Abs. 2 S. 1). So leicht beweglich diese Regeln sein müssen, damit sie sich den örtlichen und zeitlichen Verhältnissen anpassen, so sicher müssen sie dem Gefangenen doch die Möglichkeit geben, sich im praktischen Fall auf sie zu berufen. Erst durch sie wird für ihn die Gefangenschaft aus einem tatsächlichen Gewaltverhältnis zu einem Inbegriff rechtlich geordneter Beziehungen, zu einem Rechtsverhältnis.

Diese Dinge für Sachen von untergeordneter Bedeutung halten, heißt, sie aus einer falschen Perspektive betrachten. Von ihrer richtigen Wertung und Gestaltung hängt die tatsächliche Wirkung der Freiheitstrafe ab[2]). Ihre Bedeutung haben sie vom Standpunkt des Gefangenen aus noch mehr als von dem des Beamten. Der Gefangene ist in der Gestaltung seines Lebens so eng begrenzt, daß im schmalen Bereich der ihm verbliebenen Rechte alles Bedeutung hat, was dem freien Menschen oft nicht der Erwähnung wert erscheint. Das Rechtsempfinden ist kaum irgendwo so lebendig, wie im Gefängnis. Dies Rechtsempfinden beeinträchtigen, heißt die Erziehungsarbeit an dem Gefangenen an der Wurzel verletzen.

II. Grundsätzliches.

Erkenntnis der sozialen Lebenserscheinungen heißt, dem Menschen seine Gesetzmäßigkeit ablauschen. Das Endziel aller Sozialpolitik ist, aus der Erkenntnis solcher Gesetzmäßigkeit heraus das Zusammenleben der Menschen zu gestalten. Auch die Kriminalpolitik hat dieses Ziel. Die Strafe ist eines der Mittel, deren die Kriminalpolitik sich bedient. Richtig strafen heißt, aus der Erkenntnis der menschlichen Gesetzmäßigkeiten heraus das verwirklichen, was das Ziel der Strafe am einzelnen Menschen ist: sei es die irrationale Ver-

---

[2]) Freudenthal in *Kohler-Holtzendorff*, Encykl. d. R. W., 7. Aufl., Bd. 5 S. 79.

geltung, sei es die rationale Abschreckung, sei es das »utilitaristische« Ziel der Besserung. Das Zeitalter der Wirtschaft hat uns gelehrt, auch Geisteswirtschaft zu treiben. Das Prinzip: »Größtmöglicher Erfolg mit geringst möglichem Aufwande« gilt auch im Geistigen. Es bedeutet im Gebiet der staatlichen Strafe: den Strafzweck erreichen mit einem Mindestmaß von Eingriffen in die grundsätzlich jedem Staatsbürger gewährleistete freie Selbstbestimmung. Es bedeutet im Bereich der Freiheitsstrafe: nach außen gesehen: Ausschaltung möglichst aller Elemente, die andere Rechtsgüter beeinträchtigen, als das Rechtsgut der Freiheit; und nach innen gesehen: Beschränkung auch der Freiheit nur soweit, als der Strafzweck es erfordert.

Die moderne Freiheitsstrafe hat den Vergeltungsgedanken als Prinzip aufgegeben. Strafvollzug als Vergeltung üben, ein Übel zufügen, um damit Schmerz zu bereiten, ist uns sinnlos geworden[3]). Der Strafvollzugsbeamte insbesondere bedankt sich für den entwürdigenden Auftrag. Er will nicht Nachrichter sein, sondern Aufrichter. Seine Arbeit schaut vorwärts, nicht rückwärts. Das Strafübel ist geblieben. Aber es ist nicht mehr Selbstzweck. Es ist das notwendige Mittel zu positiverem Ziele: Der Sicherung der Gesellschaft. Die Freiheitsstrafe soll den Verurteilten von der Gesellschaft abscheiden, solange es zu ihrem und seinem Schutz notwendig ist, und sie soll die Dauer der Abscheidung benutzen, um den Verurteilten möglichst so zu wandeln, daß der Gesellschaft nach seiner Wiedereingliederung in sie keine Gefahr mehr von ihm droht (§ 57).

Für die Dauer der Freiheitsstrafe genügte die rein physische Isolierung des Verurteilten. Soweit rechtfertigt der Sicherungszweck alle Maßnahmen, die erforderlich sind, um diese physische Abscheidung herbeizuführen und aufrechtzuerhalten. Oder negativ gesprochen: Der Sicherungszweck vermag unter dem Gesichtswinkel der physischen Isolierung keine Maßnahme zu rechtfertigen, die hierfür entbehrlich ist. Der Strafzweck findet aber im Strafzwang und durch den Strafzwang allein noch nicht seine Verwirklichung. Diese liegt jenseits der physischen Isolierung erst in der psychischen Wandlung des Verurteilten. Erst wenn der Verurteilte

[3]) Wenn in den Vorbemerkungen zur Preuß. Strafanstaltsstatistik (Berlin 1916) auf S. XIII als »Ziele des Strafvollzuges« neben der Zufügung des Strafübels die geistige und sittliche Hebung der Gefangenen und deren Erziehung ...« genannt werden, so ist das nicht im Geiste der *GVF.* und des *EntwStVG.* 26 gesprochen; »Auswertung des Strafübels zur ... Erziehung« wäre diesem Geiste näher gewesen.

so beeinflußt worden ist, »daß er nicht wieder rückfällig wird«, ist das Ziel wirklich erreicht: die Sicherung der Gesellschaft. Im Hinblick auf die Stellung des Rechtsbrechers zur Gesellschaft nennen wir das Ziel: seine Resozialisierung. Im Hinblick auf die Einwirkung auf die Persönlichkeit des Rechtsbrechers, mit der wir das Ziel anstreben, sprechen wir von seiner Erziehung. Dies bedingt, daß der Staat, um die Resozialisierung auf dem Wege der Erziehung des Rechtsbrechers zu erreichen, auch über die rein physische Abscheidung hinaus die freie Seltbestimmung des Gefangenen soweit beschränken darf, als es im Sinne dieses Zieles und dieser Mittel liegt. Es bedingt, wieder negativ gesprochen, daß der Eingriff des Staates da seine Grenze findet, wo er für dieses Ziel nicht notwendig oder ihm abträglich ist. Es bedingt ferner, daß der Staat bei der Auswahl seiner Mittel der psychischen Gesetzmäßigkeit des »zu Erziehenden« folgen muß.

Im Rahmen dieser Erwägungen vom Rechtsverhältnis Gefangenschaft sprechen, heißt dem Strafvollzugsanspruch des Staates den Rechtsschutzanspruch[3a]) des Verurteilten gegenüberstellen. Auch wo es der einzelne Rechtssatz nicht ergibt, hat der Gefangene einen Rechtsanspruch auf Innehaltung dieser Grenzen, der Staat die Rechtspflicht dazu. Und umgekehrt: hat der Gefangene die Rechtspflicht, diejenigen Maßnahmen zu dulden, die innnerhalb dieser Grenzen liegen, der Staat die Rechtsbefugnis, diese Duldung äußerstenfalles mit physischer Gewalt zu erzwingen.

Das ist der Boden, von dem aus alle Bestimmungen zu beurteilen sind, die den Strafvollzug zu regeln unternehmen; von dem aus alle Maßnahmen zu prüfen sind, die solche Bestimmungen in die Praxis umsetzen.

III. Die Rechtsgüter.

Die Lehre von den Rechtsgütern[4]) kann hier nicht kritisch erörtert werden. Sie befaßt sich mit dem Menschen als der Rechtspersönlichkeit. Die Summe aller Rechtsgüter eines Menschen werden wir bezeichnen können als die rechtlich und tatsächlich gesicherte Möglichkeit für ihn, sich innerhalb der Grenzen der Rechtsordnung in

---

[3a]) Der Begriff des »Rechtsschutzanspruches« wird hier nicht in dem von Wach aufgestellten zivilistischen Sinne verstanden, sondern wird gebraucht, um den Anspruch des Gefangenen auf Verwirklichung seiner Rechte dem vollstreckenden Staat gegenüber mit einem Kennwort zu erfassen, insbesondere ihn als Teil und Ausfluß eines Rechtsverhältnisses zu charakterisieren.

[4]) Vgl. die Darstellung bei Liszt, Lehrbuch des deutschen Strafrechts, 23. Aufl., S. 306 ff.

jeder ihm genehmen und gemäßen Weise zu betätigen; gestaltend auf die Umwelt einzuwirken oder davon abzusehen; den Einwirkungen der Umwelt Spielraum zu geben oder zu versagen. — Tatsächlich wirkt in jeder solcher Betätigung sich die Gesamtrechtspersönlichkeit aus. Begrifflich können wir nach den Richtungstendenzen solcher Betätigung einzelne Rechtsgüter und Gruppen von Rechtsgütern unterscheiden. Diese Tendenzen weisen in die Richtung der physischen Persönlichkeit, der moralischen Persönlichkeit, der wirtschaftlichen Persönlichkeit. Der Tendenz zur physischen Persönlichkeit entspricht das Rechtsgut des Lebens und der körperlichen Unversehrtheit; der Tendenz zur moralischen Persönlichkeit die Rechtsgütergruppe der persönlichen Freiheit; der Tendenz zur wirtschaftlichen Persönlichkeit entspricht die Rechtsgütergruppe der Sach- und Wertbeherrschung, (weit gefaßt): des Eigentums. Dem Begriff der Freiheitsstrafe entspricht es, daß sie die Last der Strafe verlegt in den Komplex der mittelsten Gruppe, die begriffsbestimmt ist von der persönlichen Freiheit her. Es ist die Gruppe, in deren Bereich die »Grundrechte« fallen, von denen die RV. in den ersten vier Abschnitten ihres zweiten Hauptteils handelt. Für unsere Zwecke genügt es, einige dieser Grundrechte herauszuheben. Das Rechtsgut der Selbstbestimmung in Aufenthalt und Betätigung, Freiheit im engeren Sinne; das Rechtsgut der persönlichen Geltung oder der Ehre; dem nahe verwandt das Rechtsgut der Selbstbestimmung in geistiger Hinsicht, das sich äußert in dem Anspruch auf Respektierung der Persönlichkeitssphäre im Religiösen, in der Weltanschauung, in der politischen Überzeugung — Gewissensfreiheit; das Recht zur freien Meinungsäußerung und — seine negative Resultante — auf Wahrung des Briefgeheimnisses; das Rechtsgut der politischen Betätigung (Wahlrecht); der Komplex der Familienrechte.

Jedes dieser Rechtsgüter erfaßt die Freiheitsstrafe, jedes engt sie mehr oder weniger stark ein. Wie weit sie es tun muß, und damit: wieweit sie es tun darf, das folgt grundsätzlich aus den Erwägungen, die unter II vorangeschickt sind.

IV. Differenzierung der Freiheitsstrafen (Zuchthaus, Gefängnis, Einschließung, Haft).

Ein Musterbeispiel dafür, wie stark Tradition und vorgefaßte Meinung Reformen behindern, bildet das Schicksal, das die Bestrebungen auf Vereinfachung der Freiheitsstrafe gehabt haben. Oft genug empfand der Angeklagte die Zubilligung »mildernder Umstände«, die ihn vor der Zuchthausstrafe bewahrte, als ein zweifelhaftes Geschenk. Denn sie beraubte ihn der gern benutzten Möglichkeit, auf dem Wege über die §§ 79 StrGB. 460 StrPrO. seine Strafdauer zu verkürzen. Sein Urteil über die Differenzierung der Freiheitsstrafen in Zuchthaus und Gefängnis war sachkundiger als das der Gesetzgeber, die diese Differenzierung schufen oder übernahmen. Nur wer von der Anstaltspraxis nichts weiß, kann über die Unzulänglichkeit aller Versuche, Zuchthaus- und Gefängnisstrafe im Vollzuge typisch voneinander zu scheiden, im unklaren sein. Es darf auf die Ausführungen von Liepmann bei *Aschrott-Kohlrausch* S. 128 ff. und im III. Abschnitt dieses Buches verwiesen werden. Die Bedenken, die Liepmann äußert, sind durch den *EntwStVG.* 27 nur noch bekräftigt worden. Den Mangel typischer Unterschiede sucht der *Entw.* durch eine äußerliche Differenzierung zu ersetzen, die in ihrer Unzulänglichkeit fast peinlich wirkt. Seitdem die Zuchthausstrafe ihres Charakters auch als Körperstrafe (»Willkommen«; »Abschied«; »Prügelstrafe«) entkleidet ist, ist es unmöglich, sie im Vollzuge von der Gefängnisstrafe irgendwie charakteristisch zu unterscheiden. Wo Unterschiede bestehen, gründen sie auf die mehr oder minder humane Handhabung des Vollzuges durch den Anstaltsleiter. Es gab und gibt Zuchthäuser, die viele Gefängnisse in den Schatten stellen, was den Aufenthalt in ihnen anbelangt. Nicht nur der kritische Besucher empfindet dies, auch das einhellige Urteil der besten »Sachkenner«, der Gefangenen selbst, bestätigt es. Strafe als Strafübel ist doch nicht das, was wir dogmatisch konstruieren, sondern das, was der dabei empfindet, an dem wir sie vollziehen. Konnte bisher schon der Zuchthaussträfling unter günstigen Verhältnissen ein viel »angenehmeres« Dasein führen als ein Gefängnisgefangener mit gleichlanger Strafzeit, so wird das noch viel ausgeprägter der Fall sein, wenn man daran geht, die vielen Differenzierungen zu verwirklichen, die der *EntwStVG.* 27 vorsieht: Auf der einen Seite durch die Abtrennung besonderer Anstalten oder Abteilungen nach dem Lebensalter, der Erziehbarkeit, der geistigen Verfassung der Gefangenen usw.; auf der andern Seite durch den Strafvollzug in Stufen[6]). Diese Trennung nach Gruppen und Stufen bedingt viel stärkere Unterschiede, nicht nur in der räumlichen Unterbringung, sondern wesentlich auch in der schärferen oder milderen Handhabung des Strafvollzuges, als die äußerlichen Unterscheidungsmerkmale der §§ 151 ff. Was dort über eigene Kleidung, Rauchen, Besuch- und Briefverkehr

[6]) Vgl. §§ 19—21, 23 (!), 52 ff., insbesondere auch § 56; §§ 155 ff.

gesagt ist, ist nichts typisch anderes, als was auch der Gefangene schlechter Führung im Gefängnis zu erwarten hat. Und wenn der Zuchthausgefangene durch das Äußere der Kleidung von dem Gefängnisgefangenen unterschieden werden soll, wenn er ohne seine Zustimmung zur Außenarbeit gezwungen werden kann, so sind das Einwirkungen auf das Rechtsgut der Ehre, die der alten Rachestrafe näher verwandt sind, als dem Erziehungsgeist der modernen Freiheitsstrafe. Sie tragen ein Moment bezweckter Erniedrigung in die Strafe hinein, das ihr grundsätzlich wesensfremd sein muß und das mit der Forderung nach Schutz und Stärkung des Ehrgefühls der Gefangenen (§ 58) in unvereinbarem Widerspruch steht. Der *EntwStVG.* 27 führt in seiner Gruppendifferenzierung nach der Persönlichkeit der Gefangenen den Weg weiter, den § 67 *AE.* 25 (69) für die Beurteilung der Täterpersönlichkeit einschlägt. Auf diesem Wege allein kann man die innere Gleichung zwischen Tat und Strafe schaffen, die die vorliegenden *Entw.* mit äußern, unzulänglichen Mitteln erstreben.

Dasselbe, was für die negative Heraushebung der Zuchthausstrafe gilt, ist von der positiven Heraushebung der Einschließungsstrafe zu sagen. Dadurch, daß man ihr den Charakter einer custodia honesta gibt, macht man wiederum den Gefängnisgefangenen zu einem Gefangenen minderer Ehre. Außerdem verbindet man mit der Gefängnisstrafe ein Moment qualitativer Verschärfung, das mehr in die Richtung der Vergeltungsstrafe, als in die der Erziehungs- und Sicherungsstrafe weist. Der alten Gefängnisstrafe gegenüber mag für bestimmte Gattungen von Verbrechen oder Vergehen das Institut der Festungshaft begründet gewesen sein. Der modernen Auffassung vom Sinn der Strafe entspricht es zweifellos, auch im Strafvollzuge der Gesinnung des Täters Rechnung zu tragen. Der Weg, den § 71 *AE* 25 dafür einschlägt, ist aber ein Irrweg[5a]). Das beweist wohl die einmütige Ablehnung seiner Formulierung durch die Kritik. Auch eine andere Formulierung wird da wenig helfen. Bei verständiger Handhabung bietet die Gruppenabsonderung der erstmals Bestraften und des § 56 des *EntwStVG.* 27 in Verbindung mit seinem Stufensystem bessere Möglichkeiten, dem Ziel, das § 71 *AE.* 25 (72) im Auge hat, zu dienen, als das Institut der Einschließung, dem die §§ 171 ff. des *EntwStVG.* nun Inhalt zu geben versuchen. Bessere Möglichkeiten für die Gruppe der sog. Überzeugungsverbrecher, und bessere Möglichkeiten auch, Affektver-

[5a]) Immerhin ein Pfad der Weisheit, wenn man die Fassung in § 72 der Reichsratsbeschlüsse heranzieht: »Achtungswerte Beweggründe!« — Vgl. Ebermayer, DJZ. 1927 Heft 9.

brecher und fahrlässige Täter, die häufig genug sozialer Wertung näher stehen, als der Überzeugungsverbrecher, vor der Abstempelung als »gemeine Verbrecher« zu bewahren.

In dem Versuch, den Eingriff der Einschließungsstrafe in das Rechtsgut der Freiheit leichter zu gestalten, als bei der Gefängnisstrafe, ist der *EntwStVG.* ein gut Teil weiter gegangen, als in dem Versuch, die Zuchthausstrafe entsprechend schwerer zu machen. Aber auch hier wieder kann die Kritik nicht daran vorüber, daß es sich zum größten Teil um Maßnahmen völlig äußerer Art handelt; um Erleichterungen, die auch den Gefängnisgefangenen der höheren Stufen, namentlich der obersten Stufe, vielfach gewährt werden können oder doch unbedenklich gewährt werden könnten, und in der Praxis heute vielfach schon gewährt werden. Hierher gehört die Art der Verteilung der Gefangenen auf Einzelhaft und Gemeinschaftshaft und die bessere Ausstattung der Hafträume (§ 171), die Gewährung eines gemeinschaftlichen Raumes für die arbeitsfreie Zeit und die Einnahme der Mahlzeiten (§ 172), die Belassung an sich entbehrlicher Gegenstände (§ 174), das Zugeständnis eigener Kleidung und Wäsche (§ 175), die Annäherung der Anstaltskleidung an bürgerliche Kleidung (§ 175), die Befreiung von der Reinigung der Hafträume (§ 179), längere Bewegung im Freien mit ungezwungenem Verkehr (§ 180), die Benutzung eigener Bücher und Zeitungen (§ 181), die Gewährung von Freistunden zu geistiger Beschäftigung und die Beschäftigung in der arbeitsfreien Zeit überhaupt, die Teilnahme an Vorträgen und sonstigen Veranstaltungen (§ 182). — Daß in der Zulassung von Alkoholgenuß und in der Erlaubnis, Zusatznahrungsmittel sich vom eigenen Gelde zu beschaffen (§§ 176, 178), Erleichterungen von sehr zweifelhaftem sozialen Werte gegenüber der gewöhnlichen Freiheitsstrafe liegen, bedarf keiner Begründung. — Wertvoller ist das Absehen vom Verschluß der Hafträume bei Tage und die grundsätzliche Erlaubnis zu gegenseitigem Besuch während der arbeitsfreien Zeit (§ 173). Auch hier wird einerseits die Frage berechtigt sein, warum ein so wertvolles Mittel, Vertrauen zu erweisen und zu gewinnen, aus der gewöhnlichen Freiheitsstrafe grundsätzlich ausgeschaltet bleiben soll; anderseits aber auch die Frage sich aufdrängen, wieweit der Praxis mit dieser grundsätzlichen Hafterleichterung ein Danaergeschenk gemacht wird. Die Erfahrungen, die im Vollzuge der Festungshaft bei der Masseninvasion kommunistischer Barrikadenkämpfer in die Festungshaftanstalten gemacht worden sind, ermutigen nicht zur Nachfolge. Solchen Einschließungsgefangenen gegenüber würde die Praxis aus Gründen der »Sicherheit und Ordnung« voraussichtlich von dem ausnahmsweise zulässigen Verschluß der Hafträume Gebrauch machen. Der Strafvollzug aber könnte kaum einer schwereren Belastungsprobe ausgesetzt werden, als dem etwa berechtigten Vorwurf, »Klassenkämpfer« schlechter zu behandeln, als die gesellschaftlich bequemeren Angehörigen der Stände höheren materiellen oder geistigen Besitzes. Dieselben Bedenken walten gegen die Erlaubnis des grundsätzlich freien Besuches durch Personen außerhalb der Anstalt (§ 183) ob. — Eine charakteristische Erleichterung grundsätzlicherer Art ist die Erlaubnis zur Selbstbeschäftigung (§ 177) und zur Selbstbeköstigung (§ 176), sowie der besseren Anstaltskost (§ 176). Die Praxis wird auch hier viel Wasser in den Wein der Theorie schütten. Wer das Leidensfeld der Anstaltsarbeit jemals selbst beackert hat, der wird auch der Erlaubnis zur Selbstbeschäftigung wieder sehr skeptisch gegenüberstehen. Es wird ein ganz geringer Hundertsatz von Gefangenen sein, die damit etwas anfangen können: dieselben Gefangenen, die heute schon in den Gefängnissen bei guter Führung die Erlaubnis zu künstlerischer oder wissenschaftlicher Selbstbeschäftigung oder zur theoretischen Weiterbildung in ihrem Beruf erhalten. Die Mehrzahl der Einschließungsgefangenen wird auf die Zuweisung von Arbeit durch die Anstalt angewiesen bleiben. Auch die Einschließungsanstalt wird bei der Scheu der Strafvollzugsverwaltungen, unbeirrt und energisch das verfassungsmäßig verbürgte Recht auch des Strafgefangenen auf Arbeit gegenüber dem Geschrei der die lästige Konkurrenz fürchtenden Interessentengruppen zu verfechten, keine Arbeit aus dem Boden zaubern können, noch weniger eine die Einschließungsanstalt typisch differenzierende Arbeit. — Kurz, man wird mit einer Einschließung, wie sie diese Bestimmungen vorsehen, zwar den Angehörigen der oben gekennzeichneten »besseren Stände« mehr die Möglichkeit geben, »unter sich« zu bleiben, als ohne diese neue Art von Freiheitsstrafe; für den »Überzeugungstäter« aus andern Volksschichten würde ein wesentlicher Unterschied von der Gefängnisstrafe höchstens in der Richtung geschaffen werden, daß die Einschließung nicht so mit dem Makel der Ehrenrührigkeit belastet erscheint, wie die Gefängnisstrafe; gerade das, was dem Prinzip der Freiheitsstrafe grundsätzlich widerspricht: Man fasse den Mut, diesen ganzen Mummenschanz über Bord zu werfen und bekenne sich zu dem Institut der Freiheitsstrafe schlechthin. Die Strafgerichte werden dem Dank wissen. Der Strafvollzug aber wird schutzwürdige Interessen des Gefangenen, die sich aus seiner Tat oder seiner Person ergeben, mit seiner Gruppen- und Stufendifferenzierung besser wahren, als mit der jetzt vorgesehenen Differenzierung der Haftarten. Wir haben keinen Grund zu der Befürchtung, daß die Strafvollzugsorgane bei genügender Auswahl und Vorbildung dieser Aufgabe gegenüber versagen. Müßten wir das fürchten, so wäre der Versuch, den Strafvollzug zu reformieren, in allen Stücken hoffnungslos. —

Zur Frage der Haft als primärer oder subsidiärer Übertretungsstrafe bleibt wenig zu sagen. Was grundsätzlich gegen sie spricht, hat Liepmann bereits erörtert[6]). Daß der *EntwStVG.* 27 sie überzeugender begründet habe, indem er ein mixtum compositum schuf aus Bestandteilen der Gefängnisstrafe (§ 189 Absatz 2)[7]) mit solchen der Einschließung (§ 191), will mir nicht einleuchten. Warum löst man das Versprechen im § 28b Absatz 2 des StrGB. nicht ein? Wenn die Ideologie des Sowjetstrafrechts[8]) und der praktisch nüchterne Sinn der Amerikaner sich auf derselben Ebene begegnen (vgl. das amerikanische Honor System[9]), auf der längst auch der gesunde Realismus der Japaner[10a]) einen wirksameren Geldstrafenersatz fand, so wird auch dem deutschen Gesetzgeber diese Aufgabe keine unlöslichen Schwierigkeiten bereiten.

V. Die Vorbereitung des Strafvollzuges.

Hierher gehören alle diejenigen Maßnahmen, die dazu dienen, einen bestimmten Verurteilten dem Organismus des Strafvollzuges in einer bestimmten Anstalt einzufügen. Im weiteren Sinne gehören hierher also auch die Maßnahmen der Vollstreckungsbehörden (§§ 2, 3) und des Vollstreckungsgerichts (§ 4 ff.), die diesen selben Zweck verfolgen. Von ihnen sei hier abgesehen. Die Darstellung wird sich beschränken auf die Tätigkeit der Strafvollzugsbehörden[10]).

---

6) Bei *Aschrott-Kohlrausch* S. 140 f.

7) § 190 verdankt offenbar einem Redaktionsfehler seine Entstehung; er ist überflüssig im Hinblick auf die §§ 189 Abs. 2 und 151 Abs. 2.

8) Vgl. Maurach, Das Gefängniswesen Rußlands, in *MKrimPsych*, Jahrg. 17 S. 458/59 (Zwangsarbeit ohne Bewachung).

9) Vgl. Grünhut — »Gefangenenarbeit« in Handwörterbuch der Staatswissenschaften, 4. Aufl., Bd. II S. 673.

10a) Vgl. Anm. zu § 8 des japan. StrVGes. v. 28. 3. 1908 (Sammlung außerdeutscher Strafgesetzbücher, Heft XLIV: Japanische Strafgesetze. Berl.-Lpz. 1927. Verl. de Gruyter & Co.).

10) Über das Verhältnis der Strafvollzugsbehörden zu Vollstreckungsbehörde und Vollstreckungsgericht schweigt der *Entw.* sich merkwürdig aus. Weshalb das geschieht, ist nicht ersichtlich. Der nächstliegende Grund scheint mir der zu sein, daß man die Vollzugsbehörden vergessen hat. Die Wertschätzung, die der Strafvollzug als solcher bei

Die Grundlage für die Aufnahme eines Gefangenen in eine bestimmte Anstalt gibt der »Vollstreckungsplan« (§ 33). Ein guter Vollstreckungsplan ist organisatorisch ein kleines Kunstwerk; im Rahmen des *EntwStVG.* mehr denn je. Und er ist immer ein Kompromiß. Er muß Rücksicht nehmen auf die Belegungsfähigkeit der Anstalten; ihre räumlichen Verhältnisse; auch auf die Person des Anstaltsleiters; auf die Zusammensetzung der Bevölkerung des Bezirkes (städtische, ländliche, konfessionelle Unterschiede usw.); auf die Möglichkeit der Arbeitsbeschaffung in den einzelnen Anstalten. Die grundsätzlich richtige Forderung, jeden Verurteilten in die Anstalt zu bringen, die einen für ihn möglichst wirksamen Strafvollzug verspricht (§ 33), wird sich immer nur sehr bedingt verwirklichen lassen. Je größer der Bezirk ist, für den der Vollstreckungsplan gilt, um so leichter ist es, dem Grundsatz treu zu bleiben. Je weniger Anstalten in dem Bezirk vorhanden sind, um so weniger Spielraum bleibt übrig. Wie unglücklich die Lösung ist, jedem Lande seinen Strafvollzug zu überlassen, wird hier recht deutlich. Nur wenn für die verschiedenen Kategorien von Gefangenen eine entsprechende Viel-

---

dem Gesetzgeber findet, ist bis zu den Trägern des Strafvollzuges noch nicht vorgedrungen. Das wird an mancher Stelle des *Entw.* deutlich. Das Vollstreckungsgericht muß vor seinen Entscheidungen die Vollstreckungsbehörde und den Verurteilten hören (§ 4 Abs. 5); warum nicht auch die Vollzugsbehörde, wenn der Verurteilte in Haft ist? — Beschwerden gegen die Entscheidungen des Vollstreckungsgerichts können die Vollstreckungsbehörde, der Verurteilte und die Staatsanwaltschaft erheben (§ 8 Abs. 2). Und die Vollzugsbehörde? Sie ist z. B. weit mehr daran interessiert als die Vollstreckungsbehörde, ob ein Minderjähriger mit zweifelhaftem Vorleben in der Sonderabteilung untergebracht wird, oder in der allgemeinen Strafanstalt (§ 197); ob ein Volljähriger unter 25 Jahren in der hierfür vorgesehenen Sonderanstalt oder in der allgemeinen Strafanstalt seine Strafe verbüßt (§ 207); ob ein Gefangener haftfähig ist (§ 95) und dergl. mehr. Denn sie, nicht die Vollstreckungsbehörde, trägt die Verantwortung für das Gelingen oder Mißlingen des Strafvollzuges. Das Vollstreckungsgericht aber braucht sie nicht zu hören; sie hat kein Beschwerderecht.

Das liegt auf derselben Linie, wie das Fehlen aller Bestimmungen über die Vorbildung der Strafvollzugsbeamten. Über die Häuser und Räume, die den Gefangenen aufnehmen sollen, verhält sich der *Entw.* in vielen Paragraphen. Über die Qualifikation der Menschen, denen der Gefangene überantwortet wird, schweigt der *Entw.* Es spricht eine Unterschätzung des Menschen, eine Überschätzung des Systems aus diesem Schweigen. Was oft gesagt ist, muß erneut gesagt werden: Alle Reformbestrebungen bleiben Papier wenn man nicht die Menschen richtig auswählt und richtig ausbildet, die sie handhaben sollen. Hier ist eine der bedenklichsten Lücken des *Entw.*

zahl von Anstalten zur Verfügung steht, wird § 33 Abs. 2 nicht nur Papier bleiben. — In einer Hinsicht allerdings ist das Problem überhaupt unlösbar. Ob ein Gefangener in die Anstalt für Minderjährige oder für Erwachsene, für Nichtbestrafte oder für Rückfällige gehört, ist äußerlich feststellbar. In welcher Anstalt er nach seiner Geistesverfassung, nach seiner Persönlichkeit, seiner Erziehbarkeit am besten aufgehoben ist, wird in der Regel erst dann sich sagen lassen, wenn man den Gefangenen im Strafvollzuge zu beobachten Gelegenheit hatte. Darum darf das Prinzip der grundsätzlichen Unabweichbarkeit vom Strafvollstreckungsplan (§ 34 Satz 1) für die Zeit nach der Unterbringung nicht allzu starr festgehalten werden. Unlösbar aber ist das Problem namentlich dann, wenn man allen den Gesichtspunkten, unter denen der Strafvollstreckungsplan zu stehen hat, nun auch noch für eine Mehrheit von Haftarten (Zuchthaus, Gefängnis, Einschließung, Haft) Rechnung tragen soll.

Nach Maßgabe des Vollstreckungsplanes lädt die Vollstreckungsbehörde den Verurteilten zum Strafantritt. Bei Verhafteten sorgt sie für ihre Überführung in die zuständige Anstalt. Der Verurteilte tritt in den Machtbereich der Vollzugsbehörde ein. Möglichst eindeutig muß ihm vom ersten Augenblick seiner Haft an der Umkreis seiner Pflichten und Rechte erkennbar werden.

Eine Reihe von Förmlichkeiten steht am Beginn der Haft (§ 43). Sie dienen der einwandfreien Identifizierung der Person, der Feststellung der Vollstreckungsgrundlagen. Sie müssen überleiten zur eindeutigen Bestimmung auch der Persönlichkeit. Wichtigste Quellen für den Strafvollzugsbeamten: das Urteil; die Strafakten mit allen ihren Anhaltspunkten zur Persönlichkeit des Täters, insbesondere den Feststellungen im Rahmen des § 67 *AE.* 25 (69). Aber nicht die einzigen und oft nicht die ergiebigsten Quellen, wenn auch meist leider die einzigen, die man verwertet. Was der Anstaltspraxis fehlt, ist das, was man im Gebiet des Wohlfahrtswesens »soziale Diagnose«[10b]) genannt hat. Viel wertvolles Material ruht da ungenutzt: die Akten aus früheren Strafverbüßungen; die Akten früherer Strafverfahren; auch eingestellter oder mit einem Freispruch beendeter Verfahren. Vormundschafts- und Pflegschaftsakten; Fürsorgeerziehungsakten; Jugendamts- und Jugendgerichtsakten; Pflegestellenberichte, Schulgesundheitsbogen, Mündelberichte, Aufzeichnungen psychiatrischer Beratungsstellen, Schutzaufsichtsakten; Akten der Wohlfahrtsämter; Krankengeschichten aus Kliniken,

---

10b) Alice Salomon: Soziale Diagnose. Berlin 1926.

namentlich Nervenheilanstalten — kurz der ganze Aktenschatten, der einen sozial entgleisten Menschen durch das Leben zu begleiten pflegt. Wie wichtig können auch Zivilprozeßakten familienrechtlichen Inhalts oder Entmündigungsakten sein! Gewiß wird es oft schwer sein, das reichhaltige Material zu erlangen, ja überhaupt zu ermitteln. Wege hierzu gibt es. Es sei verwiesen auf den anregenden Aufsatz von Kantorowicz in Heft 9 der Schriftenreihe der Vereinigung für Jugendgerichte und Gerichtshilfen über die Registrierung der Erziehungsmaßregeln[11]). Diesen Weg, durch Verbreiterung der Basis des Strafregisters etwa, auszubauen, wäre eine erstrebenswerte Ergänzung des *EntwStVG. 27.* — Der Strafvollzugsbeamte kann gar nicht weit genug gehen in der Stoffsammlung, wenn er aufbauende Arbeit leisten will. Zahlreiche Fragen werden ihm aus dem so gewonnenen Material aufsteigen. Sie werden im Laufe des Vollzugs durch die Beobachtung des Gefangenen ihre Klärung finden, häufig genug zu Auskunftsersuchen bei Behörden und freien Vereinigungen Anlaß bieten. Nicht immer wird solchen Ersuchen mit der nötigen Bereitwilligkeit und Gründlichkeit entsprochen. Hier müßte eine Auskunftspflicht der ersuchten Behörde statuiert werden. Beides, die Pflicht der Anstalten zu umfassenderer Diagnose, die Pflicht der Staats- und Kommunalbehörden zur Auskunftserteilung, fände in einem § 60a den gebührenden Platz.

Zu den Aufnahmeförmlichkeiten gehört die Berechnung der Strafzeit (§ 49). Hier wäre es nötig, dem lächerlichen Unfug der Stunden- und Minutenberechnung ein Ende zu machen, dem das geltende Recht huldigt. Wozu die Berechnung des Strafendes auf 11 Uhr 43 Minuten vormittags, nur weil der Verurteilte in dieser Minute auf Rechtsmittel verzichtet oder sich in der Strafanstalt gestellt hat! Praktisch ist die Entlassung auf die Minute ja doch nicht durchführbar. Aber sie macht im Anstaltsdienst sinnlose Schwierigkeiten, kostet den Anstaltsorganen unnütze Zeit und Kraft. War nun gar der Gefangene während der Haftzeit ein paar mal beurlaubt oder gar entwichen und wieder ergriffen, kommen Zusatzstrafen oder Strafzusammenziehungen hinzu, so sind arithmetische Preisaufgaben das Ergebnis solch pedantischer Minutenrechnerei. Welches Unrecht geschieht dem Gefangenen, was verliert der Staat, wenn — wenigstens bei mindestens einwöchiger Strafe (vgl. § 31 *AE.* 25 [35]) — etwa jede bis 12 Uhr mittags angetretene Strafe als mit Tagesbeginn, jede nach 12 Uhr angetretene Strafe als mit Tagesschluß angetreten fingiert und hiernach der

---

[11]) »Die erzieherische Beeinflussung straffälliger Jugendlicher.« Referate der Tagung der Vereinigung für Jugendgerichte und Jugendgerichtsgehilfen in Göttingen. Berlin 1927, Verlag F. A. Herbig.

Entlassungstag bestimmt wird, mit dem Beding, daß die Entlassungsstunde dem Ermessen der Strafanstalt überlassen bleibt[12]). Ist der Vollzug einer Arreststrafe über das Strafende hinaus, die § 150 vorsieht, oder die Verlängerung der Haftzeit bei vorsätzlich zugezogener Erkrankung (§ 102), nicht ein erheblich schwerer wiegender Eingriff in die Freiheit des Gefangenen? —

Sind alle Förmlichkeiten erfüllt, so folgt nun die körperlich handhafte Eingliederung des Gefangenen in den Anstaltsorganismus. Schon hier an der Pforte zum Anstaltsleben stehen die beiden Wegweiser: das Recht des Staates — das Recht des Gefangenen. Der Strafvollzugsanspruch des Staates bedingt es, sich des Gefangenen so zu versichern, daß dieser gegen den Willen der staatlichen Organe seine Gefangenschaft nicht wieder abstreifen kann. Hierzu gehört die Abnahme aller entbehrlichen Gegenstände, der bürgerlichen Kleidung, ihre Durchsuchung, die Durchsuchung des Gefangenen selbst (§§ 46—48), Maßnahmen des Erkennungsdienstes (§ 60), die Ausstattung des Gefangenen mit Anstaltskleidung und -wäsche (§ 64), die ihn als Gefangenen kenntlich macht und Entweichungen erschwert[13]). — Der Vollzugsanspruch des Staates bedingt ferner, daß der Gefangene auch solchen Vorkehrungen sich unterwirft, die zwar zu seiner physischen Festhaltung nicht ohne weiteres gehören, die aber aus der Tatsache sich ergeben, daß der Gefangene der Anstalt nicht isoliert gegenübersteht, sondern in einen Organismus eingegliedert werden muß. Der Gefangene muß sich und seine Sachen reinigen, seine Sachen nötigenfalls entkeimen lassen, unter Umständen auch auf den mehr oder minder reichen Schmuck seines Haares verzichten (§§ 59, 100); er muß neben den Maßnahmen des Erkennungsdienstes sich auch den Messungen, Abbildungen usw. unterwerfen, die aus vollzugswissenschaftlichen oder allgemein kriminalbiologischen Gründen vorgenommen werden (§ 60), einschließlich der dazu etwa nötigen körperlichen Eingriffe (Blutprobe). Aus Rücksichten auf die Anstaltshygiene können Eingriffe in die körperliche Unversehrtheit des Gefangenen (Impfungen, Blutentnahmen und dergl.) zulässig sein

[12]) Ein Beispiel praktischen Denkens gibt die Regelung, die ähnlich der hier vorgeschlagenen, das japanische Strafvollzugsgesetz vom 28. März 1908 in seinen §§ 64 ff., insbesondere im § 68 getroffen hat; s. o. Anm. 10a.

[13]) Der Schutz, den solche Kleidung gegen Entweichungen gewährt, ist freilich über die ersten Stunden nach der Entweichung hinaus recht fragwürdiger Art. Mir sind nur wenige Fälle bekannt, in denen es Gefangenen nach der Entweichung nicht binnen kürzester Frist auf redlichem oder unredlichem Wege gelungen wäre, sich mit bürgerlicher Kleidung zu versorgen.

(§ 100). — In der gleichen Ebene liegen Eingriffe in die Eigentumssphäre des Gefangenen. Mit der Abgabe der mitgebrachten Sachen und Kleider verliert er auch die Verfügungsbefugnis über sie. Die Beschränkung ist ebenfalls nötig nicht zur physischen Festhaltung des Gefangenen, sondern aus organisatorischen Rücksichten. Im bisherigen Recht eine Beschränkung nur tatsächlicher Art. Der *EntwStVG.* 27 (§ 47) will sie ersetzen durch rechtliche Bindung. Der Gefangene wird damit zu einem Menschen mit verminderter Geschäftsfähigkeit. Rechtsgeschäfte in diesem Bereich sind nach dem Entwurf schwebend unwirksam, bei versagter Genehmigung nichtig (§§ 134, 184 BGB.), nach dem Wortlaut des Entwurfs selbst Verfügungen von Todes wegen. Daß das weit über die Grenzen hinausgeht, die nötig sind, um die Gefangenschaft realisieren zu können, bedarf kaum der Erörterung. Die Frage, wieweit Bestimmungen solcher Art, mögen sie noch so bequem für den Strafvollzug sein, sich mit dem Art. 153 der RV. vertragen oder das Strafvollzugsgesetz zu einem verfassungsändernden Gesetze machen, bedarf ernstlicher Prüfung.

Wie der Gefangene sich ärztlichen Maßnahmen, die aus vollzugsorganisatorischen Gründen nötig sind, unterwerfen muß, so hat er anderseits selbst einen Rechtsanspruch auf Wahrung seiner körperlichen Integrität: Staats- und Privatinteressen begegnen sich in dem Punkt der ärztlichen Überwachung der Aufnahme des Gefangenen. Erweist sich der Gefangene bei der Aufnahme als vollzugsunfähig (§ 95), so ist seine Entlassung aus der Haft zu erwirken. Ist der Gefangene sonst krank, so ist alsbald die erforderliche Behandlung einzuleiten; von besonderer Wichtigkeit für tuberkulös oder venerisch Erkrankte[14]). Schwangere oder stillende Frauen haben Anspruch auf Berücksichtigung ihres Zustandes, auf die Wahrung von Leben und Gesundheit ihres Kindes (§ 45).

Das Rechtsgut der Ehre des Gefangenen ist zu wahren. Das gilt sowohl für die Akte der körperlichen Durchsuchung (§ 46), wie für die Einkleidung des Gefangenen. Es ist nicht nur vom hygienischen Standpunkt, sondern auch zur Schonung des Ehrgefühls des Gefangenen nötig, ihn nicht mit schmutzigen, liederlichen, lächerlich machenden Kleidungsstücken auszustaffieren. In welch possenhaftem Aufzug Gefangene aus Sparsamkeitsrücksichten bisweilen herumzulaufen genötigt werden, geht über die Grenzen des Erträglichen hinaus. Auch das ist rechtswidrig, weil es ein ge-

---

[14]) Vgl. insbesondere das Gesetz zur Bekämpfung der Geschlechtskrankheiten vom 18. 2. 27 — RGBl. S. 61 —!

schütztes Rechtsgut des Gefangenen, seine Ehre verletzt. Eine Forderung, die nicht mehr als billig ist, sei ebenfalls hier erwähnt: Die Ausstattung des Gefangenen mit einer für die Dauer seiner Haft ausschließlich für ihn bestimmten Wäschegarnitur. Es verstößt wiederum gegen den Anspruch auf Respektierung der Persönlichkeit, wenn man dem Gefangenen zumutet, von Woche zu Woche die Leibwäsche je eines anderen Vorgängers zu tragen, selbst dann, wenn man voraussetzt, daß sie tatsächlich sauber gewaschen sei. Was beim Militär möglich ist, ist auch im Gefängnis mit gutem Willen zu schaffen.

In den familienrechtlichen Güterkreis gehört, daß dem Gefangenen zu gestatten ist, alsbald nach der Aufnahme in die Anstalt seinen Angehörigen von seinem Aufenthalt Kenntnis zu geben oder geben zu lassen (§ 117 Abs. 2).

Der Akt der körperlichen Aufnahme des Gefangenen in den Machtbereich des Strafvollzuges schließt mit seiner Einweisung in einen bestimmten Haftraum. Stand das staatliche Interesse bei dem bisher Gesagten vorwiegend unter vollzugstechnischen Gesichtspunkten, so beginnt hier der Einfluß der erzieherischen Momente zu überwiegen. Natürlich sind auch die Sicherheitsinteressen des Staates beteiligt, z. B. bei der Frage der Unterbringung eines fluchtverdächtigen Gefangenen; ebenso Interessen des Anstaltsorganismus, z. B. bei der Frage der Unterbringung von Gefangenen, die zu Gewalttätigkeiten neigen; oder bei der Unterbringung Gefangener, die mit abstoßenden Krankheiten behaftet sind. — Der Gefangene kann die erforderliche Berücksichtigung des Rechtgutes der körperlichen Unversehrtheit, des Rechtsgutes der Ehre verlangen. Ein Gefangener, dessen Gesundheit anfällig ist, muß einen gut durchlüftbaren und durchsonnbaren Haftraum zugewiesen erhalten, nötigenfalls im Anstaltslazarett untergebracht werden oder, wenn die Anstalt diesen Bedingungen nicht genügen kann, in eine andere Anstalt, wo sie erfüllt werden können, verlegt werden. Der Gefangene darf nicht mit solchen Gefangenen zusammengebracht werden, bei denen er tätlichen Angriffen oder Ehrenkränkungen ausgesetzt wäre, etwa aus politischen oder weltanschaulichen Gegensätzen heraus. Alles Dinge, die ein verständiger Anstaltsleiter aus praktischer Erwägung heraus ohnehin beachten wird; aber zugleich Dinge, bei denen der Gefangene nicht auf das Wohlwollen der Anstalt angewiesen ist, die also nicht eine Vergünstigung für ihn sind, sondern die aus seiner Rechtsstellung als Gefangener zu beurteilen sind. Daß z. B. dem Wunsche des Gefangenen, in Einzelhaft gehalten zu werden, grundsätzlich entsprochen werden soll (§ 54

Abs. 2), ist wesentlich durch die Rücksichtnahme auf das Rechtsgut der Ehre, durch den Anspruch des Gefangenen auf Respektierung seiner Gesamtpersönlichkeit bedingt.

Als Haftformen sieht der *EntwStVG.* nur noch Einzelhaft und Gemeinschaftshaft vor. Die gekünstelte Unterscheidung von Zellenhaft und Einzelhaft, die die *GVF.*[15]) geschaffen hatten, ist damit verständigerweise wieder verlassen worden. Sie war ja auch nur eine Verlegenheitskonstruktion zur Umgehung des § 22 Abs. 2 StGB.[16]). Einzelhaft ist das geworden, was die *GVF.* unter Zellenhaft verstanden. Die Einzelhaft im alten pennsylvanischen Sinne ist damit völlig verschwunden. Einzelhaft und Gemeinschaftshaft sind grundsätzlich nunmehr nur noch durch die Trennung oder Nichttrennung von anderen Gefangenen bei der Arbeit unterschieden, denn auch die Gefangenen in Gemeinschaftshaft sollen nachts nach Möglichkeit in Einzel- oder Schlafzellen untergebracht werden. Es ist erfreulich, daß damit dem Grundübel der alten Gemeinschaftshaft ein Ende bereitet werden soll. Man schütte aber nicht das Kind mit dem Bade aus. Auch Gemeinschaftshaft in Form kameradschaftlicher Stubengemeinschaften kann bei vorsichtiger Auswahl der betreffenden Gefangenen, namentlich in der Oberstufe, starke erzieherische Werte haben. — Bei Haftbeginn ist möglichst jeder Gefangene zunächst eine Zeit in Einzelhaft unterzubringen. Das ist nötig, damit die Anstaltsbeamten ihn kennen lernen, damit sie ihn in den sozialen Organismus der Anstalt endgültig richtig einordnen können. Mit der Bestimmung, daß ein Gefangener nötigenfalls auch länger als 3 Jahre in Einzelhaft gehalten werden darf (§ 55), ist die notwendige Korrektur des im übrigen beibehaltenen § 22 StGB. geschaffen. Mit der Bestimmung, daß für die Beibehaltung der Einzelhaft von 6 zu 6 Monaten die Zustimmung des Anstaltsarztes eingeholt werden muß, ist dem Rechtsanspruch des Gefangenen auf Erhaltung seiner körperlichen und geistigen Integrität Genüge getan.

Im übrigen gilt für die Haftformen, was an anderer Stelle des *Entw.* für die Unterbringung des Gefangenen in einer bestimmten Anstalt gesagt ist (§ 33): Der Gefangene muß so untergebracht werden, daß, bei billiger Rücksichtnahme auf die im vorstehenden betonten Interessen, ein möglichst wirksamer Strafvollzug erreicht wird. Also der Gesichtspunkt der Erziehung des

---

[15]) Vgl. §§ 38 ff. *GVF.*

[16]) Im Ergebnis eine Abänderung des StrGB. durch eine Vereinbarung von Land zu Land; ein heiter stimmender Beitrag zur Illustrierung dessen, was »rechtlich« im Strafvollzuge alles möglich war!

Gefangenen, wo diese in Frage kommt. Hierüber wird im VI. Abschnitt des Werkes weiteres gesagt werden. Für diejenigen Gruppen von Gefangenen dagegen, denen gegenüber Erziehung nicht möglich oder nicht nötig ist, oder nicht beabsichtigt ist[17]), nur die Gesichtspunkte der Sicherung und der Rücksichtnahme auf den Anstaltsorganismus. Im Gefängnis werden das in der Regel entweder Gefangene mit kurzen Strafen (§ 155) sein, oder Gefangene mit besonders unzugänglichem oder gefährlichem Charakter (§ 161). Dann aber auch jene Gefangenen, die der *EntwStVG.* nicht besonders erwähnt, bei denen nach der Art ihres Straffälligwerdens ein Rückfall ins Verbrechen nicht zu befürchten ist, die durch den gewollten oder ungewollten Erfolg ihrer Handlungsweise meist schwerer gestraft und im Sinne sozialen Verhaltens stärker positiv beeinflußt sind, als durch die staatlich verhängte Strafe. — Bei Zuchthausgefangenen wird es sich hauptsächlich um die eben genannten besonders unzugänglichen oder besonders gefährlichen Charaktere handeln.

Die lezte Maßnahme, die mit der Unterbringung des Gefangenen zusammenhängt, ist seine E i n f ü h r u n g i n s e i n e n R e c h t e - u n d P f l i c h t e n k r e i s in der Strafanstalt, in den Geist des Strafvollzuges. Der Gefangene muß belehrt werden, wie er sich zu verhalten hat, was man von ihm will, was er in der Anstalt zu erwarten hat. Das geschieht zweckmäßig dadurch, daß man dem Gefangenen eine Zusammenstellung der für ihn maßgebenden Bestimmungen in die Hand gibt, die sog. »V e r h a l t u n g s v o r s c h r i f t e n«. Ein Abdruck dieser Vorschriften muß in jedem Haftraum aushängen (§ 124). Das ist nötig, damit der Strafvollzug an dem einzelnen Gefangenen seinen richtigen Gang nehmen kann. Es ist ebenso nötig, weil der Gefangene aus dem Rechtsverhältnis der Gefangenschaft heraus einen Rechtsanspruch darauf hat, zu wissen, nicht nur wo seine P f l i c h t e n , sondern auch wo seine R e c h t e liegen; weil er nur dann gegen Willkür gesichert ist, wenn er sich im gegebenen Falle auf die Vorschriften berufen kann, die ihm seine Rechte garantieren. Das gilt ganz allgemein von den reichs- und landesrechtlichen Vorschriften, die den Strafvollzug generell regeln; das gilt auch von den Vorschriften der für die einzelne Anstalt erlassenen H a u s o r d n u n g. Hier sei allerdings gewarnt vor einem Zuviel an Reglementierung. Der Grundsatz »Größtmöglicher Erfolg mit geringstmöglichem Aufwande« ist eine Leitregel auch für jede Hausordnung. Je mehr sie sich in Einzelheiten und Kleinigkeiten verliert, um so weniger wird sie befolgt werden; um so weniger Gewähr be-

---

[17]) Einschließungs- und Haftgefangene! (§ 155/6 *EntwStVG.* 27).

steht dafür, daß nicht Schikane an Stelle der für die sichere Verwahrung der Gefangenen und für ihre Eingliederung in den Anstaltsorganismus notwendigen, aber auch ausreichenden Regeln tritt. Für eine Hausordnung wichtig, aber auch genügend sind Vorschriften über die Tageseinteilung (Aufschluß, Einschluß, An- und Auskleiden, Einnahme der Mahlzeiten, Arbeitszeit, Freistunde); das Verfahren bei Meldungen und Eingaben; die Ordnung innerhalb der Hafträume (die sog. Zellen- und Schrankordnung); über die zulässigen Zusatznahrungsmittel und ihre Preise; über das Verhalten gegenüber Beamten und Mitgefangenen; das Verhalten bei Unfällen, bei Feuersgefahr u. dgl. mehr[18]). — Auf diese in seiner Zelle vorhandenen Bestimmungen muß der Gefangene bei Beginn der Haft hingewiesen werden. Aber auch im Laufe der Strafzeit läßt es sich nicht entbehren, einzelne Bestimmungen mündlich bei passender Gelegenheit (in der Schule, bei gemeinsamen Veranstaltungen usw.) den Gefangenen ins Gedächtnis zu rufen; die Verhaltungsvorschriften an Hand der Erfahrungen des Anstaltslebens zu erläutern; die Hausordnung nötigenfalls zu ändern oder zu ergänzen.

VI. Der tägliche Dienst.

1. Grundsätzliches.

Die obersten Richtlinien für die Behandlung der Gefangenen in der Anstalt stellt § 58 auf. Alle Gefangenen der Anstalt sind grundsätzlich gleich zu behandeln. Nicht gleich im Sinne einer schematischen Gleichmacherei, sondern gleich in dem Sinne, daß jedem Gefangenen gegenüber die Strafe beschränkt wird auf das für den Vollzugszweck ihm gegenüber nötige Maß von Zwang, daß alle Eingriffe in seine Rechtsgütersphäre unterbleiben, die durch den Strafzweck nicht geboten sind; der Rechtsschutzanspruch des Gefangenen. Niemand darf bevorzugt werden durch Milderungen, die andern Gefangenen nicht auch grundsätzlich erreichbar sind. Niemand darf benachteiligt werden durch Härten, die grundsätzlich nur ihm gegenüber Anwendung finden. — Besonders glücklich ist die Formulierung des Paragraphen, die sich im wesentlichen an die §§ 49, 50 der *GVF.* anschließt, nicht. Es fehlt ihr die juristische Präzision. Es wäre zu wünschen, daß gerade an dieser Stelle der Rechtsgedanke der Gefangenschaft klar ausgesprochen würde. Der Paragraph erinnert in seiner Fassung stark an gewisse humanitäre Artikel der RV., die als Programm ihren Wert

---

[18]) Vgl. Schulze-Ellger, Gefängniskunde, Halle 1925, S. 183. — Ein gutes, fast schon zu sehr ins Einzelne gehende Muster einer solchen Hausordnung bei *Klein* S. 402.

haben. Als handhabliche Gesetzesbestimmung aber besagt eine solche Formulierung wenig. Was versteht der Gesetzgeber darunter, wenn er fordert, den Gefangenen »menschlich« zu behandeln? Positiv besagt es nichts; negativ weckt es den sicher nicht beabsichtigten Verdacht, als seien die Gefangenen bisher »unmenschlich« behandelt worden.

Die Polarität des Rechtsverhältnisses Gefangenschaft ist durch die wiederholt gekennzeichnete Antithese des Vollstreckungsanspruches des Staates und des Rechtsschutzanspruches des Gefangenen charakterisiert. Nach beiden Richtungen hin gibt es Komplexe, die unbedingt dominieren. Man könnte von einer Wertskala der einander gegenüberstehenden Ansprüche reden. Um ein Beispiel zu geben: Das Rechtsgut des Lebens des Gefangenen ist unbedingt dominierend; hinter ihm hat der Vollstreckungsanspruch zurückzutreten. Das Rechtsgut der körperlichen Unversehrtheit ist bedingt dominierend. Innerhalb gewisser Grenzen geht der Vollstreckungsanspruch vor; aufs Ganze gesehen aber der Rechtsanspruch des Gefangenen. Den immateriellen Rechtsgütern gegenüber dominiert dagegen in der Regel der Vollstreckungsanspruch des Staates.

Dem Nebeneinander der dominierenden und nichtdominierenden Interessen den richtigen Ausgleich zu geben, ist die Kunst der Praxis.

Der Klarheit der weiteren Darstellung wird es dienen, wenn sie sich zunächst mit den Bedingungen beschäftigt, die erfüllt werden müssen, damit der Vollstreckungsanspruch des Staates überhaupt verwirklicht und damit die Ziele erreicht werden können, die der Staat sich mit dem Vollzuge der Freiheitsstrafe stellt. Und wenn sodann unter Betrachtung der einzelnen Rechtsgüter des Gefangenen, die durch die Freiheitsstrafe berührt werden, gezeigt wird, wieweit das Staatsinteresse oder das Privatinteresse im Bereich des einzelnen Rechtsgutes dominiert; und welche Folgerungen daraus für die Durchführung des Strafvollzuges zu ziehen sind.

2. Der Vollstreckungsanspruch.

Er wirkt in drei Richtungen: Auf die Festhaltung des Gefangenen hin; auf seine Eingliederung in den Anstaltsorganismus hin; auf seine Resozialisierung hin.

a) Die sichere Verwahrung der Gefangenen[19]).

Die erste Voraussetzung aller Vollstreckungsmaßnahmen ist, daß der Staat sich des Gefangenen unbedingt körperlich versichert; sich

[19]) Vgl. hierzu Schulze-Ellger a. a. O. S. 185 ff.

seiner so versichert, daß der Gefangene aus eigenem Entschluß heraus die Gefangenschaft nicht beenden kann. Ein Erfordernis, von dem nicht nur die Durchführbarkeit des Strafvollzuges selbst abhängt, sondern dem auch eine stark kriminalpolitische Bedeutung innewohnt. Der entwichene Gefangene hat immer und überall seine Wiederergreifung zu fürchten. Einem ehrlichen Erwerb nachgehen kann er kaum. Das mindeste, was er tun muß, ist, daß er Namen und Familienstand verleugnet. In der Regel reiht er eine Straftat an die andere, um sein Leben fristen zu können, bis ihn schließlich das Geschick in die Strafanstalt zurückführt.

Deshalb muß die Anstalt ausbruchssicher gebaut sein; sowohl in ihrer technischen Herrichtung in Mauerwerk und Vergitterung, als auch in ihrer Übersichtlichkeit zu leichterer Bewachung. Sämtliche Räume, in denen Gefangene verkehren oder sich aufhalten, auch die Höfe, müssen verschließbar sein und grundsätzlich ständig verschlossen gehalten werden. Die Gefangenen dürfen, außer wenn sie in ihren Hafträumen eingeschlossen sind, grundsätzlich nie sich selbst überlassen bleiben, sondern müssen ständig unter Aufsicht stehen; sei es in Form dauernder, sei es in Form patrouillierender Überwachung durch Beamte; auch des Nachts. Gefangene, die besonders fluchtverdächtig sind, müssen besonders sorgfältig beobachtet, häufiger innerhalb der Anstalt verlegt werden. In den Rahmen der Sicherungsmaßnahmen gehört auch die Ausstattung mit besonderer Anstaltskleidung (§§ 63, 69). Zur Überwachung gehört, daß die Gefangenen, soweit es nötig erscheint, von Zeit zu Zeit körperlich durchsucht werden, daß ihre Hafträume einer Nachschau unterzogen werden (§ 129): sowohl zur Sicherheit gegen den Besitz von Ausbruchswerkzeug, gegen die Vorbereitung von Entweichungen, als auch zur Sicherheit der Beamten und Mitgefangenen gegen Angriffe. — Besucher, die zu dem Gefangenen gelassen werden, bedürfen der Überwachung (§ 116), um zu verhindern, daß sie ihm Gegenstände zustecken, die eine Entweichung erleichtern, aber auch um Verabredungen in dieser Richtung zu unterbinden. Der Briefverkehr der Gefangenen bedarf der Überwachung aus den gleichen Gründen (§ 120). — Der Gefangene ist verpflichtet, alle diese Eingriffe zu dulden. Aber er ist darüber hinaus auch zu einem positiven Verhalten verpflichtet. Das Rechtsverhältnis Gefangenschaft erschöpft sich für ihn dem Staat gegenüber nicht in der passiven Seite. Er »handelt« rechtswidrig, wenn er nicht aktiv in den für ihn verbindlichen Grenzen mitwirkt am Strafvollzuge. Er ist vor allem den Anweisungen der Beamten gegenüber zum Gehorsam verpflichtet (§ 126). Widerstand oder Unterlassungen berechtigen daher nötigenfalls zu physischem Zwang. Dem dienen die Sicherungsmaßnahmen und die Hausstrafen (§§ 130 ff.), von denen an anderer Stelle des Werkes die Rede ist. Einzig in der Richtung auf die Sicherheit der Anstalt hat heute noch das Schweigegebot Bedeutung (§ 127). Es soll Verabredungen der Gefangenen zu Ausbrüchen und Gewalttätigkeiten gegen die Beamten vorbeugen. Es wird daher meist noch bei der Bewegung der Gefangenen im Freien aufrechterhalten. Sein Wert ist gering. — Aus der Rechtspflicht des Gefangenen, am Strafvollzuge mitzuwirken, folgt auch die Rechtspflicht, sich ihm körperlich zur Verfügung zu erhalten. Genügt er ihr nicht, kann er zwangsweise ernährt werden (§ 101).

b) Der Anstaltsorganismus.

Die Strafanstalt ist eine soziale Lebensgemeinschaft. Das Bestehen solcher Gemeinschaften ist davon abhängig, daß jedes einzelne Gemeinschaftsglied sein Tun und Lassen so einrichtet, daß dadurch die prinzipiell gleichberechtigten Interessen der übrigen Glieder der Gemeinschaft nicht beeinträchtigt werden. Wo das nicht geschieht, entstehen Spannungen, die mit dem Prinzip der Gemeinschaft in Widerspruch stehen. Die Gefangenschaft ist aber auch eine rechtliche Lebensgemeinschaft. Dadurch wird das für den Begriff der Gemeinschaft notwendige soziale Verhalten zu einem rechtlich gebotenen Verhalten. Mit andern Worten: Der Gefangene ist verpflichtet, sich denjenigen Einschränkungen zu unterwerfen, die aus der Lebensgemeinschaft der Strafanstalt begriffsnotwendig folgen, und er ist verpflichtet, wiederum aktiv daran mitzuarbeiten, daß diese Lebensgemeinschaft verwirklicht werden kann, also mitzuwirken am Strafvollzuge. Versagt er sich diesen Erfordernissen, so handelt er wiederum rechtswidrig, so ist ihm gegenüber wiederum Repression bis zum physischen Zwange zulässig. — Die Lebensgemeinschaft der Strafanstalt umfaßt nicht nur die in ihr untergebrachten Gefangenen, sondern auch die dem Organismus der Anstalt eingegliederten Beamten.

Je durchsichtiger der geistige Aufbau eines solchen Organismus ist, um so leichter ist er zu handhaben. Je logischer die Gliederung ist, um so weniger Reibungen ergeben sich. — Das Grundgesetz allen Lebens ist der Rhythmus. Jede Gattung von Lebewesen hat rhythmische Eigengesetzlichkeit. Eigengesetzlichkeit solcher Art eignet auch den überindividuellen Lebensformen. Wer einen Gemeinschaftsorganismus aufzubauen hat, muß den individuellen und überindividuellen Rhythmus in ihn bannen. In dem Maße, wie das gelingt, lebt der Organismus.

Kein Gemeinschaftsleben ohne Gemeinschaftsordnung. Das Anstaltsleben muß so geregelt sein, daß im äußeren Geschehen jedermann jederzeit weiß, was er zu tun und zu lassen hat. Richtig ist die Einteilung des Tagesgeschehens aber erst dann, wenn sie auf den ihm gemäßen Rhythmus ausbalanciert ist. Darum ist es eine Sinnwidrigkeit, das Anstaltsleben auf 12 Stunden Tag und 12 Stunden Nacht einzustellen. Wir leben nicht am Äquator. Es ist widersinnig, erwachsene Menschen abends um 6 oder 7 Uhr ins Bett zu zwingen, sie 12 oder 11 Stunden ans Bett zu fesseln. Daß man es tut aus Mangel an Aufsichtsbeamten, erklärt die Übung, aber entschuldigt sie nicht. Die richtige Verteilung der Arbeit und der arbeitsfreien Zeit, die Einordnung der Mahlzeiten in den Gang des Tages, auch alle diese Dinge wollen rhythmisch erfühlt sein.

Je mehr Menschen auf begrenztem Raum vereinigt sind, je mehr muß auf Ruhe gehalten werden. Das ist nötig um der gegenseitigen Rücksichtnahme willen; das ist nötig, um die Leitung des Ganzen zu ermöglichen.

Diesen Grundsätzen muß der Gefangene sich auch da anpassen, wo die einzelne Anstaltsmaßnahme ihn beengt. Darin, daß ihm, auch für den Gebrauch der ihm zustehenden Rechte, feste Regeln gesetzt werden, liegt keine Verkürzung dieser Rechte. Von hier aus gewinnen die Formen, unter denen Besuchs- und Briefverkehr vor sich geht, gewinnen die Fristen, die dabei innezuhalten sind, ihre Bedeutung (§§ 115 ff.). Unter diesen Gesichtspunkten stehen die Regeln der Hausordnung, die dem Gefangenen vorschreiben, wie er sich zu verhalten hat, um Wünsche oder Beschwerden vorzubringen (§§ 213 ff.); die ihm sein Verhalten in Anwesenheit von Beamten vorschreiben (§ 126), die seinen Verkehr mit Mitgefangenen regeln (§ 127), die den Alkoholgenuß in der Anstalt verbieten (§ 69), die das Kartenspiel und Glücksspiele untersagen (§ 113). — Auf derselben Ebene liegt es, daß Freiheiten, die in dieser Richtung eingeräumt sind, denjenigen Gefangenen entzogen werden, die damit Mißbrauch treiben (§ 61 Abs. 2).

In allen diesen Dingen handelt es sich um das geistige Prinzip der Lebensgemeinschaft einer Strafanstalt. Ihr körperliches Substrat ist das, was man, ganz weit gefaßt, die Anstaltshygiene nennen kann. Auch von hier aus steht das Leben des Gefangenen in der Anstalt unter Normen, die nicht um seiner physischen Verhaftung willen, sondern um des sozialen Charakters der Gefangenschaft willen notwendig sind. Das Grunderfordernis aller Anstaltshygiene ist die Sauberkeit. Schmutz und Ungeziefer sind ihre ärgsten Feinde. Der Gefangene muß sich selbst sauber halten, Haut, Haar und Bart. Tut er es nicht, so setzt er sich zwangsweiser Reinhaltung aus (§§ 59, 100). Der Gefangene muß seine Kleidung sauber halten, sein Bett, den Haftraum und seine Einrichtung (§ 125). Tut er es nicht, kann er mit Mitteln der Hauszucht, nötigenfalls mit Zwang, dazu gebracht werden. Der gesamte Anstaltsbetrieb, die Räume, die Einrichtung, die Beköstigung, das Trinkwasser usw. stehen unter ständiger gesundheitspolizeilicher Überwachung (§ 93). Die Gefangenen selbst unterstehen dieser Überwachung. Maßnahmen des allgemeinen Gesundheitsschutzes sind auch dem widerstrebenden Gefangenen gegenüber zulässig (§ 100). Insbesondere das Gesetz zur Bekämpfung der Geschlechtskrankheiten bietet Handhaben zu Zwangsmaßnahmen solcher Art. Die allgemeine gesundheitspolizeiliche Anzeigepflicht bei ansteckenden Krankheiten gilt selbstverständlich auch für die Strafanstalten[19a]).

c) Die Resozialisierung.

Ihr Ziel umschreibt § 57 *EntwStVG.* — Als »Erziehung zu gesetzmäßigem Leben« bezeichnet es der § 156. Als »tauglich machen zu einem gesetzmäßigen und geordneten Leben in der Freiheit« der § 168 Abs. 2. Als Wege zu diesem Ziel nennt § 168: Stärkung des Selbstvertrauens des Gefangenen, Förderung seiner guten Anlagen und Fähigkeiten, seine sittliche Hebung. Der Schlüssel zu all dem ist die willensmäßige und ethische Aktivierung des Gefangenen: die immer stärkere Anspannung der Willenskraft, der Selbstbeherrschung, des Verantwortungsgefühls.

Den langfristig einsitzenden und normal reagierenden Gefangenen gegenüber dient der Strafvollzug in Stufen (§§ 155 ff.) diesem Ziele. Von ihm ist an anderer Stelle die Rede. Aber auch denjenigen Gefangenen gegenüber, die nicht in den Stufenstrafvollzug eingegliedert werden, ist die Zielsetzung grundsätzlich die gleiche.

Aus dieser Zielsetzung ergibt sich auch in dieser Hinsicht neben der Befugnis des Staates, in die Persönlichkeitssphäre des Gefange-

[19a]) Vgl. Reichsgesetz betr. d. Bekämpfung gemeingefährlicher Krankheiten v. 30. 6. 1900 — RGBl. S. 306 ff. —, für Preußen insbes. Ges. betr. d. Bekämpfung übertragbarer Krankheiten v. 28. 8. 1905 — GesS. 373 — mit zahlreichen AusfBest., zuletzt Bek. d. Min. f. VolksWohlf. v. 25. 2. 1927 (Reichsgesundheitsblatt S. 370).

nen einzugreifen, wiederum dessen Rechtspflicht, nicht nur diese Eingriffe zu dulden, sondern durch positives Verhalten an dem Strafvollzuge mitzuwirken.

Die Maßnahmen, die auf die Resozialisierung des Gefangenen hinwirken, werden äußerlich meist mit einer fortschreitenden Lockerung des Strafzwanges verbunden sein (§ 61). Sie ist nötig, um den Gefangenen für die Arbeit auch innerlich zu gewinnen. Gelingt das nicht, so bleiben alle Erziehungsversuche fruchtlos. Sie ist möglich, weil damit innere Bindungen an Stelle der unter a und b erwähnten äußeren Bindungen treten. Sie ist aber vertretbar nur soweit, als die unbedingt dominierenden Voraussetzungen der sicheren Verhaftung des Gefangenen und seiner störungslosen Eingliederung in den Anstaltsorganismus gewährleistet erscheinen.

Welche Milderungen dem Gefangenen gewährt werden, hängt vom Einzelfall ab. Es genügt, hier auf den Katalog von Milderungen hinzuweisen, den § 168 aufführt. Es sind fast alles Milderungen, die auch außerhalb des Strafvollzuges in Stufen der Art nach in Frage kommen.

Besonderer Berücksichtigung bedürfen dabei geistig minderwertige Gefangene. Ihr Zustand, ihr oft ganz abseits der Norm reagierender Charakter macht andere Mittel nötig, als dem »normalen« Gefangenen gegenüber zum Ziele führen (§ 210 ff.). Schwer Minderwertige trennt man aus dem regulären Strafvollzuge am besten ganz heraus (§ 211) und bringt sie in besondere Anstalten oder Abteilungen.

Aus verwandten Gründen ist auch eine Sonderbehandlung solcher Gefangener empfehlenswert, die die Grenze der Volljährigkeit noch nicht weit überschritten haben. Auch sie reagieren nicht »normal«. Bei ihnen wirken oft noch Entwicklungserscheinungen auf physischem und psychischem Gebiete nach, die dazu nötigen, sie anders anzufassen, als Erwachsene mit abgeschlossener Charakterbildung. Der Schritt, den der *EntwStVG.* in den §§ 207—209 mit der Aufrichtung einer besonderen Altersklasse der 21—25 (28)jährigen Gefangenen tut, ist im Hinblick auf die Erziehungsaufgaben, die der *Entw.* dem Strafvollzuge stellt, begrüßenswert und nötig.

Um zu wissen, wo die Erziehungsarbeit bei den einzelnen Gefangenen einzetzen und wie sie gefördert werden kann, bedarf es sorgfältiger Beobachtung des Gefangenen. Der Gefangene muß Vertrauen zu seinem »Erzieher« gewinnen. Er muß sich ihm gegenüber aussprechen können. Er muß Gehör und Rat finden.

Häufige »Zellenbesuche« müssen ihm die Gelegenheit dazu bieten (§ 62). Insbesondere für einen taktvollen Anstaltsgeistlichen erschließt sich hier ein großes Wirkungsfeld (§ 108).

Sehr wesentlich ist es, die Gefangenen vor dem Anstaltsstumpfsinn zu bewahren; sie aufzurütteln; sie auch geistig »für ein geordnetes Leben in der Freiheit« auszurüsten. Dem dient zunächst die Einrichtung der Anstaltsschule. Bei ihr wird deutlich, daß es sich bei allen diesen Dingen auch um einen Pflichtenkreis des Gefangenen handelt. Für Gefangene, die noch nicht 30 Jahre alt sind und mehr als drei Monate Strafe zu verbüßen haben, ist der Unterricht obligatorisch (§ 109). Mit dem Unterricht verbindet sich begriffsmäßig die Mitarbeit am Unterricht, die Erledigung der »Schulaufgaben«. Das Unterrichtsziel bringt § 109 gut zum Ausdruck. Die Unterrichtsmethode muß darauf Rücksicht nehmen, daß man es mit erwachsenen Menschen zu tun hat. Keine Lernschule, kein Frage- und Antwortspiel, sondern eine Arbeitsschule allein ist am Platz; Arbeitsschule im Sinne einer Arbeitsgemeinschaft zwischen Lehrer und Schülern. Leider ist die Stundenzahl in unseren Anstalten meist viel zu gering bemessen. Mit 1 oder 2 Stunden in der Woche ist da nichts zu erreichen. Eine Vermehrung der Stundenzahl scheitert aber am Mangel der Lehrkräfte. Heute ist der Unterricht den Gefangenen häufig nur eine willkommene Unterbrechung des einseitigen Anstaltsdaseins. Will man den Unterricht auch im Pflichtbewußtsein des Gefangenen einwurzeln lassen, dann muß man ihn zum Bestandteil des täglichen Dienstes machen; dann muß man ihn vor allem auch aus der Arbeitszeit herauslegen. Die Bestimmung des § 109 Abs. 5 ist wenig glücklich[20]).

Der Aktivierung des Gefangenen dient neben dem Unterricht und in gleicher Richtung wie er die Anstaltsbücherei. Sie muß dem Unterhaltungsbedürfnis des Gefangenen, vor allem aber seiner geistigen Ausrüstung dienen. Gute berufskundliche Literatur muß die Fortbildung der »Gelernten« und »Ungelernten« in ihrem Fach ermöglichen. Gute volkswirtschaftliche Literatur muß den geweckten Gefangenen in die gesellschaftlichen Zusammenhänge einführen. Jede Tendenz muß dabei ausgeschaltet sein. Auch in negativer Richtung. Es ist verkehrt, wenn ein Anstaltsleiter meint, Werke »materialistischer Welt-

[20]) Vgl. den lehrreichen Hinweis auf die englische Methode, Arbeit und arbeitsfreie Zeit voneinander zu trennen, bei Grünhut a. a. O. S. 670, ferner Kellerhals: Englischer Strafvollzug in Jahresbericht d. Strafanstalt Witzwil für 1925, Strafanst.-Verlag, S. 38 ff., insbes. S. 48, 59, 61.

anschauung[21])« fernhalten oder den Gefangenen vor den Gedankengängen des Marxismus etwa »bewahren« zu müssen.

Die Erlaubnis zu geistiger Beschäftigung während der arbeitsfreien Zeit oder in besonderen Freistunden; die Veranstaltung von Vorträgen, Vorführungen, musikalischen Darbietungen; die Erlaubnis zur Unterhaltung durch Brett-, Geduldsund Geschicklichkeitsspiele — alles das ergänzt die Aktivierung auf geistigem Gebiete, die Schule und Bücherei erstreben (§§ 113, 114).

Um den Gefangenen für das Leben in der Freiheit vorzubereiten, muß man ihn schließlich über die Ereignisse, die sich außerhalb des Gefängnisses abspielen, auf dem Laufenden halten, sei es durch Mitteilung der Tagesereignisse in irgendeiner Form[22]), sei es durch die Erlaubnis, eine Zeitung zu lesen (§§ 111, 112). Wo der Gefangene im Sinne der Resozialisierung genügend fortgeschritten ist, kann es auch empfehlenswert sein, ihm den Gebrauch eigener Bücher und Schriften zu gestatten.

3. Die Rechtsgüter des Gefangenen.

Im Sinne der oben zu II aufgestellten Grundsätze wird nunmehr zu prüfen sein, wo die Grenzen liegen, bis zu denen der staatliche Zugriff im Strafzwange sich erstrecken darf. Jeder solcher Zugriff erfaßt, wie oben erwähnt, die Gesamtpersönlichkeit des Gefangenen. Begrifflich wird es die Darstellung erleichtern, wenn man sie nach den Hauptrichtungstendenzen der Persönlichkeit gruppiert, wenn man sie auflöst in die Betrachtung der einzelnen Rechtsgütergruppen.

Dabei wird sich ergeben, daß der staatliche Anspruch auf Realisierung der »Strafe« und der Rechtsschutzanspruch des Gefangenen auf Einschränkung des staatlichen Eingriffes vielfach am gleichen Punkte einsetzen; daß insbesondere das, was der Staat tun muß, um den Gefangenen im Sinne seiner Resozialisierung erziehend zu beeinflussen, häufig dasselbe ist, was der Gefangene aus seinem Rechtsschutzanspruch heraus fordern darf. Je weiter solche Übereinstimmungen reichen, um so mehr entspricht der Strafvollzug dem oben S. 57/58 aufgestellten Prinzip der Realisierung der Strafe aus der Erkenntnis der menschlichen Gesetzmäßigkeiten heraus.

---

[21]) Vgl. die ängstliche Bevormundung bei v. Michaelis, Leitfaden über Gefängniskunde, Münster 1925, S. 73/4.

[22]) Vgl. § 109 Abs. 4.

a) Die Rechtsgütergruppe physischer Tendenz. (Leben und Gesundheit).

Wo das Leben des Gefangenen auf dem Spiele steht, endet der Strafanspruch des Staates unbedingt. Wo die körperliche Gesundheit[23]) des Gefangenen gefährdet ist, darf die Strafe grundsätzlich nur so realisiert werden, daß sie die Gefährdung eliminiert. Nur ausnahmsweise, wenn, z. B. bei einem gemeingefährlichen Verbrecher schwerer Art, das Sicherheitsbedürfnis der Gesellschaft überwiegt, steht auch das Rechtsgut der Gesundheit des Gefangenen dem staatlichen Zugriff offen. Hieraus ergibt sich die Rechtspflicht des Staates, den Strafvollzug so einzurichten, daß er nicht zu einer Erkrankung des psychophysischen Organismus des Gefangenen führt; dem erkrankten Gefangenen, wenn er ihn nicht in die Freiheit entläßt, das erforderliche Heilverfahren zu gewähren; und schließlich zur Vorbeugung gegen die dem Lebensprozeß schädlichen Haftwirkungen für die körperliche Ertüchtigung des Gefangenen zu sorgen (§ 92). Pflichten nicht nur im Sinne moralischer Verantwortung, sondern auch im Sinne zivilistischer Haftung.

Die erste Voraussetzung für die Erfüllung dieser staatlichen Pflichten ist das Vorhandensein eines Arztes (§ 26). Hauptamtliche Ärzte verdienen den Vorzug. Die Gefahr, daß — zumal bei der meist nur sehr bescheidenen Vergütung vertragsärztlicher Tätigkeit — dem Arzt die Interessen seiner Privatpatienten näher liegen, ist nicht nur konstruiert. Auch sollte man auf einen hauptamtlichen Arzt nicht mehr als 300 Gefangene rechnen. Daß der Arzt theoretisch und praktisch psychiatrisch vorgebildet ist, sollte eine Selbstverständlichkeit sein. Daß der *EntwStVG.* 27 die darauf abzielende Bestimmung im § 11 der *GVF.* nicht übernommen hat, ist ein Fehler, den die gesetzgebenden Körperschaften hoffentlich ausmerzen werden. Der Arzt ist nicht nur dazu da, die erkrankten Patienten zu behandeln, sondern er muß am ganzen Anstaltsbetriebe beteiligt werden, in einer Form etwa, wie es die §§ 42, 43 der *DVO.* für die badischen Strafanstalten[24]) vorsehen. Insbesondere wird es für die Zukunft eine wichtige Aufgabe der Anstaltsärzte sein, an der Sammlung des Materials für erbbiologische Forschungen und seiner wissenschaftlichen und praktischen Auswertung mitzuwirken[25]). — Dem Arzt müssen Aufsichtsbeamte mit berufs-

---

[23]) Körperliche Gesundheit im Sinne der psychophysischen Konstitution, also einschließlich der »geistigen« Gesundheit.

[24]) Amtliche Ausgabe, Karlsruhe 1925.

[25]) Vgl. Der Stufenstrafvollzug und die kriminalbiologische Untersuchung der Gefangenen in den bayerischen Strafanstalten, Amtliche Aus-

mäßiger Ausbildung in der Krankenpflege, insbesondere in der ersten Hilfe bei Unglücksfällen und Erkrankungen zur Seite stehen.

Der Gefangene hat zur Erhaltung seiner körperlichen Gesundheit Anspruch auf eine dazu ausreichende Ernährung. Die Kost muß quantitativ und in ihrer Zusammensetzung den Anforderungen genügen, welche die moderne Ernährungswissenschaft dafür aufstellt[26]). Sie muß abwechslungsreich und schmackhaft sein, sonst tritt die Gefahr ein, daß der Körper des Gefangenen die Nahrung nicht mehr annimmt[27]). Namentlich muß auch dem Ernährungszustand der einzelnen Gefangenen Rechnung getragen werden. Schwächliche, abmagernde Gefangene, jugendliche noch in der Entwicklung begriffene Gefangene, schwer arbeitende Gefangene müssen besonders berücksichtigt werden (§ 65). Die Zusammensetzung und Bereitung der Kost muß ständig vom Arzt kontrolliert, ihr Einfluß auf den Körperzustand der Gefangenen durch regelmäßiges Wiegen der Gefangenen im Auge behalten werden. Frisches und gutes Trinkwasser muß den Gefangenen mehrmals am Tage gereicht werden. — Das Bettlager des Gefangenen und seine Kleidung muß den gesundheitlichen Anforderungen genügen. Sie müssen warm genug sein im Winter; empfindliche Gefangene müssen reichlicher damit versehen sein als härtere Naturen. Sie müssen aber auch luftdurchlässig genug sein, um dem Körper die so wichtige Hautatmung zu ermöglichen. Hieran fehlt es bei der Gefangenenkleidung recht sehr. Der Gefangene muß die Möglichkeit haben, sich durch häufiges und gründliches Waschen und Baden körperlich rein zu halten und abzuhärten. Er muß durch Freistunden, durch kräftiges körperliches Ausarbeiten, die Möglichkeit haben, sein Blut genügend mit Sauerstoff zu versorgen. Die Freistunde in der Art, wie sie heute noch als stumpfsinniger Rundgang meist geübt wird, ist zu verwerfen. Die »Kann«bestimmung im § 96 Abs. 2 sollte eine »Muß«bestimmung werden. Auch in der Zelle muß der Gefangene die Erlaubnis haben, durch Freiübungen nach dem Auf-

---

gabe, München 1926; Viernstein, Biologische Probleme im Strafvollzuge. — Deutsche Zeixschrift für die Ges. ger. Medizin, 1924, S. 436 ff.; Kretschmer, Biologische Persönlichkeitsdiagnose in der Strafrechtspflege, DJZt. 1926, Heft 11 S. 782; Fetscher, Zur Frage der Erblichkeit krimineller Anlagen, Reichsgesundheits-Bl. 1926, S. 227 ff.

[26]) Vgl. Deetjen, Massenbeköstigung, Verlag Emil Pahl, Dresden 1925.

[27]) Vgl. Die guten Leitsätze für die Bereitung der Gefangenenkost in der Verpflegungsordnung für die Gefangenanstalten der JV. in Preußen vom 2.. Februar 1923 bei *Klein* S. 438.

stehen oder vor dem Schlafengehen Haut und Muskeln geschmeidig zu machen. Die Hafträume müssen im Sommer die nötige Kühlung (gute Ventilation), im Winter genügende Heizung haben. Bei der Arbeit muß der Gefangene gegen Unfälle und Schädigungen (Staub einatmen und dergleichen) ausreichend geschützt werden, wie es der allgemeinen Unfallverhütung und Gewerbehygiene entspricht (§ 75 Abs. 2). Arbeit im Freien muß mit der auf die Dauer verkümmernden Innenarbeit abwechseln. Jede Strafanstalt müßte auch aus diesem Grunde ausreichenden Landbesitz haben[28]).

Erkrankt der Gefangene, so hat er Anspruch auf diejenige Pflege und Heilbehandlung, die nach den Regeln der ärztlichen Kunst für sein Leiden erforderlich ist (§ 92 Abs. 2). Daß eine Behandlung besonders kostspielig ist, gibt keinen Grund dafür ab, sie zu versäumen. Dem Kranken müssen alle Erleichterungen vom Anstaltszwange gewährt werden, die sein Zustand erheischt (§ 103); auch Erleichterungen psychischer Art (freundliche Ausstattung der Krankenräume usw.; vgl. § 97). Tuberkulös oder venerisch Erkrankte müssen von andern Gefangenen getrennt gehalten und einer Spezialbehandlung unterzogen werden. Für Tuberkulose-Kranke oder -Verdächtige bestehen besondere Heilanstalten[29]). Reichen die Anstaltseinrichtungen nicht aus, um dem Kranken die für ihn nötige Pflege angedeihen zu lassen, so kann er beanspruchen, in eine öffentliche Krankenanstalt überführt zu werden (§ 102)[30]). Der Strafablauf wird dadurch grundsätzlich nicht gehemmt (§ 416 StPO.). Das Dominieren des Rechtsschutzanspruchs tritt hier besonders klar in die Erscheinung. Allerdings ist die Vollstreckungsbehörde nach geltendem Recht befugt, die Vollstreckung zu unterbrechen. Die Praxis der Vollstreckungsbehörden hat von dieser Befugnis bisweilen einen Gebrauch gemacht, der der Absicht des Gesetzgebers nicht entspricht. Daß es lediglich aus fiskalischen Rücksichten geschehen ist, läßt die Praxis besonders unerfreulich erscheinen. *EntwStVG.* 27, der die grundsätzliche Anrechnung der im Krankenhaus zugebrachten Zeit aus der StPO. übernommen hat (§ 102), macht die Unterbrechung grund-

[28]) Es ist ein betrübliches Zeichen der Verkennung der gesundheitlichen Werte der Außenarbeit, daß der Landbesitz der preußischen Strafanstalten in den Jahren 1887—1909 von 587 ha auf 188 ha heruntergegangen ist (vgl. Grünhut a. a. O. S. 673).

[29]) Für Preußen die Strafanstalt in Sonnenburg für Zuchthausgefangene, in Glatz für Gefängnisgefangene; für Württemberg die Anstalt Hohenasperg.

[30]) Ähnlich die Überführung Schwangerer in eine Entbindungsanstalt (§ 106).

sätzlich vor der Zustimmung des Gefangenen abhängig (§ 218)[31]). Eine Ausnahme soll nur gelten, wenn der Gefangene die Krankheit vorgetäuscht oder sich vorsätzlich zugezogen hat. Die Ausnahme entspricht dem Rechtscharakter der Gefangenschaft. Der Gefangene, der so handelt, verletzt seine Rechtspflicht, nämlich, sich dem Strafvollzuge zur Verfügung zu stellen; er gerät, wenn man das zivilistische Bild gebrauchen darf, in Verzug mit seiner Leistung; er hemmt damit die »Gegenleistung«, d. h. er kann die Konsumption des Vollstreckungsanspruchs des Staates durch Ablauf der Haftzeit für diejenige Zeit, für die er sich »im Verzuge« befindet, nicht in Anspruch nehmen. — Konsequent und billig wäre es, dieselbe Rechtsfolge auch dann eintreten zu lassen, wenn der Gefangene die Heilung einer Erkrankung, die er nicht vorsätzlich herbeigeführt hat, vorsätzlich verhindert oder verschleppt. Inkonsequent dagegen ist es, daß nach § 218 die Strafe ohne Einwilligung des Gefangenen dann unterbrochen werden darf, wenn er zur Abgabe einer Erklärung außerstande ist. Der richtige Weg wäre die Bestellung eines Pflegers gemäß § 1910 BGB.

Der Gefangene hat keinen Anspruch darauf, die Krankenanstalt, in die er gebracht werden will, selbst zu wählen. In der Bestimmung der Anstalt durch die Strafvollzugsbehörde kennzeichnet sich die fortdauernde physische Verhaftung des Gefangenen. Wohl aber kann der Gefangene, das folgt aus der Natur des Rechtsschutzanspruches, sich durch einen Arzt eigener Wahl behandeln lassen (§ 98).

Zur körperlichen Integrität gehört auch die Erhaltung eines gesunden Gebisses. Ein Gedanke, der in der Praxis sich erst sehr langsam durchgesetzt hat. Auch § 99, der diese Frage regelt, zeigt noch stark den Charakter eines Kompromisses zwischen Grundsatz und Übung.

Da der Gefangene einen Rechtsanspruch auf Erhaltung seiner körperlichen Unversehrtheit hat, dürfen auch Zwangsmaßnahmen, insbesondere Disziplinarstrafen, die Grenze der körperlichen Unversehrtheit nicht überschreiten. Überall, wo die Gefahr solcher Grenzverletzung gegeben ist, also bei schwereren Hausstrafen (Kostentziehung, Arrest usw.), sowie bei der Verhängung solcher Maßnahmen gegen kranke Gefangene, ist der Arzt zuzuziehen. Er hat darüber zu wachen, daß körperliche Schädigungen unterbleiben (§§ 134, 147, 210).

---

[31]) Das Zitat des § 217 im § 102 ist ein Redaktionsfehler. Überdies wäre es systematisch richtiger, den § 102 Abs. 3 in den § 218 hineinzuarbeiten.

b) Die immateriellen Rechtsgüter.

α) Die Ehre. Ehre im objektiven Sinne ist Geltung im Ansehen anderer; Ehre im subjektiven Sinne ist das Gefühl eigener Würde. Untrennbar mit der Freiheitsstrafe verbunden ist die Beeinträchtigung sowohl der Geltung, wie des Gefühls; durch die Tatsache der Freiheitsstrafe bedingt, aber nicht von ihr bezweckt. Der Rechtsschutzanspruch des Gefangenen geht daher dahin, daß die Beeinträchtigung auf das bedingungsmäßig gegebene Maß beschränkt wird und zweckhafte Kränkung unterbleibt (vgl. § 58 Abs. 1).

Die Geltung wird vor allem durch aufgezwungene Veränderungen der äußeren Erscheinung beeinträchtigt. Deshalb darf Schnitt und Tracht von Haar und Bart[32]) gegen den Willen des Gefangenen nur aus den durch den Anstaltsorganismus bedingten Gründen geändert werden[33]). Der Gefangene soll, wenn nicht Gründe der sicheren Verwahrung dazu nötigen, außerhalb der Anstalt nicht in Anstaltskleidung gezeigt werden (Vorführungen, Ausführungen, Überführungen — § 64 —). Aus denselben Gründen wird einem Wunsch des Gefangenen, Besuchern in eigener Kleidung vorgeführt zu werden, zu entsprechen sein. — Die Überwachung des Besuches muß schonend ausgeübt werden; Sperrgitter und ähnliche Vorrichtungen sollen auf das unbedingt zur Sicherheit Notwendige beschränkt werden (§ 115). — Bei Arbeiten außerhalb der Anstalt muß jede Bloßstellung der Gefangenen vermieden werden. Schon nach geltendem Recht dürfen Gefängnisgefangene nur mit ihrer eigenen Zustimmung mit Außenarbeit beschäftigt werden (§ 16 StGB.). Der *EntwStVG.* 27 wiederholt die Bestimmung (§ 152). Eine Erweiterung auch auf die Zuchthausgefangenen wäre konsequent. — Bei standesamtlichen Anzeigen aus der Strafanstalt heraus (Geburten, Sterbefälle) darf nicht angegeben werden, daß das Ereignis sich in einer Strafanstalt zugetragen hat (§ 107). Notwendig erscheint aber auch eine Änderung des Personenstandsgesetzes, das in den §§ 22 und 59 die Amtsbezeichnung des Anzeigenden verlangt, die vorgenannte Schutzbestimmung also illusorisch macht.

Die Ehre des Gefangenen im subjektiven Sinne wird durch Maßnahmen verletzt, die der Gefangene als »Entwürdigung« empfindet. In seinem Gefühl äußerer Wehrlosigkeit neigt der Gefangene häufig zu einer Überempfindlichkeit gegen vermeintliche

---

[32]) Nicht »Haar und Bart« selbst, wie der *EntwStVG.* 27 ungenau sagt.

[33]) Vgl. oben S. 78.

Ehrenkränkungen. Der Gefangene hat Anspruch darauf, mit »Sie« angeredet zu werden. Er hat Anspruch darauf, daß jedes verletzende Verhalten ihm gegenüber unterbleibt. Selbst Redewendungen, die im Jargon der Kreise, denen der Gefangene entstammt, als beleidigend weder ausgesprochen noch empfunden werden, nehmen den Charakter der Beleidigung an, wenn der Gefangene sie vom Anstaltsbeamten hinnehmen muß. Der Ehrenschutz der §§ 185 ff. StGB. steht dem Gefangenen unvermindert zu, auch den Anstaltsbeamten gegenüber. Durchsuchungen müssen, wenn sie nötig sind, so vorgenommen werden, daß das Kränkende der Maßnahme möglichst entfällt. Was § 46 in dieser Hinsicht sagt, gilt auch für den § 129. Insbesondere hat der Gefangene Anspruch auf Wahrung seines Schamgefühls (weibliche Gefangene!). Nicht nur die Geltung des Gefangenen, sondern auch sein Gefühl der Würde verletzt es, wenn man ihm bei Besuchen entbehrliche Erniedrigung nicht erspart. (Erlaubnis zum Empfang von Besuch ohne Beaufsichtigung!) — Selbst da, wo der Gefangene durch sein Verhalten zu Zwangsmaßnahmen der Hauszucht Anlaß gibt, muß alles zweckhaft Entwürdigende unterbleiben. Nichts könnte mehr entwürdigen, als körperliche Züchtigung. Sie gehört einer vergangenen Zeit an. Prügelstrafe entwürdigt nicht nur den Gefangenen; mehr noch den, der sie vollzieht; am meisten den, der sie verhängt.

β) Die Familienrechte. Die Familie baut auf der tatsächlichen Lebensgemeinschaft auf. Sie wird durch die Haft zerrissen. Trotz der Haft aber bleiben Verbindungen familiärer Art bestehen, die der Staat nicht nur im Interesse der Resozialisierung des Gefangenen fördern muß, sondern auf deren Berücksichtigung der Gefangene Anspruch hat. Das gilt insbesondere für den schriftlichen Verkehr mit seiner Familie und den Besuch durch Familienangehörige. Angehörigen darf der Besuch innerhalb der durch die Anstaltsordnung bedingten Grenzen grundsätzlich nicht versagt werden (§ 115). Dasselbe gilt für den Empfang von Briefen (§ 119) und sollte füglich auch für die Absendung von Briefen gelten. Die Aufrechterhaltung der familiären Lebensgemeinschaft kann auch die persönliche Anwesenheit des Gefangenen im Familienkreise unter Umständen unabweisbar machen. Hierfür kann ihm entweder Urlaub aus der Haft erteilt, oder eine Ausführung in Begleitung eines Beamten bewilligt werden (§§ 220/1). Die Ausführung ist Lockerung des Strafzwanges, Urlaub seine Aufhebung; dem entspricht die Anrechnung oder Nichtanrechnung auf die Strafzeit; dem entspricht es weiter, daß Urlaub grundsätzlich nur von der Strafvollstreckungsbehörde erteilt, die Ausführung von der Strafvollzugsbehörde bewilligt wird. Nur ausnahmsweise kann der Vorsteher (in dringenden Fällen) Urlaub erteilen. Er handelt dann in Vertretung der Strafvollstreckungsbehörde und hat sie ungesäumt zu benachrichtigen. — Droht eine schwere Erkrankung des Gefangenen die die familiäre Lebensgemeinschaft durch den Tod zu zerstören, so müssen die Angehörigen unverzüglich in Kenntnis gesetzt werden (§ 104).

γ) Die Freiheit der Gesinnung (Gewissensfreiheit).

Die Ehre des Gefangenen und seine Familienrechte sind stark sachgebunden. Nur im Gebiet des sachlich Gebundenen unterliegen sie den Schranken, die der Vollzug der Freiheitsstrafe dem Gefangenen auferlegen muß. Die Gesinnung eines Menschen liegt jenseits aller Sachgebundenheit. Sie ist daher dasjenige Rechtsgut, das dem staatlichen Zugriff bei Vollstreckung der Freiheitsstrafe völlig entzogen ist. Der Gefangene hat einen Rechtsanspruch darauf, daß jeder gesinnungsmäßige Zwang gegen ihn unterbleibt. Es macht dabei keinen Unterschied, ob es sich um die religiöse Überzeugung, um die Weltanschauung, um die politische Einstellung handelt. Er hat aber grundsätzlich keinen Anspruch darauf, daß der Strafvollzug zur Pflege seiner Gesinnung positiv beiträgt. Wo es der Staat tut, fällt es entweder in den Bereich der Resozialisierung[34]), oder ist es eine schon in der RV. (Art. 141) statuierte Konzession an soziale Institutionen neben dem Staat, die Kirchen. Die Konzession darf sich aber nie zur Ausübung von Zwang dem Gefangenen gegenüber ausweiten. § 108 wiederholt in dieser Hinsicht nur, was auch die RV. schon im Art. 136 und 141 garantiert. Darüber hinaus gewährt die Praxis des Strafvollzuges, der der *EntwStVG.* 27 (§ 108) in allem folgt, jedem Gefangenen die Möglichkeit, den kultischen Anforderungen seiner religiösen Glaubensgemeinschaft zu genügen, gewährt ihm geistlichen Zuspruch, gewährt ihm die Möglichkeit freier Beichte seinem Seelsorger gegenüber (unbeaufsichtigter Besuch), gewährt ihm Arbeitsfreiheit an seinen religiösen Feiertagen (§ 77), nimmt Rücksicht auf rituelle Gebräuche in der Beköstigung (§ 65). Pflicht der Anstalt ist es insbesondere, den Gefangenen vor der Vergewaltigung durch Mitgefangene, die an seiner religiösen Überzeugung Anstoß nehmen, zu schützen. Die konfessionelle Scheidung der Gefangenen bei der Unterbringung ist auch in dieser Hinsicht von Bedeutung.

---

[34]) Vgl. oben S. 79 ff.

Im Bereich der Weltanschauung und der politischen Gesinnung enthält der Staat sich üblicherweise jeder aktiven Maßnahme. Er hat aber auch die Pflicht, von jeder Beeinträchtigung der Gesinnungsfreiheit Abstand zu nehmen. Das kommt zum Ausdruck z. B. in der freien Wahl der Lektüre durch den Gefangenen, soweit sie ihm überhaupt gestattet wird (§ 112). Daß der Staat Bücher und Schriften, die auf den gewaltsamen Umsturz der Staatsordnung hinarbeiten oder die Anstaltssicherheit untergraben, ausschließt, steht mit dem Prinzip nicht in Widerspruch. — Das kommt als positive Bestimmung zum Ausdruck in § 109, der jede parteipolitische Beeinflussung im Unterricht untersagt.

δ) Die freie Meinungsäußerung und das Briefgeheimnis.

Das Korrelat der Gesinnungsfreiheit ist das Recht zur freien Meinungsäußerung. Sie unterscheidet sich von der Gesinnungsfreiheit durch ihre stärkere Sachbezogenheit. Diese bedingt eine Anpassung an die Sachgestaltung, die dem Strafvollzuge wesensnotwendig ist. Der Gefangene hat das Recht zur grundsätzlich freien Meinungsäußerung in Wort und Schrift. Schranken erwachsen ihm aus der Pflicht zur Eingliederung in den Anstaltsorganismus. Das bestimmt die Redefreiheit andern Gefangenen gegenüber (§ 127), das die Redefreiheit beim Besuch (§ 116). — Daß sein Briefverkehr an Fristen, an die von Fall zu Fall einzuholende Schreiberlaubnis, an besondere Schreibtage oder -stunden gebunden wird, ist durch den Anstaltsorganismus bedingt. — Inhaltlich ist seine schriftliche Meinungsäußerung grundsätzlich ebenfalls frei; Behörden und Volksvertretungen gegenüber überhaupt unbeschränkt; in Briefen privaten Charakters eingeschränkt wiederum nur durch die Erfordernisse der Sicherheit und der sozialen Eingliederung in die Anstaltsgemeinschaft (§§ 117 ff.). Schreibutensilien hat die Anstalt dem Gefangenen, wenn er sie nicht selbst besitzt, zur Verfügung zu stellen.

Aus den Gründen der Sicherheit und Ordnung ist auch die Überwachung des Briefverkehrs der Gefangenen notwendig. Aber der Gefangene hat ein Recht zu verlangen, daß die Überwachung hierauf beschränkt bleibt. Das bedeutet, daß nur derjenige Beamte in seinen Briefwechsel Einblick nehmen darf, der zur Ausübung dieser Überwachung bestellt ist, oder dem der Gefangene selbst die Befugnis dazu einräumt. § 120 realisiert den Anspruch aus Art. 117 der RV. Ein Ausfluß dieses Rechts des Gefangenen ist auch die Bestimmung, daß Briefe, die ursprünglich an einen andern Bestimmungsort als die Strafanstalt gerichtet waren und hierher nachgesandt worden sind, auf sein Verlangen ungeöffnet an den Absender zurückzusenden sind (§ 120 Abs. 2). — Ob es geboten und praktisch ist, wie es der *EntwStVG. 27* vorsieht, auch dem A n s t a l t s a r z t nur mit Zustimmung des Gefangenen Einblick in die von ihm geschriebenen Briefe zu gewähren, darf bezweifelt werden. Die staatliche Pflicht, zur Kontrolle der Vollzugsmaßnahmen den Geisteszustand des Gefangenen zu überwachen, kann stärker sein, als der Rechtsschutzanspruch des Gefangenen auf Wahrung seines Briefgeheimnisses. — Eine praktische Schwierigkeit bietet die Behandlung der Briefe, die der Gefangene in seiner Zelle verwahrt, im Hinblick auf das Recht und gegebenenfalls die Pflicht der Vollzugsbeamten zur Durchsuchung der Zelle des Gefangenen (§ 129). Ein — nicht immer befriedigender — Ausweg ist der, dem Gefangenen zu gestatten, die gelesenen Briefe unter erneutem Verschluß zu den für ihn verwahrten Sachen »auf Kammer« zu geben.

ε) R e c h t e p o l i t i s c h e n u n d v e r w a n d t e n I n h a l t s.

Von der Ausübung des a k t i v e n W a h l r e c h t s , des wichtigsten Rechts dieser Gruppe, ist der Gefangene nicht grundsätzlich ausgeschlossen, es sei denn, daß das Urteil selbst ihm die Wahl- und Stimmfähigkeit aberkannt hatte (§§ 57 *AE.* 25 [49], § 309 *EntwStVG. 27*); er ist nur an seiner Wahrnehmung tatsächlich »behindert«. In dieser Unterscheidung, die § 2 des Reichswahlgesetzes vom 27. April 1920 ausdrücklich macht, liegt die rechtliche Anerkennung, wenn auch nicht die praktische Realisierung des Rechtsgutes des Gefangenen. Wäre es wirklich eine übertriebene oder undurchführbare Forderung, den Gefangenen auch die praktische Wahlmöglichkeit zu schaffen? — Das p a s s i v e W a h l r e c h t wird von dem Vollzuge der Freiheitsstrafen überhaupt nicht berührt. Unbeschränkt bleibt auch das Petitionsrecht des Gefangenen (Art. 126 der RV., § 117 *EntwStVG. 27*). — Verwandten Charakters ist das Recht des Gefangenen auf B e r a t u n g im Schriftverkehr mit Behörden und sein Anspruch, wenn er nicht schreibkundig oder -fähig ist, seine Briefe durch einen Anstaltsbeamten geschrieben zu erhalten (§ 118); ferner die Befugnis von A u s l ä n d e r n zum Schriftverkehr mit ihren Heimatsbehörden (§ 123).

c) D i e R e c h t s g ü t e r d e r S a c h - u n d W e r t b e h e r r s c h u n g.

Die Art, wie der Vollzug der Freiheitsstrafe in die wirtschaftlichen Verhältnisse des Gefangenen eingreift, ist von jeher besonders stark empfunden worden. Die Einrichtung der Fürsorge für entlassene Gefangene hat hier ihre stärkste Wurzel. Nicht so klar erkannt worden ist, daß hier Wirkungen der Freiheitsstrafe vorliegen, die der Rechtsnatur der Freiheitsstrafe widersprechen, und daß aus diesen Wirkungen dem Staate Pflichten zur »Wiedergutmachung« erwachsen. Der geltende Strafvollzug läßt viele Wünsche offen. Der *EntwStVG.* 27 nähert manches davon der Erfüllung.

Die Geschäftsbeziehungen, die Arbeitsbeziehungen des Gefangenen werden durch die Gefangenschaft aufs stärkste beeinträchtigt, meist völlig zerrissen. Das ist, soweit diese Beziehungen mit der persönlichen Bewegungsfreiheit des Geschäftsmannes, des Arbeiters, wesensverknüpft sind, unvermeidlich. Denn der Verlust dieser Bewegungsfreiheit ist das Charakteristikum der Freiheitsstrafe. Es gibt aber auch eine Reihe von elastischeren Bindungen, die nicht so an die Bewegungsfreiheit des Gefangenen geknüpft sind. Vor ihnen hat der Vollzug der Freiheitsstrafe halt zu machen. Darauf, daß er es tut, hat der Gefangene einen Rechtsanspruch. Es muß ihm gestattet werden, seine Geschäftsbeziehungen, seine Beziehungen zur Arbeitsstelle, soweit das aus der Haft heraus möglich ist, aufrechtzuerhalten, sei es in Form von Briefen, sei es durch mündliche Unterredungen. Die Fristen, die sonst für Besuch und Briefverkehr gelten, müssen hier zurückgestellt werden (§§ 115 Abs. 4, 117). Die Anstalt ist verpflichtet, den Gefangenen bei der Pflege solcher Beziehungen nach Möglichkeit zu unterstützen (§ 234). Unter Umständen kann, wenn die sichere Rückkehr des Gefangenen in die Haft gewährleistet ist, auch ein Strafurlaub oder eine Ausführung notwendig werden (§§ 220, 221).

Eine schwerwiegende Folge wirtschaftlicher Art bedeutet für den Gefangenen auch die Beschlagnahme seiner Arbeitskraft durch den Staat (§ 82). Für viele Gefangene ist ihre Arbeitskraft ihr einziges »Kapital«. In der Regelung, die der *EntwStVG.* 27 der Tilgung der Haftkosten durch die Arbeit des Gefangenen und der Frage der Arbeitsbelohnung des Gefangenen angedeihen läßt (§§ 83 ff.), tritt das Bestreben, den Rechtscharakter der Gefangenschaft, wie er in diesem Werke vertreten wird, klarer herauszuarbeiten, als es die bisherige Vollzugspraxis tut, sichtbar zutage. Die sich hieraus ergebenden Probleme finden an anderer Stelle ihre Darstellung. — Bedenken walten gegen die Art und Weise ob, wie der *EntwStVG.* 27 den Gefangenen im rechtsgeschäftlichen Verkehr innerhalb der Anstalt, insbesondere in der Verfügung über sein Eigentum, beschränkt; vgl. die §§ 128 und 47, 48. Die Bedenken liegen in der Richtung, ob es nötig und ob es vertretbar ist, die zivilrechtliche Nichtigkeit solcher Geschäfte, wie es die Fassung der obengenannten Paragraphen zur Folge haben würde, zu statuieren[35]). Beachtenswert, aber aus Ordnungsgründen im allgemeinen vertretbar, ist in diesem Zusammenhang auch die Bestimmung im § 112 Abs. 4, die den Gefangenen zum Verzicht auf das Eigentum und Zeitschriften zwingt. Wie jedoch, wenn es sich dabei um Zeitschriften wertvollen, wissenschaftlichen oder künstlerischen Inhalts handelt? Wie steht es mit dem »Wohle der Allgemeinheit« in diesem Falle? (Vgl. Art. 153 RV.)

4. Zwischenland.

Wieweit der Vollstreckungsanspruch des Staates auf der einen Seite, der Rechtsschutzanspruch des Gefangenen auf der andern Seite reicht, welche Rechte und Pflichten dabei hier und dort entstehen, ist, soweit es der Rahmen dieses Aufsatzes zuließ, dargetan. Es läßt aber nicht alles, was im Strafvollzuge gewährt oder geduldet wird, sich auf ein solches Rechts- und Pflichtenverhältnis zurückführen. Es gibt, um ein Bild zu gebrauchen, Zwischenland. Die Grenzen berühren einander nicht überall. In diesem Zwischenland liegen die Dinge, die der Strafvollzug dem Gefangenen gewähren kann, ohne die Gefangenschaft über Gebühr zu lockern, und die er ebenso dem Gefangenen versagen kann, ohne ihn in seinen Rechten zu beeinträchtigen. Manches davon ist bestimmungsmäßig festgelegt, auch im *EntwStVG. 27.* Um es mit einigen Beispielen zu belegen: Die Erlaubnis zur Selbstbeköstigung (§ 66), zur Beschaffung von Zusatznahrungsmitteln aus der Arbeitsbelohnung, zum Empfang von Lebensmittelsendungen (§ 67), zum Tabakgenuß (§ 68); die Erlaubnis zur Selbstbeschäftigung (§§ 79, 89); die Genehmigung zum Bezug von Büchern, Zeitungen oder Zeitschriften aus eigenem Gelde (§ 112), ganz allgemein die Gewährung von Vergünstigungen (§ 168). Namentlich das Gebiet der Vergünstigungen und Milderungen bietet dem freien Ermessen des Anstaltsleiters einen weiten Spielraum; der § 61 gibt dafür nicht mehr als eine ganz lockere Richtschnur. — Das meiste aber in diesem Zwischenlande ist bestimmungsmäßig nicht erfaßt und erfaßbar. Es empfängt seinen Inhalt von der strengeren oder freieren Handhabung all der Maßnahmen, deren rechtliche Grenzen in den vorangehenden Abschnitten angedeutet wurden. Und dieser Bewegungsspielraum darf dem Strafvollzuge auch nicht abhanden kommen, denn der Strafvollzug ist nicht nur eine Rechtsangelegenheit, sondern auch eine

---

[35]) Vgl. hierzu oben S. 70.

psychologische Angelegenheit. Als solche erfordert er ständige Anpassung seiner Maßnahmen an den Charakter des Gefangenen, an sein Verhalten, an die Wandlungen, die er im Vollzuge zum Bessern oder zum Schlechtern erkennen läßt. Aus diesem Zwischenlande schöpft namentlich das Erziehungssystem, das dem Vollzug der modernen Freiheitsstrafe in Deutschland jetzt allgemein zugrunde liegt, der Strafvollzug in Stufen, Leben und Wirksamkeit.

VII. Die Rechtsgarantien des Gefangenen.

Die stärkste Rechtsgarantie für den Gefangenen liegt in der gesetzlichen Regelung des Rechtsverhältnisses Gefangenschaft. Die Rechtsgarantie wäre aber unvollständig, wenn sie dem Gefangenen nicht die Sicherheit gäbe, daß das, was das Gesetz an Grenzen zieht, in der Praxis auch beachtet wird. Diese Garantiefunktion kommt allgemein der Dienstaufsicht und im Sonderfall dem Beschwerderecht des Gefangenen zu. Die Gefahr, daß Willkür geübt wird, ist bei der tatsächlichen Machtfülle, die dem Strafvollzugsbeamten über den Gefangenen eingeräumt ist, groß. Sie kann ebensowohl in der Handhabung des Dienstes durch die untersten Organe des Strafvollzuges, die Aufsichtsbeamten, liegen, wie in der Leitung des Strafvollzuges für den ganzen Anstaltsbereich. Es ist deshalb die Pflicht aller Dienstvorgesetzten, die Innehaltung der Grenzen ständig zu überwachen, die das Gesetz und seine Ausführungsbestimmungen für die Behandlung der Gefangenen ziehen, oder die sich aus der Rechtsnatur der Gefangenschaft als solcher ergeben. Auch in dieser Hinsicht kommt der Wert der Bestimmung zum Ausdruck, die dem Vorsteher und seinen Hilfsorganen in der Anstalt zur Pflicht macht, den Gefangenen möglichst häufig in seiner Zelle zu besuchen und ihm zur Aussprache Gelegenheit zu geben (§ 62). — Zu überwachen, daß die Anstaltsleitung selbst nach Wort und Sinn der Strafvollzugsbestimmungen verfährt, ist Sache der höheren Dienstaufsicht. Bei Anstaltsbesichtigungen muß ebenfalls jedem einzelnen Gefangenen möglich sein, persönlich Gehör zu finden. Zu diesem Zweck sieht der preußische Strafvollzug Meldebücher vor, in die jeder Gefangene sich eintragen lassen kann, und die dem revidierenden Provinzial- oder Ministerialdienstvorgesetzten bei der Anwesenheit in der Anstalt vorgelegt werden[36]).

Der Gefangene hat das Recht, sich zu beschweren, sobald er sich durch den Strafvollzug benachteiligt fühlt. Die Rechts-

[36]) § 5 der *PrDVO.*

natur der Beschwerde, die Beschwerdekompetenz und der Beschwerdezug kommen an anderer Stelle zur Erörterung[36a]). In praktischer Hinsicht muß dafür gesorgt werden, daß die Beschwerdemöglichkeit dem Gefangenen nicht durch Verwaltungswiderstände beschnitten wird. Zu diesem Zweck muß das Meldeverfahren im Anstaltsbetrieb sorgfältig geregelt sein. Zu diesem Zweck muß Vorsorge dafür getroffen werden, daß Beschwerden mit der gebotenen Schleunigkeit weitergeleitet werden. Das ist um so nötiger, als der Beschwerde grundsätzlich keine aufschiebende Wirkung beigelegt wird (§ 217). — Dem Beschwerderecht entspricht der Anspruch des Gefangenen auf einen Bescheid. Mißbraucht der Gefangene sein Beschwerderecht, sei es sachlich durch querulatorische Eingaben, sei es in der Form durch ungebührliche Sprache, so geht er auch des Rechts auf einen Bescheid verlustig (§ 216). Übergroße Empfindlichkeit ist freilich nicht am Platze. Man muß dem Bildungsgrad und der seelischen Verfassung des von seiner Freiheit abgeschnittenen Menschen gebührend Rechnung tragen. Besondere Vorsicht ist erforderlich bei der Verhängung von Hausstrafen wegen Beleidigungen, deren der Gefangene sich in einer Beschwerde schuldig macht. Auch der Schein, daß man den Gefangenen mundtot machen will, muß peinlich vermieden werden. Daß jeder sachlich vorgetragenen Beschwerde nachgegangen werden, daß jeder sachlich begründeten Beschwerde rücksichtslos abgeholfen werden muß, ist selbstverständlich. Nichts wäre verkehrter, als Ordnungswidrigkeiten zu decken oder zu vertuschen[37]). — Daß der Gefangene, wenn ein Brief für ihn oder von ihm beanstandet wird, Anspruch darauf hat, von der Tatsache und den Gründen der Beanstandung unterrichtet zu werden, sei ebenfalls in diesem Zusammenhange erwähnt (§ 122). Auch dem wohnt eine Garantiefunktion inne.

VIII. Das Ende des Strafvollzuges.

Der Strafvollzug endet normalerweise mit der Konsumption des Vollstreckungsanspruches des Staates, entweder also durch den Ablauf der Strafzeit, oder dadurch, daß der Staat überhaupt (Begnadigung) oder bedingungsweise auf einen Teil dieses Anspruches verzichtet (bedingter Erlaß des Strafrestes — vgl. *AE.* 25 §§ 35 ff. —). Verzichtet der Staat vorübergehend auf Geltendmachung des Vollstreckungsanspruchs, so sprechen wir von Unterbrechung der

---

[36a]) Vgl. die Ausführungen von Grünhut im II. Abschnitt dieses Buches.

[37]) Vgl. Schulze-Ellger a. a. O. S. 192/3.

Strafhaft. — Der Vollstreckungsanspruch wird gehemmt, wenn der Gefangene sich der Gefangenschaft durch die Flucht entzieht. Der Vollstreckungsanspruch erlischt, wenn der Gefangene stirbt.

Ungeklärt und auch im *EntwStVG.* 27 offengelassen ist die Frage, inwieweit etwa durch die Verurteilung in dem Sinne ein »gegenseitiges« Rechtsverhältnis geschaffen wird, daß der Staat nicht ohne Einwilligung des Verurteilten auf den Vollzug der Strafe verzichten kann, ob also auch der Verurteilte einen Anspruch auf Vollzug der Strafe hat. Die Frage ist nicht so abwegig, wie sie im ersten Augenblick erscheint. Der Verurteilte kann sehr stark daran interessiert sein, aus wirtschaftlichen oder sonstigen Rücksichten, daß die Strafe sofort vollstreckt werde. Der Verurteilte kann ebenso lebhaft daran interessiert sein, daß die begonnene Vollstreckung durchgeführt werde, daß insbesondere nicht gegen seinen Willen ein Teil der Vollstreckung unter Stellung ihm lästiger Bedingungen auf Jahre hinaus in der Schwebe bleibt[38]), ein Gedanke, dem schon § 23 StGB. Rechnung trug.

Der *AE.* 25 hat die vorläufige Entlassung und damit auch die Zustimmung des Gefangenen zu ihr beseitigt. In seinen §§ 35 ff. ist von ihr nicht mehr die Rede. Der *EntwStVG.* 27 räumt dem Verurteilten, sobald er die Strafe angetreten hat, grundsätzlich einen Rechtsanspruch auf ihren Vollzug ein (§§ 218, 219). Er läßt aber Ausnahmen erheblichen Umfanges zu (mangelnde Fähigkeit zur Einverständniserklärung des Gefangenen — § 218 —, dringende Gründe der Verwaltung — § 219 —) und nimmt zu der Frage der Einwilligung des Gefangenen zur bedingten Entlassung überhaupt keine Stellung. Auch die *Begr.* zum *AE.* 25 beschränkt sich auf den nicht weiter unterbauten Satz: »Mit dem Wesen der Strafe ist es nicht vereinbar, ihre Dauer von dem Willen des Verurteilten abhängig zu machen.« — Man fühlt in all dem deutlich die Unsicherheit des Gesetzgebers gegenüber dem Begriff der Gefangenschaft als eines Rechtsverhältnisses.

1. Die normale Beendigung des Strafvollzuges.

Wie der gesamte Strafvollzug, so steht auch sein Ausklang, die Entlassung des Gefangenen, unter den rechtlichen Gesichtspunkten, die die Behandlung des Gefangenen in der Strafanstalt bestimmen. Die Notwendigkeit der sicheren Verwahrung des Gefangenen freilich endet mit dem Ablauf der Strafzeit. Aber aus der Gefangen-

---

[38]) Vgl. den Fall Hau. — Vgl. ferner den interessanten Beschluß des Oberlandesgerichts Königsberg i. Pr. in *ZStW.*, Bd. 46 S. 400.

schaft als rechtlich geordneter Lebensgemeinschaft ergeben sich für die Entlassung besondere Konsequenzen. Der Gefangene muß sich, wie bei der Unterbringung den formellen und materiellen Notwendigkeiten der Eingliederung, so jetzt denen seiner Ausgliederung unterwerfen. Das tritt am stärksten in der Bestimmung der §§ 150, 222 zutage, die es gestatten, den Gefangenen zur Verbüßung einer noch nicht vollzogenen Arreststrafe bis zur Dauer einer Woche über das Strafende hinaus in der Anstalt zurückzubehalten. Gegen eine solche Maßnahme mögen Bedenken rechtspolitischer Art geltend gemacht werden können. Aus dem Rechtscharakter der Gefangenschaft selbst können solche Bedenken nicht abgeleitet werden[39]). Wenn die Verletzung der Rechtspflichten, die der Gefangene aus dem Rechtsverhältnis Gefangenschaft hat, dazu befugt, während der Haft in seine Rechtsgüter in einem Umfange einzugreifen, der durch den Vollstreckungsanspruch des Staates an sich nicht bedingt ist, so bestehen auch keine grundsätzlichen Bedenken dagegen, das Rechtsgut der Freiheit selbst über das Ende der Strafzeit hinaus dafür in Anspruch zu nehmen. Eine ähnliche Verlängerung der Strafzeit auf Grund schuldhafter Verletzung der Rechtspflichten des Gefangenen enthält auch der § 102[40]). — Im übrigen ergibt sich der Zeitpunkt des Ablaufs der Strafzeit rechnungsmäßig aus dem ihres Beginns. — Hat der Gefangene eine weitere Freiheitsstrafe zu verbüßen, oder ist er sonst festzuhalten, so rechnet von der Entlassungsstunde an sein Aufenthalt in der Strafanstalt für die anschließende Freiheitsentziehung (§ 224). Daß die heute übliche und auch vom *EntwStVG.* 27 grundsätzlich festgehaltene Art der Strafberechnung und damit der Entlassungsstunde überflüssige Schwierigkeiten schafft, ist bereits erwähnt[41]). Die darin zutage tretende Pedanterie ist um so weniger nötig, als auch sonst der Entwurf aus Zweckmäßigkeitsgründen eine Haftverkürzung (§ 222 Abs. 3) und ein Verbleiben des Gefangenen in der Anstalt über die Entlassungsstunde hinaus (§§ 222, 226), selbst ohne Einwilligung des Gefangenen (§ 226), gestattet.

Zur formalen Ordnung der Entlassung gehört, daß dem Gefangenen ein Entlassungsschein erteilt wird (§ 231). Er erfüllt in dieser Hinsicht ähnliche Funktionen, wie die bürgerlichrechtliche Quittung; er versieht den Gefangenen mit einem Ausweis darüber, daß der Strafanspruch des Staates ihm gegenüber getilgt ist.

---

[39]) Abweichender Meinung *Kriegsmann* S. 162 Anm. 1.

[40]) Insoweit bedarf § 222 der Bezugnahme auch auf § 102.

[41]) Siehe oben S. 68.

Von den den Strafvollzug inhaltlich bestimmenden Aufgaben tritt in diesem Endstadium der Haft am stärksten die Aufgabe der Resozialisierung in die Erscheinung. Die ganze Strafzeit war darauf eingestellt, die Wiedereingliederung des Gefangenen in den Volksorganismus vorzubereiten. Mit der Entlassung stehen wir vor der Notwendigkeit, hierfür die äußeren Bedingungen zu schaffen. Der Gefangene muß mit der nötigen Entlassungskleidung versehen sein; was er an eigener Kleidung besitzt, muß gesäubert und instandgesetzt sein; er muß das erforderliche Reisegeld oder eine Fahrkarte nach seinem Wohnort erhalten, Zehrgeld oder Lebensmittel für die Zeit der Reise, Subsistenzmittel bis zu dem Zeitpunkt, wo sich ihm andere Hilfsquellen für seinen Unterhalt erschließen (§§ 228—230). An sich stände nichts im Wege, den Gefangenen für all diese Dinge an den unterstützungspflichtigen Bezirksfürsorgeverband[42]) zu verweisen. Daß der Staat es nicht tut, ist nicht nur in Zweckmäßigkeitserwägungen, sondern darin begründet, daß die Fürsorge für den entlassenen Gefangenen staatliche Aufgabe ist[43]), eine Aufgabe, der im übrigen der *EntwStVG.* 27 einen besonderen Abschnitt widmet (§ 232 ff.)[44]). — In diesen der Resozialisierung dienenden Maßnahmen bei der Entlassung des Gefangenen begegnen, ähnlich wie während des Strafvollzuges auch schon[45]), die Vollzugsaufgaben in ihrer Richtung auf den Gefangenen hin dem Anspruch des Gefangenen gegen den Staat; dem Anspruch, daß der Strafvollzug auf das Rechtsgut der Freiheit beschränkt bleibt. Ein Ausfluß aus dem Anspruch des Gefangenen auf körperliche Unversehrtheit ist es, daß er mit einer der Jahreszeit entsprechenden Kleidung entlassen wird; aus dem Anspruch auf Wahrung seiner Ehre, daß die Kleidung schicklich ist (§ 228). — In der Wahl seines Aufenthalts nach der Entlassung ist der Gefangene frei. Alle Beschränkungen vermögensrechtlicher Art, insbesondere in rechtsgeschäftlicher Hinsicht, denen er während des Strafvollzuges unterworfen war, hören auf. Was in der Anstalt für ihn verwahrt wurde, ist ihm auszuhändigen (§ 227). Eine Ausnahme macht die Praxis, der der *EntwStVG.* folgt, mit der Arbeitsbelohnung des Ge-

---

[42]) Vgl. die Fürsorgepflichtverordnung vom 13. Februar 1924 (RGBl. I S. 100) nebst den Reichsgrundsätzen über Voraussetzung, Art und Maß der öffentlichen Fürsorge vom 4. Dezember 1924/7. September 1925 (RGBl. I S. 765/332).

[43]) Vgl. § 238 Satz 2.

[44]) Vgl. den Abschnitt dieses Werkes über Gefangenenfürsorge.

[45]) Vgl. oben S. 82.

fangenen. Sie wird häufig nicht oder nicht in vollem Betrage dem Gefangenen ausgehändigt, sondern einer Wohlfahrtsstelle mit der Auflage weiterer Verwendung für den Gefangenen verabfolgt (§ 87). Eine Ausnahme, deren fürsorgerische Tragweite auf der Hand liegt, die aber mit dem Rechtsanspruch auf Arbeitsbelohnung, den der *EntwStVG.* 27 dem Gefangenen einräumt[46]), nicht mehr im Einklange steht.

Ob der Gefangene wegen Ablaufs der Strafzeit entlassen wird, oder ob er begnadigt oder unter Setzung einer Bewährungsfrist vorläufig entlassen wird, macht für das vorstehend Gesagte keinen Unterschied.

2. Die außergewöhnliche Beendigung des Strafvollzuges.

a) Strafunterbrechung (§§ 218 ff.). Sie kann geboten sein aus Gründen, die in der Person des Gefangenen liegen (Krankheit, Familiengründe, geschäftliche Rücksichten) und aus Verwaltungsgründen (z. B. Kriegsnot, Abbrennen der Anstaltsgebäude). Auch hierbei wird der Gefangene, anders als bei der bloßen Ausführung, dem Tagesurlaub des § 221, aus dem Strafvollzuge entlassen. Es ist dabei ähnlich zu verfahren, wie bei der endgültigen Entlassung. Statt des Entlassungsscheins erhält der Gefangene einen Ausweis über die Haftunterbrechung. Die Entlassungsstunde ist festzulegen, weil von ihr an die Reststrafe, deren Verbüßung vorbehalten bleibt, zu berechnen ist[47]). Inwieweit bei einer Haftunterbrechung aus Gründen, die in der Person des Gefangenen liegen, die unter 1 erwähnten fürsorgerischen Maßnahmen geboten sind, ist von Fall zu Fall zu entscheiden. Bei einer Haftunterbrechung aus Verwaltungsrücksichten wird in der Regel ebenso wie bei der endgültigen Entlassung zu verfahren sein. — Unter dem Gesichtspunkt der Rechtsgüter des Gefangenen weist die Haftunterbrechung keine Besonderheiten grundsätzlicher Art gegenüber der endgültigen Entlassung auf. Handelt es sich um eine von vornherein kurz befristete Unterbrechung, so wird in der Regel von einer Aushändigung der für den Gefangenen verwahrten Sachen und von der Auszahlung der Arbeitsbelohnung abgesehen werden.

b) Entweichung. Der Gefangene, der entweicht, begeht

[46]) Vgl. § 84, insbesondere Abs. 3.

[47]) Auch für solche Haftunterbrechung erwachsen bei entsprechender Handhabung der S. 68 vorgeschlagenen summarischen Berechnung der Haftzeit keine Schwierigkeiten.

einen Rechtsbruch. Er entzieht sich nicht nur faktisch der Vollzugsgewalt des Staates, sondern verletzt die Pflichten, die das Rechtsverhältnis Gefangenschaft ihm auferlegt. Die Konsequenz daraus ist, daß der Gefangene für die Kosten seiner Wiederergreifung haftbar gemacht werden kann. § 86 zieht diese Folgerung ausdrücklich für den Bereich der Arbeitsbelohnung des Gefangenen. Es ist lediglich eine Frage der Kriminalpolitik, ob man an die Entweichung auch strafrechtliche Folgen knüpfen will. Im Hinblick auf die sehr wesentlichen Lockerungen des Strafzwanges, die der moderne Strafvollzug mit sich bringt, eine Maßregel, die wohl Erwägung verdient[48]). Jedenfalls folgt auch für das geltende Recht schon aus der Entweichung des Gefangenen die Befugnis zu Sicherheits- und Strafmaßnahmen gegen ihn im Rahmen der Anstaltshausgewalt bei seiner Wiederergreifung. — Die Verfolgung eines Entwichenen ist unverzüglich einzuleiten durch Nachricht an die Strafvollstreckungsbehörde und an die Polizeibehörden des Entweichungsortes, seiner Umgebung und derjenigen Orte, nach denen sich der Entwichene vermutlich gewandt hat. Mit der Entweichung ist die Haft tatsächlich unterbrochen. Damit enden auch die Befugnisse der Strafvollzugsbehörde dem Entwichenen gegenüber. Der Erlaß eines Steckbriefes steht ihr nicht zu[49]). Es ist vielmehr Aufgabe der Strafvollstreckungsbehörde, den Entwichenen dem Strafvollzuge wieder zuzuführen. Das bedeutet zugleich, daß die Strafvollzugsbeamten, die den Entwichenen wieder zu Gesicht bekommen, dann nicht mehr zu seiner Festnahme befugt sind, wenn die Verfolgung des flüchtigen Gefangenen bereits aufgegeben war, wenn es dem Entwichenen also gelungen war, sich dem tatsächlichen Machtbereich des Strafvollzuges auch in seinen letzten Auswirkungen zu entziehen. — Was die Sachen, die der Entwichene in der Anstalt zurückgelassen hat, anbelangt, finden die Vorschriften des § 983 BGB. Anwendung.

c) Tod. Stirbt ein Gefangener während der Haft, so werden unverzüglich seine Angehörigen benachrichtigt (§ 104). Die Leiche wird ihnen überlassen, der von dem Toten hinter-

---

[48]) Vgl. § 97 des japanischen Strafgesetzbuchs vom 24. April 1907: Freiheitsstrafe bis zu einem Jahre! Vgl. auch Grünhut, Rechtl. Garantien, bei Anm. 17.

[49]) Die entgegenstehende Übung der Strafanstalten der preußischen inneren Verwaltung auf Grund des § 125 der Dienstordnung für die dem Minister des Innern unterstellten Strafanstalten und größeren Gefängnisse vom 14. November 1902, 2. Aufl., Amtl. Ausg., findet im geltenden Recht keine Stütze mehr.

lassene Besitz wird ihnen ausgefolgt. Auch die Arbeitsbelohnung des Verstorbenen kann nach geltendem Recht an seine nächsten Angehörigen herausgegeben werden. Der *EntwStVG.* geht einen Schritt weiter und schafft einen erbrechtlichen Anspruch eigener Art auf die Arbeitsbelohnung des Verstorbenen (§ 88). Melden sich empfangsberechtigte Angehörige nicht, so ist mit den hinterlassenen Sachen des Verstorbenen wie unter b zu verfahren. Die Leiche selbst wird entweder auf dem Anstaltsfriedhof beigesetzt oder der Polizeibehörde zur Bestattung übergeben. Der in der Praxis vielfach bestehenden Übung, die Leiche verstorbener Gefangener anatomischen Instituten zu überlassen, will § 105 ein Ende bereiten; eine Bestimmung, die der Würde mehr entspricht, als die bestehende Übung. Mit dem Tode des Gefangenen endet, was ihn schuldhaft band. Er ist in einen Bereich eingetreten, in dem Zwecke nicht mehr gelten. Dem toten Gefangenen die Achtung zu erweisen, die wir jedem Menschen an seinem Grabe zollen, ehrt nicht den Toten, sondern die, die er verließ.

Der Strafvollzug in Stufen.

Von

Dr. iur. Lothar Frede, Weimar.

I.

»Warum werden so wenig Sträflinge im Zuchthaus gebessert?« So lautet der Titel einer kleinen feinsinnigen und sachkundigen Schrift, die vor über hundert Jahren ein ungenannt und unbekannt gebliebener Verfasser veröffentlicht hat[1]). Seitdem ist man dieser Frage immer wieder nachgegangen. Die Antwort lautete stets ziemlich gleich: Die Unzulänglichkeit des Strafvollzugs ist schuld; bei der ganzen Art und Weise, wie es im Zuchthaus, im Gefängnis zugeht, ist es kein Wunder, daß die Verbrecher nicht besser und daß viele sogar schlechter werden. »Fehlerhaft werden sie eingeliefert, und als gereifte und vollendete Bösewichte werden sie wieder entlassen[2]).« Trotzdem man sich über die Wahrheit dieses bittren Wortes und über die Ursache der Wirkungslosigkeit und Schädlichkeit des Strafvollzugs in sachverständigen Kreisen schon längst klar ist, so hat es doch lange gedauert, bis man aus solchen Erkenntnissen die nötigen praktischen Folgerungen gezogen hat. Die Reformbewegung um die Mitte des vorigen Jahrhunderts verebbte schließlich ohne nachhaltige Wirkung, nachdem sie einige letzte Wellen in dem Strafvollzugsgesetzentwurf von 1879 geworfen. Das »denkende Publikum«, sonst so leicht wirtschaftlichen Erwägungen zugänglich, übersah vollkommen, wie teuer dem Staat und der Gesellschaft ein wirkungsloser Strafvollzug zu stehen kommt, wenn — wie es in jener alten Schrift heißt — »es der Sträflinge so viele gibt, die nach ihrer Entlassung ihre lasterhaften Gewohnheiten erneuern, Verbrechen auf Verbrechen häufen, die Ruhe und Sicherheit ihrer Mitmenschen je länger je mehr beeinträchtigen, endlich auf dem Wege der Lasterhaftigkeit wieder aufs neue ergriffen und zu Zuchthausstrafe verurteilt werden und nach

---

[1]) Einen Nachdruck des 1802 in Leipzig erschienenen Büchleins haben verdienstvollerweise die hamburgischen Strafanstalten 1924 als 1. Heft ihrer »Schriften zum modernen Strafvollzug« herausgegeben.

[2]) A. a. O. S. 1.

ihrer abermaligen und mehrmaligen Entlassung dennoch bleiben, was sie waren, ja oft noch weit verschlimmert in das bürgerliche Leben zurückkehren«.

Am Ende des vorigen Jahrhunderts und zu Beginn des neuen war es das Verdienst der Strafrechtswissenschaft, immer nachdrücklicher eine wirksame Verbesserung des Strafvollzugs zu fordern, wobei immer wieder auf das schon von Holtzendorff als Vorbild hingestellte englisch-irische und das nordamerikanische Progressivsystem hingewiesen wurde. Die Praxis verhielt sich ablehnend, auch nachdem sich der internationale Gefängniskongreß zu Petersburg 1890 für das Progressivsystem ausgesprochen hatte. Der Verein der Deutschen Strafanstaltsbeamten wendete sich noch im Jahre 1913 in der Begründung seiner Vorschläge zu einem Reichsgesetz über den Vollzug der Freiheitsstrafen und sichernden Maßnahmen mit allgemein gehaltenen Wendungen dagegen[3]). Zu einer solchen Haltung derjenigen Organisation, der gerade die Strafanstaltsdirektoren angehörten, also die Männer, in deren Hand in erster Reihe der Strafvollzug lag, hat vielleicht beigetragen, daß Krohne, damals Leiter der Strafvollzugsabteilung im preußischen Innenministerium, das Stufensystem für Deutschland abgelehnt hatte[4]). Dabei hat aber gerade Krohne um jene Zeit auf Anregungen Freudenthals hin[5]) eine Anstalt zur Durchführung des Progressivsystems eingerichtet, das Jugendgefängnis in Wittlich an der Mosel[6]). Freilich blieb diese Schöpfung zunächst eine vereinzelte Erscheinung. Sie machte keine Epoche in Deutschland. Auch die in der ersten Zeit nach der Staatsumwälzung in den meisten Ländern vorgenommenen Maßnahmen zur Verbesserung des Strafvollzugs brachten keine Systemänderung. Eine solche erfolgte erst in den Jahren 1921 und 1922 und zwar zunächst ganz im stillen. Drei Länder[7]) führten damals fast gleichzeitig, aber ganz unabhängig voneinander den Strafvollzug in Stufen ein. Sie verfolgten dabei das gleiche Ziel, nämlich an Stelle der in ihrer Wirkungslosigkeit erkannten Strafvollzugsmethoden — sofern man bisher überhaupt von »Methoden« sprechen konnte — eine systematische Erziehungsarbeit zu setzen. Von diesen drei Keimzellen dehnte sich die

---

[3]) Sonderheft B zu Bd. 47 der *BlGK.* S. 40.

[4]) S. 257, 258. Dazu Goldschmidt, Strafen und verwandte Maßnahmen in der *VDA.* Bd. IV, S. 377 Anm. 2.

[5]) Enthalten in einer Denkschrift vom Juni 1911 an das Preußische Ministerium des Innern.

[6]) Das Jugendgefängnis in Wittlich, herausgegeben von dem Preußischen Ministerium des Innern, Berlin 1917.

[7]) Bayern, Hamburg, Thüringen.

Entwicklung rasch aus. Schon im folgenden Jahre war es möglich, in den bereits in starkem Maße von dem Erziehungsgedanken beherrschten Grundsätzen für den Vollzug von Freiheitsstrafen, durch die am 7. Juni 1923 die dürftigen Bundesratsgrundsätze von 1897 ersetzt wurden, den Grundsatz festzulegen, daß bei längeren Strafen der Vollzug in Stufen »anzustreben« sei (§ 130). Als etwas hochgespanntes Ziel dieses Vollzugssystems wurde die »sittliche Hebung« des Gefangenen, also eine besonders verinnerlichte Erziehung, bezeichnet. Auch wurde vorgesehen, daß die Landesregierungen eine weitere Vereinbarung einheitlicher Grundsätze für den Vollzug in Stufen treffen sollten, sobald die erforderlichen Erfahrungen gewonnen seien (§ 131). Es war das Verdienst des Reichsjustizministeriums, daß diese weitere Vereinbarung schon im folgenden Jahr trotz erheblicher Widerstände einiger Länder zustande kam. Dies geschah in Würzburg am 24. November 1924. Auf Grund der dort gefaßten Beschlüsse[8]) wurde nun in schneller Folge in allen Ländern, die bis dahin noch abseits gestanden hatten, der Strafvollzug in Stufen mehr oder weniger energisch eingeführt. Seitdem ist er im ganzen Reich eine Tatsache, die nun nicht mehr beseitigt werden kann. Auch die Praxis hat sich mit ihm abgefunden. Auf Ablehnung hinauslaufende Äußerungen von Anstaltsdirektoren sind mir nicht zu Gesicht gekommen[9]). Vielmehr wird — bei mancher Skepsis in bezug auf endgültige Besserung der Gefangenen[10]) — anerkannt, daß der Stufenstrafvollzug schon das eine bewirkt hat, daß die Gefangenen sich besser führen. Wenn das auch noch kein ausreichender Erfolg wäre — man kann äußerlich gute Führung schließlich auch auf andere Weise, z. B. auch durch militärischen Drill verstärktester Form erreichen — so ist es doch schon als bescheidener Gewinn zu buchen, daß die Methode wenigstens in ihren äußeren Wirkungen und in ihren äußeren Erfolgen bereits Anklang gefunden hat. Insbesondere scheint der unverständige Einwand zu verstummen, der Stufenstrafvollzug begünstige die Heuchelei der Gefangenen. Als ob nicht gerade unter dem bisherigen System, das im Grunde gar keines war, der gerissene Gefangene alle Künste der Heuchelei habe spielen lassen und sich dadurch Vergünstigungen habe verschaffen können.

---

[8]) Nicht veröffentlicht.

[9]) Die ablehnende Haltung Heindl's gegenüber dem Progressivsystem in seinem sensationell aufgemachten Buch der »Berufsverbrecher« gründet sich lediglich auf ungünstige Erfahrungen, die man mit dem Progressivsystem — in Neukaledonien gemacht hat (S. 92)!

[10]) Neuerdings Grohmann in Z. 47, S. 612 ff. und Strube in den *BlGK.* *58* (1927), 30.

Daß mit dem Stufenstrafvollzug nicht der Stein der Weisen gefunden ist und man nicht in romantischem Überschwang erwarten darf, nun in einem System ein unfehlbares Mittel »zur vollkommenen Besserung der Verbrecher in den Strafanstalten[11])« gefunden zu haben, ist ohne weiteres zuzugeben. Es würde aber schon ein großer Gewinn sein, wenn das neue Vollzugssystem den Erfolg hätte, daß die Zahl derer abnimmt, die wieder und immer wieder vom Strafrichter in die Strafanstalt geschickt werden müssen[12]).

Wenn wir die Bestimmungen des Entwurfs[13]) über den Strafvollzug in Stufen kritisch betrachten, müssen wir davon ausgehen, daß dieses System nicht Selbstzweck ist, sondern nur den Rahmen abgeben soll für die Erziehungsarbeit im Strafvollzug[14]). Er ist nur ein System, das System, das die Erziehung in der Strafanstalt unter möglichster Ausschaltung all der bisher als erziehungswidrig erkannten Einflüsse ermöglichen soll. Erziehung bezweckt der Vollzug von Freiheitsstrafen überhaupt. Der § 57 spricht das ganz allgemein aus: »Durch den Vollzug der Freiheitsstrafen sollen die Gefangenen ... an Ordnung und Arbeit gewöhnt und sittlich so gefestigt werden, daß sie nicht rückfällig werden.« Wie freilich dieses Ziel bei den Strafen, die für den Stufenstrafvollzug nicht in Frage kommen, also bei kurzen Gefängnisstrafen, bei Haftstrafen (die künftig bis zu drei Monaten betragen können, § 355 *AE.*) und bei der Einschließung erreicht werden kann, soll hier nicht weiter erörtert werden. Aber jedenfalls stellt der *Entw.* ganz allgemein als Zweck des Vollzugs von Freiheitsstrafen — mag auch der Zweck der Strafe selbst manchmal[15])

---

[11]) Titel der 1835 erschienenen Schrift Obermeiers, in Neudruck als Nr. 3 der »Hamburger Schriften zum modernen Strafvollzug« erschienen.

[12]) Die letzte Reichskriminalstatistik für 1924 weist unter 678 573 Verurteilten 172 126 Vorbestrafte auf, darunter nicht weniger als 40 930, die bereits mehr als 4 mal verurteilt gewesen sind!

[13]) 2. Buch (Vollzug von Strafen) 2. Abschnitt (Freiheitsstrafen) 9. Titel: Strafvollzug in Stufen (§§ 150—170).

[14]) Siehe hierzu Liepmann, Die Problematik des progressiven Strafvollzugs. Festausgabe für Aschaffenburg (Sonderheft von Aschaffenburgs Monatsschrift) 1926, S. 62.

[15]) A. M. Nagler, Die Strafe (Leipzig 1918) I, 80: »Der Strafvollzug darf nur dieselben Zwecke konkretisierend verfolgen, die das Strafurteil auf Grund des Gesetzes mit dem Strafeingriff verband. Eine besondere Theorie des Strafvollzugs, ein Sichnichtkümmern um die den Richter leitenden Anschauungen darf nicht aufkommen.« Sie ist aber aufgekommen, was hinreichend gerechtfertigt wird aus der erschreckenden Wirkungslosigkeit, die die »Konkretisierung des Strafurteils« in der

ein ganz anderer sein — die Erziehung hin. Wenn dann der § 156, der Wesen und Ziele des Strafvollzugs in Stufen bestimmt, das Wort »Erziehung« selbst anwendet und von »Erziehung zu gesetzmäßigem Leben« spricht, so faßt er das, was auch schon in § 57 zum Ausdruck gebracht ist, nur noch deutlicher und treffender zusammen[16]).

Bei der Erziehung im Strafvollzug handelt es sich um Massenerziehung, und zwar um Massenerziehung unter besonderen Schwierigkeiten. Diese kommen einmal daher, daß dem Erzieher nicht einfach die Aufgabe gestellt wird, frei nach den Erfahrungen heutiger Erziehungswissenschaft seine Erziehungsarbeit zu leisten, sondern daß er diese nach Maßgabe und im Rahmen des richterlichen Strafurteils, das unter Umständen noch andere Zwecke als bloß erzieherische verfolgte, einrichten muß. Die Hauptschwierigkeiten liegen aber darin, daß es sich um die Erziehung erwachsener Menschen handelt[17]), bei denen die Erziehung der Familie, der Schule und oft auch der Fürsorgeanstalt versagt hat und bei denen die asoziale oder antisoziale Gesinnung schon tief eingewurzelt ist. Hinzu kommt, daß die Erziehung in Anstalten geleistet werden muß, wo Hunderte solcher Menschen untergebracht sind, die unter sich zumeist wieder ganz verschieden sind in bezug auf Alter, Charakter, geistige und seelische Veranlagung, Bildung, soziale Stellung, Beruf, Vorleben und Grund der Bestrafung. Das einzig Gemeinsame ist bei ihnen im Grunde nur, daß sie alle zu einer Freiheitsstrafe verurteilt sind. Aber auch diese zeigt die größten Unterschiede hinsichtlich ihrer Dauer. Die Strafen bewegen sich zwischen wenigen Monaten und vielen Jahren, im Zuchthaus zwischen einem Jahr und lebenslänglich. Auch pflegt ein großer Teil der Gefangenen zu behaupten, un-

---

Strafanstalt und das Sichnichtkümmern des Richters um den Strafvollzug bisher gezeitigt hat. Nur für die Strafrechtslehre gibt Nagler zu, daß sie sich künftig um den Strafvollzug etwas mehr kümmern müsse: Sie wird »gerade aus ihrer Berührung mit der praktischen Verwirklichung die Kraft der Fortbildung und aus deren Nöten die besten Anregungen zu ihrer Vervollkommnung ziehen«. Zweifellos! Aber auch die Rechtsprechung! Notwendig ist nur, daß die »Berührung« in Anstalten erfolgt, wo der Geist des Erziehungsstrafvollzugs eine Stätte hat. — Auch das RG. stellt übrigens Zweck und Wirkung der Verhängung der Strafe als selbständig der Frage ihres Vollzugs gegenüber (ESt. 59, S. 52).

[16]) Daß die moralisierende Forderung der »sittlichen Hebung«, wie sie in § 130 *GVF.* aufgestellt war, hinter dem weltlichereren und leichter kontrollierbaren Erfordernis des »gesetzmäßigen Lebens« zurückgetreten ist, ist zu begreifen.

[17]) Ich sehe von den wenigen Jugendlichen ab, die jetzt noch in Gefängnissen vorkommen.

schuldig verurteilt zu sein und deshalb gar keinen Grund zu Reue und Besserung zu haben. Bei solchen Schwierigkeiten ist ein festumrissenes System, das auf Massenerziehung eingestellt ist, gar nicht zu entbehren. Es wird noch nicht dadurch gekennzeichnet, daß es dem Gefangenen Ziele setzen soll, die es ihm lohnend erscheinen lassen, seinen Willen anzuspannen und zu beherrschen (§ 156 I 1). Eine solche Zielsetzung bestand auch bei den von jeher üblichen und mehr oder weniger willkürlich gewährten »Vergünstigungen«. Sie kennzeichnet das Wesen des Stufenstrafvollzugs nicht. Wohl aber geschieht das, wenn es weiter heißt:

> »In stufenweise steigendem Maße werden Milderungen des Vollzugs gewährt, durch die ein allmählicher Übergang zum Leben in der Freiheit erreicht werden soll . . .«

Hierin gefällt lediglich das Wort »Milderungen« nicht, weil es immer noch zu sehr an den hier jetzt glücklich vermiedenen Zuckerbrotbegriff »Vergünstigungen« erinnert. Auch ist es gar nicht weit genug, weil es gar nicht alle Erziehungsmittel umfaßt, z. B. nicht das Wichtigste auf der obersten Stufe, die Selbstverwaltung[18]).

Warum ist nun ein stufenförmiges Gewähren der »Milderungen« das dem Strafvollzug adaequate Erziehungssystem?[19]).

Das gesetzmäßige Leben, zu dem der Gefangene erzogen werden soll, besteht in einem vernünftigen Gebrauch der Freiheit, wie es von einem soziallebenden Gliede der Gesellschaft zu fordern ist. Das kann man aber in der Strafanstalt nicht lernen, wenn man ständig unter Verhältnissen lebt, die überhaupt keine Ähnlichkeit mit dem Leben jenseits der Anstaltsmauern haben, wenn einem in der Anstalt einerseits jeder Kampf ums Dasein abgenommen wird und man gedankenlos als eine Art Staatspensionär ein zwar nicht gerade bequemes aber doch sorgenloses Leben führt und wenn man andererseits entweder in Einzelhaft dauernd von jeder Berührung mit anderen Menschen abgeschlossen wird oder ständig durch einen bewaffneten Aufseher auf jeden Blick und jedes Wort hin kontrolliert wird. Man wird dann für das Leben in der Freiheit nur vollends untüchtig werden, und das um so mehr, je länger ein derart unnatürliches Leben in der Gefangenschaft dauert. Die Anpassung an das Leben in der Freiheit, für das der Strafvollzug den Gefangenen tüchtig machen soll, bedingt, daß dem Gefangenen in der Strafanstalt Freiheiten ge-

---

[18]) Die *ThürDVO.* gebraucht das doppelte Wort »Erleichterungen und Freiheiten«.

[19]) In den *BlGK. 58* (1927), 31 konstruiert neuerdings cand. phil. Steuk einen Widerspruch zwischen Erziehungs- und Stufenvollzug. Sachlich Beachtliches bietet die Skizze aber nicht.

währt werden müssen, wie sie bisher nicht üblich waren. Aber wenn das ohne weiteres und unterschiedslos geschähe, so würden die Freiheiten keinen großen erzieherischen Erfolg zeitigen und die Mehrzahl der Gefangenen nicht im entferntesten veranlassen, daraus Verpflichtungen für sich selbst abzuleiten. Das lehren die Erfahrungen, die man kurz nach dem Kriege machen mußte, als den Gefangenen unterschiedslos verschiedene »Vergünstigungen« gewährt wurden, z. B. Zeitungslesen. Der Gefangene ist nun einmal geneigt, alles was ihm von selbst in den Schoß fällt, ohne daß er sich anzustrengen braucht, einfach als sein gutes Recht zu betrachten und es nach Kräften bis zum Mißbrauch auszunutzen. Der Erziehungsstrafvollzug muß aber mit noch viel weitergehenden Maßnahmen als Zeitungserlaubnis und dergleichen arbeiten, um das Leben in der Anstalt dem Leben in der Freiheit anzupassen. Sie können nicht sofort und allen Gefangenen unterschiedslos zugestanden werden. Auch individuell können sie bei einer solchen großen Zahl von »Züchtlingen« nicht den einzelnen von Fall zu Fall zugemessen werden. Ein festgefügtes System ist bei dieser Massenerziehung unentbehrlich. Und dieses besteht eben in der Stufenleiter.

Auf der untersten Stufe gibt es — äußerlich betrachtet — keine Erleichterungen oder »Milderungen«. Dabei muß der Strafvollzug selbstverständlich auch hier unseren heutigen Anschauungen von Recht, Humanität und Hygiene entsprechen. Er soll kein Quälen des Gefangenen bedeuten. Es ist abwegig, wenn Krohne[20]) meint, es gehöre zum Wesen des Stufensystems, daß der Vollzug auf der untersten Stufe aus Gründen der Abschreckung möglichst quälend gestaltet werde, z. B. durch geisttötende Arbeit.

Je höher die Stufenleiter, um so mehr »Milderungen«. Aber sie sind nicht Selbstzweck: »Die Milderungen dürfen für den Gefangenen nicht nur Annehmlichkeiten bilden, sondern sie sollen ihm in steigendem Maße Verantwortung auferlegen und dadurch sein Verantwortungsgefühl wecken und stärken« (§ 156 Abs. 2). Und weiter: »An die Willenskraft, an die Selbstbeherrschung und an die Selbstverantwortung des Gefangenen sind immer mehr gesteigerte Anforderungen zu stellen, um sein Selbstvertrauen zu stärken und seine guten Anlagen zu fördern, ihn sittlich zu heben und ihn so zu einem sittlichen Leben in der Freiheit tauglich zu machen.« Diese Bestimmungen sind sehr verständig. Die allermeisten Gefangenen sind nicht aus einem Übermaß an Willenskraft, sondern aus Willensschwäche, aus willensschwacher Hemmungslosigkeit zu Verbrechern geworden. Der letzte

---

[20]) *Krohne* S. 257.

Rest von Willen, den sie mit in die Strafanstalt brachten, wurde ihnen bisher — und das war ein Hauptfehler des Strafvollzugs — gleich bei der Aufnahme mit ihren bürgerlichen Kleidungsstücken abgenommen. Diese wurden ihnen bei der Entlassung vollzählig zurückgegeben. Der Wille aber konnte ihnen nicht wieder ausgehändigt werden. Der war in dauernden Verlust geraten. In der Anstalt, wo der Gefangene nur Objekt war, wo alles mit ihm und an ihm geschah, vermißte er das Abhandenkommen seines Willens nicht, wohl aber dann, wenn er wieder in die Freiheit entlassen war: willenlos, wie er geworden war, glitt er nur zu schnell wieder in das Verbrechen hinein. Willensstärkung ist daher im Strafvollzug die wichtigste Aufgabe der Erziehung. Es kommen freilich unter den Gefangenen ausnahmsweise auch willensstarke Naturen vor. In solchen Fällen wird es Aufgabe des Erziehers sein, den Gefangenen dahin zu bringen, daß er seine Willensstärke nicht, wie das bisher vielfach geschah, darauf verwendet, der Verwaltung dauernd Schwierigkeiten zu bereiten und sich dann durch heroisches Ertragen schwerster Hausstrafen, durch Hungerstreik und durch tollkühne Ausbruchsversuche aus festesten Einzelzellen unter den Mitgefangenen als Held und Märtyrer aufzuspielen.

Wenn in dem Stufenstrafvollzug das richtige System für die Erziehungsarbeit in der Strafanstalt gefunden erscheint, so darf man nicht in den Fehler verfallen zu glauben, ihm wohne eine solche automatische Kraft inne, daß nun die Gefangenen ohne weiteres schon dadurch erzogen würden, daß sie in das System der Stufenfolge eingegliedert werden. Gewiß vermag dieses, wie die Erfahrungen gezeigt haben, von selbst gewisse dynamische Kräfte in dem Gefangenen zu wecken. Aber sich hierauf allein verlassen würde bedeuten, in einen ähnlichen Fehler zu verfallen wie jene, die um die Mitte des vorigen Jahrhunderts alles Heil von der Einzelhaft erwarteten und des Glaubens waren, das bloße jahrelange Einsperren eines Schwerverbrechers in eine Einzelzelle, gänzlich abgeschieden von anderen, müsse auf ihn bessernd wirken. Der Stufenstrafvollzug darf daher, wenn er den Erziehungsgedanken ganz verwirklichen will, nicht darauf verzichten, auch individuelle Erziehungsarbeit an dem einzelnen Gefangenen zu treiben, und zwar auf jeder Stufe. Damit wird dann auch endgültig dem noch immer hier und da geäußerten Bedenken, das Stufensystem schematisiere zu sehr den Strafvollzug, der Boden entzogen werden. Denn nicht dieses System schematisiert, sondern die Menschen, die das System falsch anwenden. Das kann aber bei jedem System geschehen. Es liegt nicht so sehr an den Systemen, sondern an den Menschen.

II.

Das Anwendungsgebiet des Stufenstrafvollzugs regelt § 155. Nur die zu Zuchthaus und Gefängnis Verurteilten kommen dafür in Betracht. Die Einschließungsgefangenen sind ausgenommen, da bei ihnen der Zweck des Strafvollzugs nicht in Erziehung besteht; hat ihnen doch der Richter bestätigt, daß sie aus achtenswerten Beweggründen gehandelt haben (§ 71 *AE.* in der vom Reichsrat angenommenen Fassung). Sie würden daher wohl selbst entschieden ablehnen, sich erziehen zu lassen, wenn man das bei ihnen versuchen wollte.

Die Mindestdauer der Strafe, von der ab die Strafe in Stufen zu vollziehen ist, ist für Zuchthaus und Gefängnis verschieden bemessen. Im Zuchthaus sind ihm Gefangene zu unterwerfen, die mindestens eine Strafe von einem Jahre verbüßen. In der Tat scheint ein Jahr die Zeitspanne zu sein, die als Mindestdauer wünschenswert ist, um mit einiger Aussicht auf Erfolg Erziehungsarbeit zu leisten. Das gilt aber auch für das Gefängnis. Denn man kann nicht sagen, daß hier die leichter erziehbaren Gefangenen seien, bei denen die Erziehung schon in kürzerer Zeit als im Zuchthaus Erfolge erzielen könne[21]). Wenn man glaubt, bei Erwachsenen die Mindestdauer von Erziehungsarbeit auf nur sechs Monate bemessen zu können, so setze man auch bei der Zuchthausstrafe die Mindestdauer auf sechs Monate herab oder streiche hier die untere Grenze überhaupt, da wohl auch bei obligatorischer Anrechnung der Untersuchungshaft (§ 37) der zu verbüßende Strafrest selten unter sechs Monate betragen wird. Es umgekehrt zu machen und die untere Grenze auch bei Gefängnisstrafen auf ein Jahr zu erhöhen, würde zwar naheliegen, weil eben in kürzerer Zeit nachhaltige Erziehungsarbeit schwer zu leisten ist. Aber solange nicht der vom Strafvollzug aus als Ideal erscheinende Zustand erreicht ist, daß die zwecklosen kurzen Freiheitsstrafen gänzlich verschwinden und die Mindestdauer der dann natürlich nur noch in schweren Fällen anzuwendenden Freiheitststrafe auf ein Jahr festgesetzt wird, wird immer noch das geringere Übel sein, Freiheitsstrafen von sechs Monaten ab in Stufen zu vollziehen. Denn sonst ist zu befürchten, daß solche Strafen — wenigstens die Gefängnisstrafen — in unzulänglichen Gerichtsgefängnissen[22]) vollzogen werden, wo von Erziehung und Besserung kaum die Rede sein kann und sich die Verurteilten nur an den Aufenthalt im Gefängnis und unter Gefangenen gewöhnen.

---

[21]) Von Jugendlichen sehe ich auch hier ab.

[22]) Siehe hierzu Supper, Die kleinen Gefängnisse, *BlGK. 51* (1917), 62 ff.

Schon aus dem Wortlaut des § 155 ist zu schließen, daß diejenigen Zuchthaus- und Gefängnisgefangenen, die ihrer Straflänge nach für den Stufenvollzug in Betracht kommen, unterschiedslos diesem Vollzug einzugliedern sind[23]). Noch deutlicher wird aus § 161, daß von vornherein kein Gefangener von ihm ausgenommen werden darf. Dieser Grundsatz ist vollkommen richtig. Aber bedenklich ist die an der gleichen Stelle enthaltene Bestimmung, daß derjenige Gefangene vom Stufenstrafvollzug ausgeschlossen werden muß, »dessen Gesamtverhalten zeigt, daß ihm die Fähigkeit oder der Wille zur Besserung fehlt, und daß eine Erziehungs- und Besserungsarbeit im Strafvollzug in Stufen vergeblich sein wird«. Mit welch verhärtetem Innern, mit welcher Eiskruste um das Herz, mit welcher grenzenlosen Verbitterung kommen meist die Rechtsbrecher in die Anstalt! Es wird oft lange, sehr lange dauern, bis der Erzieher dies Harte, Trennende, Erziehungswidrige einigermaßen weggeräumt hat und positive Aufbauarbeit beginnen kann. Bei einer einzigen, von vornherein zeitlich begrenzten Strafverbüßung wird es vielfach überhaupt nicht gelingen. Deshalb nun gleich zu resignieren und über den Gefangenen das Urteil zu fällen »unverbesserlich« ist zwar sehr bequem, aber falsch. Gewiß gehört zu erzieherischer Arbeit an so schwierigen Fällen viel Zeit, und es müssen dazu genügend Erzieher zur Verfügung stehen. Es ist auch verständlich, daß sich die Erzieher, solange nur wenige vorhandenen sind, zunächst vornehmlich den aussichtsvoll erscheinenden Fällen widmen. Aber verfehlt wäre es, gesetzlich vorzuschreiben, wie es im § 161 Absatz 2 geschieht, daß ohne weiteres die Gefangenen, bei denen Erziehung nicht möglich erscheint, aus dem Stufenstrafvollzug und damit aus der Erziehungsarbeit auszuscheiden sind. Es gibt freilich völlig Unerziehbare, d. h. durch den Strafvollzug Unerziehbare. Aber das werden mehr oder weniger geistig Abartige sein, geistig Minderwertige, für die nach § 21 besondere Abteilungen, bei Bedarf besondere Anstalten einzurichten sind[24]). Gefangene, die nicht zu dieser Art gehören oder bei

---

[23]) Auch Lebenslängliche, die der *Entw.* nicht besonders erwähnt. Für die III. Stufe werden solche freilich nicht in Frage kommen, solange nicht eine Zeitstrafe im Gnadenwege festgesetzt ist, denn die III. Stufe ist die Stufe der Bewährung für die Freiheit (s. unten S. 115). Solche Bewährung kommt aber nicht in Frage, solange die Freiheitsentziehung für die ganze Lebensdauer gilt (s. *ThürDVO.* § 53).

[24]) Besondere Anstalten scheinen besonderen Abteilungen vorzuziehen zu sein. Denn in den besonderen Anstalten kann dann auch der Strafvollzug in bezug auf Vergünstigungen stufenförmig ausgestaltet werden. Wenn hierdurch auch in der Regel nichts weiter erreicht werden könnte, als daß die äußere Führung der Gefangenen sich einiger-

denen das zumindest zweifelhaft ist, sollten sämtlich im Stufenstrafvollzug belassen werden, auch wenn Erziehungserfolge zunächst zweifelhaft erscheinen. Man wird sie, solange sie sich der Erziehungsarbeit unzugänglich zeigen, ruhig auf der I. Stufe lassen, bis sie, — vielleicht zunächst nur durch das ihnen verlockend erscheinende Leben auf den höheren Stufen angereizt — zeigen, daß sie ihre bisher an den Tag gelegte Haltung aufgeben wollen.

Sehr bedenklich ist weiter die Bestimmung des 2. Absatzes des § 161, wonach ein Gefangener auch dann vom Stufenstrafvollzug auszuschließen ist, wenn er nach seiner Persönlichkeit eine Gefahr für die übrigen Gefangenen ist. Diese Bestimmung könnte ebenfalls Anstaltsverwaltungen verleiten, allzu schnell schwierigen Gefangenen, mit denen die Beamten vielleicht nur aus Ungeschick nicht fertig werden, den Stempel der Unerziehbarkeit aufzudrücken und sie auf diese Weise loszuwerden. Zu hoffen ist, daß mit dem systematischen Ausbau des Stufenstrafvollzugs die Zahl der »Unerziehbaren« immer mehr abnimmt; denn sie sind ja nur zu oft lediglich Schwer- oder Schwersterziehbare, deren angebliche Unerziehbarkeit nur darauf beruht, daß die Erzieher der allerdings schweren Aufgabe ihres Berufs nicht voll gewachsen sind.

Wieder ganz in der Richtung des Gedankens, daß die Erziehbarkeit erst im Verlaufe der stufenweise erfolgenden Erziehungsarbeit festgestellt werden kann, liegt die sehr begrüßenswerte Bestimmung, daß wegen der Art der Tat allein ein Gefangener vom Stufenstrafvollzug nicht ausgeschlossen werden darf (§ 161 Abs. 3).

Die Zahl der Stufen ist schon in den Würzburger Beschlüssen auf drei bemessen worden. Doch ist damals ganz allgemein zugelassen worden, daß Länder, die den Stufenstrafvollzug bereits durchgeführt haben, abweichende Einrichtungen beibehalten dürfen. Auf Grund dieses Vorbehalts weichen zurzeit Hamburg und Thüringen in der Stufenzahl von den anderen Ländern ab. Beide haben vier Stufen. Hamburg bezeichnet die vierte als »Freigruppe«. Sie ist also die höchste Stufe. Für sie gilt die wichtigste Bestimmung,

---

maßen bessert und vor allem einige Stetigkeit erhält, so wird ein solches Ziel für derartige Anstalten weit genug gesteckt sein. Wenn nur Abteilungen für Minderwertige bei Anstalten, wo der Strafvollzug in Stufen erfolgt, gebildet werden, so besteht die Gefahr, daß solche Abteilungen in jeder Beziehung stiefmütterlich behandelt werden. Aber der Strafvollzug an geistig Minderwertigen stellt besonders hohe Anforderungen an die damit betrauten Beamten. Auch in der Schulverwaltung pflegen mit dem Unterricht in Hilfsschulklassen meist besonders geeignete und ausgebildete Lehrkräfte betraut zu werden.

daß die Gefangenen, wenn ihre Begnadigung für einen bestimmten Zeitpunkt in Aussicht genommen ist, in einer Übergangsstation untergebracht werden können[25]). Der Aufenthalt in dieser Station ist also ein Teil des Strafvollzugs[26]). Es wäre sehr zu wünschen, daß in den Ausführungsbestimmungen zum Strafvollzugsgesetz ähnliches vorgesehen wird. Der Einrichtung einer IV. Stufe bedarf es dazu aber nicht unbedingt. Es würde wohl eine Bestimmung genügen, daß Gefangene der obersten Stufe gegen das Ende der Strafzeit in eine Zwischenanstalt versetzt werden können, wo die Beaufsichtigung noch weiter zugunsten der Selbstverwaltung zurücktritt.

In Thüringen ist die IV. Stufe nicht oben aufgesetzt, sondern unter der I. als Strafstufe (Stufe 0) angefügt. Dies ist erst in der *DVO.* vom 24. Mai 1924 geschehen. Es hatte sich als mißlich herausgestellt, daß sich auf der I. Stufe nicht nur die neu eingelieferten Gefangenen befanden, sondern auch diejenigen, die strafweise auf der untersten Stufe zurückbehalten oder auf sie zurückversetzt worden waren. Durch diese meist sehr üblen Elemente wurde die Zweckbestimmung der untersten Stufe als Beobachtungsstufe zu sehr beeinträchtigt. Man wird sich aber damit begnügen können, wie das schon in Bayern geschieht, die zurückversetzten usw. auf der I. Stufe in einer besonderen Gruppe (Stufe Ia) zusammenzufassen.

Drei Stufen, wie sie im *E.* vorgesehen sind, reichen also aus. Jeder von ihnen kann man, auch wenn der Erziehungsgedanke einheitlich vom ersten Tag an und auf jeder Stufe verfolgt werden muß, ein besonderes Ziel setzen. Auf der 1. Stufe besteht es in der Beobachtung und Untersuchung des Gefangenen. Die Erzieher müssen darüber Klarheit gewinnen, wer in dem Gefangenen vor ihnen steht. Seine ganze Persönlichkeit muß in ihren Kompliziertheiten und Bedingtheiten zu erfassen gesucht werden. Nicht nur wie er ist, sondern auch wie er geworden ist, muß erforscht werden. Die Strafakten geben jetzt — dank der Mitarbeit der Gerichtshilfe — schon öfters Auskunft über Persönlichkeit und Vorleben des Beschuldigten und über die besonderen Tatumstände, aber sie bieten doch niemals ein erschöpfendes Bild. Das ist schließlich auch gar nicht zu verlangen. Die letzten Gründe, aus denen die Tat hervorgewachsen ist, werden

---

[25]) *HambDVO.* § 9 Abs. 3. Vorher gab es dort sogar 6 Stufen.

[26]) Anders in den in der *ThürDVO.* vorgesehenen Übergangsstationen. Der Aufenthalt in diesen ist so gedacht, daß Gefangenen der III. Stufe in geeignet erscheinenden Fällen bei der Begnadigung die Bedingung auferlegt wird, sich zunächst eine Zeitlang freiwillig in diese Anstalten zu begeben. Sie sind dort zwar freie Menschen, müssen sich aber freiwillig der Hausordnung unterwerfen.

also während des Strafverfahrens meist im Dunkel bleiben. Auch das Urteil richtet auf die Persönlichkeit des Täters in der Regel nur für Augenblicke seinen Scheinwerfer; zur Hauptsache sucht es das tatsächlich Geschehene aufzuhellen. Daran wird sich auch nicht viel ändern, wenn der Richter durch das neue Allgemeine Strafgesetzbuch (§ 67) veranlaßt sein wird, sich bei der Begründung des Strafmaßes näher darüber auszulassen, wie er die Persönlichkeit des Verurteilten einschätzt. Diese genaue Kenntnis der Individualität des Gefangenen, seines ganzen Vorlebens und der Verhältnisse, in denen er aufgewachsen ist und gelebt hat, ist im Stufenstrafvollzug sehr wichtig. Sie möglichst frühzeitig zu erhalten, ist die besondere Aufgabe des Vollzugs auf der I. Stufe. Sie muß bei jedem Gefangenen gewonnen werden. Daher schreibt mit Recht § 157 II vor, daß jeder Gefangene auf der I. Stufe beginnen muß[27]).

Für die Beobachtung des Gefangenen auf der I. Stufe ist auch seine eingehende Untersuchung durch einen Psychiater zu fordern. Ebenso gehören erbbiologische Erkundungen dazu. Aber verhängnisvoll wäre es, wollte man die ganze Untersuchung und Beobachtung sowie die Auswertung der getroffenen Feststellungen dem Mediziner überlassen. Nie darf vergessen werden, daß es sich hier im Strafvollzug um Erziehungsmaßnahmen und Erziehungszwecke handelt. Das entscheidende Wort muß beim Erzieher bleiben. Gerade auch auf der I. Stufe, wo die Erziehungsarbeit beginnen soll, darf der Erzieher nicht hinter dem Mediziner zurücktreten[28]). Es wäre auch eitles Beginnen, sofort auf der I. Stufe psychiatrisch und erbbiologisch feststellen zu wollen, ob ein Gefangener erziehbar oder unerziehbar erscheint. Vielmehr soll nur festgestellt werden, in welchem Umfange eine besondere, individuelle Erziehungsarbeit bei dem einzelnen Gefangenen notwendig erscheint und wo der Punkt ist, an dem diese Arbeit ansetzen muß. Ob sie dann Erfolg hat, kann sich erst im Verlauf des Strafvollzugs zeigen. Hierauf ist der Gefangene nicht nur auf der Beobachtungsstufe zu beobachten; auf allen Stufen

---

[27]) Eine abweichende Bestimmung hat zurzeit Thüringen. Hier tritt ein Gefängnisgefangener, wenn seine Strafe nicht mehr als 1 Jahr beträgt und wenn er nicht erheblich vorbestraft ist, gleich auf die II. Stufe. Diese Bestimmung ist nur getroffen, damit auch solchen Gefangenen trotz der Kürze der Strafe der Aufstieg auf die III. Stufe ermöglicht wird. Denn grundsätzlich haben in Thüringen nur Gefangene der III. Stufe Aussicht auf Begnadigung. Die II. Stufe bildet in solchen Fällen gleichzeitig auch die Beobachtungsstufe.

[28]) Siehe hierzu Bondy, Erziehbar oder Unerziehbar? Z. 1927 (im Korrekturbogen eingesehen) und Liepmann, Die Problematik des progressiven Strafvollzugs, Festschrift für Aschaffenburg 1926 S. 66.

geschieht das. Und wenn sich auf einer höheren Stufe zeigt, daß der Gefangene für sie noch nicht reif ist, so wird er zurückversetzt. Freilich muß die Beobachtung des Gefangenen auf der I. Stufe wissenschaftlich gut fundiert sein, und der Erzieher muß das, was ihm der Arzt an Untersuchungsergebnissen übermittelt, auszuwerten verstehen. Deshalb ist eine wissenschaftlich gute und vielseitige Ausbildung der Erzieher eine besondere Notwendigkeit für den Stufenstrafvollzug.

Von der Beobachtungsstufe tritt der Gefangene zur »Behandlungsstufe«, wie man die II. Stufe bezeichnen kann. Der Gefangene wird auf ihr — besonders bei langen Strafen — den größten Teil der Strafzeit zubringen und hier schon erhebliche Freiheiten und Erleichterungen genießen und wird dabei erst eigentlich in die Massenerziehung mit eingegliedert. Die III. Stufe schließlich ist die Bewährungsstufe. Auf ihr wird dem Gefangenen geboten, was in einer Strafanstalt zur Erziehung für ein gesetzmäßiges Leben in der Freiheit überhaupt möglich ist. Der Gefangene soll dabei zeigen, ob er fähig ist, das alles ohne Mißbrauch zu genießen. Denn wenn er die immer noch sehr bedingte Freiheit auf der obersten Stufe des Strafvollzugs nicht zu gebrauchen versteht, dann wird wenig Hoffnung sein, daß er sich draußen in der vollen Freiheit halten wird.

Bei einer solchen Dreizahl der Stufen kann der einfache Gefangene, was sehr wichtig ist, von Anfang an übersehen, was für Erleichterungen und Freiheiten ihn auf den höheren Stufen erwarten. Das wäre erschwert, wenn mehr Stufen, insbesondere mehr »Behandlungsstufen« eingeschoben würden. Das Einfache, Unkomplizierte ist auch hier das Beste.

Daß kein Gefangener die eine Behandlungsstufe überspringen darf (§ 158 II), ist sehr richtig. Die III. Stufe soll ja den Beweis erbringen, ob die bisher geleistete Erziehungsarbeit wirklich den bei der Beförderung erhofften Erfolg (§ 159 II) gehabt hat. Überhaupt soll ja jede Erziehungsarbeit stetig fortschreiten und nicht sprungweise. Dieser Grundsatz darf auch nicht bei den hin und wieder vorkommenden Gefangenen durchbrochen werden, die von vornherein gar keiner Erziehung zu bedürfen scheinen, um nicht wieder rückfällig zu werden. (Man denke an den jungen Burschen, der im Alimentenprozeß einen Meineid geleistet hat, den Eisenbahnbeamten, der aus Fahrlässigkeit ein Unglück angerichtet hat, den Ehemann, der die beleidigte Ehre seiner Frau rächen wollte usw.) Hier kann und muß genügen, daß der Vorsteher die Aufrückungsfristen verkürzen und so dem Einzelfall Rechnung tragen kann.

Der *Entw.* gibt über das Aufrücken auf die höheren Stufen nur ganz allgemein und vorsichtig gefaßte Bestimmungen. Das ist gut. Ins einzelne gehende gesetzliche Vorschriften könnten, solange wir noch am Anfang der Reformarbeit stehen, gerade hier leicht lästig werden. Ebenso ist zu billigen, daß der *Entw.* bei den Bestimmungen über das Aufrücken auf jedes Strichsystem oder dergleichen verzichtet, dem in Deutschland heute wohl niemand mehr das Wort redet[29]). Die Voraussetzungen für das Aufrücken zur II. Stufe sollen darin bestehen, daß sich aus dem Gesamtverhalten des Gefangenen Anzeichen dafür ergeben, daß er erzieherischer Einwirkung zugänglich ist. Weiter hinauf zur III. Stufe soll er dann aufrücken dürfen, wenn sein Gesamtverhalten darauf schließen läßt, daß die erzieherische Einwirkung Erfolg gehabt hat (§ 159 II). Man kann dieser Fassung zustimmen. Sie ist zwar etwas farblos, aber ehrlich in ihrer weisen Beschränkung auf einigermaßen Feststellbares. Das in § 130 *GVF.* aufgestellte Erfordernis der »inneren Wandlung« klingt zwar sehr moralisch, aber bedeutet letzten Endes nichts Reales. Man vermag schlechterdings keinem Gefangenen derart ins Herz zu sehen, daß man eine solche Wandlung feststellen könnte. Um mit Erfolg erzieherisch einzuwirken, wie es § 159 im Sinne hat, müssen auch in dem Gefangenen innere Bindungen wertvoller Art geschaffen werden.

Die Ausführungsbestimmungen werden sich dann noch darüber auszulassen haben, welche Fristen beim Aufrücken eingehalten werden sollen. Zu fordern ist, daß diese Fristen einerseits zu starre schematische Bindung sowohl von absolut als auch von relativ bestimmter Art vermeiden, anderseits doch so gefaßt sind, daß der Gefangene in der Lage ist, zu übersehen, wann er bei Erfüllung der Voraussetzungen Aussicht hat, aufzurücken. Der goldene Schnitt zwischen diesen Forderungen ist nicht leicht. In der von der Vereinigung für Jugendgerichte und Jugendgerichtshilfen eingesetzten Kommission[30]) hat die Mehrheit folgende Vorschläge angenommen:

---

[29]) Wie es noch Goldschmidt a. a. O. S. 379 tut.

[30]) Z. 47 (1926) S. 361. Liepmann und Bondy hatten folgende Bestimmungen vorgeschlagen:

> Jeder Gefangene bleibt in der Regel auf der I. und II. Stufe je ein Viertel seiner gesamten Strafzeit.
>
> Der Aufenthalt auf der I. und II. Stufe kann in besonderen Fällen durch den Direktor (Anstaltsrat, Strafvollzugsbehörde) abgekürzt werden.

Trotz der clausula salvatoria im 2. Absatz halte ich eine Bestimmung, die die Stufenzugehörigkeit so eng von der Strafdauer abhängig macht, für nicht richtig. Denn sie führt dazu, alle die Zufälligkeiten oder

1. Jeder Gefangene wird zunächst der I. Stufe zugeteilt. Er bleibt dort in der Regel sechs Monate, jedoch nicht länger als ein Viertel der in der Anstalt zu verbüßenden Strafzeit.
2. Nach Ablauf dieser Zeit tritt der Gefangene auf die II. Stufe. Der Vorsteher kann nach Anhören des Anstaltsrates die Frist verkürzen, bei schlechter Führung sie verlängern.
3. Auf der II. Stufe ist in der Regel mindestens die Hälfte des Strafrestes zu verbringen. Das Aufrücken auf die III. Stufe kann sich der Gefangene nur durch eine Führung verdienen, die darauf schließen läßt, daß die Behandlung auf der II. Stufe erfolgreich gewesen ist.

Besonders zu warnen ist davor, die Mindestdauer des Aufenthaltes auf der I. Stufe zu lange zu bemessen, wie das in den Würzburger Beschlüssen der Fall ist. Hier war vorgesehen, daß bei Zuchthausgefangenen erst nach neun Monaten und bei Gefängnisgefangenen nach sechs Monaten geprüft werden dürfe, ob der Gefangene auf die II. Stufe aufrücken könne. Bei kürzeren Strafen würde das dazu führen, daß der Gefangene die III. Stufe überhaupt nicht erreichen und auch auf der II. Stufe sich nur ganz kurz aufhalten kann. Der Aufenthalt auf der I. Stufe, die doch vor allem der Beobachtung dienen soll, würde die Hauptsache sein. Gerade unter den Gefangenen mit kurzen Strafen werden sich immer besserungsfähige Gefangene befinden, die für eine bedingte Strafunterbrechung von der III. Stufe aus besonders in Betracht kommen. Aber auch ganz abgesehen hiervon ist zu fordern, daß die Fristen so bemessen werden, daß der Gefangene die Möglichkeit hat, die ganze Stufenleiter zu durchlaufen. Auf der III. Stufe darf nicht ständig nur eine kleine Schar von Ausnahmegefangenen sein[31]). Lediglich um einer solchen kleinen Zahl von Gefangenen Möglichkeit zur Bewährung schon während des Strafvollzugs zu geben, bedarf es nicht erst der Um-

---

gar Unbilligkeiten des Strafmaßes zum entscheidenden Faktor im Strafvollzug zu machen.

[31]) In den bayerischen Anstalten befanden sich z. B. am 10. September 1924 auf der III. Stufe nur 3% der Zuchthausgefangenen, 2% der erwachsenen Gefängnisgefangenen und kein Jugendlicher (Degen, Der Strafvollzug in Stufen in den bayerischen Strafanstalten in Nr. 3 der Hamburger Schriften zum modernen Strafvollzug »Der Strafvollzug in Stufen« S. 27). Auch das sächsische Klassifikationssystem, das man als Vorläufer des Progressivsystems bezeichnen kann, hatte ein ähnliches Ergebnis: es befanden sich 1924 bei der Aufhebung dieses Systems in der obersten Führungsklasse nur 1,6% der Gefangenen (Starke, Die Entwicklung des Progressionsgedankens im sächsischen Strafvollzug, in der vorerwähnten Schrift S. 60).

ständlichkeiten des Stufenstrafvollzugs. Einige Gefangene, bei denen man mit ziemlicher Sicherheit voraussehen konnte, daß sie nicht wieder rückfällig würden, gab es auch bisher schon in jeder Strafanstalt. Die Zahl der Gefangenen zu vergrößern, bei denen man solche Hoffnung haben darf, ist das Ziel des Stufenstrafvollzugs. Erreicht kann es kaum werden, wenn man nur einigen wenigen auserwählten Gefangenen den Aufstieg zur obersten Stufe frei gibt; man muß ihn jedem Gefangenen, der guten Willens ist, ermöglichen.

Die Voraussetzungen für die Zurückversetzung eines Gefangenen auf eine niedrigere Stufe regelt der *Entw.* anders als die für eine Hausstrafe. Eine solche kann nach § 138 I verhängt werden, wenn ein Gefangener gegen die Pflichten verstößt, die ihm durch das Strafvollzugsgesetz oder die auf Grund dieses Gesetzes zu erlassenden Vorschriften und Anordnungen auferlegt sind, oder wenn er sich einer Verfehlung gegen Sitte und Anstand schuldig macht. Die Zurückversetzung dagegen soll nach § 162 I möglich sein, wenn sich der Gefangene »für die höhere Stufe als unwürdig oder ungeeignet erwiesen hat«. Selten wird aber ein Gefangener diesen Beweis erbringen, ohne daß er irgendwie durch Wort oder Tat gegen die ihm obliegenden Pflichten oder gegen Sitte und Anstand schwer verstößt und damit gleichzeitig auch eine erhebliche Hausstrafe verwirkt. In der Praxis werden also die Voraussetzungen für eine Zurückversetzung die gleichen sein wie für eine schwere Hausstrafe. Man könnte also mit gutem Rechte die Zurückversetzung als Hausstrafe, und zwar als eine besondere Hausstrafe des Stufenstrafvollzugs behandeln. Sie würde natürlich für besonders schwere Verstöße vorzubehalten sein[32]). Denn sie trifft den Gefangenen im allgemeinen empfindlicher als eine der im § 139 vorgesehenen Hausstrafen, selbst wenn diese in Arrest besteht. Denn Hausstrafen sind zeitlich begrenzt, die Arreststrafe kann nicht länger als vier Wochen betragen; die Zurückversetzung aber kann unbegrenzte Zeit dauern (§ 163) und der Gefangene verliert dadurch viel, unter Umständen (wie jetzt schon in Thüringen) die Aussicht auf Begnadigung. Für den Erzieher ist aber schließlich der juristische Unterschied zwischen Hausstrafe und bloßem Erziehungsmittel, wie der *Entw.* die Zurückversetzung auffaßt, von keiner praktischen Bedeutung, da vom Erziehungsstandpunkt aus jede Hausstrafe ein Erziehungsmittel ist. Auch wenn

---

[32]) Die zu billigende Bestimmung des § 162 II (»Ein Gefangener, gegen den eine Hausstrafe festgesetzt wird, kann gleichwohl auf seiner Stufe belassen werden«), deutet darauf hin, daß auch der *Entw.* die Zurückversetzung nur in schweren Fällen, die eine erhebliche Hausstrafe nötig machen, angewendet haben will.

man die Frage unter dem Gesichtspunkte der Rechtsgarantie des Gefangenen betrachtet, hat sie keine große praktische Bedeutung, da der Gefangene gegen die Zurückversetzung dasselbe Beschwerderecht hat wie gegen eine Hausstrafe (§ 213). Nur in einer Beziehung erscheinen die Bestimmungen über die Zurückversetzung einer Ergänzung bedürftig. Nach § 160 muß der Vorsteher die Frage, ob ein Gefangener aufrücken kann, in der Beamtenbesprechung oder in einem besonderen Ausschuß erörtern. Das gleiche sollte unbedingt auch für die Zurückversetzung vorgeschrieben werden; es erscheint widersinnig, daß der Vorsteher diese so einschneidenden Maßnahmen ohne weiteres verfügen darf, während er mit gutem Grunde verpflichtet ist, seine Entschließung über die Aufrückung auf die breitere Basis einer Besprechung im Kreise seiner Mitarbeiter zu stellen.

Daß der *Entw.* in § 163 vorsieht, daß j e d e r zurückversetzte Gefangene wieder aufrücken kann, wenn auch erst nach einiger Zeit, ist zu billigen. Freilich ist die Voraussetzung dafür (»wenn seit seiner Zurückversetzung die Zeit verflossen ist, nach deren Ablauf die Voraussetzungen für das Aufrücken zu höheren Stufen zu prüfen sind«), weder sehr durchsichtig, noch sachlich gut bestimmt. Gewiß wird sich ein Gefangener, der zurückversetzt worden ist, ganz besonders anstrengen müssen, um die Scharte auszuwetzen und verlorenes Vertrauen wiederzugewinnen. Aber an zeitliche Fristen darf dies nicht gebunden werden, auch nicht indirekt. Dem Erzieher muß gerade hier freie Hand gelassen werden.

Problematisch bleibt die Frage, wie mit dem Aufrücken derjenigen Gefangenen zu verfahren ist, die von der III. Stufe aus bedingt begnadigt worden sind und dann wieder rückfällig werden und nun nicht nur den Strafrest, sondern noch eine neue Strafe dazu verbüßen müssen. Daß sie überhaupt wieder in den Stufenstrafvollzug einzugliedern sind, ist klar. Wann sie aber zur II. Stufe aufrücken können und ob sie dann auch gar auf die III. Stufe versetzt werden werden, muß im Einzelfall geprüft und entschieden werden. Dabei wird besonders zu beachten sein, aus welchen Beweggründen und unter welchen Umständen die neue Tat begangen worden ist. Es handelt sich hier wieder um eine Erziehungsfrage. Auch im Strafvollzug darf der Erzieher nicht in den Fehler verfallen, denjenigen, der ihm eine schwere Enttäuschung bereitet hat, nun deshalb ohne weiteres fallen zu lassen und aufzugeben. Dabei werden die Anstalten schon von selbst zu verhüten wissen, daß in den Gefangenen die falsche Vorstellung Platz greift, bei jeder Strafverbüßung müsse ohne weiteres, trotz aller Rückfälle, der Weg über die III. Stufe in die bedingte Begnadigung münden, wenn man sich nur äußerlich gut führe. Erschwert wird natürlich die Erziehungsarbeit an Rückfälligen, wenn die neue Strafe in einer anderen Strafanstalt unter ganz neuen Bedingungen vollzogen werden muß. Soweit es sich um Strafanstalten des gleichen Landes handelt, wird im Einzelfall zu prüfen sein, ob dann nicht vom Vollzugsplan abzuweichen ist und die Strafe in der früheren Anstalt, wo man den Gefangenen genau kennt, vollzogen werden soll (§ 34)[33]).

Der § 168 trägt die Überschrift »Behandlung in[33a]) den drei Stufen«. Hierunter ist nicht die erzieherische Einzelbehandlung gemeint. Sie kann als pädagogische Angelegenheit gesetzlich nicht näher reglementiert werden. Sie besteht in Wirkung von Mensch zu Mensch; entscheidend für ihren Erfolg ist, daß sie in der Hand von Erziehern liegt, die für ihren schweren Beruf geboren sind und von denen eine lebendige Kraft in Wort und Tat ausgeht. Darzulegen, wie solche Einzelbehandlung zu geschehen hat, ist nicht Aufgabe eines Gesetzbuchs, sondern eines Lehrbuchs, wie es ebenfalls noch fehlt und sehr zu wünschen ist. Der § 168 des *Entw.* will Richtlinien geben für die mittelbare erzieherische Behandlung der Gefangenen durch eine gestaffelte Anwendung von Vollzugsmaßregeln (»Milderungen«), wie sie das wesentliche Merkmal des Stufensystems ist.

Auf der I. Stufe sollen Milderungen nur »ausnahmsweise« gewährt werden. Diese Zulassung von Ausnahmen ist wertvoll. Denn es kann aus erzieherischen Gründen sehr zweckmäßig sein, einem Gefangenen z. B. schon auf der I. Stufe zu gestatten, in der kahlen Zelle ein Bild seiner Frau oder Kinder aufzustellen. Der sittliche Halt, den der Gefangene vielleicht allein an seiner Familie hat, kann es rätlich erscheinen lassen, ihn durch das Bild vom ersten Tage an an sein Zuhause zu erinnern. Ebenso kann es aus erzieherischen Gründen geraten sein, einem Gefangenen bereits auf der II. Stufe zu gestatten, ja ihn anzuweisen, einen Blumenstock in der Zelle zu pflegen. Überhaupt muß auch schon auf der I. Stufe die Behandlung im

---

[33]) Voraussetzung ist natürlich, daß es sich um Strafen derselben Strafart handelt. Jetzt kommt es häufig vor, daß ein Rückfalldieb oder -betrüger wegen gleichartiger Straftaten in buntem Wechsel Zuchthaus und Gefängnis erhält, je nachdem ob das Gericht wieder einmal mildernde Umstände angenommen hat oder nicht, was oft nur auf Zufall und Willkür beruht. Solche Art der Straffestsetzung macht natürlich eine systematische Erziehung ganz unmöglich. Geradezu als unsinnig muß es im Erziehungsstrafvollzug empfunden werden, wenn sich dem Vollzug einer mehrjährigen Zuchthausstrafe noch die Verbüßung einer kürzeren Gefängnisstrafe anschließt!

[33a]) Sprachlich richtiger würde es heißen: »auf den drei Stufen«.

Zeichen der Erziehung stehen. Diese Stufe soll zwar in erster Reihe der Beobachtung der neu eingelieferten Gefangenen dienen. Aber da auch hier der Aufenthalt Monate dauert, darf die Erziehungsarbeit nicht bis zur II. Stufe aufgeschoben werden. Außerdem befinden sich ja auf der untersten Stufe auch zurückversetzte Gefangene, die in besonderem Maße erzieherischer Einwirkung bedürfen. Deshalb ist es nicht richtig, daß § 168 nur unter den Milderungen für die II. und die III. Stufe die »Teilnahme an Einrichtungen zur geistigen Hebung« aufführt. Denn auf die geistige Hebung muß auch schon auf der untersten Stufe hingearbeitet werden, auch wenn erst die II. Stufe die eigentliche Behandlungsstufe ist. Zu wünschen wäre daher, zu sagen »erhöhte Teilnahme an Einrichtungen . . .« Soweit diese in Vorträgen und dergleichen bestehen, werden sie allerdings für die I. Stufe besonders eingerichtet werden müssen, da es nicht günstig wirken würde, wenn bei solchen Gelegenheiten — es sei denn, daß es sich etwa um Weihnachtsaufführungen handelt — die Gefangenen der I. Stufe mit denen der höheren Stufen zusammenkämen. Wieweit Gefangene, die aus besonderen Gründen in strenger Einzelhaft gehalten werden müssen, von der Teilnahme ganz auszuschließen sind, wird der Vorsteher im Einzelfall zu entscheiden haben.

Trotz der Einzelbehandlung, die, wie wir sahen, auch im Stufenstrafvollzug den ihr zukommenden Platz hat, ist festzuhalten, daß es sich im Strafvollzug um Massenerziehung handelt und daß diese anders verfahren muß wie eine reine Individualbehandlung. Dem Wesen der Massenerziehung entspricht es vollkommen, wenn § 169 vorschreibt, daß die für die einzelnen Stufen vorgesehenen allgemeinen Milderungen den Stufenangehörigen ohne weiteres zu gewähren sind. In Preußen z. B. ist es zur Zeit anders. Hier fallen die zulässigen Vergünstigungen nicht sofort jedem Angehörigen einer Stufe zu; sie sind vielmehr »nur individualisierend einzeln und schrittweise je nach der Strafdauer, dem Verhalten, der Persönlichkeit überhaupt usw. zu gewähren« und es ist weiter ausdrücklich bestimmt, »daß niemand Anspruch auf alle zulässigen Vergünstigungen hat«. Sehr zutreffend hat Gentz[34]) nachgewiesen, wie bedenklich eine solche Regelung ist. Es wirkt gerade in der Strafanstalt erzieherisch, wenn der Gefangene weiß, was ihn für Vorteile auf den höheren Stufen erwarten, und wenn er sich diese infolge seiner Aufrückung verdient, statt sie sich dann einzeln erbitten oder gar erbetteln zu müssen.

---

[34]) »Ein Jahr progressiver Strafvollzug in Preußen« in Z. 47 (1926) S. 385.

Die einzelnen »Milderungen«, die auf den höheren Stufen gewährt werden, zählt § 168 I nur beispielsweise, nicht erschöpfend auf. Wir finden hier im deutschen Stufenstrafvollzug in den letzten Jahren bereits üblich Gewordenes.

Als erstes ist die Unterbringung erwähnt. Hierunter ist die Haftform (§§ 51 ff.) zu verstehen. Nach § 54 bestimmt der Vorsteher, ob ein Gefangener in Einzelhaft oder in Gemeinschaftshaft kommen soll. Für den Stufenstrafvollzug wäre das Ideal, daß gesetzlich der Grundsatz festgelegt würde: Auf der I. Stufe Einzelhaft, auf den beiden oberen Stufen Gemeinschaftshaft. Die Einzelhaft erscheint für die I. Stufe, soweit sich hier neu eingelieferte Gefangene befinden, nicht deshalb die geeignete Haftform, weil sie die »strengere« ist, sondern weil die hier im Vordergrund des Strafvollzugs stehende Beobachtung des Gefangenen besonders intensiv durchführbar ist, wenn dieser möglichst isoliert von anderen Gefangenen und deren oft recht schnell wirkenden Einflüssen ist. Für diejenigen Gefangenen, die auf die I. Stufe zurückversetzt worden sind, wird die Einzelhaft in der Regel deshalb angezeigt erscheinen, weil es meist erwünscht sein wird, andere Gefangene vor ihrem schlechten Einfluß zu bewahren. Der *Entw.* sieht davon ab, selbst Sondervorschriften über die Haftform im Stufenstrafvollzug zu geben, vermutlich weil viele Anstalten leider noch immer nicht über die genügende Zahl von Einzelzellen verfügen, um alle Gefangenen wenigstens während der ersten Beobachtungszeit in Einzelhaft zu bringen. Diese Zurückhaltung des *Entw.*, der hier hinter seinem Vorgänger von 1879 zurückbleibt, ist um so bedauerlicher, als man häufig beobachtet, daß Vorsteher neueingelieferte Gefangene nur aus dem Grunde alsbald in Gemeinschaftshaft bringen, weil sie gelernte Handwerker oder schreibgewandt sind und deshalb in den Arbeitsbetrieben oder in der Schreibstube, wo an solchen Arbeitskräften immer Bedarf ist, gut verwendet werden können. Vom erziehlichen Standpunkt aus ist das niemals gut. Gewiß sollen Gefangene vom ersten Tage an möglichst in ihrem Beruf und nach ihren Fähigkeiten beschäftigt werden (§ 79 II), aber das muß man auf der Beobachtungsstufe durch geeignete Zellenarbeit zu erreichen versuchen. Wirtschaftliche Gesichtspunkte dürfen nicht über erzieherische gesetzt werden. Wenn dem auch durch Verwaltungsanordnungen gesteuert werden kann, so erscheint es doch angebracht, wenn Grundsätze über die Haftform beim Stufenstrafvollzug ins Gesetz aufgenommen würden.

Bei der Verschiedenheit der Raumausstattung, die § 168 I weiter erwähnt, ist zu beachten, was bereits über das Aufstellen von Bildern naher Familienangehöriger gesagt ist.

Auch ist festzuhalten, daß Einrichtungs- und Gebrauchsgegenstände, die in erster Reihe der Forderung von Ordnung, Sauberkeit und Gesundheit zu dienen bestimmt sind, der I. Stufe nicht vorenthalten werden dürfen. Beispielsweise braucht auch der Gefangene auf der untersten Stufe einen Spiegel, ferner Gerät zum Zähneputzen und dergl. Freundlicher wird sich die Zelle mit steigender Stufe schon durch farbenfreudigeren Anstrich gestalten lassen. In Neubauten sollten auch die Größe und die Gestalt der Fenster den in normalen Wohnräumen üblichen angenähert werden. Die Einrichtung läßt sich schon dadurch, daß an Stelle des Schemels ein Stuhl und statt des an der Wand befestigten Tisches ein beweglicher sowie ein kleines Spind und ein Bücherbort gegeben wird, stufenweise verbessern. Auch Unterschiede in der Kleidung sind nicht unwichtig, weil sie den Gefangenen die Stufenfolge besonders sinnfällig vor Augen führen. Auch hierbei wird sich unschwer das Richtige finden lassen. Abzeichen in Gestalten von Litzen von verschiedener Zahl sind der Unterscheidung durch farbige Halstücher, die nur den Eingeweihten die Stufenhöhe anzeigen, vorzuziehen. Die Anstaltskleidung der III. Stufe, wenigstens für die Sonntage, kann auf andere Weise kenntlich gemacht werden, indem sie im Schnitt der bürgerlichen Kleidung angenähert wird. Die Erlaubnis, beim Besuch von Angehörigen eigene Kleidung zu tragen, sollte grundsätzlich zum Schutz des Empfindens der Angehörigen, besonders auch der Kinder, auf allen Stufen, auch im Zuchthaus, zugelassen werden. Auch das Tragen besonderer Sportkleidung kommt in beiden Arten von Anstalten in Frage, muß aber überall der III. Stufe vorbehalten werden. Daß in der Anstaltskost Unterschiede nach Stufen gemacht werden, ist nicht wesentlich. Zulagen an die Gefangenen der III. Stufe, z. B. Sonntags, können immerhin als ein weiterer Ansporn benutzt werden.

Die Höhe der Arbeitsbelohnung darf keinesfalls verschieden für die einzelnen Stufen bemessen werden. Der *Entw.* gibt erfreulicherweise in § 84 den Gefangenen einen Anspruch auf die Arbeitsbelohnung. Sie muß nach dem alten Wort, daß jeder Arbeiter seines Lohnes wert ist, entsprechend der Arbeitsleistung bemessen und abgestuft werden. Es ist durchaus nicht erzieherisch, muß vielmehr nur verbitternd wirken, wenn ein Gefangener der I. Stufe weniger für seine Arbeit erhält als ein wenn auch arbeitswilliger, so doch nicht so geschickter Arbeiter der III. Stufe, oder wenn ein Facharbeiter der I. Stufe, der Qualitätsarbeit liefert, geringer oder doch nicht höher belohnt wird als ein Hauskehrer, der sich auf der III. Stufe befindet. Wohl aber kann und soll der Gefangene der oberen Stufen insofern besser gestellt werden, als mit höherer Stufe derjenige Betrag steigt, den er allwöchentlich für Zusatznahrungsmittel, Kautabak usw. verwenden darf. Beruht doch auch bei einem Freien ein großer Teil des Vorwärtsstrebens auf dem Wunsche, sich mehr irdische Genüsse verschaffen zu können. Freilich sollte von den Erziehern ständig darauf hingewirkt werden, daß die Gefangenen ihr Hausgeld auch zur Unterstützung ihrer durch den Strafvollzug meist besonders hart betroffenen Angehörigen verwenden. Wenn die Gefangenenverpflegung ausreichend und abwechselungsreich ist, insbesondere wenn es öfters feste und nicht immer bloß suppige Kost gibt, so wird eine dringende Veranlassung, sich noch Zusatznahrungsmittel zu verschaffen, kaum bestehen. Wichtig ist, daß die Unterstützung der Angehörigen aus dem Haushalt freiwillig geschieht und dabei kein Zwang ausgeübt wird. Nur so hat sie erzieherischen Wert. Nicht erwünscht erscheint, daß die Gefangenen der höheren Stufen dadurch besser gestellt werden, daß sie Nahrungsmittelpakete von zu Hause empfangen dürfen. Diese sind nicht nur deshalb abzulehnen, weil dadurch die Gefangenen aus wohlhabenden Kreisen bevorzugt werden, sondern weil die Erfahrungen gezeigt haben, daß gerade die gewissenlosen Gefangenen ihre Angehörigen durch Bitten und Drohen veranlassen, ihnen etwas zu schicken, auch wenn die Angehörigen in bitterer Not leben und sich und ihren Kindern das Notwendigste vom Mund absparen müssen, nur um etwas ins Gefängnis, wo es doch gar keine Nahrungssorgen gibt, schicken zu können. Allenfalls zu Weihnachten mag eine Ausnahme von dem Verbot des Paketempfanges zugelassen werden, weil auch der Ärmste das Bedürfnis hat, seinem Lieben, auch wenn er in der Strafanstalt ist, etwas zu schenken. Dann aber muß der Paketempfang für alle Stufen zugelassen werden, denn für alle Gefangene ist Weihnachten. Als »Vergünstigung« wird jetzt im Rahmen des Stufenstrafvollzugs in manchen Ländern den Gefängnisgefangenen auch das Rauchen gestattet. Nach § 166 Gr. ist es nur für Zuchthausgefangene ausgeschlossen. Diesen Unterschied zwischen den beiden Freiheitsstrafen, der beinahe etwas Komisches hat, läßt § 153 *Entw.* zwar nicht ganz fallen, aber er gibt doch die Möglichkeit, daß »die auf Grund dieses Gesetzes zu erlassenden Vorschriften oder Anordnungen« etwas anderes bestimmen können. Gedacht ist offenbar daran, daß den Zuchthausgefangenen der III. Stufe das Rauchen gestattet wird. Das ließe sich hören. Freilich wird bei einer solchen Regelung, die nur einem Teil des Gefangenen zugute kommt, nicht dem voll Rechnung getragen, was oft als Grund für das Zulassen des Rauchens angeführt wird, daß ihm nämlich sonst doch heimlich gefröhnt wird und daß es so eine ständige Quelle zu Ordnungswidrigkeiten, Durchstechereien und

Hausstrafen ist[35]). Aber das wäre auch weiterhin in Kauf zu nehmen. Die Ansichten über das Rauchen in der Strafanstalt und besonders über den erzieherischen Wert seiner Zulassung sind geteilt. Mir will es erzieherischer scheinen, wenn die Gefangenen lernen müssen, auf einen solchen Genuß während der ganzen Strafzeit zu verzichten. Aber es läßt sich darüber streiten. Jedenfalls sollte kein Unterschied zwischen Zuchthaus und Gefängnis gemacht werden. Auch sollte das Rauchen in den Gemeinschaftsräumen unter allen Umständen untersagt bleiben. Denn wenn hier geraucht werden darf und sich dann bei den abendlichen Zusammenkünften dicke Rauchwolken lagern, so mag das vielleicht für manchen Gefangenen die Gemütlichkeit erhöhen. Aber diese Gemütlichkeit hat nichts mit Erziehung zu tun. Der Strafvollzug soll durch den Erziehungsgedanken gar nicht gemütlich gestaltet werden. Wenn schon auf den höheren Stufen geraucht werden soll, dann in der Zelle oder im Freien, nicht aber in Gemeinschaftsräumen, die der Durchführung des Erziehungsgedankens dienen sollen.

Wenn in § 168 I als Milderung auch »Beschäftigung« vorgesehen ist, so wird das in erster Reihe als Genehmigung der Selbstbeschäftigung (§ 89) zu verstehen sein. Die Belassung entbehrlicher Gegenstände als Milderung nimmt sich im Gesetz etwas seltsam aus; als ob die Gefangenen sich auf den oberen Stufen mit überflüssigen Sachen umgeben dürften. Bei der Bewegung im Freien — die an sich eine gesundheitliche Maßnahme ist, was nie vergessen werden darf (§ 96) — kommen Unterschiede aus erziehlichen Gründen besonders insofern in Frage, als der auf der I. Stufe vielleicht nicht zu umgehende Rundgang schon auf der II. Stufe durch eine weniger karusselmäßige, freie Bewegungsart ersetzt werden kann, während auf der III. Stufe den Gefangenen zu gestatten wäre, in zwangloser Unterhaltung auf- und abzugehen. Zu Freiübungen ist der Aufenthalt im Freien ganz besonders bei Gefangenen der untersten Stufe zu benutzen, die sich in Einzelhaft befinden und bei denen deshalb besonders die Gefahr besteht, daß sie steif und dadurch in ihrer Arbeitskraft beeinträchtigt werden. Solche Freiübungen sind nicht als Turnen oder Sport zu rechnen.

Die Erlaubnis, sich den Lesestoff selbst zu beschaffen, wird im allgemeinen nur für verhältnismäßig wenige Gefangene von Bedeutung sein. Man sollte hierbei nicht kleinlich sein. Es ist nicht einzusehen, warum z. B. einem Gefangenen der I. Stufe verwehrt werden sollte, sich von

---

[35]) Bondy, Pädagogische Probleme im Jugendstrafvollzug S. 85.

zu Hause ein fremdsprachliches Lehrbuch schicken zu lassen[36]). Die leidige Zeitungsfrage läßt sich im Stufenstrafvollzug sehr gut in einer Weise regeln, die die übeln Folgen hintenanhält, die die unterschiedslose Erlaubnis des Zeitungslesens in der ersten Nachkriegszeit hervorrief: Auf der I. Stufe wird Zeitungslesen nicht gestattet. Die Gefangenen sind von den Erziehern in geeigneter Weise mündlich von den wichtigsten Tagesereignissen zu unterrichten. Auf der II. Stufe wird dem Gefangenen erlaubt, Sonntags im Gemeinschaftssaale die Zeitungen, die die Anstalt hält, zu lesen. Auf der III. Stufe darf er nicht nur auch wochentags die im Gemeinschaftssaale ausliegenden Zeitungen lesen, sondern er darf sich auch selbst eine Zeitung halten. Bei einer solchen Regelung wird im Stufenstrafvollzug kaum ein Bedürfnis nach einer besonderen Gefängniszeitung bestehen. Ein solches ad usum delphini geschaffenes Blatt wird von vielen Gefangenen mit einem gewissen Mißtrauen betrachtet. Wenn der Erziehungsstrafvollzug den Gefangenen zum Leben tüchtig machen soll, so gebe man ihm keine künstlich zurecht gemachte Zeitung, sondern eine, wie sie draußen in der Freiheit erscheint. Dem Lesen ungeeigneter Zeitungen schiebt ohnehin § 112 II einen Riegel vor.

Die in § 168 I aufgeführten »Milderungen« erschöpfen nicht die Erziehungsmittel, die der Stufenstrafvollzug anwenden kann und muß. Nach dem 2. Absatz desselben Paragraphen sind an die »Willenskraft, die Selbstbeherrschung und das Verantwortungsgefühl« des Gefangenen immer mehr gesteigerte Anforderungen zu stellen. Bisher schon pflegten Gefangene von besonders guter Führung zu Vertrauensposten vorzugsweise verwendet zu werden. Sie verrichteten den Dienst von Schreibgehilfen, Hauskehrern, Köchen, Krankenwärtern und Dienstboten bei Beamten. Das ist und war allerwärts so, auch ohne Stufenstrafvollzug. Wir finden dergleichen im Celler Zucht- und Tollhaus vor 200 Jahren wie im Bagno von Guyana. Aber Verwendung zu Vertrauenspsoten gab und gibt noch keine Gewähr für Vertrauenswürdigkeit. Es ist ja eine bekannte Tatsache, daß gerade unter den ständig wiederkehrenden Insassen besonders tüchtige »Kalfaktoren« sich befinden; denn diese kennen den Betrieb aufs beste und brauchen keine Anleitung, sie leiten vielmehr manchmal die Beamten. Sie kennen diese aufs genaueste, kennen auch ihre Schwächen und wissen sich darauf einzurichten. So wirkt die Verwendung von Gefangenen auf Vertrauensposten oft alles andere als erzieherisch, besonders soweit es sich um die Tätigkeit von

---

[36]) So auch die bayerische Min. Entschließung vom 27. März 1925 Nr. 12 672 (Der Stufenstrafvollzug S. 53).

Schreibgehilfen und Dienstboten handelt. Als Dienstboten sollten überhaupt keine Gefangenen mehr von Beamten verwendet werden dürfen. Diese Erinnerung an den Offiziersburschen von ehemals paßt nicht mehr in den heutigen Strafvollzug. Dringend erwünscht ist es auch, daß die alte Forderung endlich erfüllt werde, die Gefangenenschreiber aus den Geschäftszimmern zu entfernen. Bleiben die Köche, Hauskehrer, Viehpfleger usw. Zweifellos kann es im Einzelfall erzieherischen Wert haben, einem Gefangenen einen solchen Posten anzuvertrauen, z. B. wenn einem rohen Gefangenen die Pflege eines Tieres übertragen wird und dadurch in ihm zum ersten Male liebevolle Regungen zur Kreatur geweckt werden, oder wenn einem liederlichen Gefangenen die Verantwortung für die tadellose Sauberkeit eines Raumes oder eines Hofes übertragen wird. Auch kann es einem Gefangenen, der dauernd über das Essen nörgelt, gut tun, wenn er in die Küche abgeordnet wird. Auf solche und ähnliche Weise können aber immer nur verhältnismäßig wenig Gefangene erzogen werden. Um sämtliche im Stufenstrafvollzug befindliche Gefangene zum Verantwortungsgefühl gegenüber der Allgemeinheit, der Gesellschaft, zu erziehen, müssen noch andere Wege eingeschlagen werden. Es ist zu hoffen, daß die Ausführungsbestimmungen zum Strafvollzugsgesetz hier wegweisend sein werden, nämlich zur Selbstverwaltung im Strafvollzug. Sie würden sich damit auf kein Neuland begeben. Von den Einrichtungen in den Anstalten der angelsächsischen Welt abgesehen, sind in Hamburg und Thüringen schon seit etwa fünf Jahren Versuche gemacht worden, die man mit dem Schlagwort »Selbstverwaltung« insofern bezeichnen darf, als sie bezwecken, die Gefangenen zur tätigen Mitarbeit an ihrer Erziehung unter eigener Verantwortung heranzuziehen. Wir stehen zwar hier noch ganz an den Anfängen. Nach den bisher gemachten Erfahrungen sollten die Versuche aber allgemein fortgeführt werden. In Preußen hat man sich neuerdings dazu entschlossen. In der Verfügung — VIII 3/27 — vom 28. Februar 1927, die die Selbstverwaltung allgemein vorschreibt, wird ausdrücklich hervorgehoben, daß die bisher in einzelnen Anstalten gemachten Versuche günstig ausgeschlagen sind. Man hat eingewendet[37]), daß es unangebracht sei, »das, was man Söhnen und Töchtern aus besten Familien versage, den Gesetzesverbrechern zuzubilligen«. Wenn dieses Erziehungsmittel in Anstalten, wo sich Söhne und Töchter aus

[37]) S. hierzu auch Michaelis in den Nachrichten des Fachverbandes der deutschen Gefängnis- und Strafanstalts-Oberbeamten und -beamtinnen 1926 S. 319, die im übrigen sehr viele verständnisvolle Äußerungen von Strafanstaltsbeamten über den Erziehungsstrafvollzug bringen.

besten Familien befinden, wirklich nicht notwendig sein sollte — es stimmt aber gar nicht —, so besagt das noch nichts gegen seine Anwendung im Erziehungsstrafvollzug, wo es ja nicht als Milderung, als Vergünstigung gedacht ist. Denn die Selbstverwaltung, richtig gehandhabt, stellt Anforderungen an die Gefangenen, die von ihnen gar nicht immer als angenehm empfunden werden. Während sie sich sonst in ihrer Freizeit dem Nichtstun hingeben konnten, ist diese Zeit jetzt mit Pflicht zum Tätigsein ausgefüllt. Das jetzt oft zu hörende Urteil alter Anstaltsinsassen, früher sei es besser, gemütlicher in der Anstalt gewesen, ist auf diese ständige Inanspruchnahme des Gefangenen zu aktiver Teilnahme zurückzuführen, wie sie gerade durch die Selbstverwaltung bedingt wird[38]).

Wie kann die Selbstverwaltung ausgestaltet werden? Der Ausgangspunkt muß das Zusammenleben der Gefangenen der III. Stufe in der arbeitsfreien Zeit bilden. Diese muß in weitestmöglichem Umfang dazu ausgenutzt werden, die Gefangenen zu einem reibungslosen Gemeinschaftsleben zu erziehen. Notwendig ist dazu, daß die Gefangenen der III. Stufe einen nur für sie bestimmten Aufenthaltsraum besitzen, der besser ausgestattet ist, als die übrigen Gefängnisräume. Eine Handbücherei sollte vorhanden sein, einige Zeitungen und Zeitschriften ausliegen. Wo es möglich ist, könnte ein mit dem Raum in Verbindung stehendes kleines Schreibzimmer eingerichtet werden. Der Einschluß ist für die Gefangenen der III. Stufe vielfach schon auf eine spätere Stunde als für die übrigen festgesetzt; in § 168 *Entw.* ist längere Beleuchtung des Haftraumes mit Recht für die höheren Stufen vorgesehen. So wird sich überall der Aufenthalt in dem Gemeinschaftsraum von der Abendmahlzeit bis etwa gegen 10 Uhr ausdehnen lassen. Mehr Aufsichtsbeamte sind dazu nicht notwendig, denn das ist ja gerade das Wesentliche: Die Gefangenen haben selbst dafür zu sorgen, daß während ihres Zusammenseins Ruhe, Ordnung und tadelloses Benehmen herrschen. Sie müssen sich zu diesem Zwecke Obmänner wählen, die dafür verantwortlich sind, daß die für den Aufenthalt in den Gemeinschaftsräumen geltenden Bestimmungen eingehalten werden. In Thüringen hat man diese Bestimmungen (»Satzungen«) durch Gefangene selbst entwerfen lassen. Es ist dabei durchaus Brauchbares herausgekommen, das mit ganz geringen Abweichungen genehmigt werden konnte. Ähnliches berichtet Herrmann aus dem Jugend-

[38]) Es ist daher Grohmann entschieden entgegenzutreten, wenn er Z. 47 (1927) S. 619 meint, »Die modernen Mittel wie Selbstverwaltung, Belastung mit Vertrauen ... sind nur wertvoll für die Anstaltspolitik.«

gefängnis auf Hahnöfersand. Verstößt ein Gefangener gegen die Satzungen, so wird in leichteren Fällen von den Obmännern oder von der Gesamtheit der Gefangenen über ihn befunden; der Übeltäter kann verwarnt oder es kann ihm besonderer Stubendienst oder dergleichen auferlegt werden; in schwereren Fällen ist dem Vorsteher zu berichten. Der Erzieher (Fürsorger) muß möglichst häufig am Zusammensein im Gemeinschaftsraum teilnehmen nicht so sehr, um eine Oberaufsicht auszuüben, als vor allem um anregend und belebend auf die Gemeinschaft einzuwirken. Er wird zu diesem Zweck nicht nur vorlesen und erzählen, sondern auch Aussprachen über bedeutsame Gegenstände herbeiführen und leiten. Gefangene sind zu veranlassen, bei solchen Gelegenheiten kleine Vorträge zu halten.

Um den Wert und die Bedeutung der Zugehörigkeit zur III. Stufe den Gefangenen recht vor Augen zu führen, ist in Thüringen eingeführt, daß jeder neu auf diese Stufe Versetzte in Gegenwart des Vorstehers und Fürsorgers mit einer gewissen Feierlichkeit aufgenommen und vom ersten Obmann durch Handschlag auf die Satzung der III. Stufe verpflichtet wird. Man lehne das nicht als Theater ab. Es steckt auch in diesen Äußerlichkeiten ein großer erzieherischer Wert. Die kleine Feierlichkeit kann ihren Eindruck auf den Beobachter nicht verfehlen.

Der Obmann muß die Befugnis haben, dem Vorsteher Anregungen aller Art, die von den Mitgefangenen ausgehen, zu übermitteln. Zu diesem Zweck muß er sich von Zeit zu Zeit mit allen Stufenangehörigen besprechen und bei Meinungsverschiedenheiten abstimmen lassen. Die Gefangenen lernen dabei, daß in einer Gemeinschaft die überstimmte Minderheit sich bescheiden muß. Gleichzeitig bekommen aber die Gefangenen — und das ist das Wichtigste — ein Interesse an der Verwaltung der Anstalt in dem guten Sinne, daß sie sich überlegen, wie vernünftige Verbesserungen — oft wird es sich nur um Kleinigkeiten handeln — eingeführt werden können. Hierdurch wird in besonderem Maße erreicht, daß die Gefangenen nicht willenlos oder mit innerem Widerstreben alles über sich ergehen lassen und daß sie ihre Wünsche und Bestrebungen nicht auf einen offenen oder versteckten Kampf gegen die Verwaltung vereinen. Als besonders wichtig hat sich in Thüringen die Bestimmung erwiesen, daß der Vorsteher die Obmänner der III. Stufe vor der Versetzung von Gefangenen auf diese Stufe hören kann. Dies geschieht regelmäßig, und so bekommt der Vorsteher sehr oft ein ganz neues und meist richtiges Bild von Leuten, die die Beamten bisher ganz anders eingeschätzt hatten. Vor den Mitgefangenen läßt sich auf die Dauer nichts verheimlichen. Die lernen einander genau kennen. Da jeder Gefangene weiß, daß vor seiner Aufrückung auf die III. Stufe die Obleute sich nach Besprechung des Falles mit den anderen Gefangenen der III. Stufe über ihn zu äußern haben, so vermag er sich danach in seiner Führung einzurichten und kann sich dann nicht über Angeberei beklagen. Auch liegt ja die Entscheidung über die Aufrückung beim Vorsteher, an den sich der Gefangene wenden kann, wenn er glaubt, daß die Obleute sich über ihn mißgünstig geäußert haben und er deshalb zu Unrecht nicht versetzt worden ist.

Gute Erfahrungen sind auch mit der Selbstverwaltung der für alle Gefangenen bestimmten Kantine durch Angehörige der III. Stufe gemacht worden. Einkauf, Verkauf und die gesamte Verwaltung ist in zwei thüringischen Anstalten in die Hände von Gefangenen der obersten Stufe gelegt worden[39]). Ohne ständige Beaufsichtigung durch Beamte überwacht ein aus Gefangenen bestehender Aufsichtsrat den Geschäftsgang. Diese Einrichtung hat größte Gewissenhaftigkeit von Gefangenen, die solche im freien Leben bisher sehr hatten vermissen lassen, erzielt. Gleichzeitig sind alle Beschwerden von Gefangenen — alle Stufen dürfen dort von ihrem Hausgeld die Zusatznahrung, Kautabak, Briefpapier und dergleichen kaufen — darüber verstummt, daß sie übervorteilt würden oder daß ihnen schlechte Ware geliefert worden sei. Der durch einen ganz geringen Aufschlag pfennigweise gemachte Gewinn wird der Gefangenenfürsorge zugeführt. So hat eine Strafanstalt daraus verschiedene Schreibmaschinen kaufen können, an denen sich Gefangene in der Freizeit ausbilden dürfen.

Die Einrichtung der gewählten Obleute ist von besonderer Bedeutung auch für den Sport, den die III. Stufe betreiben darf. Ist schon der Sport an sich von großem erzieherischen Wert in der Strafanstalt, weil hierbei der Gefangene im Spiel wie von selbst lernt, sich freiwillig ein- und unterzuordnen, so dient er auch dem Gedanken der Selbstverwaltung dadurch, daß als Sportleiter, Schiedsrichter und dergleichen Obleute verwendet werden können und die Aufsicht durch Beamte in den Hintergrund tritt.

Eine Selbstverwaltung, wie sie im vorstehenden skizziert ist, ist für den Strafvollzug auf der III. Stufe unbedingt erforderlich, wenn ein »Übergang zum Leben in der Freiheit« wirklich erreicht werden

[39]) In einer dieser Anstalten sind dabei auch bisher gute Erfahrungen mit Anstaltsgeld gemacht, in welchem den Gefangenen das Hausgeld (§ 85) ausbezahlt wird und mit dem sie dann in der Kantine am Wochenende einkaufen dürfen.

soll. Der *Entw.* enthält noch nichts darüber. Fraglich ist es, ob es bereits an der Zeit ist, die Einrichtung im Gesetz selbst zu verankern. Möglich wäre es. Zumindest wäre zu wünschen, daß in die Ausführungsbestimmungen zum Strafvollzugsgesetz etwas darüber aufgenommen wird, damit auch die zurzeit noch widerstrebenden Länder und Verwaltungen mitgerissen werden. Es genügte eine Vorschrift etwa wie die von der Vereinigung für Jugendgerichte und Jugendgerichtshilfe eingesetzte Kommission in § 42 ihres *Entw.* vorgeschlagene:

»Den Gefangenen der III. Stufe ist für die arbeitsfreie Zeit Selbstverwaltung einzuräumen, bei der die ständige Beaufsichtigung durch bewaffnete Aufsichtsbeamte nach Möglichkeit zurücktritt. Zu diesem Zwecke dürfen sich die Gefangenen für den Aufenthalt in den Gemeinschaftsräumen einschließlich der dort stattfindenden Vorträge und Aussprachen sowie für Sport und Spiel Obmänner wählen. Die Wahl bedarf der Bestätigung des Vorstehers.

Die Obmänner haben dafür zu sorgen, daß die Gefangenen die ihnen auf dieser Stufe gewährten Freiheiten und Erleichterungen nicht mißbrauchen und Meinungsverschiedenheiten unter den Gefangenen gütlich beigelegt werden. Sie haben Vorschläge über die Ordnung in den Gemeinschaftsräumen außerhalb der Arbeitszeit zu machen und mit über deren Einhaltung zu wachen. Der Vorsteher kann jederzeit die Obmänner absetzen und eine Neuwahl anordnen.

Anzustreben ist, daß die Verwaltung und Ausgabe der vom Hausgelde zu beschaffenden Sachen durch Gefangene der III. Stufe unter Aufsicht des Vorstehers besorgt wird.«

Auf ein Erziehungsmittel für die III. Stufe sei besonders hingewiesen, dessen Zulässigkeit in den Ausführungsbestimmungen ausdrücklich erwähnt werden sollte, weil es sehr wertvoll ist. Das sind Spaziergänge der Gefangenen dieser Stufe ins Freie ohne Aufseher, nur in Begleitung des Vorstehers und der Erzieher. Sie sind bereits in bayerischen[40]) und in thüringi-

[40]) Siehe die amtliche Schrift »Der Strafvollzug und die kriminalbiologische Untersuchung der Gefangenen in den bayerischen Strafanstalten«, München 1926, S. 124, wo über »die bei solchen Spaziergängen gemachten günstigen Erfahrungen, die zu weiteren Versuchen ermutigen«, berichtet wird.

[41]) *ThürDVO.* § 109 III, Zuchthausgefangene dürfen erst dann an solchen Spaziergängen teilnehmen, wenn sie der III. Stufe schon mindestens den dritten Teil des beim Aufrücken auf diese Stufe noch zu verbüßenden Strafrests angehören.

schen Strafanstalten[41]) eingeführt. In der bayerischen Anstalt tragen die Gefangenen bei den Spaziergängen eigene Kleidung, in Thüringen die Anstaltskleidung der III. Stufe, die der bürgerlichen Kleidung etwas angenähert ist. Solche Spaziergänge stellen ein Erziehungsmittel dar, das in besonderem Maße geeignet ist, den Übergang zum Leben in der Freiheit anzubahnen. Gleichzeitig geben sie einen Prüfstein dafür ab, ob der Gefangene gelernt hat, seinen Willen zu beherrschen. Denn die Gelegenheit zum Entweichen ist günstig. Die Erfahrungen in Thüringen während vier Jahren haben — von einem einzigen Falle abgesehen — gezeigt, daß die Gefangenen es für Ehrenpflicht halten, nicht auszureißen. Auf solchen Spaziergängen lernen Gefangene die Natur und die Heimat lieben, die sonst vielleicht noch nie spazieren gegangen sind, oder die bisher den Hauptreiz eines Ausfluges allenfalls in ausgiebiger Einkehr ins Wirtshaus gesehen haben. Gegen die Spaziergänge wird mancher Vorsteher große Bedenken erheben. Aber solche Bedenken sind früher überhaupt gegen den gesamten Stufenstrafvollzug geltend gemacht worden. Wie die meisten Vorsteher sich hiermit jetzt abgefunden haben, so werden ihre Bedenken allmählich auch in diesem Einzelpunkt schwinden, wenn sich der Erziehungsgedanke erst einmal noch mehr durchgesetzt hat. Freilich werden auch Angriffe aus der Öffentlichkeit kommen, die von dem Strafvollzug sonst nicht viel merkt und sich wenig darum kümmert, jedoch solche Spaziergänge außerhalb der Zuchthausmauern wahrnimmt. Aber sie wird sich bei einiger Aufklärung über den erzieherischen Grund und Wert der Einrichtung beruhigen, wie das auch in Thüringen geschehen ist. Ausdrücklich zugegeben sei, daß die Spaziergänge in Strafanstalten, die in oder bei Großstädten liegen und von denen unbewohntes Gelände schwer zu erreichen ist, nicht leicht durchführbar sein werden. Sie sollen ja auch in den Ausführungsbestimmungen nicht zwingend vorgeschrieben, sondern nur als wertvolles Erziehungsmittel erwähnt werden.

Noch eine Frage sei gestreift: Soll man Gefangenen auf der III. Stufe als besondere Vergünstigung oder Freiheit von Zeit zu Zeit, vielleicht an den hohen Festtagen, kurzen Familienurlaub gewähren? In Preußen hat vor einiger Zeit eine Landtagsentschließung derartiges gewünscht. Solcher Urlaub — der etwas anderes als der in § 220 *Entw.* vorgesehene Urlaub in besonders dringlichen Eilfällen ist — kann zweifellos in gewissen Fällen von erzieherischem Werte sein. Aber man muß sich darüber klar sein, daß er das nicht bedeuten kann, was man von ihm verschiedentlich erwartet hat, nämlich die Lösung der sexuellen Frage im Strafvollzug. Denn er ist ja erst nach Verbüßung eines großen, in der Regel des bei weitem größeren Teils der Strafe erreichbar, also nachdem Monate und Jahre aufgezwungener Abstinenz vorangegangen sind.

III.

Der Entwurf des allgemeinen Strafgesetzbuchs enthält in der Gestalt, in der er vom Reichsrat angenommen worden ist, nicht mehr die Bestimmungen über die Befugnis des Richters, Strafen bedingt zu unterbrechen. Nur der bedingte Strafaufschub ist dort geblieben; die bedingte Strafunterbrechung dagegen ist dem Strafvollzugsgesetz vorbehalten worden. Das ist zu begrüßen. Denn es handelt sich bei der Strafunterbrechung in der Tat um ein Stück Strafvollzug, nämlich dessen vorzeitige Beendigung. Wenn nunmehr die hierauf zielenden Maßnahmen in das Strafvollzugsgesetz eingearbeitet werden, wird es hoffentlich gelingen, sie gleichzeitig in systematische Verbindung mit dem Stufenstrafvollzug zu bringen. Dazu ist aber erforderlich, daß als persönliche Voraussetzung für die bedingte Strafunterbrechung auch die Forderung aufgestellt wird, daß der Gefangene der III. Stufe angehört und sich hier eine Zeit lang bewährt hat[42]). Im englisch-amerikanischen Stufensystem hat die bedingte Strafaussetzung mit gutem Grunde von jeher eine wesentliche Rolle gespielt. Einen erziehungsbedürftigen und erziehungsfähigen Gefangenen bereits von der I. oder auch von der II. Stufe im Wege der Gnade vorzeitig zu entlassen, erscheint ebenso widersinnig, wie wenn ein an heilbarer Krankheit Leidender ungeheilt oder halbgeheilt vorzeitig aus dem Krankenhaus fortgeschickt würde. Wenn der Strafvollzug in jedem einzelnen Falle ein Stück Erziehungsarbeit darstellen soll, so muß die Arbeit auch stets systematisch bis zum Ende durchgeführt werden. Das Ende aber ist erst erreicht, wenn der Gefangene nicht nur auf die III. Stufe versetzt worden ist, sondern sich auch noch hier eine Zeit lang in der größeren Freiheit, die auf dieser

---

[42]) Jetzt ist ein solcher Grundsatz für das preußische Jugendgefängnis in Wittlich und für die thüringischen Landesstrafanstalten *(DVO.* § 5) aufgestellt. Auch für die Jugendabteilung der sächsischen Landesstrafanstalt in Bautzen war in der Hausordnung vom 1. April 1920 vorgesehen, daß für Gnadenerweise nur Gefangene der Oberklasse in Betracht kämen (Starke a. a. O. S. 61). Für die übrigen preußischen Anstalten ist dagegen ausdrücklich bestimmt, daß die Stufenzugehörigkeit ohne Einfluß auf Gnadenvorschläge sein soll (Hierzu Gentz a. a. O. S. 394). Die bayer. Min. Entschl. vom 3. Juni 1924 Nr. 22 338 (Der Stufenstrafvollzug S. 48) schreibt dagegen als Voraussetzung für Gnadenvorschläge, die die Strafanstalten von Amts wegen einreichen, vor, »daß der Gefangene schon längere Zeit der Stufe III angehört und sich in ihr tadellos geführt hat«.

Stufe herrscht, bewährt hat. Hinzu kommt, daß Begnadigungen von Gefangenen, die der I. oder II. Stufe angehören, auf die übrigen Gefangenen sehr ungünstig einwirken müssen. Sie sagen sich: wozu sich so anstrengen, um auf die III. Stufe zu kommen, wenn man auch auf andere Weise, z. B. durch Überschwemmung des Ministeriums mit Gnadengesuchen, erreichen kann, daß man vorzeitig herauskommt? Notleidende Angehörige — eine kranke Frau oder betagte, hilfsbedürftige Eltern — haben die meisten Gefangenen, an Gründen für Gnadengesuche fehlt es auf keiner Stufe. Solchen wirtschaftlichen Nöten muß aber, soweit es nicht durch die Wohlfahrtsbehörden geschehen kann, durch die der Gefängnisfürsorge dienenden Organisationen nach Möglichkeit abgeholfen werden. Diesen bietet sich hier ein wichtiges Tätigkeitsgebiet neben der Entlassenenfürsorge. Sie werden freilich auch hierzu finanzieller Unterstützung durch den Staat bedürfen. Wenn die Gefangenen dagegen wissen, daß man nur auf der III. Stufe Aussicht auf Begnadigung hat, so gibt das, wie die Erfahrungen in Thüringen gezeigt haben, einen besonderen Ansporn, sich anzustrengen, um auf die III. Stufe zu kommen. »Der Weg in die Freiheit ist der das Leben des Gefangenen beherrschende Gedanke; darum ist der progressive Strafvollzug wirkungslos, wenn es unabhängig von dem Aufrücken in Stufen Möglichkeiten einer vorzeitigen Entlassung gibt« (Grünhut)[43].

Nun gibt es freilich auch Fälle, wo das Urteil so hart erscheint, daß seine Milderung ganz ohne Rücksicht auf den Stufenstrafvollzug angezeigt erscheinen kann. Auch kann es aus erzieherischen Gründen hin und wieder geraten sein, einen Gnadenerweis auf der untersten Stufe zu gewähren, wenn nämlich eine lange, allzu lange Strafe derart schwer auf dem Gemüt des Gefangenen lastet, daß er überhaupt keiner Einwirkung zugänglich ist. In solchen Fällen ist es denkbar, daß die Anstalt schon vor Erreichung der III. Stufe vorschlägt, die Strafe herabzusetzen. Dann kann aber, wenn der Richter nicht einzugreifen vermag, weil die Voraussetzung der Zugehörigkeit zur III. Stufe nicht erfüllt ist, die Landesregierung einen Gnadenerweis erteilen. Der sollte dann aber auch stets an die Bedingung geknüpft werden, daß sich der Gefangene für die Dauer des verbleibenden Strafrestes in der Anstalt tadellos führt und bis zur III. Stufe emporarbeitet. Im übrigen wäre zu wünschen, daß die Regierungen niemals durch Begnadigung von Gefangenen der I. und II. Stufe jenen für die Richter gesetzlich festzulegenden Grundsatz durchbrechen möchten. Man wende nicht ein, daß eine Re-

---

[43]) In *Aschrott-Kohlrausch* S. 148.

gierung sich nicht an einen solchen Grundsatz binden könne. Gewiß kann es sich immer nur um eine ganz freiwillige Selbstbeschränkung handeln. Eine solche ist aber praktisch möglich. Das hat sich in Thüringen erwiesen, wo seit fast fünf Jahren bei politisch ganz verschiedener Zusammensetzung der Staatsregierung an jenem Grundsatz festgehalten worden ist.

Zum Schlusse sei noch auf eine Forderung hingewiesen, die der Stufenstrafvollzug an den Gesetzgeber stellt. Die Entwicklung ist in den letzten Jahren auch ohne gesetzliche Regelung dahin gegangen, daß der bedingte Erlaß der Strafe immer mehr zur Übung geworden ist, und zwar nicht nur bei Erstbestraften. Die im Urteil ausgesprochene Strafzeit hat dadurch zweifellos an Bedeutung verloren; wir haben schon eine Art unbestimmter Verurteilung insofern, als jeder Gefangene die Möglichkeit vor sich sieht, zu einem noch nicht bestimmten früheren Zeitpunkt in die Freiheit zurückzukehren[44]). Diese Unbestimmtheit der Verurteilung geht aber von dem eigentlichen Strafende, wie es sich auf Grund des Urteils errechnet, nur nach dem Anfang zu im Sinne einer Abkürzung der Strafe. Sie gilt nur in den Fällen, wo die Erziehungsarbeit in einer kürzeren Zeit, als das Urteil bestimmt hatte, Erfolg gehabt zu haben scheint. Wenn aber dieser Erfolg bei Ablauf der Strafzeit noch nicht erreicht erscheint, wenn bestimmt vorauszusehen ist, daß der Gefangene sein gemeingefährliches verbrecherisches Treiben in der Freiheit sogleich fortsetzen wird, dann muß trotzdem die Erziehungsarbeit abgebrochen und der Gefangene entlassen werden. So drängt der Erziehungsstrafvollzug mit Notwendigkeit zu der Forderung, die Verurteilung auf unbestimmte Zeit einzuführen. Wenn dabei auch vorgesehen werden könnte, daß ein Gericht oder ein Strafvollzugsamt in bestimmten Zeitabständen nachzuprüfen hat, wann der Gefangene entlassen werden kann, so müßte doch das Urteil tatsächlich derart unbestimmt sein, daß keine Höchstzeit, weder vom Gesetzgeber noch vom Richter, festgesetzt wird, nach deren Ablauf der Verurteilte auf jeden Fall entlassen werden muß[45]). Im Gegenteil wäre eine Mindestgrenze nach unten — etwa fünf Jahre — festzulegen, die der Gefangene grundsätzlich in der Anstalt bleiben muß, soweit nicht etwa im Einzelfall aus besonderen Gründen die Ab-

[44]) Zu denken ist hier auch an die zu lebenslänglichem Zuchthaus Verurteilten oder Begnadigten, die auch die Hoffnung haben und nach der neueren Praxis haben dürfen, die Freiheit doch noch einmal, wenn auch erst nach Jahrzehnten, wiederzusehen.

[45]) Anders in Nordamerika. Siehe Freudenthal, Unbestimmte Verurteilung in der *VDA.* Bd. III S. 253.

kürzung der Strafzeit im Gnadenwege angebracht erscheint. Ein solches unbestimmtes Strafmaß — mag es auch zurzeit noch Utopie sein[46]) — würde vom Standpunkt des Erziehungsstrafvollzugs sehr viel wertvoller sein als das Kompromißgebilde der Sicherungsverwahrung, die *AE.* für gemeingefährliche Gewohnheitsverbrecher vorsieht. Diese Verwahrung läßt sich nicht in die Systematik des Stufenstrafvollzugs einführen, sondern steht ihm als selbständige Maßnahme gegenüber. Sie verfolgt zwar trotz ihres Namens nicht nur das Ziel, den Gefangenen sicher zu verwahren, vielmehr sieht *EntwStVG.* 27 § 285 vor, daß auch in der Sicherungsverwahrung Erziehungsarbeit geleistet werde[47]). Aber hieraus ist erst recht zu folgern, wie sinnlos es ist, den Strafvollzug in solchen Fällen abzubrechen und mit einer neuen Unterbringungsart zu beginnen, statt durch die unbestimmte Verurteilung die Möglichkeit zu geben, die begonnene Erziehungsarbeit unter gleichen Verhältnissen fortzusetzen. Bei solchen gemeingefährlichen Gewohnheitsverbrechern, deren Zurechnungsfähigkeit in hohem Grade vermindert war und die deshalb milder bestraft werden müssen (§ 17 II *AE.* [13]), mag die Sicherungsverwahrung am Platze sein und ihren Zweck erfüllen, die Gesellschaft möglichst lange, unter Umständen dauernd vor solchen Menschen zu schützen (§ 43 *AE.* [60]). Aber im übrigen kann es vom Standpunkt des Strafvollzugs aus gar nicht zweifelhaft sein, daß die unbestimmte Verurteilung nicht nur zweckmäßiger sein, sondern die Krönung des systematischen Ausbaus des Stufenstrafvollzugs bedeuten würde. Mit vollem Rechte hat schon vor zwanzig Jahren Freudenthal gesagt[48]): »Wer der unbestimmten Verurteilung gerecht werden will, darf sie nicht isoliert betrachten und loben oder tadeln. Sie ist nur ein Glied, freilich das bedeutendste, eines gewaltigen neuen Systems, das jenseits des Ozeans seit mehr als drei Jahrzehnten Verwirklichung findet und sich erfolgreich zum ersten Ziel setzt, aus Verbrechern nützliche Menschen zu machen.«

---

[46]) Deren Verwirklichung freilich schon sehr lange auch in Deutschland gefordert wird. — S. die bereits 1880 erschienene Schrift Kraepelins »Die Abschaffung des Strafmaßes«.

[47]) Es heißt hier im dritten Absatz — in einem gewissen Gegensatz zum ersten Absatz, wo als Zweck der Sicherungsverwahrung das Verhüten des Entweichens bezeichnet wird — daß bei der Behandlung des Untergebrachten das Ziel verfolgt werden soll, »ihn an Ordnung und Arbeit zu gewöhnen, um ihn für den Fall seiner Rückkehr in die Freiheit zu einem gesetzmäßigen, die Allgemeinheit nicht gefährdenden Verhalten tauglich zu machen«.

[48]) A. a. O. S. 320.

Die Grenzen der Erziehbarkeit.

Von

Dr. Werner Villinger,

Leitendem Oberarzt am Landesjugendamt und Jugendamt Hamburg.

Die Beschäftigung mit dem Problem der Grenzen der Erziehbarkeit mag in einer Zeit des pädagogischen Überschwangs merkwürdig anmuten. Daß die Frage nach diesen Grenzen in allerletzter Zeit selbst im Lager der Pädagogen häufiger gestellt worden ist, ja als brennend empfunden wird, zeigt, daß die große erzieherische Flut, der pädagogische »Allmachtstaumel«, der letzten Jahre im Abebben begriffen ist. Möglichkeiten und Grenzen der Pädagogik[1]) werden wieder abgesteckt. Der Begriff der Erziehung wird zweifelhaft, nachdem er noch vor kurzem so weit gedehnt war, daß er allmählich das Ganze des menschlichen Seins zu umfassen schien.

Erziehbarkeit setzt Erziehung voraus. Die Auffassungen über Wesen, Ziel und Methoden der Erziehung gehen weiter auseinander denn je. Wir haben Sinn dafür bekommen, daß jede Zeit, jedes Volk, jede Kultur ihre eigene Erziehung haben. Wir sehen innerhalb unserer eigenen Zeit, innerhalb des einen deutschen Volkes, daß der Begriff Erziehung eine sehr verschiedenartige Prägung und Färbung bekommt, je nachdem er von der Jugend oder dem reiferen Alter, von Männern oder Frauen, von Angehörigen verschiedener Parteien, verschiedener Konfessionen, verschiedener Fakultäten, verschiedener sozialer Schichten in den Mund genommen wird. Und selbst die Berufspädagogen sind keineswegs einmütig in ihrer Auffassung. Die Erziehungswissenschaft ist sich selbst vielfach fragwürdig geworden. Schon in ihren Grundlagen und Voraussetzungen ist sie unsicher, geschweige denn, daß sie über Zweck und Mittel der Erziehung zu einheitlichen Auffassungen gekommen wäre. Blicken wir in die heutige pädagogische Literatur, so umschwirren uns tausend Tages-

---

1) Litt, Theodor, Möglichkeiten und Grenzen der Pädagogik, Leipzig, Berlin 1926. — Riekel, August, Aufgaben und Grenzen der öffentlichen Erziehung, 1926. — Zeidler, Kurt, Die Wiederentdeckung der Grenze, 1926.

fragen, die das Chaos spiegeln. Sollen wir mit Hilfe von Strafe und Belohnung erziehen, mit oder ohne Religion, idealistisch oder realistisch, auf deterministischer oder indeterministischer Basis, vom Kind oder vom Erwachsenen aus, im Elternhaus, in der Schule oder in der Internatsgemeinschaft, nach Montessori oder Fröbel, nach Freud oder Adler? Welches sind jene Idealtypen des Menschentums, die als Normen gelten könnten? Etwa Christus oder Buddha oder Goethe, der Held, der Mönch, der römische Staatsbürger, der Quäker? Hat sich die Erziehung individual-aristokratisch oder sozial-ethisch, staats- oder weltbürgerlich, kapitalistisch oder kommunistisch zu orientieren?

Alle die Fragen lassen das eine erkennen, daß die Erziehung nicht eine rein wissenschaftliche Angelegenheit ist, sondern der Ausdruck der lebens- und weltanschaulichen Gesamteinstellung bestimmter Persönlichkeiten oder soziologischer Gruppen. Sie zeigen aber auch anderseits, daß bisher in der Hauptsache die Erziehung selbst, bisweilen auch die Erzieherpersönlichkeiten, fast nie aber die Erziehungsobjekte problematisch geworden sind. Man streitet über Erziehung und Erzieher, aber man glaubt mit einer fast erstaunlichen Selbstverständlichkeit an die Erziehbarkeit aller Menschen.

Die Pädagogen werfen die Frage der Erziehbarkeit nicht gern auf. Aber in jener schmalen Grenzzone, wo die »Normal«-Pädagogen nicht mehr in vorderster Front stehen, sondern wo Psychiatrie, Kriminologie, Strafvollzug und Fürsorgeerziehung an ihre Stelle treten, ist sie das quälendste Problem des Tages. Es nützt nichts, hier aus edler Begeisterung oder aus religöser oder politischer Dogmengläubigkeit Vogelstraußpolitik zu treiben. Die Erfahrungen des Praktikers sprechen eine zu deutliche Sprache. Der Erziehbarkeit sind Schranken gesetzt. Aber wo liegen sie? Wie können sie erkannt werden? Welche Folgerungen ergeben sich aus dieser Erkenntnis?

Die Beantwortung dieser Fragen ist von grundlegender Bedeutung für die künftige Gestaltung des Strafrechts und des Strafvollzugs, die in ihren vorliegenden Entwürfen einen stark erzieherischen Einschlag erkennen lassen.

Außerhalb des ärztlichen, speziell psychiatrischen Denkens wird leicht, ja manchmal geflissentlich, das übersehen, was für die naturwissenschaftliche Betrachtung den Ausgangspunkt aller Forschungen über das Seelenleben darstellen muß: der psychophysische Zusammenhang. So wie man innerhalb der Medizin von der rein mechanistischen Biologie und von der bloßen Organpathologie abgekommen ist, so bemühen sich die Geisteswissenschaften, der Bedeutung des körperlichen Substrats der Seele Gerechtigkeit widerfahren zu lassen. Mehr und mehr sieht man ein, daß das Leib-Seele-Problem eines der Grundprobleme des menschlichen Denkens ist und bekommt Verständnis für die Schwierigkeiten der Psychiatrie, die von den reinen Somatikern unter den Medizinern gern als unwissenschaftlich, ja als mystisch abgetan wird und die anderseits den reinen Geisteswissenschaftern wegen ihrer biologischen Basis als des groben Materialismus hinreichend verdächtig erscheint. Die Psychiatrie und das Objekt der gesamten Medizin, der Mensch, teilen das Schicksal, auf der Grenze zu stehen zwischen Natur- und Geisteswissenschaften und somit dauernd umkämpft, bald mehr für dieses, bald mehr für jenes Gebiet beansprucht zu werden. In dieser Lage hat sich die Psychiatrie das wissenschaftliche Verdienst erworben, als Grenzwächter nicht trennend, sondern einigend gewirkt zu haben. Denn sie sah dauernd beides: Die Wirkung des Körperlichen auf das Seelenleben und umgekehrt die Beeinflussung des Organismus und seiner Verrichtungen durch seelische Vorgänge, und war infolgedessen genötigt, sich mit Psychologie, Pädagogik und Philosophie ebenso zu beschäftigen wie mit Physiologie und Pathologie.

Da wir uns hier nicht in erster Linie an Ärzte und Naturwissenschafter wenden, so ist der Nachdruck weniger auf die Erörterung der Rückwirkung des Seelischen auf den Körper zu legen als vielmehr auf eine, allerdings nur ganz skizzenhafte Darlegung der Abhängigkeit der Seele vom Körper, d. h. mit anderen Worten: der biologischen Grundlagen der Persönlichkeit.

Unter Vererbung verstehen wir die Tatsache, daß der unfaßbar komplizierte Zellenstaat des menschlichen Organismus potentiell von dem Moment der Befruchtung in allen wesentlichen Zügen angelegt und bis zu einem gewissen Grad festgelegt ist, und daß aus diesem zweizelligen Urgebilde durch eine Evolution, die wir nur ehrfürchtig bestaunen können, ein neuer Mensch entsteht, der die typischen Eigenschaften nicht nur des Menschen im allgemeinen, sondern seiner Rasse, Sippe, seiner unmittelbaren Vorfahren, seines Geschlechts neben seiner persönlichen Eigenart aufweist. Zu der ererbten Anlage gehört all das, was als schlummernde Energie in dem befruchteten Keim enthalten ist und die Entwicklung des Individuums von innen her verursacht, reguliert und begrenzt. Sie erstreckt sich in gleicher Weise auf die seelischen wie auf die körperlichen Eigenschaften.

Anlagemäßig gegeben sind somit auch die Apparate, die dem körper-seelischen Zusammenspiel dienen.

Die ungeheure Arbeitsteilung und die entsprechende Differenzierung der Körperzellen und ihrer Verbände machen, ähnlich wie in einem industriellen Werk, eine Reihe von Einrichtungen erforderlich, die der reibungslosen Zusammenarbeit, der Überwachung, der Ausbalancierung der Kräfte, der sinnvollen Zweckstrebigkeit des Ganzen dienen. Diese Aufgaben übernehmen das Nerven- und das Blutdrüsensystem. Sie vermitteln den Verkehr in den einzelnen Abteilungen des Organismus und übertragen die von der Außenwelt durch die Sinne aufgenommenen Reize durch die zuständige Leitung an das Erfolgsorgan. Sie werden damit eigentlich zu den biologischen Grundpfeilern der Persönlichkeit.

Die Hirnrinde, als der stammesgeschichtlich jüngste Teil des Zentralnervensystems, gilt heute nicht mehr als das einzige große Zentrum alles seelischen Geschehens. Vielmehr haben neuere Forschungen erwiesen, daß der Rinde zwar in erster Linie die Verbindung mit der Außenwelt, die Sinnes-, Gedächtnis-, Assoziations- und damit zusammenhängende Funktionen zugeordnet sind, daß aber der nicht rein intellektuelle Teil der menschlichen Persönlichkeit hirntopographisch in der Hauptsache anderweitig lokalisiert ist. Allerdings darf man an eine Lokalisation im Gallschen Sinne nicht denken. Es handelt sich vielmehr um Funktionssysteme und Funktionszentren ausgedehnter und weitverzweigter Art. Die früher als »stumm« bezeichneten, biologisch älteren Teile des Gehirns, der Hirnstamm und und die Stammganglien, bilden nach heutiger Erkenntnis das Substrat für die Affektivität, das Trieb- und Willensleben. Dazu kommt in innigster Verbindung mit dem zentralen das vegetative Nervensystem, das als ein zweites, dem bewußten Willen entrücktes Bindeglied den ganzen Organismus durchsetzt. Indem es die für die Emotionalität so wichtigen Apparate der Atmung, des Kreislaufs, der Fortpflanzung durch Hemmungs- und Erregungseinflüsse reguliert, wirkt es durch die von ihm ausgehenden sensiblen Reize dauernd in seelische Allgemeinzustände hinein und beeinflußt in steter Wechselwirkung mit den im Zentralnervensystem sich abspielenden Bewußtseinsvorgängen ausgiebig die Grund- und Lebensstimmung. Indem es die unwillkürlichen psychischen Ausdrucksbewegungen auslöst und die willkürlichen modifiziert, bildet es den klarsten Spiegel des Seelenlebens für den, der die zum Ausdruck kommenden Bilder zu deuten versteht. Hinsichtlich des Blutdrüsensystems, dessen Bedeutung erst in neuester Zeit die ihm zukommende Würdigung fand, soll hier nur gesagt werden, daß das Mit- und Gegeneinanderwirken der feinabgestimmten Drüsensekrete, der sogenannten Hormone, in hohem Maße verantwortlich ist für den Tonus, die seelisch-nervöse Spannung, für die Gemütsansprechbarkeit, die Trieberregbarkeit, das Tempo der psychischen Abläufe und damit für das Temperament überhaupt.

Diese Andeutungen mögen genügen. Ein so komplexer, bei näherem Studium geradezu verwirrend verwickelter körperlicher Unterbau der Persönlichkeit mit seinem vielverzahnten Getriebe und Räderwerk, seinen Selbststeuerungen und Ausgleichsverrichtungen, seinen entwicklungsgeschichtlichen Schichtungen und Durchflechtungen übertrifft jeden von Menschenhand geschaffenen Mechanismus in unvergleichbarer Weise. So kann es nicht überraschen, wenn es bis jetzt noch nicht gelungen ist, dieses Wunderwerk in allen Einzelheiten zu überblicken und auf einfache letzte Formeln zu bringen. Anderseits leuchtet aber auch ohne weiteres ein, daß schon geringe Konstruktionsfehler oder Betriebsstörungen in einer solchen Apparatur sich nachhaltig spürbar machen; mit anderen Worten, daß also geringe körperliche Abweichungen von der Norm bedeutende seelische Varianten, Anomalien oder krankhafte Prozesse bedingen.

Nur ein paar einprägsame Bilder dieser Art seien zur Veranschaulichung herausgegriffen: Konstruktive Mängel der Gehirnzellen, ihrer Schichtung oder sonstigen Gewebsverhältnisse bedingen den Schwachsinn aller Grade; durch die Gehirngrippe hervorgerufene Veränderungen in dem Hirnstammgebiet lassen das betroffene Individuum willenslahm, affektiv enthemmt und dabei eigenartig muskelsteif werden; eine gesteigerte Schilddrüsensaftabsonderung schafft eine erhöhte affektive Erregbarkeit; eine unternormale Schilddrüsenfunktion ergibt ein stumpfes, träges, zähflüssiges Temperament; erhöhte Ansprechbarkeit des vegetativen Systems geht mit Affektlabilität, abnormer Beeindruckbarkeit und Unberechenbarkeit einher. Individuelle Unterschiede der Blutdrüsenformel und des vegetativen Systems lassen den einen Menschen psychisch schwerfällig, plump, stumpf, zäh wie ein schweres belgisches Zugpferd, den anderen empfindlich, »nervös«, überfeinert wie ein englisches Vollblut werden. Eine über das gewöhnliche Maß hinausgehende Reizbarkeit des vegetativen Systems bildet die Grundlage der Neuropathie. Sind gewisse seelische Regulations- und Hemmungsapparate nicht in der richtigen Weise ausgebildet oder ausgeglichen, so entstehen die bunten Bilder der Psychopathie.

Reichen auch, wie Birnbaum betont[2]), die von den verschiedensten Seiten her gewonnenen und daher innerlich nicht genügend zusam-

---

[2]) Jahrbuch für Charakterologie Bd. II/III.

menhängenden Teilerfahrungen für eine grundsätzliche Formulierung der biologischen Struktur der Persönlichkeit oder gar für die Aufstellung eines geschlossenen Systems der Beziehungen zwischen Konstitution und Charakter noch nicht aus, so sind sie doch gesichert und ausgebreitet genug, um uns erkennen zu lassen, »daß die Einzelorgane und Funktionen in einem bestimmten, gesetzmäßig geregelten, genau abgestimmten, geschlossenen Zusammenhang stehen und so zusammen arbeiten, daß ein großes Ganzes, eine funktionelle Ganzheit und Einheit resultiert«.

Diese Einheit, die psychophysische Persönlichkeit, stellt das Objekt dar, dessen Erziehbarkeit im Sinne der Sozialethik und der Leistungstüchtigkeit hier näher zu erörtern ist. Dabei wird Erziehbarkeit für unseren Versuch willkürlich abgegrenzt und nur dasjenige Individuum als erziehbar aufgefaßt, dessen sozialethische Leistungs- und Anpassungsfähigkeit unter durchschnittlichen äußeren Bedingungen hinreichen, um ihm den Verbleib im freien Gemeinschaftsleben zu ermöglichen, d. h. um es nicht dauernd verwahrungs- oder anstaltsbedürftig im weitesten Sinn zu machen.

Wenn auch die Persönlichkeit mehr ist als die Summe psychophysischer Wechselwirkungen, — insofern der Persönlichkeit die Kategorie der selbst- und artdienlichen Zweckmäßigkeit zukommt —, so kann doch das Kausalitätsprinzip hier nicht einfach beiseite gesetzt werden. Die Naturwissenschaft, die ihren Aufschwung der strengen Durchführung des Kausalprinzips in ihrem Denken verdankt, darf, will sie sich nicht selbst aufgeben, darauf nicht verzichten. Unsere bisherigen Darlegungen haben ja gezeigt, daß das seelische Geschehen eingebettet ist in das körperliche Funktionssystem. Aus diesem Zusammenhang kann sie nun einmal nicht hinaus.

Das liegt zuletzt in ihrer Genese begründet: Im Verlaufe der Strukturentwicklung der Organismen entstand in irgendeiner Phase Seelisches als neues Strukturelement. Und es errang, so wie andere Strukturelemente in den Jahrmillionen der Evolution eine zunehmende Unabhängigkeit, die seinen Träger, das Subjekt, an seine Losgelöstheit, ja seine völlige Souveränität glauben ließ, während es in Wirklichkeit doch stets körpergebunden blieb und bleiben wird.

Anderseits kann eine geschlossene Kausalität für den Bereich des Organischen nicht wohl mehr angenommen werden, seit die Geltung der Naturgesetze sogar innerhalb der Physik, wo sie bislang absolut unangetastet zu Recht zu bestehen schienen, ins Wanken geriet[3]), und seitdem von Driesch mit guter Begründung für das organis-

---

[3]) Nernst, Naturwissenschaften 1922.

mische Leben ein Zweckmäßigkeitsfaktor als formbildende psychische Energie postuliert wurde.

Die Naturgesetze sind heute nur noch Wahrscheinlichkeiten, Annäherungen; sie sind kein lückenloses System von Unabänderlichkeiten. So ergab sich eine Handhabe, das Kausalitätsprinzip auf seinem eigenen Mutterboden anzugreifen. Der Freiheit im Naturgeschehen öffnet sich eine, wenn auch schmale Gasse. Die weltanschauliche Bedeutung der physikalischen Betrachtungsweise ist jedenfalls nunmehr erschüttert, auch wenn sich das naturwissenschaftlich-physikalische Denken nach wie vor an die geschlossene Kausalität als an ein grundlegendes heuristisches Prinzip hält.

Was Driesch, v. Uexküll und die übrigen sogenannten Neovitalisten uns gebracht haben, ist der Gedanke einer Autonomie des Lebens und der Bedeutung der Ganzheitsbetrachtung für den lebendigen Organismus. Und dieser Gedanke hat sich bereits durchgesetzt.

So laufen denn, das ist das Ergebnis dieser hier vielleicht etwas fremdartig anmutenden Betrachtungen, für den Mediziner, der die psychophysische Einheit des Menschen als Ganzheit und unter dem Aspekt einer steten Wechselwirkung (nicht einer Parallelschaltung) des Somatischen und Psychischen betrachtet, zwei Anschauungsweisen nebeneinander her:

Im Sinne der Naturwissenschaft erscheint ihm die Welt unter dem Gesichtswinkel der Gesetzmäßigkeit, der Voraussehbarkeit. Von hier aus ordnet sich ihm alles Naturgeschehen in Form von Ursachen und Folgen, von streng notwendigen Abläufen, die unter ganz bestimmten Bedingungen und in ganz bestimmter Richtung stattfinden müssen. Der kausalgesetzmäßigen Bestimmtheit des physischen Geschehens entspricht die psychische. Diese Auffassung erstreckt sich dann bis in das vielumstrittene Gebiet der Willensentschlüsse. Jedoch macht der moderne Mediziner hier eine Einschränkung: Um die Fäden, aus denen das scheinbar unentwirrbare seelische Geflecht zusammengewirkt ist, einzeln unter die Lupe nehmen zu können, tut er so, als ob das Kausalgesetz lückenlos anwendbar wäre; er weiß aber, daß eine absolute Vorausberechenbarkeit des Psychischen nicht möglich ist, daß das Psychische einen gewissen Freiheitsgrad besitzt.

Umgekehrt erscheint ihm im Lichte des Neovitalismus die Persönlichkeit als ein zielstrebiges, zweckmäßiges Ganzes, dessen geistige »Kausalität« aller mathematischen Formeln spottet, da sie sinnvoll ist und sich nur der Sinndeutung erschließt. Mit Hilfe der phänomenologischen Forschungsmethoden sucht er die sinnvollen Zusammenhänge, deren Gesamtheit die Persönlichkeit bildet. Er tut das aber unter der reservatio mentalis: Hinter dem Sinn steht eine Reihe von kausal bedingten »Außenvorgängen«, die zwar nicht seine letzten Ursachen, aber seine Bedingungen sind.

Wie ein Stereoskop nimmt er so von zwei verschiedenen Standpunkten zwei Bilder eines Gegenstandes in sich auf und, vereinigt er sie richtig, so sieht er die menschliche Persönlichkeit wirklich plastisch, von außen und von innen und erblickt in ihr zugleich Subjekt und Objekt, Gestalt und Wirkung von Einzelkräften, Freiheit und Naturnotwendigkeit.

Mit dieser biologischen Grundlegung sind gewisse allgemeine Grenzen der Erziehbarkeit schon gegeben. Erziehung bedeutet für den Biologen nichts anderes als einen Anpassungsvorgang. Anpassung ist für ein Lebewesen unmöglich, wenn ihm die Voraussetzung dafür, die Anpassungsfähigkeit, fehlt. Die Anpassungsfähigkeit kann anlagemäßig nicht oder nur unvollkommen vorhanden, sie kann — am Anfang der Lebenszeit oder infolge einer Verzögerung auch über die übliche Zeit hinaus — noch nicht entwickelt oder sie kann — durch Krankheit oder Alter — wieder verloren gegangen sein.

Dem Säugling und dem Greis kommt im allgemeinen das Merkmal der Erziehbarkeit nicht zu, da bei ihnen das körperliche Substrat der Seele nicht in der erforderlichen Weise geeignet ist für die Aufnahme und innerseelische Verarbeitung spezifisch pädagogischer Einwirkungen. Es fehlt ihnen die elementare Funktionstüchtigkeit des Zentralnervensystems und damit die seelische Bildsamkeit, die eine Voraussetzung jeder Erziehung ist. Ebenso ist die pädagogische Beeinflussung von vornherein ausgeschlossen überall da, wo das Gehirn in seiner Anlage so schwere Mißbildungen aufweist oder wo es durch frühere, intra- oder extrauterine krankhafte Störungen so tiefgreifende Schädigungen erlitten hat, daß jener Zustand entsteht, den der klinische Sprachgebrauch als Idiotie bezeichnet. Dasselbe gilt für die Folgezustände von organischen Krankheitsprozessen im Gehirn, die eine »Verblödung« hinterlassen, und gilt weiterhin für alle Fälle, bei denen die übrigen vorhin erwähnten biologischen Fundamente der Persönlichkeit hochgradig von der Norm abweichen.

Aber so wie beim Säugling eine Vorstufe der Erziehbarkeit bereits vorliegt in der Form der bekannten Dressurfähigkeit sowie unbewußter seelischer Beeinflußbarkeit und wie beim senilsten Greis noch Rudimente einer sozialen Einfügsamekit festzustellen sind, so führte eine lange Stufenfolge von der absoluten Unerziehbarkeit schwerster Formen von Geisteskrankheit — etwa progressiver Paralyse, Manie, Depression, Korsakow und dergleichen — und grober Defekte — Schwachsinn, Verblödung — herauf bis zu der fast unmerklich erschwerten Erziehbarkeit leicht abnormer, beschränkter, nervöser, psychopathischer Individuen.

Eine absolute Unerziehbarkeit im Sinne völliger psychagogischer Unzugänglichkeit besteht übrigens auch bei den echten Psychosen durchaus nicht immer. Die Kunst des Seelenarztes ist es, die seelische Führung solange als möglich aufrechtzuerhalten, bzw. sie so rasch, als es irgend geht, wiederzuerlangen. Die moderne Irrenpflege[4]) bemüht sich nach Kräften um eine führende und erzieherische Beeinflussung ihrer Kranken, seitdem sich die Erkenntnis durchzusetzen beginnt, daß man fast allen asozialen Eigenschaften und Abwegigkeiten der Geisteskranken psychotherapeutisch beikommen kann. Mit Sicherheit läßt sich heute schon das eine sagen: je weiter die Psychiatrie als Wissenschaft und der einzelne Psychiater in seinem Können fortschreitet, desto geringer wird die Zahl der psychotherapeutisch nicht zu fassenden Störungen und desto kürzer in den schweren Einzelfällen die Phase der vollkommenen psychagogischen Unzugänglichkeit.

Wenn wir naturwissenschaftlich und objektiv die Erziehung als einen Anpassungsvorgang, als eine Reaktion des Individuums auf gewisse gegebene soziale Faktoren seiner Umwelt, auffassen, so müssen wir getreu unserem Grundsatz der »stereoskopischen« Betrachtung phänomenologisch vom Subjekt, dem Zögling, als einer zielgerichteten Persönlichkeit, her die Erziehung als die Arbeit ansehen, die der zu Erziehende leistet, um aus seinem als Unlust empfundenen Zustand der Bedürftigkeit, Schwäche und Unsicherheit herauszukommen. Erziehbarkeit ist also objektiv die Reaktions- und Anpassungsfähigkeit gegenüber den sozialen Gegebenheiten und Forderungen, subjektiv das aus einem mehr oder weniger deutlich bewußten Gefühl der Unzulänglichkeit und der seelischen Ungesättigtheit hervorgehende Bestreben nach sozialer Einfügung und Selbständigwerdung, nach Welt- und Werterfassung zum Zweck der Überwindung dieser inneren Unsicherheit. So steht der objektiven Anpassungsfähigkeit des Individuums die subjektive Erziehungsbereitschaft, wie wir diese seelische Haltung nennen wollen, gegenüber, beide gleichwichtige Grundvoraussetzungen

[4]) Kehrer, Psychotherapie und Psychiatrie, Klinische Wochenschrift, Bd. 5, 1926. — Simon-Gütersloh, Psychotherapie in der Irrenanstalt. Leitsätze des Zweiten Allgemeinen ärztlichen Kongresses für Psychotherapie. Bad Nauheim 1927.

der Erziehbarkeit. Ist die Anpassungsfähigkeit im Sinne der einwandfreien Beschaffenheit der biologischen Persönlichkeitsgrundlagen nicht vorhanden, so wird fast immer damit auch die Erziehungsbereitschaft ausfallen. Besteht aber volle Anpassungsfähigkeit, so braucht damit noch keineswegs die Erziehungsbereitschaft gleichzeitig vorzuliegen.

Wenn wir oben von allgemeinen Grenzen der Erziehbarkeit sprachen, so kommen die besonderen Grenzen zustande durch die verschiedenartigen Abwandlungen der Anpassungsfähigkeit, soweit sie nicht unter die eben erörterten Kategorien fallen, und der Erziehungsbereitschaft unter Einbeziehung des Faktors Umwelt. Nicht die absolut Unerziehbaren sind es, die die Frage nach den Grenzen der Erziehbarkeit immer wieder in den Mittelpunkt des Interesses rücken, sondern jenes große Heer von Grenzfällen, jene dissozialen Individuen, die als Kriminelle, Vagabunden, Prostituierte, Süchtige, Arbeitsscheue, Renten- und Kriegsneurotiker, Revolutionäre, Querulanten usw. sich nicht in den Rahmen des Gemeinschaftslebens einzufügen vermögen und immer wieder straffällig werden.

Wie steht es mit deren Erziehbarkeit?

Die Internationale Kriminalistische Vereinigung hat auf der Heidelberger Tagung des Jahres 1897 folgende 3 Gruppen aufgestellt:

1. Augenblicksverbrecher (Gelegenheitsverbrecher),
2. solche Verbrecher, bei denen die Tat und das Vorleben erkennen lassen, daß infolge mangelhafter Veranlagung oder Erziehung oder infolge späterer Einflüsse die Fähigkeit des Schuldigen, sich den bestehenden Normen zu unterwerfen, erheblich geschwächt ist, und bei denen die Gefahr als begründet erscheint, daß bei ihnen Geld- oder kürzere Freiheitsstrafen ohne ausreichende Wirkung bleiben.
3. Verbrecher, deren Einordnung in das gesetzmäßige, gesellschaftliche Leben nicht mehr erwartet wird.

Dieser Gruppierungsversuch ist für uns von hohem Interesse. Er läßt das unabweisliche Bedürfnis erkennen, von dem Sammelbegriff des Rechtsbrechers zunächst einmal alle jene Individuen abzusondern, die zufällig oder aus überwiegend äußeren Gründen in Konflikt mit der Rechtsordnung geraten und sie der Masse jener Kriminellen gegenüberzustellen, bei denen infolge angeborener oder erworbener eigenartiger seelischer Verfassung eine innere und dauernde Neigung zur sozialethischen Entgleisung — mag sie nun vor den Strafrichter kommen oder nicht — besteht. Diese zweite Kategorie aber gliedert sich ganz ungezwungen wieder in zwei Unterabteilungen. Das Kennzeichen der einen ist ihre geringe Beeinflußbarkeit durch Strafen, das der anderen ihre völlige Unverbesserlichkeit.

Gewiß ist die Einteilung recht summarisch. Aber sie scheidet in lapidarer Einfachheit nach den empirischen Ergebnissen des Strafrechtspraktikers drei große Gruppen, denen man vom sozial- und heilpädagogischen Standpunkt aus die Erziehbaren, die Schwererziehbaren und die Schwerst- bzw. Unerziehbaren gegenüberstellen könnte. Psychiatrisch ließe sich dagegen halten eine Vergleichsskala, die von den psychisch Vollwertigen (Normalen) über die Angekränkelten (Psycho-, Neuropathen, Beschränkte, Leichtschwachsinnige) zu den Geisteskranken, Schwerdefekten und Schwerabnormen hinüberführt. Aber, und das ist von großer Wichtigkeit, diese Gruppen decken sich nur sehr annäherungsweise. Nach den Erfahrungen der forensischen Psychiatrie stimmen die beiden ersten Gruppen — Gelegenheitsverbrecher, psychisch Vollwertige — noch am ehesten überein; in der Mittelgruppe der kriminologischen Reihe finden wir aber außer den die Mehrzahl bildenden »Angekränkelten« nicht wenige Normale und überdies Individuen aus der dritten psychiatrischen Gruppe; bei den Unverbesserlichen endlich stehen die Geisteskranken und Schwerabnormen (Schwerdefekten) zwar durchaus in vorderster Linie, daneben kommen aber auch normale und leichtabnorme Individuen hierherein.

Warum die Geisteskranken und Schwerabnormen jenseits der Grenzen der Erziehbarkeit stehen, wissen wir bereits. Ihnen gehen die biologischen Elemente der Anpassungsfähigkeit ab. Sie sind absolut unerziehbar und fallen unter die rein ärztliche Jurisdiktion. Neben ihnen bleibt aber, wie wir aus der Kriminologie und aus der Fürsorgeerziehung wissen, noch ein recht erheblicher Erdenrest, zu tragen peinlich, von Individuen, die sich praktisch als ebensowenig erziehbar erweisen.

Und hier stehen wir vor dem Kernpunkt unseres Problems. Wie werden diese Menschen, die nicht als schwer abnorm oder krank zu bezeichnen sind, praktisch unerziehbar?

Woran kann man sie erkennen? Was kann man für sie tun? Kann man dieser Art von Unerziehbarkeit vorbeugen?

Erziehung ist das Produkt aus erziehbarem Substrat einerseits und einer Menge von Faktoren anderseits, die gewöhnlich unter Schicksal und Umwelt zusammengefaßt werden, aber so unendlich viele Unbekannte enthalten — ich erinnere nur an die allerfrühesten Kindheitseindrücke, an die Einflüsse, die von unbewußten Ausdrucksbewegungen der Erzieher ausgehen, wo das Kind viel mehr spürt und wittert, als wir ahnen, an die Einflüsse der Straße, der Lektüre, des kindlichen Sexuallebens, an die Eigenart der Eltern in rein menschlicher, in beruflicher, sozialer und pädagogischer Hinsicht, an scheinbar gleichgültig aufgenommene und doch nachhaltig und entwicklungsbestimmend wirkende häusliche oder sonstige Erlebnisse —, so viele Unbekannte, sage ich, daß wir selbst im best studierten Einzelfall kaum je imstande sind, sie vollständig zu erfassen, zu entwirren und ihre seelische Dynamik bis ins Letzte zu begreifen.

Seit langem besteht ein scharfer Gegensatz in der Auffassung über die Entstehung des Unerziehbaren schlechthin, des unverbesserlichen Verbrechers. Während die sozialökonomische Theorie im Verbrecher vorwiegend oder ausschließlich das Produkt ungünstiger Umweltverhältnisse, »das Verbrechen der Gesellschaft«, sieht, vertritt die andere Richtung den Standpunkt, daß der Verbrecher in erster Linie aus seiner angeborenen Anlage heraus asozial werde.

Der Gegensatz läßt sich jedoch nicht in dieser schroffen Zuspitzung aufrechterhalten. Was die Anlage angeht, so hat man zweifellos eine Zeitlang in geradezu abergläubischer Weise einer Vererbungslehre gehuldigt, die mindestens sehr einseitig war. Man hat vermittelst der statistischen Methode, die die psychologischen Probleme grob vernachlässigte und zahlreiche andere Fehlerquellen enthält, die Vererblichkeit aller möglichen Krankheiten und Anomalien festgestellt, und dann die so gewonnenen Ergebnisse auf den Einzelfall zur Stütze der Diagnose angewendet. Schon vor Jahrzehnten geißelte Virchow dies Verfahren in folgenden, noch heute beachtenswerten Sätzen: »Man ist jedesmal geneigt, eine Eigenschaft als eine erbliche zu betrachten, wenn sie sich im Laufe auseinander hervorgehender Generationen wiederholt. Je häufiger sie auftritt, um so sicherer erscheint sie als eine erbliche. Aber gerade in der Pathologie hat die Erfahrung gelehrt, wie unsicher das Merkmal der Wiederholung ist. Unser Jahrhundert hat in dieser Hinsicht die herbsten Lehren gebracht. Solange man die Krätze für eine Dyskrasie hielt, fand man keine Schwierigkeit, auch eine erbliche Krätze zuzulassen.« Zweifellos muß man mit Lenz da, wo trotz sorgfältiger Nachuntersuchungen äußere Ursachen nicht festgestellt und nicht einmal wahrscheinlich gemacht werden können, an erbliche Bedingtheit denken. Die tiefsten Wurzeln dessen, was wir unter Charakter und Temperament verstehen, haften stets im Mutterboden der ererbten Anlage und saugen aus ihm ihre stärkste Kraft. Aber wir sind — infolge der Mangelhaftigkeit der heutigen Seelenkunde in bezug auf den Persönlichkeitsaufbau und infolge der Undurchführbarkeit des Züchtungsversuches beim Menschen — noch weit davon entfernt, die Vererbbarkeit bestimmter Charakteranteile klar und eindeutig nachweisen zu können. Auf keinem anderen Gebiet der Medizin drängte sich der Gedanke an die Erblichkeit so stark auf wie in der Psychiatrie, nachdem die frühere Lehre von der rein äußeren Verursachung der Geisteskrankheiten und die theologisch-mystische Auffassung von der geistigen Störung als Folge von Sünde und Schuld aufgegeben war. Aber es ist dabei doch zu bedenken, daß nirgends die Hindernisse, die der Erblichkeitsforschung Einhalt gebieten, so groß sind wie da, wo es sich um Seelisches handelt. Gilt dies schon für die ausgesprochenen Psychosen, wo die Verhältnisse noch am einfachsten und klarsten zu liegen scheinen, so trifft es erst recht für die Grenzfälle, die Psychopathen, zu, die, wie wir sahen, die Mehrzahl der den Strafvollzug und die Fürsorgeerziehung beschäftigenden »Unerziehbaren« ausmachen.

Für die Frage der Erblichkeitsverhältnisse der Unerziehbaren ist jedenfalls die bisherige Vererbungsliteratur nur mit Vorsicht und Auswahl zu gebrauchen, da sie fast nie alle heute wichtig erscheinenden Gesichtspunkte berücksichtigte. Von großer Bedeutung für die zukünftige Vererbungslehre in dieser Hinsicht könnten die Akten und psychiatrischen Gutachten der Fürsorgeerziehungs- und verwandten Anstalten sowie der Gefängnisse, die Akten der Jugendämter und der Fürsorgeerziehungsbehörden werden, wenn sie mit der erforderlichen Ausführlichkeit und nach einem einheitlichen System geführt werden.

Am besten studiert sind die Verhältnisse an jugendlichen Fürsorgezöglingen, die wegen Verwahrlosung in Anstaltserziehung kamen. Verwahrlosung kann hier mit dem Begriff der praktischen Unerziehbarkeit ohne allzugroße Bedenken analog gesetzt werden. Bei ihren Untersuchungen an Fürsorgezöglingen über die Verteilung von Anlage und Milieu als Ursachen der Verwahrlosung fanden

	Gruhle	Gregor
A und A + M	41%	32%
A + M	41%	54%
M und M + A	18%	14%

wobei A diejenigen, die allein durch ihre Anlage, A + M diejenigen, die hauptsächlich durch die Anlage asozial wurden, bedeutet. Entsprechend bedeutet M + A diejenigen, bei denen Milieu und Anlage zu gleichen Teilen ursächlich an der Verwahrlosung beteiligt sind, während M und M + A das Überwiegen des Milieus darstellt.

Mit diesen Autoren, denen sich so ausgezeichnete Kenner der Psychopathologie des Kindes- und Jugendalters wie Homburger und Kramer anschließen, und denen ich auf Grund meines großen Materiales nur beipflichten kann, muß man nachdrücklich auf die hohe Bedeutung der Milieuschädigung für das Zustandekommen der Verwahrlosung und der praktischen Unerziehbarkeit hinweisen.

Anderseits heißt es das Kind mit dem Bade ausschütten, wenn man die psychische Vererbung, d. h. die ererbte geistige Anlage, für einen untergeordneten, ja fast gleichgültigen Faktor erklärt, wie die Individualpsychologen es gern möchten, die dann aber vielfach die Erbanlage doch wieder insofern zu einem Eckpfeiler der Persönlichkeit werden lassen, als sie die körperliche Konstitution mit ihren »Organminderwertigkeiten« zu einem wesentlichen Ausgangspunkte der Charakterbildung machen. Die Individualpsychologie Adlers hat das große Verdienst, den Blick für die äußeren Ursachen seelischer Entwicklung und vor allem der Fehlentwicklung in Richtung aufs Asoziale geschärft zu haben. Wir können einer einseitigen Überschätzung der »erblichen Belastung« nicht verfallen, wenn wir die Bedeutung der Familienkonstellation, des sozialen Milieus, des Geschlechts und der direkten und indirekten, bewußten und unbewußten Erziehungseinflüsse durch eigenes individualpsychologisches Analysieren kennengelernt haben.

Es ist viel einfacher, den Jähzorn oder die hysterisch-hypochondrische Eigenart eines Kindes als Erbe eines oder mehrerer Aszendenten hinzustellen, wenn sich bei denen gelegentlich oder dauernd ähnliche Züge finden, als mühsam den kleinen, aber durch ihren »Stellenwert« in der plastischen Frühkinderzeit so bestimmenden Einflüssen nachzugehen, die z. B. schlechte Vorbilder, der Platz in der Geschwistereihe, die Geschwistersoziologie, die Verschiedenheit der Elternstellung und -pädagogik gegenüber dem ersten, dem fünften, dem letzten, dem einzigen, dem ungewollten Kind für die empfängliche Kindesseele ausmachen.

So wie in der Adlerschen Lehre die Gefahr des Wiederauflebens einer glücklich beschworenen Einseitigkeit sich erhob, so taucht der Gedanke Lombrosos vom geborenen, äußerlich erkennbaren Verbrechertyp im Gefolge einer anderen modernen, gleichfalls sehr zugkräftigen psychiatrischen Forschungsrichtung wieder empor. Körperbau und Charakter[5]) sind durch Kretschmer wieder in engen Zusammenhang gebracht worden.

Im Hinblick auf die praktische Bedeutung dieser Lehre für den Strafvollzug muß kurz auf sie eingegangeen werden.

Gewisse Körperbauformen — die asthenische, athletische, dysplastische (zusammengefaßt als schizaffine) — sind nach Kretschmer dem psychischen Formenkreise der Geisteskrankheit Schizophrenie, ihrer in der Breite der Norm liegenden Verdünnug, der Schizothymie, und den psychopathischen Übergängen zwischen beiden, der Schi-

[5]) Ernst Kretschmer, Berlin 1926, 5. u. 6. Auflage.

zoidie, zugeordnet. Im Bezirk der Schizothymen und Schizoiden finden wir die »problematischen Naturen«, die Undurchsichtigen, Komplizierten, an sich selbst Leidenden, die Sonderlinge, die Verschrobenen, die Reizbaren, Unberechenbaren. Diese Menschen sind stark nach innen gewandt, führen bisweilen ein besonderes kultiviertes, reiches Innenleben, während sie nach außen kühl, vornehm reserviert, blasiert, abweisend, ja schroff und brutal wirken können. Oder aber sie sind stumpf, mißmutig, eigensinnig, affektlahm. Hierher gehören nach Kretschmer die formellen, korrekten Korpsstudenten und Offiziere ebenso wie die saloppen, verbummelten Landstreicher, Prostituierte und Verbrecher, Uhland und Friedrich der Große, Kant und Nietzsche, van Gogh und Feuerbach, Hölderlin und Strindberg. Auf der anderen Seite stehen die zyklothymen Menschen, die harmonischen, geraden, offenen, sonnigen Wesen, lebenskluge, praktische, tatkräftige, warmherzige, behäbige, saftige Leute, Frohnaturen. Manche von ihnen sind bald »himmelhoch jauchzend«, bald »zu Tode betrübt«. Mirabeau, Blücher, Gottfried Keller, Hans Thoma sind für sie kennzeichnend. Sie haben einen einheitlichen Körperbau, den pyknischen, der sich durch dieselbe Weichheit, Gerundetheit, Behäbigkeit auszeichnet wie ihr Charakter.

Eifrige Anhänger der hervorragend einfach und geschlossen wirkenden, bestechend geistreich vorgetragenen Idee fanden dann auch überall, wo schwankende oder besonders ausgeprägte Charaktere vorlagen, den »schizaffinen« Körperbau. Umgekehrt lag es nahe, wenn ein schizaffiner Körperbau gefunden wurde, weitgehende Schlüsse auf das Vorliegen eines schizothymen Charakters zu ziehen.

Die praktische Nutzanwendung auf die Kriminellen wurde bereits gemacht. Hellstern, Viernstein und Michel[5a]) haben ein größeres Gefangenenmaterial durchuntersucht und fanden ziemlich übereinstimmend, daß die Erscheinungen der Verbrecherpsyche sich mit den Charaktereigenschaften der Schizothymen decken, daß der schizaffine Körperbau und die schizothyme bzw. schizoide Anlage bei dem Verbrecher überwiege, und daß der schizothyme Reaktionstyp unter den normalen und psychopathischen Rechtsbrechern seltener besserungsfähig sei als der zyklothyme. Von den Unverbesserlichen gehören bei Viernsteins Material 58 Prozent der schizothymen Kon-

[5a]) Hellstern, Bekämpfung des Verbrechertums, Monatsschrift für Kriminalpsychologie und Strafrechtsreform. XVII. Jahrgang, 1926. — Hellstern, Weiterer Beitrag zur Pathologie des Verbrechers. Ebenda. — Viernstein, Durchführung eines Stufensystems in den bayerischen Strafanstalten, Ztschr. für Medizinalbeamte. Jahrgang 36, 1923. — Michel, Körperbau, Charakter und Verbrecher, Wiener med. Wochenschrift 1925.

stitution an und nur 12 Prozent zum zyklothymen Formenkreis; umgekehrt erwiesen sich die Besserungsfähigen als zu 65 Prozent zyklothym, zu 20 Prozent schizothym.

Hier scheint sich also ein gangbarer Weg zu zeigen, die Grenzen der Erziehbarkeit biologisch festzustellen, um so mehr als die erbpsychiatrische Forschung im engen Anschluß an Kretschmer zu ähnlichen Ergebnissen kam.

Finden wir also bei einem rückfälligen Verbrecher mit stark asozialen Zügen einen schizaffinen Körperbau, schizothyme Eigenschaften — und welche asozialen Eigenschaften wären nicht in dem großen Sammeltopf Schizothymie — Schizoidie unterzubringen? — und in seiner Aszendenz irgend etwas Schizoverdächtiges, so sind damit alle wesentlichen Bedingungen erfüllt, die Diagnose »Unbesserlich«, »Unerziehbar« zu stellen.

Die Folgen einer einseitigen, auf dieser Methode fußenden ärztlichen Begutachtung wären für die Betroffenen nach dem vorliegenden Strafvollzugsgesetzentwurf so ernste, daß eine kritische Besinnung wohl am Platze ist. Und wer die Vorgänge im bayerischen Strafvollzug verfolgt hat, weiß, daß die Gefahr solcher praktischer Nutzanwendung der Kretschmerschen Theorie nicht aus der Luft gegriffen ist.

Wie steht es nun um die Grundlagen dieser Lehre? Es kann hier nicht meine Aufgabe sein, in eine kritische Auseinandersetzung einzutreten. Nur ganz kurz muß für den psychiatrischen Laien (auch unter den Medizinern) hervorgehoben werden, daß sie keineswegs unbestritten ist. Weite Kreise innerhalb der Fachdisziplin, darunter Forscher vom Range eines Jaspers, Wilmanns, Bumke, Ewald, Gruhle, Weichbrodt haben sie nicht oder nur teilweise anerkannt. Daß die Körperbau-Charakter-Idee faszinierend wirkte und von »begeisterten« Nachuntersuchern[6]) bestätigt wurde, will bei der großen, allen denkenden Menschen seit jeher innewohnenden Sehnsucht nach der Gewinnung einer inneren Beziehung zwischen äußerer Erscheinung des Menschen und seinem Wesen noch nicht allzuviel sagen. Die Wissenschaftsgeschichte bietet Beispiele genug für die Begeisterungsfähigkeit der Gelehrten und Ungelehrten, wenn es sich um eindrucksvoll dargestellte neue oder alte Ideen handelt. Auch die dem Nichtfachmann einleuchtende Einfachheit einer Theorie ist noch kein Beweis für ihre Richtigkeit.

Unvoreingenommene kritische Nachuntersuchungen, unter denen

---

[6]) Vgl. Michel u. Weber, Körperbau und Charakter. Arch. f. Psychiat. Bd. 71, 1924.

die von Kolle[7]), Gruhle, Möllenhoff, Jakobi besonders hervorragen, lassen die Kretschmersche Theorie keineswegs so über jeden Zweifel erhaben erscheinen, wie es zunächst den Anschein hatte. Eine Grundvoraussetzung Kretschmers, die Zusammengehörigkeit der von ihm als Schizothymie bezeichneten Charakterzüge mit dem Krankheitsprozeß Schizophrenie ist zum mindesten stark umstritten. Die Begriffe Schizothym und Schizoid sind so überdehnt, daß, wie Ewald mit Recht sagt, jeder ausgeprägte Charakter sich zwanglos in diesen Rahmen fügt. Die Zurückführung aller normalen Charaktermerkmale auf das Gegensatzpaar Schizothym und Zyklothym oder ihre Mischungen wird als eine Verallgemeinerung, die zu einer unhaltbaren Beschränkung der Forschung führen müßte, abgelehnt. Exakte Körperbauuntersuchungen an Geisteskranken und Geistesgesunden haben kurz folgendes ergeben: Der pyknische Körperbau, soweit er nicht einfach Alterserscheinung ist, ist in der Gesamtbevölkerung selten, kann daher auch bei den Schizophrenen nur selten vorkommen. Gewisse Häufigkeitsbeziehungen des pyknischen Körperbaus zum manisch-depressiven Irresein (etwa 50 Prozent) scheinen zu bestehen (Gruhle, Kolle). Das ist offenbar das einzige, was sich bisher als einigermaßen sicher und haltbar herausschälen ließ. Übergänge zwischen Schizoidie und Schizophrenie bestehen und waren von jeher bekannt. Aber der Begriff Schizoid muß entsprechend eingeengt werden und darf nicht noch eine Erweiterung ins Normale hinein (Schizothymie) erfahren. Im übrigen ist mit der ganzen Lehre zwar eine Fülle wertvoller charakterologischer und anthropometrischer Anregungen gegeben, aber dem wirklich wissenschaftlich gesicherten Wissen außer dem eben Gesagten nicht viel mehr beigefügt worden als durch die Thesen der Vorläufer Kretschmers, etwa von Carus (der den Pyknisch-Cyklothymen schon erfaßte), oder als wenn man spezifisch männliche (schizothyme) spezifisch weiblichen (zyklothymen) Wesenszügen gegenüberstellt hätte mit dem Bemerken, daß »Legierungen« und »Überkreuzungen« sehr häufig, die 100prozentigen »reinen« Fälle dagegen recht selten seien.

---

[7]) Kolle, Der Körperbau bei Schizophrenen. Arch. f. Psychiat. Bd. 72, 1924. — Kolle, Körperbauuntersuchungen an Schizophrenen. Arch. f. Psychiat. Bd. 75, 1925. — Kolle, Körperbaustudien bei Psychosen. Arch. f. Psychiat. Bd. 77, 1926. — Kolle, Klinische Beiträge zum Konstitutionsproblem. Arch. f. Psychiat. Bd. 78, 1926. — Jakobi u. Kolle, Konstitutionsuntersuchungen. Arch. f. Psychiat. Bd. 77, 1926. — Möllendorff, Arch. f. Psychiat. Bd. 71, 1924. — Gruhle, Der Körperbau der Normalen. Arch. f. Psychiat. Bd. 77, 1926.

Was nun die Frage der Brauchbarkeit der Kretschmerschen Lehre und Methode für die kriminalbiologische Erkennung der Unerziehbaren angeht, so ist es interessant, die Ansicht von Rhodens[8]), sonst eines lebhaften Anhängers der Kretschmerschen Lehre, sich zu vergegenwärtigen, der jüngst aus einem Material von etwa 7500 Fällen folgende Schlüsse ziehen mußte:

1. »Die von Kretschmer ursprünglich nur für Schizophrene als charakteristisch beschriebenen schizaffinen Formen scheinen ganz allgemein im Gegensatz zu den pyknischen Formen sehr verbreitet zu sein und die Grundlage der normalen und kranken europäischen Bevölkerung zu bilden.
2. Es besteht zwar eine Affinität zwischen leptosomathletisch-dysplastischen Formen und Schizophrenie, aber diese Affinität ist keine spezifische.
3. Demgegenüber heben sich die Zyklothymen bzw. Manisch-Depressiven durch Seltenheit schizaffiner und Häufigkeit pyknischer Formen unter allen gesunden und kranken Gruppen als besonders auffallend heraus. Weitere Untersuchungen werden zu entscheiden haben, ob diese körperliche Sonderstellung für die Zyklothymen spezifisch ist.
4. Was nun die Kriminellen betrifft, so fügen sie sich dem Rahmen der übrigen normalen und pathologischen Gruppen ohne wesentliche Abweichungen gut ein. Sie charakterisieren sich höchstens dadurch, daß bei ihnen der Prozentsatz von Pyknikern auffallend niedrig ist.«

Damit ist eigentlich die Grundlage der Kretschmerschen Lehre aufgegeben. Denn wenn die Gesamtbevölkerung, gesund oder krank, vorwiegend schizaffinen Körperbau aufweist, so hat die Häufigkeitsbeziehung leptosom-athletisch-dysplastischer Körperbau: Schizothymie keine Bedeutung mehr. Der »schizaffine« Körperbau ist infolgedessen nicht mehr schiz-, sondern universell-affin. Ein Rückschluß von ihm auf eine besondere seelische Konstitution ist dann aber nicht erlaubt. Alle Schlüsse, die aus dem geringen Material an echten Pyknikern gewonnen wurden, leiden an dem Fehler der zu kleinen Zahl. Bei voller Würdigung aller Bemühungen um das Körperbau-Charakterproblem muß gesagt werden:

Es ist uns heute noch nicht möglich, aus der Gestalt der Oberfläche das Wesen der Tiefe zu bestimmen. Wahrscheinlich bleibt es immer so. Weit eher als die morphologischen Gegebenheiten gewähren

---

[8]) v. Rhoden, Körperbauuntersuchungen an geisteskranken und gesunden Verbrechern. Arch. f. Psychiat. Bd. 77, 1926.

die Ausdruckserscheinungen im weitesten Sinn, Mimik, Gesten, Bewegungsgesamt einen Einblick ins Innere. Und hier hat die Forschung hoffnungsvolle Ansätze gemacht, die ich nur andeuten will mit dem bedeutendsten Namen dieser Richtung: Klages. Außerdem bieten das Blutdrüsen- und das vegetative Nervensystem vermutlich weitere Möglichkeiten für die medizinische Charakterforschung, wie die Untersuchungen von Jaensch, Berman und anderen erkennen lassen.

Die Praxis des Strafvollzuges muß sich jedenfalls dessen bewußt bleiben, daß die Kretschmersche Typenlehre stark hypothetisch ist und bis auf weiteres keine tragfähige Basis für ein Verfahren zur Scheidung der Unerziehbaren von den Erziehbaren bildet. Die Gefangenenanstaltsärzte dürfen für ihre verantwortlichen Gutachten der Feststellung eines schizaffinen Körperbaus und schizothymer bzw. schizoider Züge allein noch keinen ausschlaggebenden Wert beimessen. Dagegen ist die Heranziehung der Kretschmerschen Methode zur psychophysischen Analyse der Verbrecher aus wissenschaftlichen Gründen sehr zu begrüßen. Denn nur auf diesem Wege kann in absehbarer Zeit eine Klärung der schwebenden Streitfragen erzielt werden.

Beim Kind und Jugendlichen vollends läßt sich die Kretschmersche Typisierung noch gar nicht zur Feststellung der Grenzen der Erziehbarkeit verwenden. Weist doch das Pubertätsalter an sich schon Züge genug auf, die fast jedes Jugendliche unter die Rubrik »schizothym« fallen ließen. Und so wie das Seelenleben des Heranwachsenden Wandlungen und Entwicklungen unterliegt, die nicht mit Bestimmtheit vorauszusehen sind, so ist es mit der körperlichen Gestalt. Gruhle, der gerade den Körperbau der Normalen unter den Kretschmerschen Gesichtspunkten durchforschte, hebt nachdrücklich hervor, daß hier äußerste Vorsicht am Platz sei; eigene Beobachtungen lassen diese Mahnung als sehr berechtigt erscheinen.

Wir kehren zum Ausgangspunkt der für die Beurteilung der biologischen Grenzen der Erziehbarkeit so grundlegenden Frage nach der Wertigkeit der ererbten Anlage zurück und fassen unseren Standpunkt kurz zusammen: Ein gewisser Persönlichkeitskern ist anlagemäßig gegeben. Dahin gehören das Temperament und bestimmte individuelle Neigungen und Fähigkeiten. Die letzteren dürfen aber in der Anlage nur als entwicklungsfähige Potenzen gedacht werden. Diese Potenzen haben aber zunächst keinerlei soziales Vorzeichen. Sie entfalten sich vielmehr in sozial positivem oder negativem Sinne erst durch die Berührung mit der Umwelt. Das gilt, soviel ich sehe, durchweg mit der einzigen Ausnahme jener Veranlagung, die man früher mit moral insanity, heute als Gemütsstumpfheit bezeichnete und die offenbar unmittelbar aus der endogenen schweren seelischen Abartung heraus zur Dissozialität führt. Die Umwelt, auch die beste Erziehung, kann aus einem Individuum nichts herausholen, was nicht keimhaft vorher in ihm enthalten war. Wieviel aber von dem Vorhandenen herausgearbeitet wird und welche besondere Prägung es erhält, insbesondere welche soziale Note, das ist bei der überwiegenden Mehrzahl aller Menschen in erster Linie Erfolg der Umwelteinwirkungen. Zweifellos haben viele jener Individuen, bei denen die eingangs besprochene Anpassungsfähigkeit bzw. ihre biologischen Grundlagen nicht ganz der Norm entsprechen, bei gleichen äußeren Verhältnissen mit größeren inneren Schwierigkeiten zu kämpfen als der normale Durchschnitt, und ihre Erziehungsbereitschaft unterliegt größeren Schwankungen. Von einer asozialen Veranlagung oder gar einer Verbrechernatur kann — von jener Ausnahme abgesehen — erbbiologisch nicht die Rede sein. Noch immer spukt die angeborene Kleptomanie und dergleichen wenigstens als Klischee des Denkens. Verhaltensweisen sind nicht ererbt, sondern geworden, erworben, und sie sind und bleiben nebenher durch das ganze Leben in hohem Maße situationsbedingt. Ererbt sind nur die psychischen Grundelemente, die untereinander ein verwickeltes Bezugssystem bilden und für deren Zustandekommen bzw. Übertragung die Mendelschen Regeln nur ein grobes Schema, ein heuristisches Prinzip, geben. Hinsichtlich der Anlage gibt es also im allgemeinen nur potentialiter Kriminelle, potentialiter Unerziehbare.

Greifen wir jene tatsächlich Unerziehbaren einmal heraus und versuchen sie psychiatrisch in das heutige System einzugliedern, so haben wir es nach dem übereinstimmenden Urteil aller Kenner dieses Gebietes und nach unseren eigenen ausgedehnten Erfahrungen in der Hauptsache zu tun mit Psychopathen aus den Gruppen der Haltlosen, der Erregbaren, der Hyperthymiker, der ethisch Unter- bzw. Unempfindlichen (Gemütlosen), der Epileptoiden, und der Schizoiden im engeren Sinn, ferner der leicht oder mittel Schwachsinnigen, der schizophren Defekten, der sexuell Pervertierten und der verschiedenen Legierungen dieser konstitutionellen Anomalien. Unter den letzteren spielt die Verbindung von Schwachsinn und Psychopathie für das Zustandekommen von praktischer Unerziehbarkeit eine Hauptrolle. Daneben kommen aber Individuen vor, die psychiatrisch wie allgemein medizinisch nach den heutigen Anschauungen und Untersuchungsmethoden als völlig gesund und normal anzusprechen sind und aus solcher Anlage heraus erst in den Zustand der Unerziehbarkeit hineingeraten sind.

Nun lehrt die Erfahrung, daß nur ein bestimmter Bruchteil derjenigen abnormen Persönlichkeiten, die unter die eben genannten psychiatrischen Diagnosen fallen, kriminell und unverbesserlich wird, während die Mehrzahl sich zwar als mehr oder weniger schwierige Erziehungsobjekte präsentieren, gelegentlich auch durch ihre Dissozialität mit dem Strafgesetz in Konflikt kommen, aber alles in allem sich doch einigermaßen leidlich, ja unter Umständen hervorragend gut ins Gemeinschaftsleben einfügen. Das heißt also mit anderen Worten: So, wie nur ein Teil der potentiellen Neurotiker an Neurosen erkrankt, ebenso werden durchaus nicht alle potentiell Unerziehbaren tatsächlich unerziehbar. Es muß dann die psychische Anomalie entweder eine ganz besondere Qualität bzw. Kombination aufweisen oder eine ganz besondere Höhe erreichen oder aber — und das trifft einen sehr großen Teil der praktischen Fälle — die Umweltbedingungen, richtiger die Wechselwirkungen zwischen gegebener Eigenart und gegebenem Milieu, bringen erst jenen Grad von sozialer Unanpaßbarkeit hervor, der sie hoffnungslos erscheinen läßt.

Schon beim psychisch Vollwertigen mit seiner großen Anpassungsbreite ist die Umwelt keineswegs nebensächlich. Es gibt für ihn optimale äußere Lebensbedingungen und solche, in denen auch er unter Umständen das seelische Gleichgewicht verliert und in eine Charakterfehlentwicklung hineingerät, die schließlich in Unerziehbarkeit münden kann. Noch viel stärker wirkt sich das Milieu aus bei allen Leicht-, und erst recht natürlich den Mittel- und Schwerabnormen. Die unehelichen, die Pflege- und Kostkinder und die Fürsorgezöglinge haben der wissenschaftlichen Durchforschung dieser Seite unseres Problems ein überreiches Material geliefert. Es ist unmöglich, hier psychologisch-analytisch im einzelnen zu verfolgen, wie solche Entwicklungen, »Abnormisierungsprozesse« (Cimbal)[9]), sich abspielen. Eingehende und gute Schilderungen finden sich in hinreichender Zahl in der psychiatrisch-psychologischen Literatur (besonders bei Gruhle, Gregor, Többen, Schneider). Ob wir mehr durch die Brille der Kräpelinschen Psychiatrie oder vom Standpunkt der Phänomenologie, ob wir als Individualpsychologen oder als Psychoanalytiker diese Vorgänge studieren, es ist im Grunde immer dasselbe: ein unendlich feines und unendlich mannigfaltiges Wechselspiel zwischen Persönlichkeit und Umwelt, wobei der ursächliche Anteil am fatalen Ausgang bald mehr der Anlage — hier ganz umfassend gemeint —, bald mehr den Umweltbedingungen zu-

---

[9]) Cimbal, Die jugendliche Verwahrlosung und die Wege der Heilerziehung, Ergebnisse der ges. Medizin. Band VIII, 1926.

kommt. Dabei hat man sich zu vergegenwärtigen, daß auf normalpsychischem wie auf psychopathischem Boden seelisch bedingte Störungen entstehen können, die den Ausgangspunkt für die Entgleisung in Unerziehbarkeit bilden. Vorbedingung ist einerseits das Vorhandensein eines psychischen Angriffspunktes, wie er wohl in jeder empirischen Normalpsyche zu finden ist — er entspricht jeweils der affektiv schwächsten Stelle des Charakters, wie wir an einem in seiner Durchsichtigkeit sehr lehrreichen Fall anschaulich machen konnten[10]) — anderseits die gerade für diesen locus minoris resistentiae spezifisch passende Schädigung von entsprechender Stärke und Dauer. Und seelische, die sozialethische Entwicklung der Kindesseele nachhaltig beeinträchtigende Schädigungen sind bei unseren heutigen Lebensverhältnissen und dem verhältnismäßig niedrigen Stand der Erziehungskunst, sie werde von den Eltern, den Schulen oder von Anstaltserziehern ausgeübt, so dicht gesät, daß es fast unvermeidbar ist, daß die seelische Achillesferse getroffen wird. In der Tat wimmelt es von Unerzogenen, wohin wir schauen, und ein nicht geringer Teil von ihnen muß, allerdings mehr aus äußeren als aus inneren Gründen, als praktisch unerziehbar gelten. Nur graduelle Unterschiede und günstige Lebensbedingungen trennen sie oft von den Unerziehbaren unserer Begriffsbestimmung.

Die Erziehungskunst ist leider heute weder so verbreitet noch so vollendet, wie man aus dem Umfang der einschlägigen Literatur und den gelegentlichen Ansprüchen der Pädagogen schließen könnte. In unbewußter Gebundenheit an affektbetonte und affektiv verfälschte Erlebnisse der eigenen Kindheit und Jugend üben die meisten der unabgestempelten und sehr viele der abgestempelten Erzieher ihre Tätigkeit aus. Nicht geübt, wertungsfrei zu beobachten, geduldig zu warten, sachlich, behutsam und vor allem ohne Affekte zu handeln, ohne genügende Kenntnis der somatopsychischen Zusammenhänge, der Triebgrundlagen, der Bedeutung der frühkindlichen Eindrücke, der vitalen Bindungen, der außerbewußt-seelischen Vorgänge, der Leitbilder, der Fiktionen, der verschiedenartigen komplizierten sozialpsychischen Anpassungsmechanismen, kurz ohne hinreichende handwerksmäßige Vorbildung, geschweige denn künstlerische Beherrschung der Mittel, bearbeiten sehr viele von ihnen das wertvollste Material, das es auf Erden gibt: die werdende Menschenseele. Wenn man Gelegenheit hat, das jeder Erziehung hohnsprechende Verhalten vieler Eltern zu studieren, so muß man sich nur wundern, daß die Zahl der jenseits der Erziehbarkeit Angelangten nicht viel größer ist.

---

[10]) Villinger, Gibt es psychogene, nicht hysterische Psychosen auf normalpsychischer Grundlage? Zeitschr. f. d. ges. Neurol. Bd. 57, 1920.

Die Grenzen der Erziehbarkeit liegen demnach nur zu oft in der Begrenztheit der Erzieher, in deren Unerzogenheit und ihrer, objektiven oder subjektiven, Unerziehbarkeit. Sie können aber auch durch Zeitströmungen bedingt werden. Dafür nur ein Beispiel, das auch für die heutige öffentliche Erziehung nicht ohne Bedeutung ist.

Wir leben in einer Zeit, der das erstarkende Gemeinschaftsgefühl, das soziale Verbundenheits- und Verantwortungsbewußtsein aller Volksgenossen ihr Gepräge gibt. Nun ist Mitleid der kraftvollste Ausdruck sozialen Empfindens. Mitleid bedeutet Einfühlungsvermögen, also die Grundlage des sozialen Verhaltens. Wer Mitleid an den Tag legt, beweist sozialethisches Fühlen. Es konnte nicht ausbleiben, daß das menschliche Geltungsstreben dazu führte, daß man sich in so edlen und empfehlenden Gefühlsäußerungen zu überbieten suchte. Man floß über vor Mitleid. Diese Haltung färbte naturgemäß ab auf die Erziehung. So wie die — an sich nötige und nützliche — soziale Gesetzgebung die Rentenneurose erzeugte, so brachte die Bezeugung unbegrenzten Mitgefühls in der Erziehung die Gefahr des Verlustes der Erziehungsbereitschaft, die, wie wir sahen, eine der Voraussetzungen der Erziehbarkeit bildet, und setzte damit die Gefahr des Abgleitens in chronische Unerziehbarkeit. In beiden Fällen appelliert mehr oder minder unbewußt der Schwache, nicht um seine Schwäche zu überwinden, sondern um sie zur Erlangung von Augenblicksvorteilen auszubeuten, an das Mitleid der Umwelt. Und diese gewährt es ihm überreichlich, indem sie ihren eigenen in Sentimentalität oder Berechnung umgeschlagenen altruistischen Neigungen und seinen triebhaften Wünschen unentwegt nachgibt. Damit handelt sie genau so, als wenn der Arzt dem morphiumhungrigen Morphinisten Morphium, dem Alkoholsüchtigen Alkohol verordnete: sie beseitigt die Augenblickssymptome und verstärkt die Grundkrankheit. Die Erziehungsbereitschaft des Schwererziehbaren wird durch das so gezüchtete Überlegenheits- und Sicherheitsgefühl ebenso beeinträchtigt, ja aufgehoben wie umgekehrt durch unangebrachte Härte und durch Erziehungsforderungen, die das Maß seiner Kräfte übersteigen und so in ihm Resignation und Absperrung oder innere Auflehnung, Trotz, Ressentiment und die üblichen Überkompensationen hervorrufen.

Ganz allgemein läßt sich auf Grund der vorliegenden Erfahrungen die Relation Erziehung: Erziehbarkeit so skizzieren: Die Grenzen der Erziehbarkeit treten bei gleicher Konstitution und sonst gleichen Umweltbedingungen um so weiter zurück, je günstiger die Erziehungsfaktoren sind, die bewußten und mehr noch die unbewußten, die unmittelbaren und mehr noch die mittelbaren. Je früher die für die Eigenart des Zöglings spezifische Erziehung einsetzt, möge es sich handeln um »normale« oder Heilpädagogik oder um ärztliche Psychotherapie, desto wahrscheinlicher kann Unerziehbarkeit vermieden werden. Der Erziehungserfolg ist um so sicherer gewährleistet, je mehr die Erziehungseinheiten (Familie, Kindergarten, Hort, Schule, Erziehungsanstalt, Strafanstalt usw.) nach psychiatrisch-heilpädagogischen Gesichtspunkten ihre Zöglinge anfassen, behandeln, gruppieren, stufen und absondern.

Die ärztliche Psychotherapie, ein in den letzten Jahrzehnten mächtig aufgeblühtes Sondergebiet der Medizin, von dem die Pädagogik und besonders die Heilpädagogik starke Anregungen erhielt, und das bei Behandlung Schwererziehbarer aller Schattierungen Ausgezeichnetes geleistet hat, dürfte in Zukunft zur Abwendung der Unerziehbarkeit in bedeutend größerem Umfange herangezogen werden. Naturgemäß vermag der Arzt aus seiner Stellung eines berufenen, verschwiegenen, neutralen Helfers heraus mit der ihm selbstverständlichen Bejahung seiner Mitmenschen in allen ihren Gegebenheiten am raschesten das Vertrauen der meist mißtrauischen und zurückhaltenden Schwererziehbaren, seien sie Schulkinder, Fürsorgezöglinge oder Gefangene, zu erringen. Der psychiatrisch-psychologisch vorgebildete Gefängnisarzt wird unschwer seine Überlegenheit in der Seelenführung zur Geltung bringen und seine vornehmste Aufgabe darin erblicken, einen scheinbar Unerziehbaren in einen Erziehungsbereiten umzuwandeln. Die Kenntnis der Psychopathologie, insbesondere der abnormen psychischen Konstitutionen und Reaktionen, und die psychotherapeutische Erfahrung geben ihm den Schlüssel zum Inneren selbst des schwierigsten Anstaltsinsassen, sofern überhaupt in diesem noch eine gewisse Ansprechbarkeit hinsichtlich der in ihm verschüttetliegenden oder unentwickelten seelischen Möglichkeiten vorhanden ist. Und über sein eigenes therapeutisches Wirken hinaus muß er durch ständige Beratung und Unterweisung die Anstaltsbeamten mit der Eigenart psychisch abnormer oder »abnormisierter« Menschen vertraut machen, um Mißgriffe, die sich gerade hier doppelt und dreifach schädlich auswirken, zu verhüten. Er allein kann sie lehren, aus der besonderen Form der vorliegenden psychischen Anomalie die besondere Verhaltensweise des Zöglings zu verstehen und diese Erkenntnis in die richtige heilpädagogische Einstellung umzusetzen. Nur der Fachmann ist befähigt, hier das Erreichbare und die Grenzen zu sehen und alle, die sich um die Resozialisierung der Schwersterziehbaren bemühen, vor Enttäuschungen wie vor Utopien zu bewahren.

Die Erziehbarkeit ist, auf die kürzeste Formel

gebracht, eine Funktion der variablen Größen: anlagemäßige sozialpsychische Anpassungsfähigkeit, Erziehungsbereitschaft und Umwelt. Daraus leiten sich ohne weiteres die immer wieder staunenerregenden ungezählten Kombinationsmöglichkeiten ab, die zum selben Endergebnis: angepaßt bzw. unangepaßt führen. So erklärt sich aber auch, daß das Resultat: unangepaßt keineswegs gleichgesetzt werden darf dem Prädikat: unanpaßbar. Denn in der Praxis des Lebens können an einer gegebenen Anlage niemals alle theoretisch denkbaren psychagogischen Möglichkeiten erschöpfend ausprobiert werden. Die Schwierigkeit der Absteckung der Grenzen wird aber darüber hinaus noch vermehrt durch die innerhalb eines und desselben Individuums im Laufe seiner Entwicklung aus biologischen Gründen (Pubertät, Rückbildung, Krankheitseinwirkung usw.) sich ändernde seelische Anpaßbarkeit. Denn diese ist ja ebensowenig wie die Umwelt eine einfache, einheitliche Größe, sondern ihrerseits wieder eine Funktion zahlreicher variabler Faktoren, wie wir bei der Erörterung des Leib-Seele-Problems andeuteten. Dasselbe gilt in vielleicht noch stärkerem Maße von der Erziehungsbereitschaft. Wir sehen, daß wir ins Reich des Unvorstellbaren geraten, wenn wir so der Frage nach den letzten Gründen der Grenzen der Erziehbarkeit immer weiter nachjagen; und wir gleichen in der Tat bei diesem heißen Bemühen den Kindern, die den Punkt zu erhaschen trachten, wo der Regenbogen auf der Erde ansetzt oder wo die Sonne ins Meer taucht.

Aus diesen Erwägungen heraus muß man es für ein müßiges Spiel erachten, wenn immer wieder der Versuch gemacht wird, den Typ des Unerziehbaren zu finden und seine Merkmale zum gefälligen schematischen Gebrauch für Bürokraten zusammenzustellen.

Denn soweit wir es nicht mit jenen Fällen zu tun haben, die psychiatrisch als geisteskrank im engeren Sinn, verblödet, schwachsinnig oder diesen Zuständen hochgradig angenähert (schwer psychopathisch, psychoneurotisch usw.) sind, gibt es theoretisch eine absolute Unerziehbarkeit nicht. Über den praktisch Unerziehbaren der übrigen Kategorien kann aber nur fallweise, d. h. streng individuell unter Berücksichtigung aller überhaupt in Betracht kommenden Momente, entschieden werden. Dabei hat man jeweils den Vorbehalt zu machen, daß es sich um eine Wahrscheinlichkeitsprognose handelt, die wiederholter sorgfältiger Nachprüfung bedarf. Die verantwortungsvolle Aufgabe, diese Prognose zu stellen, wird dem psychiatrisch-psychologisch-heilpädagogisch geschulten und erfahrenen Arzt zufallen, da er allein imstande ist, sämtliche Gesichtspunkte zusammenzufassen, das gesamte Vorgeschichts-, Beobachtungs- und Untersuchungsmaterial richtig zu interpretieren, die somatopsychischen Wechselwirkungen zu bewerten und die erforderlichen differentialdiagnotischen Erwägungen anzustellen. Die kriminalbiologische Sammelstelle in Straubing und das kriminologische Institut in Graz können wichtige Ausbildungsstätten für solche Ärzte werden.

Die vorliegende Darstellung mußte mit Rücksicht auf den knappen Raum auf die Veranschaulichung des Stoffes durch Beispiele verzichten. Erst am konkreten Fall hätten sich die Schwierigkeiten der Praxis deutlich machen lassen und eine Fülle von Einzelfragen noch aufgetan, die so unberücksichtigt bleiben mußten. Gleichzeitig hätte sich aber auch am Einzelfall herausgestellt, daß das, was man bisher leisten kann und geleistet hat, nicht mehr ist als ein bescheidener Ansatz für eine spätere biologisch-psychiatrisch-psychologische Grundlegung der Kriminologie. Was fehlt, sind ausführliche Lebensläufe einer nicht zu geringen Anzahl von solchen Individuen, die einmal auf Grund einer umfassenden, alle heutigen wissenschaftlichen Gesichtspunkte und Methoden aus Erbbiologie, Anthropologie, Psychiatrie, Psychologie, Kriminologie und Pädagogik berücksichtigenden Untersuchung und Beobachtung für außerhalb der Grenzen der Erziehbarkeit stehend erklärt wurden. Heute schon können die Fürsorgeerziehungsanstalts- und Strafanstaltsärzte Vorarbeiten dafür in Angriff nehmen. Erst mit dem Hinzutreten der Bewahrungsanstalten wird sich die Möglichkeit eröffnen, das jetzige Untersuchungssystem, das höchstens einige Querschnittsbilder aus dem Einzelleben liefern kann, zu einem wirklichen Längsschnitt durch ganze Daseinsabläufe zu vervollständigen.

Einstweilen arbeiten wir bei der Grenzabsteckung mit einem bewußten »Als ob«. Dies verpflichtet uns, die Grenzen der Erziehbarkeit im Einzelfall so weit hinauszurücken, als dies mit Rücksicht auf das Wohl des Individuums und der Gemeinschaft eben angängig erscheint.

Literaturverzeichnis.

Hier wurden nur die wichtigsten Quellenwerke und Arbeiten von grundsätzlicher Bedeutung aufgenommen; alle enthalten reiche weitere Literaturangaben:

Aschaffenburg, Das Verbrechen, 3. Aufl., Heidelberg 1923.

Baur-Fischer-Lenz, Grundriß der menschlichen Erblichkeitslehre und Rassenhygiene, München 1926.

Birnbaum, Die psychopathischen Verbrecher, Berlin 1924.
Cimbal, Neurosen des Kindesalters, Berlin 1927.
Gregor, Leitfaden der Fürsorgeerziehung, Berlin 1924.
Gregor - Voigtländer, Die Verwahrlosung, Berlin 1918.
Gruhle, Die Ursachen der jugendlichen Verwahrlosung und Kriminalität, Berlin 1912.
Gruhle, Der Körperbau der Normalen, Archiv für Psychiatrie, Band 77, 1926.
Hellstern, Bekämpfung des Verbrechertums, Archiv für Psychiatrie, Bd. 78, 1926.
Hoffmann, Vererbung und Seelenleben, Berlin 1923.
Hoffmann, Das Problem des Charakteraufbaus, Berlin 1926.
Utitz, Jahrbücher für Charakterologie, Berlin 1925/26.
Homburger, Psychopathologie des Kindesalters, Berlin 1926.
Jaensch, W., Grundzüge einer Physiologie und Klinik der psychophysischen Persönlichkeit, Berlin 1927.
Jaspers, K., Allgemeine Psychopathologie, 3. Aufl., Berlin 1923.
Kahn, Erbbiologische Einleitung, Aschaffenburgs Handbuch der Psychiatrie, Leipzig-Wien 1925.
Kehrer - Kretschmer, Die Veranlagung zur seelischen Störung, Berlin 1923—24.
Klages, Prinzipien der Charakterologie, Leipzig 1920.
Klages, Ausdrucksbewegung und Gestaltungskraft, Leipzig 1923.
Klieneberger, Über Pubertät und Psychopathie, Grenzfragen des Nerven- und Seelenlebens, Heft 95, Wiesbaden 1915.
Kolle, Grundsätzliches zur psychiatrischen Körperbauforschung, Klinische Wochenschrift, Bd. 5, 1926.
Kramer, Die Bedeutung von Milieu und Anlage beim schwererziehbaren Kind, Ztschr. f. Kinderf., Bd. 28, 1923.
Kretschmer, Körperbau und Charakter, 5.—6. Aufl., Berlin 1926.
Lazar, Medizinische Grundlagen der Heilpädagogik, Wien 1925.
Mayer-Groß, Grundsätzliches zur psychiatrischen Konstitutions- und Erblichkeitsforschung, Zeitschrift für die gesamte Neurologie und Psychiatrie, Bd. 100, 1926.
Mönkemöller, Die Psychopathologie der Pubertätszeit, 1912.
Mönkemöller, Das Pubertätsalter des Kindes, Leipzig 1927.
Schneider, Persönlichkeit und Schicksal eingeschriebener Prostituierter, 2. Aufl., 1926.
Der Stufenstrafvollzug, herausgegeben im Auftrage des Bayerischen Staatsministeriums der Justiz, München 1926.
Többen, Jugendverwahrlosung, 2. Auflage, Münster 1926.
Viernstein, Biologische Probleme im Strafvollzuge, Dtsch. Zeitschr. f. d. ges. gerichtl. Medizin, Bd. 3, 1924.
Weichbrodt, Geschichtliches und Kritisches zur Körperbauforschung, Archiv für Psychiatrie, Bd. 78, 1926.
Wexberg, Handbuch der Individualpsychologie, München 1926.
Wilmanns, K., Die Schizophrenie, Ztschr. f. d. ges. Neurologie und Psychiatrie, Bd. 78, 1922.
Ziehen, Charakterologische Studien an Verbrechern, Jahrbuch f. Charakterologie, IV.

Disziplin und Hausstrafen.

Von

Ministerialrat Dr. Starke, Dresden.

Die Aufrechterhaltung der Ordnung und Sicherheit im Gefängnis ist wie bei anderen Formen gemeinschaftlichen Lebens in Fürsorgeerziehungsanstalten[1]), Arbeitshäusern usw. die selbstverständliche Voraussetzung für die Durchführung der Aufgaben der Anstalt. Ohne Disziplin ist die Erziehungsarbeit und die Erreichung der Ziele des Erziehungsstrafvollzugs, insbesondere durch Gewährung gewisser Freiheiten an die Gefangenen (z. B. im Stufenstrafvollzug, §§ 155 ff.), und die Möglichkeit der Milderung des Strafzwanges durch Gewährung von Erleichterungen an einzelne Gefangene (§ 61) nicht denkbar. Disziplin bedeutet nicht Anwendung von Strenge, Drill, etwa gar von militärischem Drill, sie verlangt auf seiten des Gefangenen nicht etwa sklavischen Gehorsam, Aufgeben des eigenen Willens, sie erstrebt vielmehr ein freiwilliges Einordnen und Einfügen des Gefangenen in die Anstaltsordnung. Die Disziplin soll nicht durch äußeren Zwang, sondern durch Überzeugung der Gefangenen von ihrer Notwendigkeit erreicht werden, so daß die Gefangenen von sich aus zu ihrer Aufrechterhaltung mitwirken.

Die Mittel zur Aufrechterhaltung der Disziplin sind mannigfach. Zunächst wird Disziplin durch die ordnungsmäßige Durchführung der Vorschriften des Strafvollzugs geschaffen, die in ihrer Planmäßigkeit auf Disziplin abgestellt sind. Je besser der Strafvollzug, um so besser die Disziplin! Natürlich ist die Disziplin auch von den Baulichkeiten abhängig. In einem Zellengefängnis läßt sich die äußerliche Disziplin leichter aufrecht erhalten, als in Anstalten, die überwiegend Räume für Gemeinschaftshaft enthalten. Immerhin kann man trotz ungün-

---

[1]) Über Anstaltsdisziplin in Fürsorgeerziehungsanstalten siehe z. B. die Verhandlungen des Allgemeinen Fürsorgeerziehungstags, Düsseldorf Juni 1926 und Hildesheim September 1926 (Zentralbl. f. Jugendrecht und Jugendwohlfahrt 1926 S. 243 ff., 270 ff.), insbesondere die Ausführungen und Thesen Weyls (S. 244 ff.).

stiger baulicher Verhältnisse durch organisatorische Maßnahmen mancherlei erreichen, »the triumph of man over unsuitable buildings« (Fletcher Allen, The Wakefield Scheme 1925) muß hier das Ziel sein. Die Klassifikation der Gefangenen, wie sie die §§ 19 ff. in Aussicht nehmen, wird voraussichtlich stark zur Verbesserung der Disziplin beitragen. Insbesondere gibt die Errichtung von Anstalten für Minderwertige (§ 21) die Möglichkeit, minderwertige Gefangene, die zufolge ihrer Eigenart die Disziplin im regelmäßigen Strafvollzug stören, daraus zu entfernen (§ 211). Dann kann man die Anforderungen an die verbleibenden normalen Gefangenen steigern und dadurch die Disziplin im regelmäßigen Strafvollzug verbessern. Die Entfernung moralisch ansteckender Elemente aus der Gemeinschaft (§ 54) sichert die Disziplin bei den in der Gemeinschaftshaft verbleibenden Gefangenen. Von besonderer Wichtigkeit ist die vorschriftsmäßige Behandlung der Gefangenen. Werden die Bestimmungen der §§ 58 ff. streng eingehalten, werden die Gefangenen mit nützlicher und erziehlicher Arbeit beschäftigt (§§ 70 ff.), wird auf die Eigenart der Gefangenen bei der Zuteilung der Arbeit Rücksicht genommen (§ 79 Abs. 2) und werden dadurch etwaiger Widerstand und Arbeitsunlust ausgeschaltet oder verringert, werden die Vorschriften über den Verkehr der Gefangenen mit der Außenwelt großzügig gehandhabt, wird der körperlichen und geistigen Versorgung der Gefangenen (Ernährung, ärztliche Behandlung, Gesundheitspflege[2]), Bücherei, Unterricht, Vorträge usw.) die gebührende Aufmerksamkeit geschenkt, erhalten die Gefangenen ausreichende Gelegenheit zur Aussprache (§ 62), wird durch Familienhilfe (§ 236) die Sorge des Gefangenen um seine Angehörigen verringert, sieht der Gefangene, daß man ihm durch rechtzeitige und planmäßige Fürsorgearbeit (§§ 233 ff.) zum Wiederemporkommen behilflich sein will, werden die verschiedenen Anliegen der Gefangenen (Wiederaufnahmegesuche, Gnadengesuche, Prozeßangelegenheiten usw.) sachgemäß behandelt, so wird das alles dazu beitragen, das Vertrauen der Gefangenen zu gewinnen und damit die Disziplin zu erhöhen. Mit Gefangenen, die zufolge krankhafter seelischer Veranlagung die Sicherheit und Ordnung der Anstalt stören (Psychopathen usw.), müssen sich auch die Ärzte und Fürsorger eingehend beschäftigen, damit einschneidende und verbitternde Sicherungsmaßnahmen (§ 130) möglichst abgewendet werden. Die Gefängnisbeamten müssen bedenken, daß ein großer Teil

---

[2]) Planmäßige, auf Willensbildung und Willensstärkung abgestellte Turnübungen sind ein erprobtes Mittel auch zur Verbesserung der Disziplin.

der Gefangenen, die im Strafvollzug Schwierigkeiten bereiten, anormale, seelisch kranke Menschen sind, sie müssen ferner stets auf die veränderte Seelenstimmung des gefangenen Menschen Rücksicht nehmen. Auffällige oder sich häufig wiederholende Verstöße gegen die Disziplin deuten nicht selten auf geistige Minderwertigkeit oder beginnende Geisteskrankheit hin[3]). Deshalb ist bei disziplinellen Verstößen in weitem Umfange der psychiatrisch gebildete Arzt zur Prüfung und Begutachtung heranzuziehen. Es sind nicht immer die schlechtesten Gefangenen, die sich nicht gleich in die Gefängnisordnung einzufügen verstehen. Aus diesem Grunde muß von der Hausstrafe namentlich bei Erstbestraften stets mit Vorsicht Gebrauch gemacht werden. Zuweilen werden Verstöße gegen die Disziplin durch unzweckmäßige Vorschriften oder Einrichtungen geradezu hervorgerufen. Der gegenüber erstmalig zu kurzen Freiheitsstrafen, insbesondere Ersatzstrafen Verurteilten, die nicht kriminell veranlagt sind, ausgeübte Zwang zur Duldung von Messungen, Abbildungen, Fingerabdrücken usw. (§ 60) stößt erfahrungsgemäß häufig auf starken Widerstand. Hier müssen die AusfVO. und die Justizverwaltungen die nötigen Einschränkungen vorsehen.

Die Aufsichtsbeamten, die unbestreitbar zu den Erziehungsbeamten des Strafvollzugs (im weiteren Sinne) gehören, können in erster Linie an der Verbesserung der Disziplin mitwirken, wenn sie sich bestreben, die Gefangenen verständig und unter Berücksichtigung ihrer Eigenart zu behandeln[4]). Die Beamten müssen lernen, ohne grobe

---

[3]) S. a. *Kriegsmann* S. 173.

[4]) Goldene Worte für die Gefängnisbeamten enthält die 1835 geschriebene Schrift Obermaiers, Anleitung zur vollkommenen Besserung der Verbrecher in den Strafanstalten (Neudruck Nr. 2 der Hamburger Schriften zum modernen Strafvollzug). Siehe insbesondere »Innere Dienstordnung für die Angestellten einer Besserungsanstalt«, §§ 8 ff., §§ 56, 72. Ganz besonders lesenswert ist das Kapitel über die Disziplinarstrafen (§ 19). Dort heißt es z. B.: »In meiner Besserungsanstalt darf weder eine unmenschliche, noch eine den Menschen entehrende und herabwürdigende Strafe eingeführt oder angewendet werden, weil ich selbst in dem größten Verbrecher den Menschen geachtet wissen will. Der Büßer darf weder gedrückt noch gequält werden, es sollen ihm vielmehr Untugenden und Laster abgewöhnt, er soll auf den Weg der Tugend und des Gewissens zurückgeführt — er soll seinerzeit der Gesellschaft wieder gebessert zurückgegeben werden.« Weiter schreibt Obermaier: »Will der Vorstand wohltätigen Einfluß auf die Büßer gewinnen, so muß er vorerst ihr volles und unbegrenztes Vertrauen besitzen, er soll sie also nicht allein zu allen nützlichen Dingen anhalten und zu bilden suchen, er muß sie auch gegen jede Unbill — komme es woher immer, zu schützen wissen und die unparteilichste strengste Gerechtig-

Disziplinarmittel und Sicherungsmittel auszukommen, und mehr durch Beratung und geistige Beeinflussung zu wirken, ferner die ihnen aus ihrem früheren militärischen Berufe etwa gewohnten Mittel durch rein erzieherische Mittel zu ersetzen, und sich von unangebrachter Empfindlichkeit frei zu halten[5]). Dann werden die Gefangenen in dem Aufsichtsbeamten nicht den »Schließer«, sondern den Helfer sehen. Wiederholt haben mir erfahrene Aufsichtsbeamte versichert, daß sie die

---

keit üben. Wo jenes der Fall ist und wo so streng gerecht gehandelt wird, dort ist immer sein Anspruch jedermann heilig, sowie sich ihm jeder willig ohne Widerspruch und Murren gern unterziehen wird. In eine Besserungsanstalt eignen sich also nach meinem Dafürhalten weder grausame noch zu harte Strafen. Die Strafen sollen ursprünglich vielmehr auf Belehrung und Zurechtweisung hinzielen, also mehr moralischen Einfluß üben, als daß sie nur physisch empfunden oder oft selbst gar noch der Gesundheit nachteilig werden.« Mit welchem Erfolge Obermaier Disziplin hielt, ist auf dem Frankfurter Gefängniskongreß 1846 ausführlich geschildert worden (s. Verhandlungen der ersten Versammlung für Gefängnisreform September 1846, Frankfurt a. M., Frankfurt a. M. 1847, S. 123/128 und die teilweise Wiedergabe des Berichts im Vorwort Liepmanns zum Neudruck VII ff.). — In recht verständiger Weise hat die vom Bund der Gefängnis-, Straf- und Erziehungsanstaltsbeamten Deutschlands herausgegebene Tendenzschrift »Der Aufsichtsbeamte im Strafvollzug«, Berlin 1926, den Aufsichtsbeamten Anregungen im Sinne der Ausführungen des Textes gegeben (S. 10 ff., 13, 25 ff., 30, 49). S. auch Hürbin bei Hafner-Zürcher Schweiz. Gef.-Kunde S. 136.

[5]) Daß zu einer richtigen Behandlung häufig auch die Begründung eines Befehls gehört, damit der Gefangene nicht das Unvermeidliche als unnötige Härte oder gar Schikane ansehen muß und dadurch unfroh und verbittert wird, erwähnt richtig Herrmann, Das Jugendgefängnis Hahnöfersand S. 67.

Im übrigen sei noch auf den *Entw.* der Sächs. Dienstvorschriften zu § 171 StVO. verwiesen, wo es heißt: »Wenn hiernach ein Vertuschen strafwürdiger Verstöße verboten ist, so darf doch anderseits nicht nach Anzeigemöglichkeiten gesucht und dürfen nicht Nichtigkeiten an die große Glocke gehängt werden. Wo offenbar nicht Böswilligkeit oder Leichtfertigkeit, sondern Unkenntnis, Ungeschicklichkeit, Übereilung, Verbitterung oder Aufregung der Grund des Verstoßes, und dieser auch sonst nur geringfügig ist, wird statt einer Anzeige eine sofortige Belehrung, Ermahnung oder Zurechtweisung am Platze sein und genügen. Überflüssige und kleinliche Anzeigen verbittern, führen erfahrungsgemäß oft erst gröbere Verstöße herbei und verfehlen so völlig ihren Zweck. Der Anzeigeerstatter darf auch nicht glauben, er habe einen gewissen Anspruch darauf, daß jede Meldung zu einer Bestrafung des Gefangenen führe. Vielmehr wird der zur Entscheidung berufene Beamte auf Grund seiner besseren Kenntnis der Persönlichkeit des Gefangenen zuweilen zu einer anderen Auffassung als der Anzeigeerstatter kommen. Ein Unterbleiben der Bestrafung setzt in solchem Falle keineswegs das Ansehen des Beamten herab.«

Disziplin in der Hauptsache kraft ihrer Persönlichkeit, ohne Anzeigen und Strafen aufrecht erhalten; wenn sie gelegentlich einmal über einen Verstoß hinwegsähen, so leide ihr Ansehen und die Anstaltsordnung dabei durchaus keinen Schaden. Kleine Ursachen haben im Strafvollzug oft recht unerwartet große und unerfreuliche Wirkungen. Die unrichtige Behandlung eines Psychopathen in einem u. U. ganz nebensächlichen Punkte kann unangenehme Auftritte, Arreststrafen, Hungerstreik, zahlreiche Beschwerden, Psychosen usw. im Gefolge haben. Es ist die Aufgabe der Justizverwaltung, die Aufsichtsbeamten so auszubilden und fortzubilden, daß sie den hiernach an sie zu stellenden gesteigerten Anforderungen genügen können. Die Gefängnisdisziplin ist also insoweit von Personalfragen abhängig. Die Verwendung sicher wirkender mechanischer und verwaltungstechnischer Einrichtungen zur Verhütung von Entweichungen, Durchstechereien usw. (selbsttätige Alarmeinrichtungen, Wachhunde usw.) wird den Beamten ihre verantwortungsvolle Arbeit erleichtern. Weiß der Gefangene, daß alle nur erdenklichen Maßnahmen zum Schutze der Beamten und der Anstalt getroffen sind, so wird er es gar nicht erst versuchen, die Anstaltsordnung zu durchbrechen. Selbstverständlich muß stets die zur Aufrechterhaltung der Ordnung erforderliche Zahl von Beamten zur Verfügung stehen[6]). Durch die Einführung des Stufenstrafvollzugs kann — was schon die bisherigen Erfahrungen gezeigt haben — die Disziplin erheblich gebessert werden, und zwar unabhängig davon, ob gleichzeitig auch Erziehungserfolge erreicht werden[7]). Voraussetzung ist aber eine gerechte und sachgemäße Behandlung der Gefangenen im Stufenstrafvollzug. Die Rückversetzung oder die Verzögerung des Aufrückens darf nicht als Strafmittel ausgestaltet werden, denn die Versetzungen im Stufen-

---

[6]) Aufzugeben ist die Heranziehung Gefangener (Zellenwärter, Hausarbeiter) zur Vollstreckung obrigkeitlicher Maßnahmen an Mitgefangenen, wie z. B. zur zwangsweisen Überführung in die Arrestzelle oder zur Fesselung. So erwünscht die Beschäftigung Gefangener in der Hauswirtschaft und die Mitwirkung der Gefangenen bei der Aufrechterhaltung der Disziplin ist, so unerfreulich ist es, Gefangene mit der Anwendung unmittelbaren Zwanges gegen Mitgefangene zu beauftragen und ihnen dabei die Möglichkeit zu Übergriffen zu geben. Das Gefühl der Gefangenen lehnt sich stets gegen die Überwältigung durch Mitgefangene auf. Die Hilfe Gefangener kommt nur in Notfällen (unerwarteter Angriff auf Beamte und dergl.) in Betracht, im übrigen müssen Zwangsmaßnahmen regelmäßig durch Beamte, die sachgemäßer als Gefangene verfahren, durchgeführt werden.

[7]) Denn die Hoffnung bedeutet einen stärkeren Faktor für den Menschen als die Furcht (Wines, zitiert nach Liepmann, Festschr. f. Aschaffenburg *MKrimPsych.* 1926 S. 64).

strafvollzug sind Erziehungsmaßnahmen und sollen — nach idealer Auffassung — dem jeweiligen Stande des Erziehungserfolges entsprechen (§ 159). Die Rückversetzung bedeutet nicht konstitutiv: strafweise Verschlechterung der Rechtsstellung des Gefangenen, sondern deklaratorisch: Feststellung der Unwürdigkeit des Gefangenen zur Behandlung in der höheren Stufe (§ 162 Abs. 1). Mit Recht schreiben auch die §§ 161 Abs. 4, 162 Abs. 2 vor, daß die Festsetzung von Hausstrafen nicht ohne weiteres Veranlassung zu Maßnahmen im Stufenstrafvollzug geben darf. Wenn sowohl Versetzungen im Stufenstrafvollzug, als auch Hausstrafen in gleicher Weise Erziehungsmaßnahmen sind, so begründet es doch einen Unterschied, ob und in welchem Umfange die Disziplin durch Maßnahmen des Stufenstrafvollzugs oder durch Strafmittel aufrecht erhalten wird. Maßnahmen der erstgenannten Art (Verzögerung des Aufrückens, Rückversetzung usw.) können wegen ihrer Dauerwirkung sehr viel empfindlicher sein als selbst die schwerste Hausstrafe; der Gefangene betrachtet sie jedenfalls regelmäßig als Strafe. Durch die Gefängnisstatistik wird zu ermitteln sein, in welchem Maße Hausstrafen durch Rückversetzung usw. ersetzt werden, ob also die Gefangenen jetzt in einer anderen Form »gestraft« werden. Von einer wirklichen Besserung der Disziplin kann nur gesprochen werden, wenn die Zahl der Straffälle zurückgeht[8]). Wird den Gefangenen im Rahmen des Stufenstrafvollzugs Selbstverwaltung zugestanden, so werden die Gefangenen dadurch selbst an der Aufrechterhaltung der Ordnung unmittelbar beteiligt und interessiert. Die selbst-

[8]) Die allgemeinen auf Zu- und Abnahme der Disziplinarstrafen einwirkenden Faktoren hat v. Koblinski (Schmollers Jahrb. f. Gesetzg., Verw. u. Volksw. XII 1287 f.) unter Zuhilfenahme der preuß. Gefängnisstatistik festzustellen versucht. Er kommt zu dem Ergebnis, daß die Zahl und die Art der Straffälle von Bauart und Belegung der Gefängnisse, vom Arbeitsbetrieb, von den Strafvollzugsvorschriften, von dem verschiedenartigen Verhalten der Gefangenen u. dergl. abhängt, daß aber die Zahl und die Art der Hausstrafen hauptsächlich durch die Handhabung der Disziplinarstrafgewalt seitens des Gefängnisvorstands bedingt wird, dessen Gesinnung und Charakter den Geist der Anstalt bestimmt. »Gibt die Zelle dem Strafvollzug den objektiven Boden, so liegt der subjektive Faktor in der Disziplin. Sie ist imstande, das Übel der Strafe nicht bloß zu schärfen oder zu verwischen, sondern auch den Strafzweck überhaupt zu sichern, aber auch zu verderben. Sie ist der Nerv der faktischen Strafvollstreckung.« (S. 1311.) Wenn v. Koblinski fordert, daß jede Anstalt durch fortlaufende Übersichten der Disziplinarergebnisse eine etwa entstandene wesentliche Bewegung in der Disziplinarzahl aufklärt, so ist diese Aufklärung heute auch in bezug auf etwaige Verschiebungen von Maßnahmen der Disziplinarstrafgewalt in das Gebiet des Stufenstrafvollzugs notwendig.

verständliche Folge wird eine Förderung der Disziplin sein. Selbstverwaltung führt zu Selbstdisziplin.

Die Hausstrafe muß stets die ultima ratio sein[9]). Zunächst ist zu versuchen, durch Maßnahmen nach § 54, durch Arbeitsveränderung usw. Abhilfe zu schaffen. Insbesondere ist von Hausstrafen abzusehen, wenn Verwarnung genügt (§ 138 Abs. 4). Hat der Gefangene die Verfehlung aus Übereilung, Unachtsamkeit, Ungeschick und dergleichen begangen, und in ähnlichen Fällen, in denen eine Hausstrafe keinen Zweck hat, wird man dem Gefangenen Gelegenheit geben müssen, sein Unrecht einzusehen und um Entschuldigung zu bitten[10]). Im übrigen muß der Widerstand des Gefangenen gegen die Gefängnisordnung mit allen zu Gebote stehenden Mitteln, jedoch möglichst ohne Zwang überwunden — ich sage absichtlich nicht: gebrochen[11]) — werden. Hierbei werden häufig sehr einfache, aber drastische Mittel besseren Dienst leisten, als Hausstrafen. Verweigert ein Gefangener die Arbeit, so wird das Verbringen in Arrest nicht immer den Erfolg haben, daß er nunmehr mit Arbeitslust erfüllt wird. Erfahrungsgemäß ist namentlich bei labilen Menschen die Arbeitsverweigerung nicht selten der Ausfluß eines Stimmungswechsels, der nicht ohne weiteres zur Ergreifung ernsterer Maßnahmen nötigt. In Hamburg setzt man deshalb den Arbeitsverweigerer mitten unter die arbeitenden Gefangenen, und läßt ihn dort der fleißigen Arbeit der anderen so lange zusehen, bis er — und das geschieht recht bald — sich freiwillig zur Arbeitsaufnahme meldet. Hätte man ihn in die Arrestzelle gesperrt, so würde er sich in seiner Abgeschlossenheit vielleicht noch tiefer in seinen Widerstand verbissen haben. Den Versuch des Selbstmords, die Nahrungsverweigerung oder den Widerstand gegen die Behandlung ansteckender Krankheiten — Fälle, in denen häufig psychische Störungen vorliegen werden — soll man nicht mit Hausstrafen zu behandeln versuchen. Sofern Vorstellungen

---

[9]) Die Verhängung der Hausstrafe steht nicht unter dem Legalitätsprinzip; es eröffnet sich deshalb für die Individualisierung ein weites Feld der Tätigkeit (*Kriegsmann* S. 172).

[10]) Ähnlich schon *Krohne* S. 361.

[11]) »Bricht« man den Willen des Gefangenen buchstäblich, zerbricht man ihn also, so zerstört man das Wertvollste, was in dem Gefangenen steckt. Nur auf dem eigenen, häufig genug sehr schwachen Willen des Gefangenen kann das Erziehungswerk aufgebaut werden. An Willenlosen ist unsere Arbeit umsonst. Der Wille des Gefangenen darf also nicht vernichtet, er muß vielmehr, wenn er sich in der falschen Richtung entwickelt und betätigt hat, in die richtige Bahn geleitet werden. Ähnlich auch Liepmann, z. B. in der Vorrede zu Herrmann a. a. O. S. XVI.

erfolglos bleiben, sind zuverlässige Sicherungsmaßnahmen (§§ 131 ff.), Zwangsernährung (§ 101) und nötigenfalls Zwangsbehandlung (§ 100), sofern diese zum Schutz der Gesellschaft gerechtfertigt ist, erfolgreicher. Verschluckt ein Gefangener Metallgegenstände, um die Verbringung in das öffentliche Krankenhaus zu erzwingen und dadurch Fluchtmöglichkeiten zu erlangen, so wird er damit meist auch ohne Hausstrafen von selbst aufhören, wenn er seinen Zweck nicht erreicht und im Anstaltskrankenhaus sachgemäß behandelt wird. »Die Aussichtslosigkeit ihres Widerstandes hält die Gefangenen im Zaum[12]).« In allen derartigen Fällen ist die mit Ruhe und Besonnenheit durchgeführte allmähliche Überwindung des Widerstandes dem Strafzwange und der Anwendung einschneidender Sicherungsmaßnahmen vorzuziehen.

In der Praxis sind diese Grundsätze bereits mit Erfolg angewendet worden. Interessant sind in dieser Beziehung die Mitteilungen, welche die preußische Gefängnisstatistik über die Handhabung der Disziplin gibt[13]). Diese Grundsätze werden sich

---

[12]) *Krohne* S. 356.

[13]) So enthält z. B. die Statistik der zum Ressort des preuß. Ministeriums des Innern gehörenden Strafanstalten und Gefängnisse für das Rechnungsjahr 1909 (Rawitsch 1911 S. C f.) folgende Auszüge aus einzelnen Berichten von Strafanstaltsvorstehern: »Die Disziplin hat keinerlei Schwierigkeiten gemacht. Immermehr finde ich bestätigt, daß sich mit Ruhe und Geduld weit größere Erfolge erzielen lassen, als mit vielen Strafen. Anderseits habe ich gefunden, daß wenige, aber strenge Strafen wirksamer sind, als öftere, leichte Strafen. Es handelt sich immer darum, den Gefangenen unter die Zucht zu bringen.« — »Es ist durchaus wünschenswert und auch möglich, daß die Bestrafungen noch weiter abnehmen, ohne daß die Aufrechterhaltung der Disziplin darunter leidet. Ich hoffe, daß sich das Aufsichtspersonal noch mehr dazu erziehen lassen wird, seine Hauptaufgabe nicht in der Meldung von Straffällen, sondern in ihrer Verhütung durch gewissenhafte Befolgung der gegebenen Vorschriften, durch das eigene Beispiel treuester Pflichterfüllung und durch richtige Behandlung der Gefangenen zu sehen.« — »In der Einzelhaft läßt sich die Disziplin ohne viele Strafen leicht aufrecht erhalten. Belehrung, Ermahnung und guter Zuspruch bewirken in den meisten Fällen mehr als jede Strafe.« — »Weniger Schwierigkeiten als im Vorjahre machten uns die geistig Minderwertigen, was nicht zum geringsten Teile auf die gute Einwirkung seitens der Beamten zurückzuführen ist. Die in einigen Fällen angewandte bedingte Strafverhängung zeitigte zum Teil wieder guten Erfolg.« — »Oft erreichen die grundsätzlich vor Verfügung der Strafe erfolgenden Verwarnungen den gewünschten Zweck.« — »Mit der vorläufigen Aussetzung verhängter disziplinarischer Strafen sind wieder gute Erfahrungen gemacht worden.« — »Die Führung der Gefangenen ist gut. Ich habe die Erfahrung gemacht, daß sie mit nur wenigen Ausnahmen sich dort besonders höflich und gehorsam

mehr und mehr durchsetzen, wenn der schematisierende physische Strafzwang durch individualisierende psychische Beeinflussung ersetzt wird, wenn die Beamten weniger durch die in ihnen verkörperte Zwangsgewalt des Staates als vielmehr durch die Erziehungskraft ihrer Persönlichkeit wirken[14]). Nicht mit Unrecht sagt man zuweilen, die beste Anstalt sei die, welche mit den wenigsten Hausstrafen auskomme[15]). Entsprechendes gilt erfahrungsgemäß für andere Anstalten und Einrichtungen, wo Disziplin zu halten ist, wie z. B. für die Fürsorgeerziehung, für die Schule[16]) und das Heer[17]).

In einem Erziehungsstrafvollzug darf für Hausstrafen, die lediglich zur Vergeltung und Abschreckung verhängt werden, in der Regel

---

zeigen, wo sich die Aufseher jeden Rest groben Anfahrens und ähnlicher Behandlungsweisen abgewöhnt haben.« — »Trotzdem hält sich die Zahl der Strafen in sehr bescheidenen Grenzen, weil Belehrungen, Ermahnungen und Maßnahmen einen breiten Raum einnehmen und nach dem Grundsatze verfahren wird: minima non curat praetor.« — »Einzelne lästige Alkoholiker und minderwertige Gefangene habe ich durch freundliche Worte und ernste Ermahnungen zugänglicher gemacht, so daß sie das Verkehrte ihres schlechten Verhaltens einsahen und sich nicht wieder unliebsam bemerkbar gemacht haben.« — »In vielen Fällen wurde nach Verbüßung von 24 Stunden der Rest der Arreststrafe erlassen, falls der Strafzweck erfüllt war und der Sträfling strenge Befolgung der Hausordnung für die Zukunft freiwillig versprach.«

[14]) S. a. Liepmann, Grundsätze über den Vollzug von Freiheitsstrafen, Berlin 1924, S. 12, 13, 19.

[15]) Vorausgesetzt, daß in der Anstalt geordnete Verhältnisse herrschen (Ellger, Der Erziehungsgedanke im Strafvollzug S. 56). Zurzeit bestehen wieder normale Verhältnisse im Sinne dieser 1922 erschienenen Schrift. Auf der anderen Seite ist natürlich eine geringe Zahl von Hausstrafen nicht unbedingt ein Anzeichen für das Bestehen ordnungsmäßiger Verhältnisse und das Vorhandensein guter Disziplin (*Klein* 4 b zu § 91).

[16]) Sachse, Geschichte und Theorie der Erziehungsstrafe, Paderborn 1913, S. 116.

[17]) Die Frage, wie das Höchstmaß militärischer Anforderungen an die Truppe ohne eigentliche Disziplinarmaßnahmen zu erreichen ist, gehört zu den wichtigsten Fragen der Militärwissenschaft (Dietz, Handwörterb. d. Militärrechts, Rastatt 1912, S. 227). Mit überzeugenden Gründen führt v. Meerscheidt-Hüllessem (Handhabung der Disziplinarstrafgewalt, Berlin 1905) aus, zur Aufrechterhaltung der Manneszucht im Heer genüge nicht eine mechanische, durch Gewaltmaßnahmen erzwungene Disziplin, die Disziplin müsse vielmehr durch Beispiele, sorgfältige Belehrung und unausgesetzte überzeugende Einwirkung der Offiziere begründet werden (S. 4). v. Meerscheidt-Hüllessem warnt davor, Unteroffizieren zu großen Einfluß auf die Bestrafung einzuräumen (S. 11). Auch die Leiter von Strafanstalten müssen sich hüten, dem vielfach zu beobachtenden Drängen mancher Aufsichtsbeamten auf Bestrafung allzu leicht nachzugeben.

kein Platz sein. Die Hausstrafe, die innerhalb des Erziehungsstrafvollzugs doch nur eines der vielen zu Gebote stehenden Erziehungsmittel sein soll, darf im allgemeinen nur dann verhängt werden, wenn sie zur Besserung des Gefangenen beizutragen geeignet ist. Jedenfalls müssen bei der Hausstrafe die spezialpräventiven Gesichtspunkte den generalpräventiven Gesichtspunkten vorgehen.

Im *Entw.* ist als Voraussetzung der Hausstrafe ein Verstoß gegen die Pflichten des Gefangenen oder eine Verfehlung gegen Sitte oder Anstand aufgestellt (§ 138 Abs. 1). Die Herausgabe eines Hausstrafgesetzbuchs ist nicht zu empfehlen. Ein vollständiger Katalog der strafbaren Verfehlungen wird sich nicht aufstellen lassen; außerdem ist der konkrete Tatbestand bei einer Disziplinarverfehlung stets viel weniger wichtig, als die Beweggründe und die Gesinnung, die der Verfehlung zugrunde liegen[18]). Allerdings darf keine Bestrafung ohne vorherige Feststellung eines Verschuldens des Gefangenen erfolgen[19]). Aus diesem Grunde sind Bestimmungen darüber, ob disziplinelle Verfehlungen nur strafbar sind, wenn sie mit einer bestimmten Schuldform (Vorsatz oder Fahrlässigkeit) begangen werden, oder ob ausnahmsweise auch bloße Ordnungswidrigkeiten bestraft werden dürfen, vom Standpunkte der Rechtsverhältnistheorie Freudenthals kaum entbehrlich. Sonst entsteht in vielen Fällen die Frage, ob eine Handlung auch bei Fahrlässigkeit strafbar ist. Ein Teil der möglichen Schwierigkeiten würde beseitigt, wenn im § 138 Abs. 1 Satz 1 und 2 nach den Worten »Gefangener« und »bei« die Worte »schuldhaft« und »schuldhaften« eingefügt würden. Steht fest, daß innerhalb einer Mehrheit von Gefangenen ein Verstoß begangen worden ist, läßt sich aber der Täter nicht ermitteln, so ist eine Bestrafung dieser Gruppe Gefangener als solcher unzulässig. In Frage käme nur die Bestrafung einzelner Gefangener aus dieser Gruppe dann, wenn diesen das schuldhafte Ver-

---

[18]) S. a. *Kriegsmann* S. 170 und Salomon, Über die Disziplinarstrafen gegen Strafgefangene, *MKrimPsych.* 9, 10. Salomon spricht sich auch gegen die Zuweisung bestimmter Rechtsfolgen an bestimmte Tatbestände aus. Er tritt für möglichste Individualisierung auch bei der Ausübung der Disziplinarstrafgewalt ein.

Ein Bedürfnis, schwerere Verfehlungen der Gefangenen, die zurzeit nur disziplinell strafbar sind, zu Straftaten zu erklären und unter Rechtsstrafe zu stellen, besteht nicht. Die im *AE.* 25 enthaltenen Vorschriften über Meuterei und Ausbrechen von Gefangenen, die zur Strafbarkeit das Zusammenwirken mehrerer Gefangener verlangen, genügen. Beim Entweichen oder Ausbrechen eines einzelnen Gefangenen reicht die Möglichkeit der Verhängung einer Disziplinarstrafe aus.

[19]) S. a. *Kriegsmann* S. 173.

schweigen des ihnen bekannten Täters als selbständiger Verstoß gegen die Anstaltsordnung zur Last gelegt werden könnte. Da eine allgemeine Anzeigepflicht den Gefangenen im *Entw.* nicht auferlegt ist und auch sonst nicht auferlegt werden kann[20]), würde freilich auch auf diesem Wege eine disziplinelle Strafbarkeit im allgemeinen nicht begründet werden können. Es bliebe dann nichts weiter übrig, als die etwa zu befürchtende Wiederholung des Verstoßes durch Verteilung dieser Gruppe Gefangener auf verschiedene Abteilungen und dergleichen zu verhüten. Die Schuldform kann übrigens auch für die Strafzumessung von Bedeutung sein. Die Behandlung disziplineller Verstöße, die gleichzeitig Straftaten darstellen (in der Hauptsache Eigentumsdelikte, z. B. Genußmittelentwendungen, Betrügereien, Fälschungen, Sachbeschädigungen, Hausfriedensbrüche, Körperverletzungen, Beleidigungen, Widerstände, Sittlichkeitsdelikte, Ausbrüche und Meutereien), wollte *Krohne* (S. 362) grundsätzlich der Strafverfolgungsbehörde überlassen. Die Praxis pflegte indessen wohl überwiegend derartige Fälle — ob nach dem Gesetz mit Recht oder Unrecht, sei dahingestellt — im Wege der Disziplinargerichtsbarkeit zu erledigen. Aus erziehlichen Gründen (rasche Justiz), zur Vermeidung von Doppelbestrafungen, zur Ersparung von langwierigen Gerichtsverfahren, und im Hinblick auf die Eigenart der Gefängnisverhältnisse möchten die Delikte Gefangener entsprechend dem Grundgedanken der §§ 153, 154 StPO. im Disziplinarwege abgeurteilt werden. Dementsprechend möchte von der Begründung einer Verpflichtung der Anstalten zur allgemeinen Anzeigepflicht abgesehen werden[21]). Der *Entw.* hat sich mit Recht im wesentlichen auf den gleichen Standpunkt gestellt (§ 138 Abs. 2, 3), wobei er dem Gefängnisvorstand die Entscheidung über das Vorliegen der Voraussetzungen der §§ 153, 154 StPO. überträgt. Bei der Verhängung von Hausstrafen wegen strafbarer Handlungen hat der zuständige Beamte, der insoweit an Stelle des Gerichts entscheidet, besonders sorg-

[20]) Zu weit scheinen mir die §§ 186 Z. 4 *ThürDVO.*, 243 Z. 3 *Bad.-DVO.* zu gehen, wenn sie etwa eine Anzeigepflicht der Gefangenen hinsichtlich jeder Ordnungswidrigkeit aufstellen wollen. Richtig sieht § 158 Abs. 2 *WürttDVO.* — in Verfolg eines allgemeinen Rechtsgedankens (s. auch § 139 StGB.) — die Anzeigepflicht nur für die Fälle vor, in denen der Anstalt bestimmte schwere Gefahren drohen (z. B. bei Verabredung einer Meuterei). Die im Widerspruch zu allgemeinen Grundsätzen stehende und auch aus dem Rechtsverhältnis der Gefangenschaft nicht zu rechtfertigende Begründung einer allgemeinen Pflicht der Gefangenen zur Anzeige geschehener Verfehlungen würde zu einer erziehungswidrigen gegenseitigen Angeberei führen.

[21]) DJZ. *31*, 878 ff.

fältig zu prüfen, ob die objektiven und subjektiven Merkmale des Tatbestandes der strafbaren Handlung nachgewiesen sind. Im Falle von Beleidigungen darf die Vorschrift des § 193 StGB. nicht übersehen werden. Wo hiernach eine Kriminalstrafe ausgeschlossen ist, darf auch eine Hausstrafe nicht verhängt werden. Bei den im Gefängnis zahlreich vorhandenen Psychopathen, die im Zustand seelischer Aufregung leicht zu Exzessen kommen, muß die Anwendbarkeit des § 51 StGB. stets von einem psychiatrisch gebildeten Arzte sorgsam geprüft werden. Bei der Strafzumessung werden ähnliche Gesichtspunkte, wie sie in § 67 *AE.* 25 (69) aufgestellt sind, beachtet werden müssen. Die Festsetzung bestimmter fester Strafsätze und Strafrahmen ist nicht statthaft[22]).

Bei der Bestimmung der zulässigen Disziplinarmittel hat der *Entw.* ungeachtet mancher rückschrittlicher Tendenzen mit vollem Recht an dem Katalog der *GVF.* § 149 festgehalten, nachdem der Beweis erbracht ist, daß die Praxis mit den dort aufgezählten Hausstrafen ausgekommen ist. Gegen die von *Entw.* in § 139 aufgeführten Strafmittel unter 4 (deren Anwendung eine Beeinträchtigung der Interessen der Angehörigen und sonstigen Personen [§ 115 Abs. 2, 3] mit sich bringen kann), sowie unter 2 (sofern und soweit dessen Anwendung die Erziehungsarbeit unterbricht und hemmt), lassen sich Bedenken nicht unterdrücken. Solange § 168 Abs. 2 die Teilnahme an Einrichtungen zur geistigen Hebung als bloße subjektive Milderungen des Vollzugs betrachtet, die nach § 139 Ziff. 2 strafweise entzogen werden können, geht die Fassung des § 139 zu weit. Das Erziehungswerk möchte auch durch Bestrafungen so wenig wie möglich gehemmt oder eingeschränkt werden. Sonst straft der Staat in Wahrheit nicht den Gefangenen, sondern sich selbst. Ein Zugeständnis an diesen Standpunkt enthalten einmal die §§ 140, 141, die — in Durchführung eines durchaus richtigen, aber noch sehr erweiterungsbedürftigen Gedankens (s. a. *Krohne* S. 361) — klarstellen, daß eine Verkümmerung der dort erwähnten Rechte des Gefangenen nur dann zulässig ist, wenn der Gefangene gerade diese Rechte mißbraucht hat, weiter aber der Vorbehalt des § 140 Abs. 3 für die in § 115 Abs. 4 (erwünscht wäre auch: Abs. 3) erwähnten Besuchsfälle. Von diesem Gesichtspunkt aus ist es auch nicht unbedenklich, wenn Arrestgefangene auch von bildenden Vorträgen usw. ausgeschlossen werden (§ 143 Abs. 3) und wenn damit die Gefängnisverwaltung das Erziehungswerk unterbricht[23]). In § 139 Z. 6 möchten die Worte

---

[22]) S. a. *Krohne* S. 361.

[23]) Vom Standpunkt des *Entw.* aus müßte der Gefangene während der

»oder Entziehung« gestrichen werden. Wird das Recht zur Verfügung über das Hausgeld gänzlich entzogen, so wird dem Gefangenen damit auch die Möglichkeit des Schriftverkehrs (Portoaufwand!) genommen, dessen strafweise Entziehung im *Entw.* — durchaus mit Recht — überhaupt nicht vorgesehen ist (als Milderung des Vollzugs — § 139 Z. 2 — kann der Schriftverkehr — eines der Grundrechte des Gefangenen — nicht angesehen werden). Da die Strafe des § 139 Z. 4 auch unbeteiligte Angehörige oder Personen mit berechtigtem Verkehrsinteresse (§ 115 Abs. 2, 3) trifft, wird von diesem hiernach weniger tauglichen Strafmittel im Einzelfall nur mit Vorsicht Gebrauch zu machen sein. Wenn durch § 143 Abs. 3 bestimmt sein soll, daß der Gefangene im Arrest Briefe weder absenden, noch empfangen darf, so muß dagegen zum mindesten insoweit — und zwar auch im Hinblick auf die Vorschriften des BGB., der ZPO. und der StPO. über das Zugehen von Willenserklärungen, über den Beginn des Fristenlaufs usw. — Widerspruch erhoben werden, als Schreiben der im § 117 Abs. 3 Satz 1 und 2, § 119 Abs. 1 Satz 2 Halbs. 2 erwähnten Art in Frage kommen. Für einen derartigen Schriftverkehr muß ein Vorbehalt gemacht werden. Sonst könnte der Gefangene sich nicht einmal schriftlich bei der Aufsichtsbehörde über den Arrest beschweren. Weiter ist § 142 dahin abzuändern, daß in Abs. 1 Ziff. 2 die Kost auf Wasser, Brot, Salz und Suppe beschränkt und daß Abs. 3 gestrichen wird[24]). Endlich wäre noch zu prüfen, ob die

---

Dauer der Arreststrafe folgerichtig auch ständig von der Teilnahme am Gottesdienst ausgeschlossen werden (§ 108 Abs. 4).

Über die Unzulässigkeit gewisser Hausstrafen aus juristischen Gründen s. auch Salomon a. a. O. S. 23.

[24]) Auf die Gefahren der Hungerstrafe, freilich wohl zunächst bei länger andauernder Kostschmälerung, hat Baer, Die Gefängnisse in hygienischer Beziehung, 1871, S. 182, hingewiesen. Auch für eine kürzere Dauer der Hungerstrafe hat sich ihm Leppmann (Der Gefängnisarzt 1909 S. 50 ff.) angeschlossen. Dieser äußert auch gesundheitliche Bedenken gegen die bloße Wasser- und Brotkost (s. hierzu auch Baer, Hygiene des Gefängniswesens 1897 S. 127 ff., 143). In den englischen Strafkostklassen (punishment dietaries), in denen allerdings Kostschmälerung bis zu 42 Tagen vorkommt, werden außer Wasser und Brot auch Suppe und Kartoffeln verabreicht (Aschrott a. a. O. S. 261, Goldschmidt *VDA.* S. 119 Anm. 10). Der Zweck der Kostschmälerung — Erzeugung von Hungergefühl infolge quantitativer Verringerung der Nahrungsmenge ohne Schädigung der Gesundheit — würde durch die vorgeschlagene Änderung besser erreicht werden. Damit würde gleichzeitig entsprechend den Forderungen der neueren Ernährungswissenschaft (s. z. B. Kästner und Knipping, Ernährung des Menschen S. 96 f., Berg, Alltägliche Wunder S. 37 f.) der ausschließliche Genuß des Brotes z. T. durch Genuß anderer, auch mehr vitaminhaltiger Speisen ersetzt, und der Genuß von

§§ 143, 147 durch Berücksichtigung der Vorschläge v. Michaelis *BlGK.* 48, 552 (s. auch *Klein* 1 b a. E. zu § 89) über die Behandlung gefangener Frauen abzuändern oder zu ergänzen sind.

Der Gebrauch der Arreststrafe, die nach der letzten preußischen Gefängnisstatistik das Hauptstrafmittel der preußischen Praxis gewesen ist[25]), möchte für die Zukunft vor allem für Gefangene in Einzelhaft, erheblich eingeschränkt werden. Mit Recht betont § 143 Abs. 1, daß Arrest nur wegen schwerer Verfehlungen oder bei mehrfachen Verfehlungen verhängt werden darf. Der Arrest ist — von den Verschärfungen abgesehen — seinem Grundzug nach Absonderung (§ 143 Abs. 2), sein Zweck wird also in vielen Fällen durch Anordnung der Einzelhaft (§ 54), nach Bedarf auch durch gleichzeitige Ergreifung von Erziehungsmaßnahmen und nötigenfalls durch gleichzeitige Verhängung leichterer Hausstrafen (§ 139 Ziff. 1 bis 9) erreicht werden können. Dem Einwand, daß die Disziplin ohne ausgiebige Verwendung des verschärften Arrestes nicht aufrechterhalten werden könne, läßt sich durch den Hinweis darauf begegnen, daß die Praxis auch bei der Beseitigung der bar-

ausschließlich kaltem Wasser durch Genuß warmer, stark wasserhaltiger Speisen in gesundheitlich erwünschter Weise eingeschränkt. Die AusfVO. muß den Mindestumfang der Strafkost auf Grund ärztlicher Gutachten festsetzen.

[25]) Statistik über die Gefangenenanstalten der Justizverwaltung in Preußen f. das Rechnungsjahr 1923 (1. 4. 23—31. 3. 24), Berlin 1926, S. 78 ff. Im Berichtsjahre 1923/24 wurden bei einer Gesamtzahl an Gefangenen von 473 351 mit Hausstrafen belegt: 30 174 (6,74% Männer und 3,68% Frauen). Von den 40 569 Straffällen wurden geahndet: Mit leichteren Hausstrafen: 16 971 (1081: Verweis, 6111: Kostbeschränkung, 7209: verschiedene Strafen, 2570: einfacher Arrest), mit verschärftem Arrest: 23 598 (19 102: bis zu 7 Tagen, 4496: darüber hinaus), mithin 40% mit leichteren Strafen, 60% mit geschärftem Arrest. Die Zahl der geschärften Arreststrafen ist bei allen Strafarten im Verhältnis beinahe so groß wie die entsprechende Ziffer bei dem Vollzug der Zuchthausstrafe. Von den 24 297 Zuchthausgefangenen wurden mit Hausstrafen belegt: 4616, in den 7220 Straffällen wurde verschärfter Arrest in 4495 Fällen (= 62,3%) verhängt. Bei den Zuchthausgefangenen haben sich die Prozentziffern gegen die Vorkriegszeit erheblich verschlechtert. In den Jahren 1907—1914 betrug die Zahl der verschärften Arreststrafen durchschnittlich nur etwa 40% der Gesamtzahl der Strafen. Die Gründe dieser Erscheinung sind nicht ohne weiteres zu erkennen. Es mag sein, daß die überaus starke Durchschnittsbelegung der Preußischen Gefängnisse (1923: 70 000, a. a. O. XIV) ungünstig im Sinne einer schematischen Bestrafung mit schweren Strafen eingewirkt hat. Diesfalls wäre zu erwarten, daß sich die Zahl der Arreststrafen in den folgenden Jahren mit dem Sinken der Belegungsziffern und unter dem gleichzeitig stark einsetzenden Einfluß des Erziehungsstrafvollzugs wieder verringert hat.

barischen Prügelstrafe — die einzelne Praktiker trotz der allgemeinen und äußerst entschiedenen Ablehnung (s. z. B. schon Obermaier a. a. O. § 19 im Jahre 1835 und *Krohne* S. 354 ff.) sogar noch nach dem Umsturz für erwünscht erklärt haben —, des unmenschlichen Lattenarrestes, und noch vor kurzem des Dunkelarrestes — dessen Gesundheitsschädlichkeit schon Bär, a. a. O. S. 184 geschildert hatte —, die schwersten Befürchtungen hinsichtlich der Aufrechterhaltung der Disziplin erhoben hat und daß heute niemand mehr daran denkt, diese Strafmittel einer verflossenen Kulturperiode wieder aus dem Gefängnismuseum hervorzuholen. Die Praxis wird sich mit weiteren Milderungen der Arreststrafe, die durch den Wechsel in der Auffassung über den Zweck und die Wirkung der Strafmaßnahmen bedingt werden, um so mehr abfinden können, als sich zeigen wird, welche wirksamen Strafmöglichkeiten § 139 Ziff. 1—9, namentlich Ziff. 2 darbietet[26]). Die Zulassung eines von manchen Praktikern geforderten sehr strengen, dafür aber kurzen Arrestes (etwa bis zu einer Woche ohne Wegfall der Verschärfungen nach § 144 Abs. 2), kann nach alledem ebenfalls nicht als geboten erachtet werden.

Der Vollzug einer Arreststrafe über das Strafende hinaus (§ 150) erscheint unzulässig. Es würde dem Wesen der Freiheitsstrafe als einer durch Richterspruch unter gesetzlichen Garantien verfügten, der Zeitdauer nach genau bestimmten Freiheitsentziehung widersprechen, wenn die Dauer dieser Freiheitsentziehung im Verwaltungswege verlängert werden könnte. Den Strafvollzugsorganen steht im allgemeinen nur die Befugnis zu, den Inhalt der Strafe nach Maßgabe des Gesetzes im einzelnen zu bestimmen, über den Umfang der Strafe dürfen sie jedoch grundsätzlich nicht disponieren. Der Vollzug einer Arreststrafe über das Strafende hinaus würde praktisch die Auferlegung einer weiteren Freiheitsstrafe darstellen, obwohl eine solche gesetzlich nur vom Richter auferlegt werden dürfte. Der *Entw.* kennt die Freiheitsentziehung als Hausstrafe überhaupt nicht, die Arreststrafe ist vom *Entw.* lediglich als eine Verschärfung der gewöhnlichen Form der Freiheitsentziehung gekennzeichnet.

---

[26]) Im Bezirk des Strafvollzugsamts Berlin sind in der letzten Zeit die Arreststrafen selten über 14 Tage hinausgegangen (DJZ. *31*, 879), ein deutlicher Beweis dafür, daß der eingeschränkte Strafrahmen der *PrDVO.* von 4 Wochen ausgereicht hat.

Im übrigen ist noch wegen der Gefahren des Arrestes und der Frage nach seiner erzieherischen Wirkung auf Bondy, Pädagog. Probleme im Jugendstrafvollzug 1925 S. 82 f. hinzuweisen. Auch Bondy ist — zunächst wohl für den Jugendstrafvollzug — der Ansicht, daß die Gefängnisbeamten möglichst ohne Arreststrafen auszukommen versuchen müssen.

Im Einzelfalle könnte die Anwendung des § 150 dahin führen, daß der Gefängnisvorstand für eine Verfehlung eine Woche Zuchthaus auswürfe, obwohl die Verfehlung überhaupt nicht kriminell strafbar ist, oder das Gericht nach dem Gesetz nur eine leichtere Kriminalstrafe auswerfen dürfte. Übrigens wird der mit § 150 erstrebte Erfolg unbedingt dann vereitelt, wenn der Bestrafte, was sehr leicht vorkommen kann, nach dem Strafende, aber noch während der Dauer der Arreststrafe aus Erbitterung über die Verlängerung der Dauer seiner Festhaltung, eine neue Verfehlung begeht, die ebenfalls nur mit Arrest gesühnt werden könnte. Diese zweite Verfehlung dürfte der Gefängnisvorstand keinesfalls selbst mit Arrest ahnden, auch dann nicht, wenn die Wochenfrist des § 150 noch nicht abgelaufen wäre. Es ist kein genügendes Bedürfnis zu erkennen, eine Bestimmung, wie sie früher nur hier und da rechtens war[27]), in das Gesetz aufzunehmen. Die unerwartete Verschiebung des Zeitpunktes der Entlassung würde möglicherweise auch insofern recht nachteilige Wirkungen äußern können, als die meist seit langer Zeit vorbereiteten Maßnahmen der Entlassungsfürsorge nunmehr unter Umständen undurchführbar oder erschwert werden. Es muß ausreichen, daß die Verfehlung des Gefangenen, wenn sie eine Straftat darstellt, geeignetenfalls der Strafverfolgungsbehörde angezeigt, sonst mit einer geringeren Hausstrafe gesühnt wird. Man sollte aus allen diesen Gründen unbedingt vermeiden, die Rechtsstellung des Gefangenen durch den Vollzug einer nach Lage der Sache wohl ausschließlich Vergeltungscharakter tragenden Strafe gegenüber dem jetzigen Rechtszustande zu verschlechtern. Unbedenklich ist der Vollzug einer Hausstrafe während der Dauer einer Anschlußstrafe (§ 149 Abs. 2), dagegen ist der Vollzug während einer nachfolgenden Untersuchungshaft ebenfalls unstatthaft.

Die Geldstrafe hat der *Entw.* mit Recht nicht als Strafmittel zugelassen. § 139 Ziff. 6 kennt vielmehr nur die Beschränkung oder

---

[27]) v. Holtzendorff-v. Jagemann II 92 Anm. 5. Die wenigen Länder, in denen bisher eine Festhaltung über das Strafende hinaus bekannt war, erwähnt Gennat (*BlGK. 46,* 369 Anm. 56). Wo derartige Vorschriften durch Hausordnungen gegeben waren, müssen sie als gesetzwidrig erachtet werden (*Kriegsmann* S. 162 Anm. 1). Sachsen hat deshalb den § 20 Z. 12 der HO. vom 20. 6. 1899, wonach der Ablauf der Strafzeit dem Weitervollzuge einer Disziplinarstrafe nicht entgegenstand, schon im Jahre 1919 aufgehoben. Grundsätzlich ist auch eine Vollstreckung von Disziplinarstrafen an aus der Wehrmacht Ausgeschiedenen unzulässig (s. z. B. § 46 DiszStrafO. f. d. Reichsmarine 22. 5. 1926, RGBl. II 309 f.). Die ausnahmsweise Zulassung der Zurückhaltung von Soldaten im Dienste zwecks Verbüßung der Strafe (§ 46 Abs. 2 a. a. O.) ist durch besondere militärische Rücksichten veranlaßt.

Entziehung des Rechtes, über das Hausgeld zu verfügen. Der von *Krohne* (S. 353) gegen die Geldstrafe ins Feld geführte Gesichtspunkt, die Geldstrafe sei milder als die zu verbüßende Freiheitsstrafe, kann freilich nicht als durchschlagend anerkannt werden. Juristisch ergibt sich heute die Zulässigkeit der Geldstrafe aus der Einführung eines Anspruches auf die Arbeitsbelohnung (§ 84). Indessen ist die Geldstrafe eine sehr ungleichmäßig wirkende, deshalb unsoziale Strafe. Denn selbst bei Berücksichtigung der Strafzumessungsvorschrift des *AE.* 25 § 68 trifft sie den Täter je nach seiner wirtschaftlichen Lage auch im Gefängnis ganz verschieden. Die Gründe, die gleichwohl für die erweiterte Zulassung der Geldstrafe gegen freie Personen sprechen (Entbehrlichmachung der kurzen Freiheitsstrafen, *Begr.* zum *AE.* 25 S. 32), treffen bei Gefangenen nicht zu. Die Geldstrafe ist für Gefangene abzulehnen, weil ihre eigentliche wirtschaftliche Wirkung im Hinblick auf §§ 85, 87 erst im Zeitpunkt der Entlassung eintritt. Damit büßt die Geldstrafe den Charakter einer Hausstrafe als einer unmittelbar wirkenden Strafmaßnahme ein. Die einzige unmittelbar fühlbare Wirkung, daß der Gefangene das Hausgeld im Strafvollzug nicht nutzen kann, hat auch die Maßnahme des § 139 Ziff. 6. Bei dieser werden aber die Nachteile vermieden, die durch Verminderung des Arbeitslohnguthabens, dessen möglichste Erhöhung die Entlassenenfürsorge anstrebt, erwachsen können. Die Mehrzahl der Gefangenen mit Strafen bis zu neun Monaten verlassen heute das Gefängnis mit im Durchschnitt so geringen Guthaben, daß deren Kürzung für Strafzwecke schlechterdings unmöglich erscheint[28]). Die Beschränkung der Vollstreckbarkeit der Geldstrafe auf eigenes Geld des Gefangenen oder auf Guthaben, die einen gewissen Mindestbetrag übersteigen, empfiehlt sich ebenfalls nicht.

Das Hausstrafverfahren ist nach dem *Entw.* ein reines, ausschließlich vom Gefängnisvorstand beherrschtes (§ 145) Verwaltungsverfahren, ohne ausreichende Garantien, obwohl diese, namentlich im Hinblick auf die Einbeziehung sogar strafbarer Handlungen in die Anstaltsgerichtsbarkeit (§ 138 Abs. 2, 3) um so notwendiger erscheinen. Über das rechtliche Gehör des Beschuldigten gibt § 146 nur wenige Bestimmungen, über die Zulässigkeit des

---

[28]) In Sachsen beträgt das Arbeitsbelohnungsguthaben der Entlassenen im Durchschnitt bei Strafen von 3 bis 6 Monaten 12 RM., bei Strafen bis zu 9 Monaten 25 RM. Widmer erwähnt (Grundlagen, Grenzen und praktische Durchführung der Entlassenenfürsorge, Bern 1925, S. 19), daß 80% der in der Schweiz zur Entlassung kommenden Gefangenen wegen der Kürze ihrer Strafen keine Gelegenheit finden, sich einen genügenden Arbeitsverdienst zu erwerben.

Wiederaufnahmeverfahrens, über die Rehabilitation und über die Verjährung des Disziplinarstrafanspruches und des Vollzugs enthält der *Entw.* überhaupt nichts. Die gesetzliche Regelung des Disziplinarrechts sowohl in materieller als auch in formeller Hinsicht ist jedoch eine unabweisbare Notwendigkeit[29]). Die Arbeitsgemeinschaft für die Reform des Strafvollzugs hat sich deshalb dafür ausgesprochen, daß in größeren Anstalten bei schwereren Disziplinarverfehlungen der Grundsatz der Mündlichkeit und Unmittelbarkeit des Verfahrens und die richtige und gerechte Rechtsfindung dadurch zu gewährleisten sei, daß unverzüglich nach Begehung der Verfehlung die Verhandlung mit der Beweisaufnahme vor einem unter dem Vorsitz des Anstaltsleiters oder seines Stellvertreters tagenden, mit Anstaltsbeamten verschiedener Art kollegial besetzten Gericht stattfindet[30]). Daß die Entscheidung von Disziplinarfällen, wie das von verschiedenen Seiten angeregt worden ist[31]), den ordentlichen Gerichten übertragen wird, kann selbst vom Standpunkt der Rechtsverhältnistheorie Freudenthals aus (Sicherung der Rechtsstellung des Gefangenen mit allen Rechtsgarantien) nicht empfohlen

---

[29]) *Kriegsmann* S. 169, *MKrimPsych. 18,* 104 (statt des absolutistischen Prinzips das konstitutionelle Prinzip).

Der Gefangene hat heute im Hinblick darauf, daß zahlreiche wichtige Entscheidungen (z. B. über Versetzungen im Stufenstrafvollzug, über Beurlaubung, über bedingte Strafaussetzung, über Begnadigung usw.) auf dem Inhalt seiner Personalakten beruhen, weit mehr als früher das Interesse, daß er vor unrichtigen Einträgen in diese Akten geschützt wird, daß unzutreffende Entscheidungen abgeändert und daß nachteilige Vermerke in den Akten für ihn unschädlich gemacht werden. Hierzu sind das Wiederaufnahmeverfahren und die Rehabilitation nicht zu entbehren.

[30]) *MKrimPsych. 18,* 104 f., DJZ. *31,* 878 f. Die Festsetzung der Hausstrafen durch ein Kollegialgericht, die für den Jugendstrafvollzug auch Bondy (a. a. O. S. 84) empfiehlt, gefährdet keineswegs das Ansehen des Gefängnisvorstandes. Die bis jetzt in Deutschland (in Hamburg und Thüringen, wo Gefängnisgerichte bestehen) vorliegenden Erfahrungen lassen im Gegenteil die günstigen Wirkungen der Entscheidungen der Anstaltsgerichte auf die Gefangenen erkennen.

Kollegial besetzte Gefängnisgerichte gibt es im Auslande z. B. in Frankreich. Nach dem Bericht von Fuchs über das französische Zivilcontinentalgefängniswesen (*BlGK. 43,* 319 f., 345 und *46,* 379 f., 422) bestehen in den französischen Zuchthäusern sog. prétoires, besetzt mit dem Direktor als Vorsitzenden und einigen Gefängnisbeamten als Beisitzern mit beratender Stimme, die täglich Sitzungen abhalten.

[31]) *Kriegsmann* S. 179, Goldschmidt *VDA.* IV 395 (allgemeine Kontrolle des Strafvollzugs durch Richter), Internationales Programm der Howard League These 4 (MonBl. Reichsverb. f. Gerichtshilfe II, 19 f.). Dagegen (also wie im Texte) mit näherer Begründung: Vorschläge 1914 S. 43, Ellger a. a. O. S. 66.

werden, da die ordentlichen Gerichte den besonderen Verhältnissen des Gefängnislebens zu fern stehen. Es kann nur in Frage kommen, die Entscheidung wenigstens in wichtigeren Fällen durch eine kollegial zusammengesetzte, in engen Beziehungen zum Strafvollzug stehende besondere Behörde fällen zu lassen[32]). Auch der Tschechoslowakische EntwStG. 1926 plant die Einführung von Gefangenengerichten, bestehend aus einem Richter als Vorsitzenden und zwei zum Geschworenenamt befähigten Beisitzern, die in einem dem Verfahren vor den Bezirksgerichten entsprechenden Verfahren in erster Instanz über bestimmte Verfehlungen Strafgefangener und über verschiedene Strafvollzugsfragen, in zweiter Instanz über Beschwerden gegen Entscheidungen des Leiters der Strafanstalt in Disziplinarstrafsachen der Gefangenen zu entscheiden

---

[32]) Behörden ähnlicher Art gibt es schon in England. Siehe z. B. Prevention of Crime Act 1908, abgedruckt im Arch. f. Strafr. 57, 267 f., Part I 4 — visiting committees bei borstal detention — Part II 13 — boards of visitors bei preventive detention —, Part II 14 — committees zur Begutachtung der Führung für discharge on license aus preventive detention. Hierzu auch Aschrott, Strafensystem und Gefängniswesen in England, 1887, S. 157 f., 260 (über die Disziplinarstrafgewalt und die sonstigen Befugnisse der visiting committees), und Goldschmidt *VDA.* IV 105, 120, 295. Die in Belgien als Zwischenglieder zwischen der Zentralinstanz und den Gefängnisbehörden bestehenden Verwaltungs- und Aufsichtskommissionen (commissions administratives) haben ebenfalls gewisse Verwaltungsbefugnisse und Disziplinarstrafgewalt über Gefangene in gewissem Umfang (Starke, Belg. Gef.-Wesen 1877 S. 44 f., 146). Für Deutschland sind Entlassungsbehörden (Entlassungsämter) zur Entscheidung über die Zulässigkeit der vorläufigen Entlassung vorgeschlagen worden. Die Literatur hierüber s. bei Grünhut, Bedingter Straferlaß (*Aschrott-Kohlrausch* S. 138 f.). Dazu tritt noch Hamburg. Schr. z. mod. Strafv. Nr. 3 »Der Strafvollzug in Stufen« S. 56 (Sächs. Reformvorschläge von 1849 über den Beamtenkonvent). Aschrott stellt (a. a. O. S. 160) auf Grund der Erfahrungen in England ausdrücklich fest, daß die Kontrolle der Anstalten durch die visiting committees und deren Mitwirkung bei der Ausübung bestimmter Verwaltungsmaßnahmen die Autorität der für die Gefängnisverwaltung verantwortlichen Beamten in keiner Weise beeinträchtigt, daß vielmehr das Vertrauen des Publikums in eine geordnete Anstaltsverwaltung durch diese Teilnahme der Kommitteemitglieder erheblich gestärkt werde. Starke beschreibt in dem erwähnten kritischen Beitrag zur Deutschen Gefängnisreform (a. a. O. S. 45) unter Bezugnahme auf die Erfahrungen mit den belgischen Einrichtungen ausführlich die Vorteile, welche die Teilnahme von Kommissionen, wie die genannten belgischen, am Strafvollzug bieten. Er fügt hinzu, daß der Gedanke der Beteiligung von Laien an der Gefängnisverwaltung in Preußen bereits in dem leider nicht zur Ausführung gelangten Generalplane zur Verbesserung der Kriminalgerichtsverfassung und der Gefängnisse vom 16. 9. 1804 Ausdruck gefunden hat.

haben (§§ 96, 104 Abs. 3, 105, 106)[33]). Besonderes Gewicht ist auf die Beteiligung sachkundiger Laien an solchen kollegial besetzten Gefängnisbehörden zu legen, weil damit gleichzeitig das durch die Einführung der Anstaltsbeiräte (*GVF.* § 17 ff.) verfolgte Ziel, der Öffentlichkeit Einblick in den Strafvollzug zu gewähren, die Öffentlichkeit für die Aufgaben des Strafvollzugs zu interessieren und das Vertrauen der Gefangenen für diese Gefängnisbehörden zu gewinnen, eher erreicht würde.

Die Beschwerde des Gefangenen gegen die Disziplinarentscheidung ist nicht zu befristen. Einmal könnte eine solche Befristung die Gefangenen leicht veranlassen, grundlose Beschwerden übereilt, nur zum Zweck der Wahrung der Beschwerdefrist einzureichen. Weiter möchte aber auch der bloße Schein vermieden werden, als ob man einen Gefangenen in seinen Rechten verkümmern wolle. Es erhöht das Gefühl der Rechtssicherheit, wenn der Gefangene

---

Über die Zusammensetzung der belgischen commissions administratives (in der Hauptsache aus Laien), deren Verwaltungsbefugnisse und Mitwirkung bei Ausübung der Gnade sowie die Überwachung der Ausübung der Disziplinarstrafgewalt über Gefangene im einzelnen s. Notice sur l'organisation des prisons en Belgique, Bruxelles, Imprimerie du Moniteur Belge, 1910, S. 10 f. In Österreich bestehen zur Überwachung der Anwendung der Vorschriften über die Einzelhaft insbes. zur Entscheidung über Beschwerden Gefangener, Strafvollzugskommissionen, die aus Staatsbeamten (Richtern und Staatsanwälten) und aus nicht im Staatsdienst stehenden, vom Justizminister ernannten Vertrauenspersonen zusammengesetzt sind (Ges. 1. 4. 1872 betr. d. Vollzug v. Freiheitsstrafen in Einzelhaft usw. RGBl. S. 108 ff. §§ 10 ff.), ferner als Strafvollzugsbehörden (§§ 12 ff., 16 Ges. 23. 7. 1920 StGBl. S. 1555 ff. über die bedingte Verurteilung) fungierende Kommissionen, die aus Richtern, Staatsanwälten und Gefängnisbeamten zusammengesetzt sind und über die bedingte Entlassung Strafgefangener zu entscheiden haben (s. hierzu auch VO. der Bundesministerien v. 22. 5. 21 BGBl. S. 1075 ff.).

[33]) *Begr.* S. 95: »Diese neue Einrichtung soll es möglich machen, daß laufende Fragen, die während des Vollzugs der Strafe oder sichernden Maßnahmen vom Gerichte gelöst werden sollen, von einem solchen Gerichtshof entschieden werden, der mit dem inneren Leben in der Straf- oder Sicherungsanstalt in ständiger Berührung steht, und daß hinwieder die Gefangenen in Fragen, die den Vollzug der Strafe oder sichernden Maßnahmen wesentlich berühren, jene Bürgschaften einer unparteiischen und sachlichen Entscheidung erhalten, die nur ein gerichtliches Verfahren zu bieten vermag.« S. 96: »Es wird wünschenswert sein, daß der Aufsichtsrat einen ständigen Verteidiger bestelle, der infolge seiner Vertrautheit mit dem inneren Leben und den Bedürfnissen der Anstalt darüber wachen könnte, daß die Zuchtvorschriften nicht zuungunsten der Gefangenen ausgelegt werden und daß auch überflüssige Härte oder gar Unrecht vermieden werde.«

die Beschwerde sogar noch nach seiner Entlassung aus dem Gefängnis erheben darf.

Daß die Beschwerde vor Beginn des Vollzugs und während des Vollzugs der Hausstrafe, z. B. der Arreststrafe, eingelegt werden kann, und daß ihre Zulassung nicht bis nach Abschluß des Vollzugs hinausgeschoben werden darf, ist selbstverständlich. Das Abschneiden der Beschwerde durch schleunigen Vollzug der Hausstrafe in solchen Fällen, in denen nicht der alsbaldige Vollzug geboten ist (§ 148 Abs. 1), entspricht nicht der Würde und dem Ansehen der Strafvollzugsbehörde. Von der durch § 217 Abs. 2 gegebenen Möglichkeit des Aufschubs oder der Unterbrechung ist nicht nur ausnahmsweise Gebrauch zu machen. Es möchte auch in allen geeigneten Fällen geprüft werden, ob der Vollzug kurze Zeit aufgeschoben werden könnte, um dem Verurteilten Gelegenheit zum Besinnen und zur Entschuldigung zu geben[34]).

Zum Schluß noch eine Bemerkung über die Abfassung der Disziplinarentscheidung. § 146 Abs. 5 möchte durch folgende Vorschrift ersetzt werden: »Die Entscheidung ist schriftlich niederzulegen und zu begründen. Auf die Vermerke nach Abs. 4 darf wegen des Tatbestandes verwiesen werden.« Diese den Vorschriften des § 267 StPO. angepaßte veränderte Fassung genügt dem praktischen Bedürfnis besser. Daß sich aus den Vermerken nach Abs. 4 auch die Begründung der Entscheidung (namentlich hinsichtlich der gewählten Strafart) ergibt, ist für den Regelfall nicht anzunehmen.

---

[34]) Dies hat Weiß *MKrimPsych. 16,* 185 mit guten Gründen vorgeschlagen. Siehe auch *Klein* 1 b zu § 89: »Reue und Bitte um Nachsicht müssen berücksichtigt werden.«

Gefangenenarbeit.

Von

Regierungsrat Otto Krebs, Untermaßfeld.

Unter Gefangenenarbeit ist die Arbeit zu verstehen, die während der Verbüßung einer nach den Gesetzen erkannten Freiheitsstrafe und in Verbindung mit der dadurch bedingten Entziehung der Freiheit unter einem bestimmten Zwange von Gefangenen geleistet wird. Es ist also nicht jede Ausnutzung der Arbeitskraft von Gefangenen als Gefangenenarbeit anzusprechen; ihre Voraussetzung bildet immer das Bestehen einer Freiheitsstrafe im heutigen Rechtssinne. Von einer solchen kann aber erst seit verhältnismäßig kurzer Zeit gesprochen werden. Die Strafen des Altertums waren solche am Vermögen oder an Leib und Leben und seine Gefängnisse Einrichtungen, die ausschließlich der Verwahrung von Rechtsbrechern bis zur Fällung des Urteils und darüber hinaus bis zur Vollstreckung der erkannten Strafen dienten. Es galt der Satz Ulpians, »daß Gefängnisse nicht zur Bestrafung, sondern zur Bewachung von Menschen dienen[1])«. Trotzdem kannte man die zeitige und auch lebenslängliche Hafthaltung von Rechtsbrechern. Man hatte erkennen müssen, daß die Vollstreckung der blutigen Strafen schwere wirtschaftliche Schäden für die Gesellschaft im Gefolge hatte, und versuchte daher unter Schonung von Gesundheit und Leben die Arbeitskraft des Rechtsbrechers zum Vorteil des Staates auszunutzen. Die Strafe bestand in dem Zwang zur Arbeit, in der Zwangsarbeit, die notwendigerweise mit der Festhaltung des Zwangsarbeiters verbunden war. Daneben hielt man noch lange an den blutigen Strafen fest, weil man glaubte, sie zur Bekämpfung des Verbrechens nicht entbehren zu können. Erst mit der eintretenden Wandlung der Anschauungen vom sittlichen Wert dieser Strafen begann sich ein neuer Strafbegriff durchzusetzen. Der Gedanke der Abschreckung blieb zwar bestehen, aber neben ihm entwickelte sich ein neuer Zweck der Strafe: man begann Zuchthäuser einzurichten, in denen arbeitsscheue und liederliche Per-

---

[1]) *Krohne* S. 6.

sonen an ein ordentliches Leben gewöhnt werden sollten. Den Anfang machte London damit um 1550, eine ganze Reihe von deutschen Städten folgte dem gegebenen Beispiele, so daß bis zum Ende des 18. Jahrhunderts in Deutschland über 60 Zuchthäuser vorhanden waren.

Bezeichnend für den neuen Geist, der in diesen Anstalten herrschte, waren die Inschriften, die sie zum Teil trugen, z. B. das Hamburger Zuchthaus: »Labore nutrior, labore plector[2]).« Die Anstalten sollten der Besserung und Erziehung des Rechtsbrechers dienen und ihn zu einem ordentlichen Leben hinführen. Dieser Zweck sollte erreicht werden durch längere Freiheitsstrafen bei fleißiger Arbeit und strenger, sittlicher und religiöser Zucht. Eine ganz wesentliche Förderung erhielten die Reformbestrebungen durch John Howard. Von ihm stammt der Ausspruch: »Make them diligent and they will be honest[3]).« Der Erfolg seiner Arbeit war ein Gefängnisgesetz vom Jahre 1778, das statt der üblichen Deportation den Strafvollzug in Einzelhaft vorsah. Aber nur schwer setzten sich die Reformen gegen den passiven Widerstand der Lokalbehörden durch. Erst der Society of Friends und mit ihr Elisabeth Fry gelang es 1813 die Bewegung weiterzuführen. In Amerika waren es die Quäker, die aus ihrer religiösen Einstellung heraus den Strafvollzug reformierten. In strenger Einzelhaft bei angestrengter Arbeit und unter ständiger religiöser und sittlicher Einwirkung sollten die Rechtsbrecher zu ordentlichen und fleißigen Menschen erzogen werden. Friedrich Wilhelm IV. von Preußen ließ 1849 nach den Plänen des englischen Gefängnisses Pentonville die Strafanstalt Moabit erbauen; ein Zellengefängnis mit Einzelhaft. Für die Ausgestaltung der Gefangenenarbeit blieb aber Moabit von geringem Einfluß, weil die Einzelhaft diese naturgemäß nicht zuließ.

Aus der Vereinigung von Einzelhaft und Gemeinschaftshaft hatte sich in Verbindung mit der Idee »einer stufenweisen Minderung des Strafdruckes bei gutem Verhalten[4])« das Progressivsystem entwickelt. Hier ging England voran, indem es die Gefangenen von der strengen Einzelhaft zur gemeinschaftlichen Arbeit und schließlich zur bedingten Beurlaubung hinführte, während Irland zwischen der Gemeinschaftshaft und der Beurlaubung noch den Aufenthalt in einer Zwischenanstalt mit einer Art Halbfreiheit vorsah. Auch in Deutschland waren Anläufe in der Richtung eines gemischten Systems von

---

[2]) *Krohne* S. 15.

[3]) *Krohne* S. 16.

[4]) Wahlberg in v. Holtzendorff-Jagemann, Handbuch des Gefängniswesens 1888, S. 118 Bd. 1.

Einzelhaft und Gemeinschaftshaft gemacht worden. Die Art des Haftsystems, die Frage, ob Einzel- oder Gemeinschaftshaft, waren natürlich immer von großer Bedeutung für die Gefangenenarbeit, weil durch sie mehr oder weniger erst die Voraussetzungen für die verschiedenen Arten und Zweige der Arbeit geschaffen wurden.

*

Die rechtliche Grundlage für die Strafjustiz und damit auch für den Strafvollzug in Deutschland ist das RStGB. vom 15. Mai 1871. Die Bestimmungen über den Strafvollzug sind sehr dürftig und lückenhaft, sie umreißen lediglich die verschiedenen Haftarten und bringen für die Gefangenenarbeit nur einige wenige Grundsätze. Nach Art. 7 Ziff. 3 DRV. hat das Reich die Gesetzgebung auch über den Strafvollzug. Der *Entw.* eines Gesetzes über die Vollstreckung der Freiheitsstrafen wurde am 19. März 1879 dem Bundesrat vorgelegt; er scheiterte jedoch schon hier an den hohen Kosten, blieb aber für die weitere Ausgestaltung des Gefängniswesens in Deutschland von bestimmendem Einfluß. Die Vielgestaltigkeit des Strafvollzugs der einzelnen Bundesstaaten wurde bis zu einem gewissen Grade beseitigt durch die »Grundsätze, welche bei dem Vollzuge gerichtlich erkannter Freiheitsstrafen bis zu weiterer gemeinsamer Regelung zur Anwendung kommen«, die sich die Bundesregierungen am 28. Oktober 1897 gaben. Ein Strafvollzugsgesetz, wie es durch die Grundsätze vorbereitet worden war, wurde aber trotz mannigfacher Bemühungen nicht erlassen; es blieb bei der Entschließung des Reichstages von 1896 und bei dem *Entw.*, den eine Kommission des Vereins deutscher Strafanstaltsbeamten 1913 ausgearbeitet hatte. Im Jahre 1923 kam es zu neuen Vereinbarungen der Landesregierungen, die am 7. Juni 1923 als »Grundsätze für den Vollzug von Freiheitsstrafen« durch das Reichsjustizministerium veröffentlicht wurden. Sie gleichen in ihrer rechtlichen Form den *BGr.* und bilden so lediglich Richtlinien für die von den einzelnen Landesregierungen erlassenen Strafvollzugsordnungen. Abgelöst sollen sie nunmehr werden durch ein Strafvollzugsgesetz, das 1927 im *Entw.* fertiggestellt worden ist.

*

Eine einheitliche, umfassende und allgemein anerkannte Straftheorie, die für alle Zeiten und Völker Geltung haben könnte, gibt es nicht. Der alte Streit um das Wesen, den Grund und den Zweck der Strafe dauert unvermindert fort bis in unsere Zeit. Nur langsam gelingt es, die Gedanken der Vergeltung und Sühne, aus dem Gefühl der Rache am Rechtsbrecher stammend, zu überwinden, und noch immer wird an dem Gedanken der bloßen Abschreckung festgehalten.

Trotzdem setzt sich immer mehr die Überzeugung durch, daß die Zeit der Freiheitsentziehung dazu benutzt werden muß, den Rechtsbrecher zu bessern und zu erziehen. Wie aber auch die Ansichten über Sinn und Zweck der Strafe gewesen sind und noch sein mögen; in jedem Fall hat die Arbeit der Gefangenen in den Gefängnissen eine ganz besondere Stellung im Strafvollzug eingenommen. »Das Problem des Strafvollzuges ist das Problem der Gefangenenarbeit[5])!« Mit diesem Ausspruch ist die ganze Bedeutung der Gefangenenarbeit für den Strafvollzug herausgehoben worden. Immer ist sie das entscheidende Strafmittel gewesen, das im Sinne des jeweilig gewollten Strafzweckes vergelten, sühnen oder abschrecken sollte und das nun im heutigen Strafvollzug erziehen soll.

*

Im Vergeltungs- und Abschreckungs-Strafvollzug wollte man durch Arbeit strafen; die Arbeit sollte von den Gefangenen als ein Übel empfunden werden. Diese Einstellung zur Arbeit führte zu Beschäftigungen der Gefangenen, die »in Wahrheit nicht mehr Arbeit, sondern nur Mühen[6])« waren. Es wurden von den Gefangenen Steinlasten nutzlos von einer Stelle zur anderen geschleppt, irgendwelche Wasserpumpen bewegt, die das gepumpte Wasser wieder zurückfließen ließen oder Tretmühlen in Bewegung gesetzt, die keinerlei Zwecken nutzbar gemacht wurden, wie das in England während des 19. Jahrhunderts geschehen ist. Man hat mit diesem System sehr schlechte Erfahrungen gemacht. Die Gefangenen empfanden den Zwang zu solchen eintönigen und nutzlosen Arbeiten als »Folter und grauenvollste Rache«; sie wurden selbst verstockt und rachsüchtig, und ihre Rückfälligkeit wurde erschreckend hoch. Von der Auffassung, daß die Arbeit und der Zwang dazu als Übel anzusehen seien, sind die Bestimmungen des RStGB. vom 15. Mai 1871 über die Gefängnisarbeit erfüllt. Nach der Schwere der vier Haftarten: Zuchthaus, Gefängnis, Festungshaft und Haft wird auch die Schwere des Strafdruckes, der durch die Gefangenenarbeit erzielt werden soll, verschieden bemessen. Zuchthausgefangene sind zu den in der Strafanstalt eingeführten Arbeiten anzuhalten, sie können auch zu Arbeiten außerhalb der Anstalt verwendet werden (§ 15). Der Arbeitszwang ist hier ein vollständiger; Außenarbeit, als besonders beschämend für den der Öffentlichkeit gezeigten Gefangenen gedacht, wird ausdrücklich als zulässig erklärt. Gefängnisgefangene können

5) *Kriegsmann* S. 206.

6) v. Jagemann in v. Holtzendorff-Jagemann, Handbuch des Gefängniswesens 1888, Bd. 2 S. 231.

auf eine ihren Fähigkeiten und Verhältnissen angemessene Weise beschäftigt werden; auf ihr Verlangen sind sie in dieser Weise zu beschäftigen. Zur Beschäftigung außerhalb der Anstalt ist ihre Zustimmung notwendig (§ 16). Sie müssen auch nicht beschäftigt werden; ihr Schamgefühl wird durch die Bestimmung über die Zuteilung zur Außenarbeit geschont. Gefangene in Festungshaft haben keinen Anspruch auf Beschäftigung; andernfalls besteht die Strafe neben der Freiheitsentziehung lediglich in der Beaufsichtigung der frei gewählten Beschäftigung und der Lebensweise der Gefangenen; es können jedoch nach der Auslegung bestimmte Beschäftigungsarten ausgeschlossen werden (§ 17). Haftgefangene können nicht zur Arbeit gezwungen werden, auch haben sie keinen Anspruch auf Beschäftigung (§ 18). Qualifizierte Haft (§§ 361, 362) ist mit Arbeitszwang wie im Gefängnis verbunden. Hinsichtlich der Außenarbeit sind diese Häftlinge den Zuchthausgefangenen gleichgesetzt; sie können unter bestimmten Voraussetzungen nach dem Vollzug der Strafe noch bis zu zwei Jahren in korrektionelle Nachhaft gebracht werden. Uneinbringliche Geldstrafen können auf Grund des Gesetzes vom 21. Dezember 1921 durch freie Arbeit, d. h. durch Zwangsarbeit ohne Entziehung der Freiheit getilgt werden (§ 28 b). Der *EntwStVG.* 79 und die *BGr.* vertiefen die Tendenz, die Arbeit nach der Schwere der Haftart verschieden hart zu gestalten noch dadurch, daß sie für das Zuchthaus eine längere Arbeitszeit vorsehen als für das Gefängnis. Die *GVF.* weichen davon nicht ab, sondern sagen ausdrücklich, daß die tägliche Arbeitszeit nach der Art der Strafe verschieden zu bemessen sei (§ 73), welche Bestimmung der *EntwStVG.* 27 übernommen hat (§ 78).

Grundsätzlich wird im *EntwStVG.* 27 die Beschäftigung eines jeden Gefangenen vorgesehen (§ 70). Dabei wird unterschieden zwischen Zwangsarbeit und Selbstbeschäftigung. Zuchthaus- und Gefängnisgefangenen ist Arbeit zuzuweisen (§ 79); die im Arbeitshaus Untergebrachten sind verpflichtet, zugewiesene Arbeit zu leisten (§ 282), ebenso die Untergebrachten der Sicherungsverwahrung (§ 287). Arbeit kann zugewiesen werden den Untergebrachten in Heil- und Pflegeanstalten (§ 273). Verpflichtet, zugewiesene Arbeit zu leisten, sind die Untergebrachten im Arbeitshaus (§ 282) und in der Sicherungsverwahrung (§ 287). Einschließungs- und Haftgefangene sind verpflichtet zu arbeiten (§§ 177 und 191). Selbstbeschäftigung während der Arbeitszeit ist nicht gestattet den Zuchthaus- und Gefängnisgefangenen (§ 79), sowie den Untergebrachten in Arbeitshäusern (§ 282); sie kann gestattet werden den Untergebrachten in Sicherungsverwahrung (§ 287), und ist auf Antrag zu gestatten den

Untergebrachten in Trinkerheilanstalten (§ 277). Einschließungsgefangene (§ 177) und Haftgefangene (§ 191) dürfen sich selbst beschäftigen, jedoch ist ihnen Arbeit zuzuweisen, wenn das nicht geschieht.

Alles in allem ist mit jeder Unterbringungs- und Haftart also ein bestimmter Arbeitszwang verbunden, der sich besonders stark auswirkt im Gefängnis und im Zuchthaus, und der am schonendsten angewandt werden soll bei der Einschließung und der Haft. Aber auch hier hat der Häftling nur die Wahl zwischen arbeiten wollen oder arbeiten müssen, so daß der Zwang zur Arbeit nach dem *Entw.* ein allgemeiner ist. Ausnahmen davon ergeben sich nur für kranke Gefangene (§ 103) und Untergebrachte (§ 273). Der Zwang zur Arbeit an sich kann als sittlich berechtigt wohl angesehen werden, wenn er ausgeübt wird in dem Sinne, daß er den ersten Anstoß zur Arbeit darstellt. Er müßte jedoch ganz individuell und gradweise ausgeübt werden, wenn er erziehlichen Wert haben soll. Die Abstufung des Zwanges und der Arbeitszeit nach den Strafarten muß als letzter Rest des Bestrebens, die Gefangenenarbeit als ein Strafübel zu kennzeichnen, angesehen werden, was mit den erzieherischen Bestrebungen des *EntwStVG.* 27 nicht in Einklang zu bringen ist.

Ein Zwang liegt auch in der Festsetzung eines bestimmten Tagwerkes oder Pensums für die Gefangenenarbeit. Der *EntwStVG.* 79 wollte das tägliche Arbeitsmaß nach der mittleren Tagesleistung eines gesunden Arbeiters unter Berücksichtigung der persönlichen Leistungsfähigkeit bestimmen, die Ableistung des Pensums sollte jedoch nicht von der Verpflichtung bis zum Schlusse der Arbeitszeit fortzuarbeiten, befreien (§ 24). Die *BGr.* kennen die Festsetzung eines Pensums nicht, trotzdem hatten es die einzelnen Länder durchweg eingeführt. Die *GVF.* bestimmten, daß nach Erfordern ein Tagewerk festzusetzen sei, dem die mittlere Leistung eines gesunden und arbeitskundigen Gefangenen zugrunde zu legen wäre, wobei für weniger leistungsfähige oder arbeitsunerfahrene Gefangene Abstriche gemacht werden sollten. Von der Pflicht, nach Leistung des Tagewerks bis zum Schluß der Arbeitszeit weiterzuarbeiten, könne befreit werden (§ 74). Der *EntwStVG.* 27 kennt die Festsetzung eines Pensums ebenfalls nicht, sondern setzt fest, daß jeder Gefangene zu leisten habe, was er nach seinen Fähigkeiten und Körperkräften zu leisten vermöge (§ 81). Der Zwang zu einer Leistung besteht also fort, ist aber individuell bestimmt, was nach den schlechten Erfahrungen mit der Pensumarbeit zu begrüßen ist. Diese entmutigte den Schwachen und Ungeschickten, verleitete aber den Kräftigen und Geschickten zur Trägheit und begünstigte die Pfuscharbeit.

Entziehung der Arbeit wurde allgemein als eine Strafverschärfung verhängt und auch als solche empfunden. Unter dem Pennsylvanischen System arbeiteten die zu einsamer Haft verurteilten Gefangenen in der Regel nicht. Schon früher wurde die einsame Haft ohne Arbeit auf Grund des Josephinischen Kriminalgesetzes von 1787 angewandt, Friedrich Wilhelm III. ordnete 1798 an, daß straffällig gewordene Studenten der preußischen Akademien ebenso zu bestrafen seien. Die Folge der Bedrückung durch die ungeheure Einsamkeit und Beschäftigungslosigkeit waren schwere körperliche und geistige Schäden der Gefangenen, weshalb schließlich die Entziehung der Arbeit nur noch als Disziplinarstrafe verhängt wurde. Sowohl der *EntwStVG.* 79 (§ 38) als die *BGr.* (§ 34), wie auch *GVF.* (§ 143) und der *EntwStVG.* 27 (§ 144) sehen Entziehung der Arbeit als Verschärfung der Arreststrafe vor. Es scheint zunächst ein Widerspruch zu bestehen zwischen der Auffassung, daß Gefangenenarbeit als ein Strafübel zu gelten habe, daß aber anderseits die Entziehung dieses Übels eine Verschärfung der Strafe darstellen soll. Der Widerspruch ist aber nur ein scheinbarer, die Entziehung der Arbeit war tatsächlich ein noch größeres Übel als die unter Zwang stehende bewußt zur Qual gestaltete Arbeit selbst. Diese Auffassung wurde auch bei der Einführung der Tretmühle vertreten, die als ein menschenfreundliches Werk gepriesen wurde. Entziehung der Arbeit kann von erziehlichem Wert nur sein, wenn sie für eine recht kurze Zeit ausgesprochen wird, um einem Gefangenen, der sich in der Anstalt etwa gegen die Hausordnung vergangen hat, Zeit und Gelegenheit zur Besinnung zu geben, d. h. für die Zeit der Unterbringung in einer Beruhigungszelle oder bei k u r z e n Arreststrafen.

*

Wird die Besserung und Erziehung des Rechtsbrechers als Strafzweck anerkannt, so muß die Arbeit als wertvolles Erziehungsmittel in den Dienst des Strafvollzugs gestellt werden. Nicht jede Arbeit wirkt erziehlich, sondern nur die Arbeit in ihrer natürlichen Form, die nicht auf den Strafanstaltsbetrieb besonders zugeschnitten worden ist. Dabei ist zu beachten, daß es weniger die Arbeit an sich ist, die erzieht, sondern daß es die Begleitumstände sind, die in Verbindung mit der Arbeit einen Einfluß ausüben. Von unmittelbarer Bedeutung ist die Arbeit für den Gefangenen, weil sie für ihn, der von den Lebensgütern mehr als andere Menschen getrennt lebt, schon rein zeitlich gesehen zum Lebensinhalt wird. Sie befriedigt den Beschäftigungstrieb und hilft über die Langeweile und Leere hinweg, die die sicheren Folgen der Beschäftigungslosigkeit sein würden. Zu keiner Zeit ist die Ordnung in einer Strafanstalt mehr gefährdet, als bei entstehendem Mangel an Arbeit, denn Müßiggang ist aller Laster Anfang. Die *GVF.* erklären deshalb die regelmäßige Beschäftigung der Gefangenen als die Grundlage eines geordneten Strafvollzugs; alle Gefangene sind zur Arbeit anzuhalten, soweit das Gesetz es zuläßt, auch den Gefangenen, die zur Arbeit nicht verpflichtet sind, soll Arbeit auf Verlangen gegeben werden (§ 62). Ebenso fordert der *EntwStVG. 27* die dauernde Beschäftigung der Gefangenen (§ 70).

Die Arbeit darf aber nicht nur die Zeit des Gefangenen und bestenfalls seine körperliche Kraft beanspruchen, sondern muß sich auch an seinen Geist wenden. Der Mensch will mit seiner Arbeit, auch mit der rein körperlichen, doch irgendeinen Zweck oder Nutzen als Folge seiner Kraftanstrengung verbunden sehen. Fehlt dieser Antrieb zur Arbeit, so muß er ersetzt werden durch äußeren Zwang, durch den die Arbeit für den Gefangenen zu einem Übel wird, dem er nach Möglichkeit auzuweichen versucht. Ebenso liegt es, wenn die Arbeit zwar einen Zweck oder Nutzen hat, dabei aber so einförmig und geistlos ist, daß dieser in keinem Verhältnis zur aufgewendeten Zeit und Mühe steht, wie das z. B. beim Auslesen von Hülsenfrüchten oder dem Zerlegen von Tauenden in Fasern usw. der Fall ist. Die Arbeit muß also nützlich sein in jeder Beziehung. Die *GVF.* werden dieser Forderung gerecht, wenn sie verlangen, daß auf die dauernde Beschäftigung jedes Gefangenen mit nützlicher Arbeit hinzuwirken ist (§ 63), ebenso auch der *EntwStVG. 27*, der bestimmt, daß jeder Gefangene dauernd mit nützlicher und erziehlicher Arbeit beschäftigt werden soll (§ 70).

Der *Entw.* verlangt also auch, daß die Arbeit erziehlich sein soll. Damit wird die Abstellung der Gefangenenarbeit auf einen Zweck verlangt, der über die Nur-Beschäftigung während der Strafzeit und die Erzielung eines Arbeitsproduktes weit hinausgeht. Unter Erziehung des Rechtsbrechers im Strafvollzug kann nicht seine Erziehung zum guten Gefangenen, sondern zum Staatsbürger verstanden werden. Der Gefangene soll während der Verbüßung seiner Strafe in den Stand gesetzt werden, sein Leben nach der Entlassung aus eigener Kraft zu führen, ohne mit den Strafgesetzen in Konflikt zu geraten; es soll der Rückfall verhütet werden. Das kann aber nur dadurch erreicht werden, daß der Gefangene in der Strafanstalt lebenstüchtiger gemacht wird. Dazu gehört neben der Einwirkung auf seinen Verstand und auf sein Gemüt auch in erster Linie seine Unterrichtung und Ausbildung in einem Beruf, oder bei berufskundigen Gefangenen die Fortbildung in einem solchen. Nach dem

EntwStVG. 79 sollte bei der Zuweisung der Sträflinge zu einem Arbeitszweig auf die Kenntnisse und das künftige Fortkommen, bei der Beschäftigung der Gefängnissträflinge außerdem auf den Bildungsgrad, auf die Lebensgewöhnung und möglichst auf deren Wünsche Rücksicht genommen werden (§ 23). Die *BGr.* fordern neben der Rücksichtnahme auf die Fähigkeiten und das künftige Fortkommen sämtlicher Gefangenen auch noch solche auf den Bildungsgrad und die Berufsverhältnisse der Gefängnisgefangenen (§ 18). Die *GVF.* schreiben deshalb vor, daß bei der Zuteilung zur Arbeit auf die Kenntnisse und Fähigkeiten, auf Lebensalter, Beruf und Bildungsgrad der Gefangenen Rücksicht zu nehmen ist, und daß Gefangene mit längerer Strafdauer, die keinen Beruf erlernt haben, soweit als möglich in einem solchen auszubilden oder, soweit sie in einem Berufe tätig waren, in ihm zu beschäftigen und weiterzubilden sind (§ 68). Nach dem *EntwStVG.* 27 sind solche Gefangene im Rahmen des Strafvollzugs in einem Beruf auszubilden bzw. zu beschäftigen oder weiterzubilden. Den Wünschen der Gefangenen in dieser Richtung soll tunlichst entsprochen werden (§ 80). Bei jugendlichen Sträflingen sollten für die Beschäftigung nur die Rücksichten auf die Erziehung und das künftige Fortkommen derselben maßgebend sein (*EntwStVG.* 79 § 27), während nach dem *BGr.* bei der Zuweisung von Arbeit an jugendliche Gefangene besonderes Gewicht auf die Erziehung gelegt werden sollte (§ 18). Jugendliche Gefangene sollen nach den *GVF.* bei längeren Strafen ein Handwerk oder einen sonstigen Beruf erlernen; die Einrichtung der Arbeitsbetriebe, die Auswahl der Beamten und die Zuweisung der Gefangenen in die Betriebe soll mit Rücksicht auf diesen Zweck geschehen (§ 203). Der *EntwStVG.* 27 übernimmt diese Bestimmung und will außerdem, daß jugendliche Gefangene die etwa in der Freiheit begonnene Lehrzeit in der Strafanstalt zu Ende führen können. Die Zuweisung zur Arbeit soll so erfolgen, daß die Erziehung und Fortbildung und die körperliche Entwicklung der Minderjährigen gefördert werden (§ 204). Diese Bestimmungen dehnt der *Entw.* aus auf Volljährige unter 25 Jahren, soweit sie in einer besonderen Anstalt oder Abteilung (§ 19) untergebracht worden sind (§ 209). Die Ausbildung im Beruf soll bei allen Jugendlichen und bei Minderjährigen unter 25 Jahren in den besonderen Anstalten und Abteilungen nach dem *EntwStVG.* 27 vervollständigt werden durch Erteilung von Fortbildungs- und gewerblichem Unterricht (§ 200), wie auch schon die *GVF.* bestimmt hatten, daß der Unterricht für jugendliche und minderjährige Gefangene dem Fortbildungsschul-Unterricht ähnlich zu gestalten sei.

Alle Gefangenen aber, einerlei welchen Alters und Berufs, müssen mit ihrem Willen zur Arbeit hingeführt werden; bloße Gewöhnung an Arbeit nützt nur wenig, da sie sich allzusehr an die Oberfläche wendet und nicht an die innersten und tiefsten Kräfte im Menschen. Neben der Arbeitsfähigkeit muß die Arbeitswilligkeit des Gefangenen erreicht werden, d. h. ein von ihm mit zwingender Notwendigkeit ausgehendes Arbeitsbegehren, das allein eine Beständigkeit für die Zukunft verbürgt. Mit dem Willen zur Arbeit wächst der Wille zur Eigentätigkeit, es kommt das Verlangen nach Selbständigkeit und Verantwortung; aus dem Arbeiten will das Schaffen werden. Leider hat der *EntwStVG.* 27 die sehr wertvolle Bestimmung der *GVF.*, wonach die Gefangenen bei der Arbeit in steigendem Maße an Selbständigkeit und Verantwortung zu gewöhnen sind (§ 69), nicht übernommen!

*

Selbstverständlich darf der Gefangene durch die Arbeit in der Strafanstalt nicht an seiner Gesundheit geschädigt werden. Auf die Erhaltung der körperlichen und geistigen Gesundheit ist ganz allgemein im Strafvollzug Bedacht zu nehmen (*GVF.* § 94, *EntwStVG.* 27 § 92), im besonderen sind die Gefangenen bei der Arbeit gegen gesundheitliche Gefahren ausreichend zu schützen (*GVF.* § 71), bzw. es gelten die zum Schutze von Leben und Gesundheit freier Arbeiter erlassenen Vorschriften auch in der Strafanstalt (*EntwStVG.* 27 § 75). Es sind also alle Arbeiten, die geeignet sind, die Gesundheit der Gefangenen zu schädigen, auszuschließen. Die Arbeitsräume müssen hell und luftig sein, die Verbindung von Arbeits- und Schlafräumen ist möglichst zu vermeiden. Zur Förderung der Gesundheit soll besonders Gewicht auf Arbeiten im Freien gelegt werden, vornehmlich auf landwirtschaftliche Arbeiten und auf solche zur Erschließung von Ödland (*GVF.* § 63, *EntwStVG.* 27 § 71). Daß die Gefangenen mit diesen Arbeiten nur beschäftigt werden dürfen, soweit das Gesetz es zuläßt, wurde bereits berührt. Bei Arbeiten im Freien sollen die Gefangenen von freien Arbeitern und von Gefangenen anderer Strafarten, soweit möglich, getrennt gehalten werden (*EntwStVG.* 27 § 76), was aber rein arbeitstechnisch kaum immer durchzuführen ist. Jugendliche Gefangene sollen möglichst viel im Freien beschäftigt werden (*EntwStVG.* 27 § 204), möglichst einen ganzen Arbeitstag in jeder Woche, wenn auch auf mehrere Wochentage verteilt (*GVF.* § 204). Zur Erhaltung der Gesundheit gehört auch die Festsetzung einer angemessenen Arbeitszeit, die den Gefangenen vor einem übermäßigen

Verbrauch seiner Arbeitskraft schützt. Eine unterschiedliche Festsetzung der Länge der Arbeitszeit nach den verschiedenen Strafarten konnte vom Standpunkte des Erziehungsstrafvollzuges aus nicht vertreten werden (s. w. o.). Der *EntwStVG.* 79 bemaß die Arbeitszeit für Zuchthausgefangene im Sommer auf 11, im Winter auf 10 Stunden, für Gefängnisgefangene auf 10 bzw. 9 Stunden (§ 24). Die *BGr.* ließen eine Verlängerung der Arbeitszeit für Zuchthaussträflinge auf nicht mehr als 12 Stunden, für Gefängnis- und Haftsträflinge auf nicht mehr als 11 Stunden zu (§ 20), während nach den *GVF.* die tägliche Arbeitszeit in der Regel im Zuchthause nicht mehr als 10 Stunden (§ 155), im Gefängnis nicht mehr als 9 Stunden (§ 160) betragen sollte. Die tägliche Arbeitszeit für Jugendliche, die bis dahin nicht besonders festgesetzt worden war, wurde auf 8 Stunden bemessen (*GVF.* § 205). Der *EntwStVG.* 27 hat daran nichts geändert (§ 152), setzt aber für die Einschließungs- und Haftgefangenen die tägliche Arbeitszeit auf nicht mehr als 8 Stunden fest.

Wenn man bedenkt, daß die Gefangenen nicht nur arbeiten sollen, sondern daß noch Zeit für die Bewegung im Freien, für die Einnahme der Mahlzeiten, für Vorführungen beim Direktor, beim Arzt usw., für Unterricht und Turnen benötigt wird, so muß eine Arbeitszeit von 10 Stunden als zu lang angesehen werden. Die Gefangenen haben nach der zu lang ausgedehnten Arbeit nicht mehr die nötige Frische, um noch aufnehmen zu können; ihr Gesundheitszustand muß bei der Besonderheit des Gefängnislebens leiden. In Wirklichkeit wurde in keiner Strafanstalt so lange gearbeitet, denn alle die oben angeführten Verrichtungen wurden notwendig während der Arbeitszeit ausgeführt und verkürzten diese oft um viele Stunden. Es ist schon weit richtiger, eine kürzere durchgehende Arbeitszeit von etwa 8 Stunden täglich einzuführen und die Arbeit selbst recht intensiv zu gestalten, alle anderen Verrichtungen aber in die Freizeit zu verlegen, die so im erziehlichen Sinne ausgestaltet werden könnte. Daß in Notfällen und bei landwirtschaftlichen Arbeiten die regelmäßige Arbeitszeit bis zu der für freie Arbeiter zulässiger Dauer überschritten werden kann, besagt *EntwStVG.* 27 § 78. Als Ruhetage sollen die Sonntage und die am Ort der Strafverbüßung geltenden gesetzlichen Feiertage gelten; abgesehen von Haus- und Notarbeit sollen sie arbeitsfrei sein (*EntwStVG.* 27 § 77). Unbedingt notwendig ist die Gewährung bestimmter Erholungsstunden auch an den Arbeitstagen; bisher sind solche nur für Jugendliche festgesetzt worden (*GVF.* §§ 205, 207). Der *EntwStVG.* 27 schränkt diese Stunden leider erheblich ein (§ 205), anstatt sie auch den Minderjährigen und Erwachsenen zu geben. Die Erholungsstunden sollen nicht etwa Stunden des Müßiggangs sein, sondern sie müssen als Freizeit im erzieherischen Sinne ausgestaltet werden. Je mehr sich die Arbeit vom Handwerk entfernt, je mehr die Arbeitsteilung fortschreitet und je einfacher die Arbeitsvorgänge dadurch werden, aber auch um so einförmiger die Arbeit, um so mehr muß in der Freizeit das Lebendige, das Geistige an den Arbeiter herangebracht werden. Die Erholung soll vor allem in dem Wechsel der Tätigkeit bestehen.

*

Die Gefangenenarbeit muß schließlich auch lohnend sein, wenn sie erziehlich wirken soll. Der Zwang zur Arbeit an sich bedeutet noch nicht den Zwang zur unbezahlten Arbeit. »Der Ertrag der den Gefangenen zugewiesenen Arbeit fließt in die Staatskasse.« So sagt der *EntwStVG.* 27 § 82 und sagen ähnlich auch *EntwStVG.* 79 § 25, *BGr.* § 21 und *GVF.* § 77. Im Gegensatz hierzu soll der Ertrag der Selbstbeschäftigung dem Gefangenen verbleiben. Ein Abzug für den mit der Beschäftigung verbundenen Aufwand bleibt vorbehalten (*EntwStVG.* 79 § 26), die Erlaubnis zur Selbstbeschäftigung kann von der Zahlung einer Entschädigung an die Staatskasse abhängig gemacht werden (*BGr.* §§ 17, 21; *GVF.* § 83; *EntwStVG.* 27 § 89). Die Berechtigung der genannten Maßnahmen muß bezweifelt werden, weil die Strafe lediglich in der Entziehung der Freiheit besteht und der Zwang zur Arbeit keine Strafe darstellen kann, sondern nur das erreichen will, was sittliche Pflicht jedes freien Menschen ist. Durch die Einbehaltung des Arbeitsertrages seitens der Staatskasse wird die Strafe zu einem Teil zu einer Vermögensstrafe, was der Auffassung vom Wesen der Freiheitsstrafe widerspricht. Der Gefangene hat einen Anspruch auf den Ertrag seiner Arbeit, anderseits natürlich auch die Verpflichtung, die Strafvollstreckungskosten zu tragen. Werden die beiden Ansprüche gegeneinander aufgerechnet, was rechtlich durchaus zulässig erscheint, so wird bei der geringen Produktivität der Gefangenenarbeit noch ein Restanspruch der Staatskasse gegen den Gefangenen bestehen bleiben, so daß zurzeit durch die Gewährung eines Anspruches auf den Arbeitsertrag kaum eine Änderung des bestehenden Zustandes erreicht werden wird. Es handelt sich hier um eine grundsätzliche Frage, die aber bei wachsender Produktivität der Gefangenenarbeit leicht praktische Bedeutung erlangen kann. Die Vermutung liegt sehr nahe, daß es sich bei der Vorenthaltung des Arbeitsertrages um eine Begleiterscheinung der Zwangsarbeitsstrafe handelt, die, als einmal vorhanden, in das System der Freiheitsstrafe übernommen worden ist. Ihre Aufhebung wird dadurch erschwert, daß man sich im allgemeinen sehr dagegen sträubt, dem Gefangenen Rechte zu geben. Das zeigt sich auch bei der Frage der Arbeitsbelohnung, die den Gefangenen für die von ihnen geleistete Arbeit gutgeschrieben wird. Man hat es bisher vermieden, den Gefangenen einen Arbeitslohn zu zahlen, weil man eben einen Rechtsanspruch des Gefangenen auf einen Lohn nicht anerkennt. Der *EntwStVG.* 79 will den Sträflingen für jedes an einem Tage geleistete Arbeitsmaß, sowie für die an einem Tage geleistete Mehrarbeit einen Teil des Verdienstes als Arbeitsbelohnung gutschreiben. Der Anteil soll vom Vorsteher der Strafanstalt innerhalb der von der Aufsichtsbehörde bestimmten Grenzen festgesetzt werden (§ 25). Die *BGr.* bestimmen, daß die Gutschrift einer Arbeitsbelohnung aus dem Arbeitsertrag nicht ausgeschlossen ist. Die Belohnung wird nach der Strafart abgestuft; sie ist im Gefängnis bis zu 50 Prozent höher als im Zuchthaus. Welche Rechte dem Gefangenen aus der Gutschrift erwachsen, wird von der obersten Aufsichtsbehörde bestimmt (§ 21). Nach den *GVF.* wird den Gefangenen aus dem Ertrage der Arbeit eine Arbeitsbelohnung gutgeschrieben, die vom Vorsteher festgesetzt wird; ihre Höhe soll den Vereinbarungen der Landesregierungen vorbehalten bleiben. Ein Rechtsanspruch auf Auszahlung der Arbeitsbelohnung steht den Gefangenen nicht zu (§ 79). Der *EntwStVG.* 27 setzt fest, daß den Gefangenen für ihre Arbeit eine Arbeitsbelohnung zu gewähren ist, deren Höhe vom Vorsteher nach den Richtlinien der obersten Aufsichtsbehörde festgesetzt wird (§ 84). Der Rechtsweg bleibt aber hinsichtlich der Ansprüche und Beschwerden, die betreffs der Arbeitsbelohnungen erhoben werden könnten, ausgeschlossen (§ 91). Sehr häufig wird die Verweigerung des Rechtsanspruches auf einen Arbeitslohn damit begründet, daß andernfalls die aufgesammelten Guthaben der Pfändung unterliegen könnten. Dem wird aber durch die Bestimmung des *EntwStVG.* 27 begegnet, daß der Anspruch auf die gutgeschriebene Arbeitsbelohnung nicht abgetreten werden kann (§ 84) und daß solche nicht übertragbaren Forderungen nach § 851 ZPO. der Pfändung nicht unterworfen sind. Die Auffassung, daß die Arbeitsbelohnung erst mit dem Augenblick der Aushändigung Eigentum des Gefangenen wird, läßt sich ausschließlich vom fürsorgerischen Standpunkt vertreten, wenn man dadurch verhindern will, daß größere Geldmittel bei der Entlassung auf einmal ausgezahlt werden müssen, wodurch sie in die Gefahr kommen könnten, vergeudet zu werden. Der *EntwStVG.* 27 schreibt deshalb vor, daß die Arbeitsbelohnung mit, oder wo Mißbrauch zu befürchten ist, auch ohne Zustimmung des Gefangenen an eine Vertrauensstelle zur fürsorglichen Verwendung überwiesen werden kann (§ 87). Eine Art Erbrecht erkennt der

EntwStVG. 27 insoweit an, als nach dem Tode eines Gefangenen die Arbeitsbelohnung nach Deckung der Bestattungskosten und der etwaigen Ersatzanpsrüche Dritter an die nächsten Verwandten in bestimmter Reihe ausgehändigt werden kann (§ 88). Die *GVF.* lassen zu, daß die Arbeitsbelohnung nach Billigkeit den Erben ganz oder teilweise ausgezahlt wird (§ 82). Die Arbeitsbelohnung kann in Anspruch genommen werden bei Ersatzansprüchen der Anstalt gegen einen Gefangenen, der Staatseigentum vorsätzlich oder grob fahrlässig beschädigt, der schuldhaft unnütze Überführungskosten bereitet oder durch Entweichung Kosten verursacht hat.

Die Arbeitsbelohnung wird dem Gefangenen zu einem Teil als Hausgeld, zu einem anderen Teil als Rücklage gutgeschrieben. Das Hausgeld darf der Gefangene zu bestimmten Anschaffungen und Ausgaben nach Maßgabe der dafür erlassenen Vorschriften verwenden, d. h. er darf sich Zusatznahrungsmittel, Tabak, Bücher usw. daraus kaufen, auch darf er seine Angehörigen daraus unterstützen oder den durch die Tat verursachten Schaden ersetzen. Über die Rücklage darf der Gefangene nur mit Genehmigung des Vorstehers verfügen (*EntwStVG.* 27 § 85). Nach den *GVF.* darf der Gefangene aus der Rücklage nur solche Ausgaben bestreiten, die im Interesse seines oder seiner Familie Fortkommen nach der Entlassung liegen. Weiter darf er im Notfalle Angehörige, denen er vor der Strafzeit Unterhalt gewährt hat, aus der Rücklage unterstützen; für diesen Zweck soll aber höchstens die Hälfte der Rücklage verwendet werden (§ 82). Nichts schafft bei den Gefangenen einen so starken Antrieb zur Arbeit als die ihnen gebotene Möglichkeit, die Angehörigen aus der verdienten Arbeitsbelohnung unterstützen zu können. In der Hauptsache soll die Rücklage aber dazu dienen, den Gefangenen den Übergang in die Freiheit zu erleichtern und ihnen über die erste, meist arbeitslose Zeit, hinwegzuhelfen. Der Beschluß der II. Sektion des Londoner Gefängniskongresses 1925 über die Frage der besten Verwendung des Spargeldes, der dahin ging, daß aus dem Spargeld die Schuld des Gefangenen gegenüber dem Staat abzutragen sei, nachdem in angemessener und vernünftiger Weise für die Bedürfnisse der Familie und für Wiedergutmachung dem Verletzten gegenüber gesorgt worden sei, kann nicht als zweckmäßig angesehen werden. Nicht daß der Staat wieder zu seinem Geld kommt, ist wesentlich, sondern daß der Gefangene nach der Entlassung nicht wieder rückfällig wird. Einen außerordentlichen Fortschritt bedeutet es dem gegenüber, daß nach dem *EntwStVG.* 27 die Haftkosten durch Arbeit getilgt werden können (§ 83). Die Erhöhung der Arbeitsbelohnung, die zum Teil nur wenige Pfennige für den Arbeitstag beträgt, ist notwendig, wenn ein Anreiz zur Arbeit gegeben und zur Arbeit erzogen werden soll. Man kann einen Gefangenen nicht vom Wert der Arbeit überzeugen, wenn man diesen selbst nur nach Pfennigen einschätzt. Eine Annäherung an die Verhältnisse in der Freiheit muß angestrebt werden.

*

Recht häufig wird die Forderung aufgestellt, daß die Gefangenen zur Freude an der Arbeit erzogen werden sollen. Sie sollen ein ganzes Werkstück nach Handwerksweise fertigstellen lernen und sollen das Gefühl des Schaffens empfinden. Die Freude am fertigen Werkstück wird mit der Freude an der Arbeit gleichgesetzt. Dabei ist doch hinreichend bekannt, daß es heute nur wenige Menschen gibt, die in solcher Weise arbeiten können und daß die große Zahl in einer Arbeit steht, die so mechanisiert und spezialisiert ist, daß von einer Verbindung des Menschen mit dem Produkt seiner Arbeit keine Rede mehr ist. Man mag das bedauern und die Entwicklung schmerzlich empfinden — aufhalten kann man sie nicht. Der Sehnsucht nach der alten Arbeitsweise, durch die allein Arbeitsfreude erzielt werden soll, liegt sehr oft ein falsches Denken zugrunde. Es ist nicht mehr das unter unseren Händen entstehende Arbeitsstück, das uns mit der Arbeit verbindet, sondern der Einblick in die Zusammenhänge der neuen Organisation der Arbeit, das Bewußtsein, daß wir durch diese Organisation mit vielen anderen Menschen verbunden zweckmäßig an einem Werk arbeiten, daß wir etwas Notwendiges tun. Zugegeben muß werden, daß die Arbeit des Handwerkers ursprünglicher ist; daß sie unmittelbarer und einfacher wirken kann, aber auch, daß eine Vergeistigung und Beseelung der Technik unserer Zeit möglich und erreichbar erscheint.

Die Gefangenenarbeit ist nicht Selbstzweck. Sie soll erziehen, und zwar für das Leben in der Freiheit, für die Arbeit in den Werkstätten und Fabriken, in denen Maschinen laufen, die das Werk vieler Menschen in Minuten vollbringen. Eine solche Erziehung ist aber nur möglich, wenn die Anstaltsbetriebe so eingerichtet werden, wie freie Betriebe und wenn veraltete Arbeitseinrichtungen durch neuzeitliche ersetzt werden (*GVF.* § 75, *EntwStVG.* 27 § 75). Auf keinen Fall kann auf die Benutzung von Maschinen verzichtet werden, die in freien Betrieben unentbehrlich erscheinen. Ebenso nötig ist auch die Führung und Verwaltung der Arbeitsbetriebe nach wirtschaftlichen Grundsätzen (*EntwStVG.* 27 § 75), d. h. in kaufmännischer Form. Die Gefangenenarbeit kann, wenn sie ihre Aufgaben erfüllen soll, auf keinen Fortschritt und keinen Vorteil verzichten, die der freien Wirtschaft dienen. Die Wirtschaftlichkeit würde am besten dadurch erreicht werden, daß in jeder Strafanstalt ein einziger Arbeitszweig eingeführt werden und man die Gefangenen nach ihrer Berufszugehörigkeit und ihren Fähigkeiten auf die verschiedenen Anstalten verteilen würde. Wo das nicht erreichbar ist, müssen möglichst viele Arbeitszweige in jeder Anstalt eingeführt werden, um die Gefangenen in ihren Berufen beschäftigen zu können. Die Gefangenen sollen, wie in freien Betrieben, nach ihren Kenntnissen und Fähigkeiten und nach ihren Leistungen bezahlt werden. Zweckmäßig wird unterschieden zwischen jugendlichen, ungelernten, angelernten, Fach- und Vorarbeitern. Die Verbindung der Gefangenenarbeit mit dem Stufensystem darf nicht nach dem Muster einer Strafanstalt so hergestellt werden, daß die Gefangenen der Mittelstufe gegenüber denen der Unterstufe auf das Hausgeld einen bestimmten Zuschlag und die der Oberstufe einen noch höheren Zuschlag erhalten, während sie die gleiche Arbeit geleistet haben. Richtiger ist es schon, einen Unterschied dadurch zu schaffen, daß die Gefangenen der verschiedenen Führungsstufen über einen verschieden hohen Teil des verdienten Geldes im Rahmen der Hausordnung verfügen dürfen.

Von den verschiedenen Betriebsformen der Gefangenenarbeit ist der Unternehmerbetrieb der am wenigsten zweckmäßigste. Er besteht darin, daß die Gefangenen einem Unternehmer gegen Bezahlung nach festen Sätzen zur Ausnutzung ihrer Arbeitskraft überlassen werden. Alle Maschinen, Arbeitsgeräte, Werkzeuge usw. stellt der Unternehmer, ebenso die nötigen Meister, die die Gefangenen anlernen und beschäftigen, während die Beamten der Strafanstalt für die Durchführung der Ordnung zu sorgen haben. Eine ältere Form ist die der Entreprise gewesen, bei der ein Unternehmer die ganze Strafanstalt samt Beamten stellte und für den gesamten Unterhalt zu sorgen hatte, wofür er die Arbeitskraft der Gefangenen ausnutzen durfte. Diese Form des Arbeitsbetriebes ist deshalb wenig wertvoll, weil die Interessen des Strafvollzugs und die des Unternehmers meistens weit auseinandergehen. Häufig kommt es zu einer Ausbeutung der Arbeitskraft der Gefangenen, und der Erziehungszweck leidet außerordentlich.

Der Akkordbetrieb oder der Betrieb der Strafanstaltsverwaltung für fremde Rechnung besteht darin, daß der gesamte Betrieb von der Verwaltung und ihren Beamten besorgt wird, während ein Unternehmer die Rohstoffe liefert und die fertigen Produkte gegen Bezahlung von Stücklohn abnimmt. Dieser Betrieb ist weniger schädlich, da keinerlei dritte Personen an die Gefangenen herankommen.

Der Regiebetrieb oder der Betrieb der Strafanstaltsverwaltung für eigene Rechnung wird in der Weise geführt, daß der gesamte Betrieb von ihr besorgt wird. Sie kauft die Rohstoffe, stellt die Maschinen und Werkzeuge selbst und überwacht den Betrieb durch eigene Meister. Die fertigen Erzeugnisse werden für eigene Rechnung abgesetzt.

Der Unternehmerbetrieb hat früher bei weitem überwogen; er ist aber mehr und mehr zurückgedrängt worden, weil seine Schäden immer mehr erkannt worden sind. Der Akkordbetrieb hat insofern Nachteile, als der Gewinn aus der Gefangenenarbeit vor allem einem Unternehmer zugute kommt. Behauptet hat sich der Regiebetrieb. Er wird als die Regel gefordert; erst wenn er nicht ermöglicht werden kann, sollen die Gefangenen mit Arbeiten für Private beschäftigt werden (*GVF.* §§ 64, 65 und *EntwStVG.* 27 §§ 72, 73). Eine weitere Form ist der Regiebetrieb in privatwirtschaftlicher Form. Er wird geführt etwa in Form einer G. m. b. H., deren sämtliche Geschäftsanteile sich in staatlichem Besitz befinden und bei der die Interessen des Staates sowohl hinsichtlich des Strafvollzugs als auch der Wirtschaftlichkeit des Betriebes bestens gewahrt erscheinen.

*

Die Zahl der Gefangenen in den deutschen Strafanstalten hat zwar in den letzten Jahren erheblich abgenommen, ist aber immer noch recht hoch. Ihre Unterbringung, Kleidung, Ernährung, Bewachung usw. verursachen dem Staat erhebliche Kosten, mit denen die steuerzahlende Gesamtheit belastet wird. Der Staat muß daher ein besonderes Interesse daran haben, die Kosten möglichst niedrig zu halten oder aber wieder einzubringen. »Es ist dahin zu wirken, daß der Ertrag der Arbeit die gesamten Kosten des Strafvollzugs deckt« (*GVF.* § 77). Der *EntwStVG.* 27 hat diese Forderung nicht mit übernommen, trotzdem keinerlei Anlaß vorliegen kann, von ihr abzugehen. Jedenfalls muß er versuchen, die Gefangenenarbeit im Rahmen der Interessen des Strafvollzugs so gewinnbringend als möglich zu gestalten. Er soll also die Gefangenen zunächst einmal damit beschäftigen, die für die Strafanstalten erforderlichen Bauten, Einrichtungs-, Lagerungs- und Bekleidungsgegenstände soweit als möglich herzustellen. Dann soll er die Gefangenen für den Bedarf anderer Behörden beschäftigen. Erst wenn solche Arbeiten nicht beschafft werden können, sollen Gegenstände für den freien Handel hergestellt, und, wenn das nicht möglich ist, Arbeiten für Private ausgeführt werden (*GVF.* §§ 64, 65 und *EntwStVG.* 27 §§ 72, 73). Dabei sollen möglichst viele Arbeitszweige eingeführt werden, auf Arbeiten in Land-, Forst- und Gartenwirtschaft, sowie zur Erschließung von

Ödland soll besonderes Gewicht gelegt werden (*EntwStVG.* 27 §§ 71, 73). Zweifellos handelt der Staat auch im Interesse der Volkswirtschaft, wenn er die Gefangenen nutzbringend beschäftigt und seinen Bedarf an landwirtschaftlichen Produkten und an gewerblichen Erzeugnissen in den Werkstätten seiner Strafanstalten deckt. Leider ist der Staat dabei aber recht vielen schweren Angriffen der sich benachteiligt fühlenden Gewerbe ausgesetzt. Es ist Sitte geworden, daß heute fast jedes Gewerbe und jedes Handwerk auf die starke Konkurrenz der Gefangenenarbeit hinweist und sie für seinen wirtschaftlichen Niedergang verantwortlich macht. Es sind dann auch eine ganze Reihe von Bestimmungen zum Schutze der freien Arbeit getroffen worden. So sollen möglichst viele Arbeitszweige eingeführt werden, damit nicht ein einzelnes Gewerbe beeinträchtigt wird, auch soll auf das Privatgewerbe und die freie Arbeit billige Rücksicht genommen werden. Die freie Arbeit soll nicht unterboten werden. Die zu zahlenden Löhne sollen den Löhnen freier Arbeiter, die Preise der Erzeugnisse denen des freien Verkehrs angenähert werden. Angebote auf öffentliche Ausschreibungen sollen nicht abgegeben werden (*GVF.* §§ 65, 66 und *EntwStVG.* 27 § 74). Weiter sollen die Vorsteher und die Aufsichtsbehörden mit den öffentlichen Arbeitsnachweisen, den Gewerbeaufsichtsbeamten und den öffentlichen Vertretungen des Handwerks, des Handels, der Industrie und der Landwirtschaft, sowie mit den Berufsverbänden der Arbeitnehmer Fühlung halten (*GVF.* § 66 und *EntwStVG.* 27 § 74).

Man kann sich des Eindrucks nicht erwehren, daß die Klagen über die Konkurrenz der Gefangenenarbeit meistens stark übertrieben werden. Ein Vergleich der Zahl der Gefangenen mit der Zahl der freien Arbeiter zeigt, wie verhältnismäßig gering die Konkurrenz nur sein kann, ebenso ein Vergleich des Arbeitsertrages der freien Arbeiter und der Gefangenen. Man kann das Problem der Gefangenenarbeit nicht vom Standpunkt irgendeiner Bevölkerungsschicht betrachten, sondern, als eine Aufgabe des Strafvollzugs, nur vom Standpunkt des ganzen Volkes.

Gefangenen- und Entlassenenfürsorge.

Von

Ministerialrat Dr. Starke, Dresden.

Das Problem der Entlassenenfürsorge ist in den Kulturländern verhältnismäßig früh erkannt worden. Die amerikanischen und englischen und später die deutschen Gefängnisvereine, die sich zunächst die Verbesserung des Gefängniswesens zum Ziele setzten, widmeten sich von Anfang an auch der Fürsorge für entlassene Gefangene und nahmen die Wiedereingliederung Entlassener in die Gesellschaft in ihren Arbeitsplan auf. Der Staat beschränkte sich darauf, die Gefangenen nach Ablauf der Strafzeit wieder in Freiheit zu setzen. Hatte sich das Gefängnistor hinter dem Entlassenen geschlossen, so hatte er Fürsorge nur von wenigen interessierten Persönlichkeiten und privaten Vereinen zu erwarten. Wo solche nicht vorhanden waren oder nicht eingriffen, blieb der Entlassene seinem Schicksal überlassen. Die wissenschaftliche Gefängnisliteratur spiegelt diesen Zustand wieder. Das deutsche standardwork auf dem Gebiete des Gefängniswesens, das Handbuch von v. Holtzendorff-v. Jagemann-Fuchs (1888), hält die Entlassenenfürsorge lediglich für eine Aufgabe der barmherzigen Nächstenliebe, die von der Privattätigkeit, insbesondere den Schutzvereinen für Strafentlassene, zu übernehmen sei. Eine staatlich organisierte Fürsorge sei weder geboten, noch ratsam. Die Pflicht des Staates zur unmittelbaren Fürsorge für die Gefangenen erreiche regelmäßig mit der Entlassung aus dem Gefängnis ihr Ende. Die Staatstätigkeit habe sich auf die allgemeine Förderung prophylaktischer Bestrebungen zu beschränken (II 351 ff., 386 ff.). Kriegsmann äußert sich in stark pessimistischer Einstellung, die Fürsorge wolle einen unlösbaren Gegensatz überbrücken, der Strafvollzug bessere den Gefangenen nur in seltenen Fällen, trotzdem verlange man von der Gesellschaft Vertrauen für den Entlassenen und Arbeit und Unterkommen, die häufigen Enttäuschungen der Fürsorgeorgane gäben dem Mißtrauen von Arbeitgebern und Arbeitnehmern gegen den bescholtenen Arbeiter ein gewisses Maß praktischer Berechtigung (269 ff.). Krohne (276 ff.)

schreibt: »Strafe erkennen und Strafe vollziehen, ist Sache der Staatsgewalt und ihrer Organe. Den Bestraften zu einem geordneten sozialen Leben zurückzuführen, in welchem er vor neuen Rechtsbrüchen bewahrt bleibt, ist Aufgabe der Gesellschaft.« Krohne erwartet von der Tätigkeit der Schutzvereine keinen rechten Erfolg und verspricht sich nur von einer planmäßigen Arbeit öffentlicher Körperschaften etwas, bescheidet sich aber doch auch bei den gegebenen Verhältnissen. Hervorzuheben ist aber, daß *Krohne* neben der wirtschaftlichen Fürsorge den seelischen Beistand für notwendig erachtet. »Der Gefangene muß nach seiner Entlassung einen Menschen haben, den er kennt, dem er vertraut, an den er sich in Not und Verlegenheit um Rat und Hilfe wenden kann.« Die seelische Bindung des Entlassenen an eine ihm vertraute Persönlichkeit ist ein wesentlicher Bestandteil der heutigen Gefängnisfürsorge. Die *Vorschläge* (1913 S. 25) befassen sich mit der eigentlichen Entlassenenfürsorge nur wenig, sehen aber staatliche Zuschüsse an Fürsorger oder Schutzvereine für in Fürsorge genommene Entlassene vor.

Da die deutsche Praxis und Gesetzgebung von solchen Anschauungen noch im Anfang des 20. Jahrhunderts in der Hauptsache beherrscht wurde, konnte das Problem der Entlassenenfürsorge bisher nicht befriedigend gelöst werden. Allmählich, namentlich in der Zeit stärksten wirtschaftlichen Verfalls, drückendster Erwerbslosigkeit und auch durch die Kriegsverhältnisse stark gesteigerter Kriminalität nach dem Weltkriege, brach sich aber doch die Überzeugung Bahn, daß die Not der entlassenen Gefangenen ungeheuer groß sei, daß eine schutzlose Entlassung den Rückfall geradezu heraufbeschwöre, und daß der Vollzug der Freiheitsstrafen trotz des hohen Aufwandes an Kosten vielfach zwecklos sei, wenn nicht eine planmäßige Entlassenenfürsorge eingerichtet und der Entlassene so bald als möglich wieder in die Gesellschaft eingegliedert werde. Selbst die Verfechter der Vergeltungstheorie müssen zugeben, daß der Strafvollzug nicht über das formelle Strafende hinaus wirken darf, und daß eine ewige Sühne und vollends eine Schädigung unschuldiger Angehöriger nicht zum Wesen der Freiheitsstrafe gehört. Die Literatur hierüber, insbesondere auch die populär gehaltene, ist umfangreich[1]). Die Kriminalstatistik liefert mit den Rückfallziffern[2]) überzeugende Beweise für die Notwendigkeit der Entlassenenfürsorge.

---

[1]) Aus der allerletzten Zeit sei hier auf Klatt (Das Los der Vorbestraften, Berlin 1926) verwiesen, der sich zum Ziele setzt, das Gewissen der Öffentlichkeit aufzurütteln.

[2]) S. Begründung zu *AE.* 25 S. 1.

Aus der gesamten Literatur entnimmt man die Forderung, daß auf dem Gebiete der Entlassenenfürsorge andere Wege eingeschlagen werden müssen, wenn das Verbrechen wirkungsvoller als bisher bekämpft und der Rückfall verhütet werden soll, daß hierzu vor allem auch unmittelbare staatliche Maßnahmen notwendig sind. Treffend schreibt z. B. Freudenthal: »Der Staat, der für seine entlassenen Strafgefangenen nicht sorgt, gleicht dem Chirurgen, der die von ihm geöffnete Bauchhöhle offen läßt, statt die Wunde zu heilen« *(ZStW. 46,* 405). Nach der letzten Preußischen Gefängnisstatistik wurden im Berichtsjahre 1923/24 aus preußischen Gefängnissen 252 449 Gefangene entlassen[3]). Mithin kann man rechnen, daß in ganz Deutschland jährlich etwa eine halbe Million Entlassungsfälle vorkommen. Wenn auch nur ein Teil dieser großen Zahl von Fällen zum fürsorgerischen Einschreiten Anlaß gibt, kann man sich doch ungefähr ein Bild davon machen, welche Summe von wirtschaftlicher und seelischer Not in diesen Einzelfällen als Folge des Strafvollzuges erwächst, und welche Riesenaufgabe es bedeutet, diese große Menge aus der Gesellschaft zeitweise ausgestoßener Menschen wieder in die Gesellschaft einzugliedern.

Der fortschrittlichen Entwicklung der Entlassenenfürsorge ist es stets nachteilig gewesen, daß die Entlassenenfürsorge wenigstens zum Teil eine Finanzfrage ist. Man scheut die Aufwendungen für die Entlassenenfürsorge, übersieht aber in kurzsichtiger Einstellung, daß wenn infolge unzureichender Fürsorge der Rückfall eintritt, von neuem große Kosten, die Kosten der Polizei, der Rechtsprechung und des Strafvollzugs entstehen, Kosten, die bei vollkommenerer Fürsorge vielleicht teilweise vermieden worden wären. Nimmt das Verbrechen zu, so bewilligt man notgedrungen in stets steigendem Maße die nötigen Mittel für die Polizei, für die Rechtspflege und den Strafvollzug. Dagegen sind für die Entlassenenfürsorge fast in allen deutschen Ländern bislang nur durchaus unge-

---

[3]) Statistik über die Gefangenenanstalten der Justizverwaltung in Preußen für das Rechnungsjahr 1923, Berlin 1926, S. 337. Von den im Berichtsjahre 1923—24 aus preußischen Gefängnissen Entlassenen haben nach der Statistik nur 19 022 (rd. 8%) »persönliche Fürsorge« — gemeint ist offenbar Fürsorge im Sinne des § 139 DVO — erbeten, und nur 14 924 (rd. 5%) erfahren. Die Zahl der Hilfsbedürftigen ist vermutlich erheblich größer gewesen. Es ist anzunehmen, daß sich die Ziffern in den folgenden Jahren, in denen die Fürsorge auf Grund der Vorschriften der am 1. 1. 24 in Kraft getretenen DVO. verstärkt worden ist, namentlich durch Herstellung von Verbindungen mit den Wohlfahrtsämtern und durch Vermehrung der Fürsorgemittel im Haushaltplan, günstiger gestaltet haben.

nügende Mittel zur Verfügung gestellt worden. Würde man entschlossen hinreichende Mittel für die Strafentlassenenfürsorge bewilligen und damit das Übel an der Wurzel treffen, so könnte man voraussichtlich für die Zukunft im Laufe der Zeit mehr und mehr an Mitteln für die Polizei und die Justiz, insbesondere den Strafvollzug, sparen[4]). Also: Abbau der Freiheitsstrafe, Vermehrung der Fürsorge! Die Gesellschaft geht gleichfalls von wirtschaftlich vielfach verkehrten Anschauungen aus. Der Geschäftsmann bezahlt lieber hohe Beiträge für die Versicherung gegen Einbruchsdiebstahl und die Kosten der Wächter einer Wach- und Schließgesellschaft, als daß er auch nur einen Pfennig für die Entlassenenfürsorge bewilligt. Daß die sicherste Bekämpfung des Verbrechens die Besserung der Wohnungsnot, der Arbeitsverhältnisse, überhaupt die Verhütung materieller Not und damit der Gefahr sittlicher Verwahrlosung der Volksgenossen ist, daß man nicht bloß die Symptome sozialer Volkskrankheiten beseitigen, sondern diese Krankheiten an der Wurzel fassen muß, ist in den Beratungen der öffentlichen Körperschaften so oft und eingehend dargelegt worden, daß hier nur nochmals darauf hingewiesen zu werden braucht[5]).

---

[4]) Das hat Gentz sehr drastisch an einem Beispiel ziffernmäßig nachgewiesen (»Die Gefangenenfürsorge als wirtschaftliches Problem«, Mon.-Bl. Reichsverb. für Gerichtshilfe, 1926, Heft 6, 7. Sächs. Bl. für Wohlfahrtspflege VI, 341). Praktisch und sehr verständig sagt Punkt 6 des Generalappells der englischen Gefängnisgesellschaft in Wakefield an ihre Mitglieder: »Remember! That every prisoner restored to society and selfrespect is a gain to the nation. It costs £ 100 per annum to keep a man in prison.« (Jahresbericht 1924 S. 3.) Siehe auch Grohmann *ZStW. 46,* 388 (die Kosten eines staatlichen Fürsorgers werden schon dann verdient, wenn es dem Fürsorger gelingt, jährlich mehrere Gefangene zur Besserung zu bringen).

[5]) Den überwiegenden Einfluß der äußeren Verhältnisse, des Milieus, auf die Verbrechensentwicklung haben die Kriegs- und Nachkriegsverhältnisse in Deutschland deutlich gezeigt (Exner, Krieg und Kriminalität, Leipzig 1926, S. 14: »Die beste Kriminalpolitik ist stets eine gute Sozialpolitik«). Mit Recht weist Bondy (Pädag. Probl. im Jugendstrafvollzug 1925 S. 100) darauf hin, daß viele junge Menschen, die sich wirklich im Gefängnis geändert und die besten Vorsätze gefaßt haben, trotzdem wieder der Verwahrlosung anheimfallen, wenn sie in die ungünstigen wirtschaftlichen und sozialen Verhältnisse zurückkehren. Siehe auch Ellger (Der Erziehungsgedanke im Strafvollzug S. 27): »Nicht, weil der Strafvollzug wirkungslos war, wurde er rückfällig, sondern weil es an einer genügenden Nachfürsorge fehlte, weil es nicht gelang, ihn in eine geeignete Umgebung zu verpflanzen, weil Menschen und Verhältnisse es ihm zu sehr erschwerten, seine guten Vorsätze auszuführen.«

Die Lösung des Problems.

So ist das Problem der Entlassenenfürsorge eines der wichtigsten Probleme der Kriminalpolititik überhaupt geworden. Denn ihren inneren Grund hat die Notwendigkeit der Entlassenenfürsorge in den genugsam beklagten schweren Mängeln der Freiheitsstrafe, deren überaus üble und zuweilen unerträgliche Nebenwirkungen nicht nur auf den Verurteilten, sondern sogar auf dessen unschuldige Angehörige, wie auch für die ohnehin durch die Straftat schwer geschädigte Gesellschaft so stark sind, daß sie die etwaigen günstigen Wirkungen der Strafe in nicht wenigen Fällen gänzlich aufheben. Gelegentlich hat der Gesetzgeber seine Pflicht, diese unerwünschten Nebenwirkungen der Freiheitsstrafe zu vermeiden, ausdrücklich anerkannt. Nach StPO. § 456 kann Strafaufschub bewilligt werden, wenn dem Verurteilten oder seiner Familie durch die alsbaldige Vollstreckung erhebliche, außerhalb des Strafzweckes liegende Nachteile erwachsen. Man hat weiter versucht, die allgemein bekannten Schäden der kurzen Freiheitsstrafen durch erweiterte Zulassung der Geldstrafe zu verhüten (Geldstrafengesetz, StGB. § 28 b usw.)[6]).

Aber selbst die *GVF.*, die sich entschieden bestrebt haben, den Vollzug der Freiheitsstrafen durch Verwirklichung des Erziehungsgedankens inhaltreicher und wirkungsvoller zu gestalten, haben zwar die Bedeutung der Fürsorge für Entlassene erkannt, aber keine entscheidenden Schritte zur Einrichtung einer planmäßigen Fürsorge für Entlassene getan (§§ 225 ff.). Wenn die Durchführung des Erziehungsgedankens Sinn haben soll, wenn sich die vielen Mühen der Vollzugsbeamten und Fürsorger, namentlich im Stufenstrafvollzug, einigermaßen lohnen sollen, wenn nicht der große finanzielle Aufwand des Strafvollzugs nutzlos gemacht sein soll, muß jedoch unbedingt eine N a c h b e h a n d l u n g d e r G e f a n g e n e n eintreten. Diese kann theoretisch in zwei Richtungen laufen:

---

[6]) Wenn gleichwohl manche Gnadenbehörden Gnadenerweise in der Form zu bewilligen pflegen, daß sie einen geringen Teil einer Freiheitsstrafe verbüßen lassen, und wegen des verbleibenden Restes bedingten Erlaß bewilligen, so wird hierbei nicht selten außer acht gelassen, daß die Wiedereingliederung des Verurteilten in die Gesellschaft nach Verbüßung des kurzen Strafteils im allgemeinen die gleichen Schwierigkeiten verursacht, wie sie bei der Verbüßung der gesamten Strafe eintreten. Es möchte also bei solchen Gnadenmaßnahmen besonders sorgfältig geprüft werden, ob im Hinblick auf die drohenden Schäden der kurzen Strafe auf den Vollzug des kleinen Strafteils — der, wenn er vollends in Gerichtsgefängnissen vorgenommen wird, keinerlei erziehliche Bedeutung hat, vielmehr nur unter dem Gesichtspunkt der Vergeltung und Abschreckung erfolgt — verzichtet werden kann, wenn im übrigen ein Gnadenerweis überhaupt gerechtfertigt erscheint.

a) negativ: Sie muß zu verhüten suchen, daß die Freiheitsstrafe über das Strafende hinaus dem Entlassenen, dessen Angehörigen und der Gesellschaft Schaden zufügt, und zum mindesten erreichen, daß etwaige Schäden auf das geringste Maß herabgemindert werden.

b) positiv: Sie muß erziehungsbedürftige und erziehungsfähige Rechtsbrecher womöglich auch noch nach dem Strafende erzieherisch beeinflussen, also das im Strafvollzug begonnene Erziehungswerk fortsetzen.

Es ist einleuchtend, daß an die Erfüllung der positiven Aufgabe erst mit Erfolgsaussicht herangegangen werden kann, wenn die Erreichung der Ziele unter a möglichst sichergestellt ist. In manchen Fällen wird man zufrieden sein müssen, wenn erreicht wird, daß die nachteiligen Wirkungen des Vollzugs der Freiheitsstrafe vermieden werden. Es liegt insoweit ähnlich wie beim Strafvollzug selbst: Positive Erziehungsarbeit kann hier erst in Frage kommen, wenn die negativ wirkenden Ursachen der Freiheitsentziehung soweit wie möglich ausgeschaltet sind. Wo es nötig erscheint, darf aber die im Strafvollzug eingeleitete Erziehung ihr Ende nicht mit dem formellen Strafende erreichen. Wir wissen aus der Erfahrung, daß in manchen Fällen das Erziehungswerk erst Früchte trägt, wenn der Wille des Rechtsbrechers sich, sei es im Strafvollzug, sei es hinterher, in gewissem Umfange frei entwickeln und betätigen kann, und wenn der Rechtsbrecher, wieder auf eigene Füße gestellt, zu verantwortlichen Entscheidungen gebracht werden kann. Erst im freien Leben kann der Entlassene wirkliche Beweise der Bewährung liefern. Hierbei soll ihm die Entlassenenfürsorge helfen. Deshalb ist die Entlassenenfürsorge, ihre planmäßige Ausgestaltung vorausgesetzt, eine geradezu unentbehrliche Einrichtung, insbesondere bei der Durchführung des bedingten Straferlasses (§§ 36, 37 *AE.* 25). Ich kann mir einen befriedigenden Erfolg bei der Handhabung des bedingten Erlasses des Strafrestes nicht denken, wenn nicht vor der Entlassung das künftige Leben des zu Entlassenden in sorgsamster Weise vorbereitet worden ist. Hier kommt die Entlassenenfürsorge, die schon während des Strafvollzugs einzuleiten ist, zu ihrer vollen Geltung.

Soweit die Nachbehandlung die negative Funktion (unter a) ausübt, kann man im allgemeinen von Bekämpfung des Verbrechens durch Fürsorge[7]) sprechen. Indem individuelle

---

[7]) Starke, Amtliche Fürsorge für Gefangene und Entlassene in Sachsen (Deutsche Zeitschrift für Wohlfahrtspflege II S. 178 ff.).

Fürsorge, vorzugsweise wirtschaftliche Fürsorge im Rahmen der allgemeinen Wohlfahrtspflege geübt wird, schafft man die Grundlage für die Existenz und das Wohlergehen, damit mittelbar für das künftige Wohlverhalten des Entlassenen, bekämpft also das Verbrechen dadurch, daß man von außen herantretende, die vielleicht latent noch vorhandene Kriminalität wieder neu anregende, ungünstige Umstände fernhält. Die positive Nachbehandlung wird vorzugsweise die Form der Schutzaufsicht annehmen müssen (§§ 39, 51 *AE.* 25 [43, 61]), die in § 42 Ziff. 4 *AE.* 25 als Maßregel der Besserung und Sicherung gekennzeichnet und als solche in dem *Entw.* §§ 292 ff. ausgestaltet ist[8]).

Die Entlassenenfürsorge ist also stets eine Maßregel zur Bekämpfung des Verbrechens und zum Schutze der Gesellschaft. Ob sie mehr ein Fürsorgeakt oder eine Maßregel der Besserung und Sicherung ist oder beides zugleich, hängt von dem Inhalt der Maßnahmen des einzelnen Falles ab. In der Regel wird sich die Entlassenenfürsorge ausschließlich oder doch wenigstens überwiegend als wirkliche Fürsorgemaßnahme darstellen. Von dieser Auffassung, die mit der landläufigen übereinstimmt, scheint auch der *Entw.* auszugehen. Er beschäftigt sich hauptsächlich mit der negativen Funktion der Nachbehandlung (§§ 232 ff.). Soweit die Schutzaufsicht (§ 235) ausdrücklich erwähnt ist, wird bei der Fürsorgeeinrichtung des *Entw.* die positive Funktion sichtbar. Indessen doch nur scheinbar! Denn § 235 sieht keinerlei Zwang zur Duldung der Schutzaufsicht vor; der Entlassene soll sich freiwillig der Schutzaufsicht unterstellen. Man will durch solche geduldete Schutzaufsicht die Fürsorgearbeit ermöglichen und fördern. Das Kennzeichen einer echten Maßnahme zur Besserung und Sicherung ist aber ihre Zwangsmäßigkeit. Insbesondere wird die Schutzaufsicht nach *AE.* 25 unabhängig vom Willen des Verurteilten verhängt. Die Entscheidung, ob die Entlassenenfürsorge rechtlich eine Fürsorgemaßnahme oder eine Sicherungsmaßregel ist, hat unmittelbar praktische Folgen. Soweit und solange sie nur Zuwendungen von Vorteilen der Wohlfahrtspflege zum Gegenstand hat, kann die Entlassenenfürsorge niemandem gegen seinen Willen aufgedrängt werden, selbst wenn die Fürsorge zur Verhütung des Rückfalls unbedingt notwendig erscheint: Beneficia non obtrunduntur. Tritt der Entlassene die Stelle, die man ihm vielleicht mit vieler Mühe verschafft hat, nicht an, so muß man sich dabei bescheiden. Nur wenn der Entlassene ausdrücklich unter Schutzaufsicht gestellt wäre,

---

[8]) Ähnlich auch Freudenthal: *ZStW. 46,* 415: »Die Entlassenenfürsorge wird einst eine sichernde Maßnahme sein.«

könnte man gegen ihn unter den Voraussetzungen des *Entw.* §§ 276 ff. einschreiten. Es darf auch für die Zukunft ein Zwang zur Duldung von Fürsorgemaßnahmen nicht ins Auge gefaßt werden, weil er dem Wesen der Fürsorge widersprechen würde[9]). Solange also nicht gleichzeitig im Einzelfall die Schutzaufsicht zwangsweise als Maßnahme der Besserung und Sicherung verhängt ist, bleiben die Vorschriften über die Fürsorge ohne gesetzlichen Schutz (leges imperfectae). Gegen Entlassene, die sich der Fürsorge bewußt entziehen und in die Verbrecherlaufbahn zurückkehren wollen, ist an sich keinerlei Handhabe gegeben. Muß man derartiges befürchten, so bleibt nichts übrig, als rechtzeitig auch die Anordnung der Schutzaufsicht zu veranlassen[10]).

Schon aus diesen mehr kriminalpolitischen Erwägungen ergibt sich, daß die Entlassenenfürsorge eine Pflicht des Staates ist, der er sich heute nicht mehr entziehen darf. Wenn überhaupt hieran noch Zweifel bestehen könnten, so ist diese Pflicht unabweislich auch aus Erwägungen mehr formaljuristischer Art abzuleiten. Wie Freudenthal in wiederholten Veröffentlichungen zutreffend begründet hat, ist der Strafvollzug ein Rechtsverhältnis zwischen dem Staat und dem Gefangenen, auf dem sich für beide Teile Rechte und Pflichten ergeben. Dieser grundsätzliche Standpunkt, der in der Wissenschaft heute wohl nicht mehr ernsthaft bestritten wird, ist vom *Entw.* anerkannt worden, indem dieser das Rechtsverhältnis an verschiedenen Stellen schärfer als die bisher geltenden Vorschriften heraushebt, um dadurch die Rechtsstellung des

---

[9]) Ebenso *Kriegsmann* S. 270. Die Ausführungen in *BlGK.* 43 S. 622 ff., 627 ff. (Zwangsfürsorge f. entlassene Strafgefangene) zielen offenbar auch nicht darauf ab, die Annahme der Fürsorgeleistungen zu erzwingen, sondern wollen arbeitsscheue Entlassene einem Arbeitshause zuführen. Sie erledigen sich jetzt wohl durch die in *AE.* 25 vorgesehenen Maßnahmen der Besserung und Sicherung.

[10]) Gedacht ist hierbei allerdings an die Anordnung der Schutzaufsicht durch die nach *AE.* 25 zuständigen Behörden im Rahmen des Strafverfahrens. Tritt die Notwendigkeit der Schutzaufsicht erst nach dem Strafvollzug hervor — was der Regelfall sein wird — so kommt die Zuständigkeit des Prozeßgerichts nicht mehr in Frage. Auch die Zuständigkeit des Vollstreckungsgerichts (§§ 292 ff.) würde zu verneinen sein. Den Vollzugsbehörden (den Gefängnisvorständen) die Befugnis zu erteilen, einen Entlassenen nachträglich unter Schutzaufsicht zu stellen, empfiehlt sich nicht. Zu erwägen wäre aber, ob man der Vollzugsbehörde für den Augenblick der Entlassung eine solche Befugnis zusprechen könnte. Indessen kann ein dringendes Bedürfnis zu einer gesetzlichen Regelung in dieser Richtung zurzeit nicht anerkannt werden.

Gefangenen zu sichern. Aus der Rechtsnatur der Gefangenschaft ist auch die öffentlich-rechtliche Pflicht des Staates abzuleiten, die Nachteile möglichst auszugleichen, die für den Betroffenen, namentlich im Hinblick auf sein späteres Fortkommen, durch einen über das Ziel hinausschießenden staatlichen Zwangsakt entstehen, der in die Rechtssphäre des Verurteilten weiter eingreift, als der Vollzug erfordert. Die Rechtfertigung dieses Grundsatzes hat Freudenthal zuletzt mit überzeugender Begründung in seinem Aufsatz »Entlassenenfürsorge, eine Pflicht der Allgemeinheit« gegeben (*ZStW. 46,* 403). Auf diese Ausführungen kann verwiesen werden. Durchaus mit Recht kommt Freudenthal zu dem Schluß, daß der Staat juristisch als das Organ des Strafvollzugs auch die Pflicht zur Fürsorge für die Entlassenen hat. Geht man hiervon aus, so wird es deutlich, daß wir es bei der Einrichtung amtlicher Entlassenenfürsorge nicht etwa mit einer Verstaatlichung privater Einrichtungen zu tun haben, sondern, daß die staatliche Fürsorge eine unabweisbare Folgerung aus gegebenen Tatsachen ist, die schon längst hätte gezogen werden können und sollen.

Damit ist die Frage nach dem Träger der Fürsorge entschieden. Eine Fragestellung etwa in der Richtung, ob die Strafentlassenenfürsorge besser durch den Staat (die Gemeinden oder die öffentliche Wohlfahrtspflege überhaupt) oder durch private Personen oder Vereine durchgeführt werde, ist demnach gar nicht möglich. Sachlich läßt sich aber auch nicht bestreiten, daß der Staat besser als die freie Wohlfahrtspflege geeignet ist, diesen Zweig der Fürsorge zu betreiben. Die Bedenken, die gegen eine Beteiligung öffentlicher Organe an der Entlassenenfürsorge wiederholt erhoben worden sind, müssen als unbegründet bezeichnet werden. Es ist durchaus anzuerkennen, daß sich die private Wohlfahrtspflege Verdienste um die Gefangenen und Entlassenen erworben hat. Indessen ist die private Wohlfahrtspflege nicht imstande, die gewaltige Aufgabe der Fürsorge für Entlassene etwa allein zu erfüllen. Das hat z. B. auch Krohne (S. 278) bei aller Bewunderung der aufopfernden Tätigkeit einzelner bestimmter Persönlichkeiten und Vereine festgestellt. Margarete Sommer hat mit zutreffender Begründung den aus den Kreisen der Gefängnisvereine kommenden Einwand widerlegt, die Fürsorge müsse individuell gehandhabt werden, und sei deshalb privater Hilfe zu überlassen. Der Einwand ist in dieser Allgemeinheit sicher unbegründet. Sommer hält ebenfalls die privaten Vereine nicht der großen Aufgabe gewachsen und glaubt, daß in weitem Umfange staatliche (gemeindliche) Arbeit auf dem Gebiete der Entlassenenfürsorge notwendig sei. Je nach der Eigenart der einzelnen

Tätigkeitsgebiete und des Teilobjektes falle die Fürsorge öffentlichen oder privaten Organisationen zu[11]). Was beispielsweise v. Holtzendorff-v. Jagemann-Fuchs und Kriegsmann gegen die Staatstätigkeit einwenden, kann nicht als stichhaltig anerkannt werden[12]). Es ist ohne weiteres einleuchtend, daß der Staat, die Gemeinden und die Fürsorgeverbände wirtschaftliche Einrichtungen der Entlassenenfürsorge besser als private Vereine schaffen und für die Durchführung der Entlassenenfürsorge umfassender als diese sorgen, wie auch die Kosten der gesamten Fürsorge wirklich tragen können. Ein erheblicher Teil der Geschäfte der Entlassenenfürsorge, vorzugsweise in wirtschaftlicher Hinsicht, wird ja heute schon ausschließlich von den genannten öffentlich-rechtlichen Trägern der Fürsorge erledigt. Die Strafentlassenenfürsorge fällt zu einem wesentlichen Teile mit der allgemeinen wirtschaftlichen und gesundheitlichen Fürsorge zusammen. Würden die jetzigen Träger der Fürsorge die Strafentlassenenfürsorge als Pflichtaufgabe mit zu übernehmen haben, so würde für sie in der Hauptsache nur die sittlich-erzieherische Seite der Aufgabe neu sein.

Die Entwicklung hat mit Notwendigkeit in einer Reihe deutscher Länder zu einer vollständigen oder teilweisen Übernahme der Strafentlassenenfürsorge auf öffentliche Organe geführt. So z. B. in Hamburg, wo die Entlassenenfürsorge in engen Zusammenhang mit dem Strafvollzug gebracht worden ist und auch bereits staatliche Übergangsheime geschaffen worden sind[13]), in Bayern, das schon vor längerer Zeit eine staatliche Gefangenenobsorgestelle eingerichtet hat und plant, ein staatliches Obsorgeamt und ein ihm angegliedertes Obsorgeheim zu errichten[14]), und namentlich in Sachsen, das im

---

[11]) Sommer, Fürsorge im Strafrecht, Berlin 1925, S. 121, 132, 142.

[12]) v. Holtzendorff II, S. 368 ff., Kriegsmann S. 271 ff. Siehe dagegen heute z. B. auch Nagler (Das Erziehungsproblem im modernen Strafvollzug 1926 S. 31): »Nach der Entlassung muß dem Entlassenen nach dem guten Beispiel des amerikanischen Fürsorgers ein treuer Mentor ratend und helfend zur Seite stehen, damit er in den Monaten der Akklimatisation an die volle Freiheit nicht scheitert. Da bei uns — anders als bei den Angelsachsen — ernste und wohlwollende Helfer aus dem Publikum nicht zur Verfügung stehen, so muß der Staat diese Schutzaufsicht organisieren und vor allem auch mit reichlichen Geldmitteln ausstatten.«

[13]) Ebeling, Die Organisation des Fürsorgewesens der Hamburger Gefangenenanstalten, *BlGK. 57,* 76 ff.

[14]) Siehe den ausführlichen Bericht Michals *BlGK. 45,* 75 ff., sowie neuerdings Ott, »Gefangenenobsorge« (Zeitschrift Das Bayerland *37,* 179 ff.) und »Gefangene erlösen!« 1926, S. 31, sowie hauptsächlich die dem bayerischen Justizhaushaltsplan 1927/28 beigegebene Denkschrift über die Neuregelung der Obsorge für entlassene Gefangene.

Jahre 1923 die amtliche Gefängnisfürsorge — ausgeführt durch akademisch gebildete Fürsorger auf dem Gebiete der Justizverwaltung einerseits und Bezirksfürsorgeverbände auf dem Gebiete der Sozialverwaltung anderseits — geschaffen und im Wohlfahrtspflegegesetz vom 28. März 1925 (GBl. S. 55 ff.) die Strafentlassenenpflege zur Pflichtaufgabe der öffentlichen Wohlfahrtspflege gemacht hat[15]). Auch im Auslande läßt sich eine ähnliche Entwicklung beobachten. In England liegt zwar die Entlassenenfürsorge, soweit nicht staatlich angestellte Beamte als probation officers tätig werden, in den Händen privater Gesellschaften, der prisoners aid societies und borstal associations. Manche von diesen erhalten aber so hohe staatliche Zuschüsse, daß sie auch in Anbetracht ihrer sonstigen Stellung zu den Staatsorganen, als halbamtliche Organe angesehen werden können[16]). Der italienische StGB.-*Entw.* 21 sieht Consigli di Patronato (Fürsorgeräte) von öffentlichem Charakter vor, welche die Verurteilten nach dem Strafvollzug zu überwachen haben. Der *Entw.* plant, diesen Fürsorgeräten Kassen, die durch Zuweisung von Geldstrafen gespeist werden, zwecks Unterstützung Entlassener zur Verfügung zu stellen[17]). Der Schweizer StGB.-*Entw.* 18 beschäftigt sich ebenfalls

---

[15]) Starke a. a. O. S. 178 ff.

[16]) Über Umfang und Erfolge der Zusammenarbeit von Staat und freiwilligen Organisationen, insbesondere über die verhältnismäßig häufigen Arbeitsvermittlungen für entlassene Gefangene siehe Ruggles-Brise English Prison System 1921 Preface XIX und S. 164 ff., 178. England legt auf die Entlassenenfürsorge großes Gewicht. In der Jahresversammlung der englischen Holloway Discharged Prisoners Aid Society im Jahre 1924 bezeichnete der Lordmayor von London die Fürsorgearbeit an straffällig gewordenen Menschen als ein work of really national importance (Jahresber. 1925 S. 2). Über die Zuschüsse an die bekannte Borstal association teilt die Schrift Borstal in Nineteen Hundred And Twenty-Six S. 7 mit: »The Staff expenses of the Association are met by a Government grant, so that all subscriptions go directly to help the lads and girls cared for by the Association, and every pound so given earns a government grant of two pounds«. Hiernach werden vermutlich die Kosten der Organisation der Gesellschaft durch staatliche Zuschüsse zum größten Teil gedeckt. Aber auch zur Durchführung der Fürsorgegeschäfte gewährt der Staat beträchtliche Beiträge. Überaus treffend schreibt der erwähnte Bericht über das Verhältnis von Strafvollzug (richtiger hier borstal detention) und Entlassenenfürsorge: »It has been well said as difficulty arises not in imprisoning anyone but in releasing him, and unless some provision is made for his after-care on his release even a short sentence may involve a life's sentence of banishment from decent society« (S. 5).

[17]) Denkschrift und Vorentwurf zu einem Italienischen StGB., 1921, S. 334 ff.

mit der Entlassenenfürsorge und sieht die Ausübung der Schutzaufsicht durch staatliche Organe vor[18]). Auch der tschechoslowakische StGB.-*Entw.* 26 nimmt staatliche Einrichtungen in Aussicht, um angemessene Beschäftigung für die Gefangenen in der ersten Zeit nach der Entlassung zu finden. Auch soll den Entlassenen ein Beistand bestellt werden, der ihnen behilflich ist, die Schwierigkeiten und Gefahren des Überganges in die Freiheit zu überwinden (§ 103). Die Schutzaufsicht über bedingt Entlassene soll durch besondere Gefangenengerichte überwacht werden (§§ 133 ff.). Auch dieser *Entw.* will Fonds begründen, die durch die dem Staate zufließenden Geldstrafen gespeist werden, um der Justizverwaltung Mittel zur Fürsorge für die Familien Strafgefangener und zur Fürsorge für Entlassene zur Verfügung zu stellen (§ 46). Die von den Rechtsbrechern gezahlten Sühnebeträge sollen also unmittelbar im Dienst der Verbrechensbekämpfung Verwendung finden.

Die Regelung des Entwurfs.

Es ist nach alledem durchaus folgerichtig und sehr zu begrüßen, daß der *Entw.* im § 232 den Satz aufstellt: »Die Fürsorge für Entlassene ist eine gemeinsame Angelegenheit des Staates und der Gesellschaft.« Dieser Programmsatz, der in seiner glücklichen Fassung einen großen Fortschritt in der gesetzgeberischen Behandlung der Entlassenenfürsorge darstellt, hat der weiteren Entwicklung den Weg zu weisen: Der Staat und die Gesellschaft haben gemeinsam, jeder nach seiner Kraft und nach seiner besonderen Eignung an dem Werk der Entlassenenfürsorge mitzuwirken. Die konkrete Ausführung des Programmsatzes enthält § 238. Hier wird dem Staat die Aufgabe gestellt, die freien Vereinigungen und Einrichtungen, die sich der Fürsorge für Entlassene widmen und ihr zu dienen geeignet sind, in ihrer Tätigkeit zu fördern, auf ihr sachdienliches Zusammenarbeiten hinzuwirken und sie zu unterstützen. In erster Linie soll die Entlassenenfürsorge also Aufgabe der freien Wohlfahrtspflege sein. Nur wo private Vereinigungen fehlen oder nicht in der Lage sind, Fürsorge ausreichend zu leisten, soll nach dem *Entw.* der Staat selbst eintreten. Diese Vorschriften bringen allerdings eine Enttäuschung. § 238 hält nicht, was § 232 versprach. Zwar könnte man darauf hinweisen, daß der Staat bei der bekannten Unzulänglichkeit der privaten Fürsorge praktisch meist selbst einzutreten haben

[18]) *Entw.* eines schweizerischen StGB., 1918, Art. 400 ff.

wird. Ist das aber richtig, so sollte man dann auch soweit gehen, den Staat im Gesetz zum Träger der Fürsorge zu erklären, und ihm die Organe der privaten Fürsorge lediglich zur Unterstützung beizuordnen. Aber auch hiervon abgesehen, bleibt der *Entw.* auf halbem Wege stehen. § 238 führt das verheißungsvolle Programm des § 232 nicht folgerichtig durch. Man durfte nach § 232 erwarten, daß der Staat zum Träger der Fürsorge erklärt und die privaten Vereinigungen in die zweite Linie gestellt würden.

Freilich würde gegenüber einer Vorschrift, wonach der Staat Träger der Fürsorge ist, alsbald die Frage aufzuwerfen sein, ob der Staat zur Tragung sämtlicher infolge oder aus Anlaß der Durchführung des Strafvollzugs und des Eintritts der Hilfsbedürftigkeit entstehenden Kosten in bezug auf den Verurteilten und seine Familie verpflichtet ist und ob ihm insbesondere auch diejenige Fürsorge zur Last fällt, die nach geltendem Recht, insbesondere der VO. über die Fürsorgepflicht vom 13. Februar 1924 (RGBl. I S. 100 ff.) den dort genannten Trägern der Fürsorge gesetzlich auferlegt ist. Wollte man diese Frage bejahen, so würde sich eine unerwartete Verschiebung in dem Tragen der Fürsorgelast ergeben, die sich die bisher belasteten Träger wohl gefallen lassen könnten, die aber für den Staat nicht ohne weiteres tragbar wäre, Verhandlungen über den Lastenausgleich zwischen den Ländern und den Fürsorgeverbänden notwendig machen und gewisse finanztechnische Schwierigkeiten mit sich bringen würde. Die folgerichtige Durchführung des Freudenthalschen Gedankens (Verpflichtung des Staates zur Vermeidung jeder Verletzung von Rechtsgütern des Gefangenen, die über den vom Richter verhängten Eingriff hinausgehen) würde freilich verlangen, daß man den Staat in seiner Eigenschaft als Vollzugsorgan auch zum Träger der Fürsorgelast in vollem Umfange erklärte. Zu einem solchen Schluß käme man vielleicht auch, wenn und soweit man die Entlassenenfürsorge als eine Maßregel der Besserung und Sicherung betrachten würde. Faßt man die Entlassenenfürsorge aber — wozu ich neige — in der Hauptsache als einen Akt der Wohlfahrtspflege auf, dann wäre nicht einzusehen, warum der Staat plötzlich Fürsorgelasten, deren Tragung nach geltendem Rechte Aufgabe anderer öffentlicher Organe ist, übernehmen sollte[19]. Da eine solche weitgehende Verpflichtung des Staates nur

[19]) Aus diesem Grunde ist — vom Standpunkt der im Text abgelehnten Grundauffassung des *Entw.* aus — die Fassung des § 238 Satz 2 bedenklich. Hier wird der Staat nach dem Wortlaut des *Entw.* verpflichtet, die Fürsorge in vollem Umfange und jedenfalls auch insoweit zu leisten, als nach geltendem Rechte die Fürsorgeverbände Träger der Fürsorge

aus der Tatsache der Freiheitsentziehung als solcher hergeleitet werden könnte, müßte auch stets im einzelnen Falle der ursächliche Zusammenhang zwischen dem Strafvollzug und dem Eintritt der Hilfsbedürftigkeit sorgfältig festgestellt werden, um den zuständigen Fürsorgeträger einwandfrei zu ermitteln. Für den Praktiker würde ein derartiges Ergebnis unannehmbar sein. Streitigkeiten zwischen dem Staat und anderen Trägern der Fürsorge über das Tragen der Kosten von Fürsorgeleistungen und deren gegenseitige Verrechnung müssen ausgeschaltet bleiben. Deshalb kann nur in Frage kommen, den Staat mit solchen Kosten der Einrichtung und Durchführung der Fürsorge zu belasten, die bei Behörden der Justizverwaltung entstehen. Im übrigen ist die Pflicht zur wirtschaftlichen Fürsorge den schon nach geltendem Rechte verpflichteten Trägern der Fürsorge zu belassen. Denn dem Staat darf nicht angesonnen werden, den nach der VO. über Fürsorgepflicht oder nach sonstigen Vorschriften in Betracht kommenden Trägern der Fürsorge die bei diesen entstehenden — ihm höchstens anteilig zufallenden — Kosten der Einrichtung und Durchführung der Entlassenenfürsorge zu erstatten. Von diesem Gesichtspunkte aus folgerichtig gedacht ist die Bestimmung des § 236, wonach die Hilfe für die notleidende Familie des Strafgefangenen bei dem zuständigen Fürsorgeverband lediglich anzuregen ist.

Da bei der Fürsorge für Strafentlassene sowohl die Justizverwaltung, als die Sozialverwaltung beteiligt sind, bedarf es einer ausdrücklichen Abgrenzung der Arbeitsgebiete der Justiz- und der Sozialverwaltung. Wie ich schon an anderer Stelle bemerkt habe, gehört die Strafentlassenenfürsorge funktionell mehr zur Justizverwaltung, als zur Sozialverwaltung[20]). Diese gegenwärtig in den deutschen Ländern herrschende Auffassung wird offenbar auch von dem Entwurfe vertreten. Der Entwurf ist nun allerdings — durchaus mit Recht — nicht soweit gegangen, alle Geschäfte der Strafentlassenenfürsorge der Justizverwaltung zuzuweisen. Die Justizverwaltung hat auch gar kein Interesse daran, Geschäfte der

---

sind. Es kann wohl — immer vom Standpunkt des *Entw.* aus gesehen — nicht beabsichtigt sein, bei den staatlichen Stellen einen umfangreichen eigenen Fürsorgeapparat für die Entlassenenfürsorge einzurichten. Sollte etwa geplant sein, die Fürsorgeverbände nunmehr nur noch als Beauftragte der Staatsorgane tätig werden zu lassen, so würde ein umständliches Schreib- und Verrechnungswerk verursacht werden. Entschieden werden müßte vor allem die Frage der Familienhilfe, die der *Entw.* doch sicher nicht auf den Staat übernehmen will (§ 236).

[20]) Starke a. a. O. II S. 180 Anm. 7.

allgemeinen Wohlfahrtspflege nur um deswillen zu übernehmen, weil der Hilfsbedürftige zufällig ein Strafentlassener ist. Sie würde dieses Interesse selbst dann nicht haben, wenn die Hilfsbedürftigkeit unmittelbar durch den Strafvollzug veranlaßt wäre. Vielmehr würde es durchaus zweckentsprechend sein, wenn die verschiedenen Arten von Geschäften der wirtschaftlichen und gesundheitlichen Fürsorge für Entlassene jeweils von den Stellen erledigt würden, in deren Geschäftsbereich die Angelegenheit ohne Rücksicht auf die Straffälligkeit fallen würde. Wenn § 103 des *VE.* eines Tschechoslowakischen Strafgesetzes 1926 die Entlassenenfürsorge vorzugsweise dem Ministerium für soziale Fürsorge zuweist, so haben die Verfasser dabei offenbar weniger den sittlich-erzieherischen Teil der Aufgaben der Strafentlassenenfürsorge, als hauptsächlich den wirtschaftlichen Teil (Beschaffung von Arbeit und Unterkommen, Erstellung von Übergangsheimen usw.) im Auge gehabt.

Wie ich mir die Regelung denke, läßt sich am besten an einem Beispiel erläutern. In Sachsen schuf die Justizverwaltung im Jahre 1923 die Gefängnisfürsorge, indem sie im Rahmen des Strafvollzugs und in enger Verbindung mit diesem eine Anzahl akademisch gebildeter Fürsorgebeamter vorzugsweise zur Durchführung der sittlich-erzieherischen Aufgaben der Strafentlassenenpflege sowohl während der Strafzeit ihrer Schützlinge, wie auch in der Zeit nach deren Entlassung aus der Haft anstellte (VO. des JM. vom 23. März 1923, JMBl. S. 52 ff.). Damit wurde der Freudenthalsche Gedanke der »Wiedergutmachung« zum ersten Male bewußt in der Praxis verwirklicht. Die wirtschaftliche Fürsorge blieb den Fürsorgeverbänden überlassen. Das Sächsische Wohlfahrtspflegegesetz vom 28. März 1925 (GBl. S. 55ff.) nahm auf diesen Vorgang Rücksicht. Dieses Gesetz, das als erstes deutsches Gesetz die Strafentlassenenpflege zur Pflichtaufgabe der öffentlichen Wohlfahrtspflege erklärte (§ 2 Ziff. 12), legte dem Staat die Verpflichtung zur Organisation der Strafentlassenenpflege — im Umfang der getroffenen Einrichtungen — auf (§ 6 Abs. 3) und verpflichtete ihn weiter, die Kosten dieser Organisation zu tragen (§ 20 Abs. 4), während alle übrigen Kosten der Strafentlassenenpflege, also die Kosten der Organisation der Bezirksfürsorgeverbände und der wirtschaftlichen Durchführung der Fürsorge im einzelnen, von den Bezirksfürsorgeverbänden als den Hauptträgern der öffentlichen Wohlfahrtspflege (§ 3 Abs. 1) zu tragen sind (§ 20 Abs. 1). Die AusfVO. zum Wohlfahrtspflegegesetz vom 20. März 1926 GBl. S. 69 ff. hat ganz im Sinne der obigen Ausführungen die Aufgabengebiete der bei der Justizverwaltung angestellten staatlichen Fürsorger und der von der Wohlfahrtsverwaltung abhängigen Bezirksfürsorgeverbände derartig verteilt, daß die Fürsorger auf die Erfüllung der sittlich-erzieherischen Aufgaben, die Bezirksfürsorgeverbände auf die Erfüllung der wirtschaftlichen und gesundheitlichen Aufgaben der Strafentlassenenpflege besonderen Wert zu legen haben. Theoretisch richtiger wäre es freilich gewesen, wenn die Aufgabengebiete vollständig klar so abgegrenzt worden wären, daß die Arbeit mehr sittlich-erzieherischen Inhalts ausschließlich den Justizbehörden, die andere Arbeit ausschließlich den Sozialbehörden zugewiesen worden wäre. Der ausschlaggebende Gesichtspunkt für die Verteilung der Aufgaben in dieser Weise ist die Art und Weise der Einrichtung der beteiligten Behörden und die Eignung der vorhandenen Beamten für die Durchführung der verschiedenen Einzelaufgaben der Fürsorge. Für die sittlich-erzieherischen Aufgaben stehen besonders ausgebildete und erprobte Beamte zur Verfügung, die in unmittelbarer Beziehung zu den Gefängnissen stehen: die von der Justizverwaltung angestellten Fürsorger[21]). Anders würde wahrscheinlich die Organisation auch in anderen deutschen Ländern nicht getroffen werden können. Denn es ist weder finanziell tragbar, noch überhaupt notwendig, bei den zahlreichen Fürsorgeverbänden besondere Fachbeamte für die sittlich-erzieherische Arbeit anzustellen. Wohl aber ist die Anstellung derartiger Fachbeamter bei den Gefängnissen und an wichtigen Plätzen des

---

[21]) Die sächsischen Fürsorgebeamten unterscheiden sich von den in der Literatur öfters erwähnten thüringischen Sozialbeamten, die in der Hauptsache auch akademisch gebildet sind, dadurch, daß sie ausschließlich mit der Erledigung von Fürsorgegeschäften beauftragt sind, während die thüringischen Fürsorger leitende Erziehungsbeamte des Strafvollzugs sind, die alle Geschäfte des Strafvollzugs erledigen, mithin auch die Disziplin handhaben müssen. Der sächsische Fürsorgebeamte entspricht deshalb mehr dem in der Literatur wiederholt behandelten Fürsorger von Wittlich, der nicht zu den Strafvollzugsbeamten des Jugendgefängnisses gehört. Wie der Wittlicher Fürsorger haben auch die sächsischen Fürsorgebeamten die Aufgabe, ihre Fälle über den Zeitpunkt der Entlassung hinaus zu bearbeiten, soweit sie dazu imstande sind.

Besondere Schulen für die Ausbildung von Gefängnisfürsorgern dieser Art gibt es heute noch nicht. Bei dem weiteren Ausbau der Fürsorgeeinrichtung, wie sie nach den Vorschriften des *Entw.* zu erwarten ist, wird später geboten sein, besondere Einrichtungen für die Ausbildung der Fürsorger zu schaffen. Sachsen fordert heute für die akademisch gebildeten Fürsorger ein juristisch-staatswissenschaftliches oder psychologisch-pädagogisches Studium, das durch besondere Studien auf dem Gebiete des Strafrechts und Strafprozeßrechts, sowie der Kriminalpolitik, der Kriminalistik, der Kriminalpsychologie, der Kriminalpsychiatrie, der Kriminaltherapie, der Kriminalpädagogie, des Fürsorgewesens usw. zu ergänzen ist.

Landes, von denen aus sie die Fürsorgearbeit in ihrem Bezirk betreiben können, notwendig und ohne allzu hohe Kosten durchführbar.

Zweckentsprechend ist, daß sich in Sachsen die Bezirksfürsorgeverbände nach § 72 AusfVO. zum WohlfPflGes. der Fürsorge für Angehörige nach den allgemeinen Vorschriften zu unterziehen haben. Diese Bestimmung, die im Einklang mit § 236 steht, hat sich durchaus bewährt.

Auf Grund dieser Erwägungen empfiehlt sich, dem § 238 folgende Fassung zu geben:

> Der Staat und die Träger der öffentlichen Wohlfahrtspflege haben die Aufgabe, die Fürsorge für Entlassene einzurichten und durchzuführen. Die freien Vereine und Einrichtungen, die sich der Fürsorge für Entlassene widmen und ihr zu dienen geeignet erscheinen, sind zu fördern, zu unterstützen und zur Mitarbeit heranzuziehen.

Damit wird in Abweichung vom *Entw.* zum Ausdruck gebracht, erstens, daß zunächst die Träger der öffentlichen Wohlfahrtspflege (Staat, Fürsorgeverbände), in zweiter Linie die Gesellschaft Träger der Entlassenenfürsorge sind, zweitens, daß als Träger der Fürsorge nicht nur der Staat, sondern auch die sonstigen Träger der öffentlichen Wohlfahrtspflege, also namentlich die Fürsorgeverbände, in Betracht kommen, drittens, daß die Aufgabe der Förderung, Unterstützung und Heranziehung der freien Wohlfahrtspflege zur Mitarbeit sowohl dem Staat, wie auch den sonstigen Trägern der öffentlichen Wohlfahrtspflege obliegt. Die nähere Verteilung der Aufgaben bleibt der Ausführungsverordnung vorbehalten. Der Staat als solcher wird in der Ausführungsverordnung nur insoweit als Träger der Fürsorge zu verpflichten sein, als die Fürsorge zweckmäßig im Rahmen der Justizverwaltung durchgeführt wird. Hierbei wird jedoch der Rahmen weit genug gespannt werden müssen. Für die Verteilung der Aufgaben unter die Träger der öffentlichen Wohlfahrtspflege wird die besondere Eignung der einzelnen Träger für die verschiedenen Aufgabengebiete entscheidend sein. Die Kostenfrage, die im *Entw.* sonst bei ähnlichen Fällen ebenfalls offengelassen wird (s. z. B. § 254), kann im Gesetz unentschieden bleiben. Die Entscheidung würde dahin zu lauten haben, daß der Staat die Kosten der Einrichtung und Durchführung der Fürsorge bei der Justizverwaltung zu tragen hat, während die Kosten im übrigen den in den allgemeinen Vorschriften bezeichneten Fürsorgeträgern nach Maßgabe dieser Vorschriften zur Last fallen.

Eine Vorschrift des vorgeschlagenen Inhalts sichert eine planmäßige Verteilung der Arbeit unter die vorhandenen öffentlichen und privaten Fürsorgeträger und gewährleistet der freien Wohlfahrtspflege auch in Zukunft ein angemessen großes Arbeitsfeld. Der Staat betreibt die Entlassenenfürsorge bei der Justizverwaltung. Die Fürsorgeverbände leisten die erforderliche wirtschaftliche und gesundheitliche Hilfe, so daß die privaten Vereinigungen von lästigen Kassengeschäften und der Sorge für die Beschaffung der nötigen Mittel befreit werden. Die staatlichen Fürsorger üben die sittlich-erzieherische Fürsorge im Gefängnis und, soweit möglich, auch an den Entlassenen. Sie werden dabei in erster Linie von den Anstaltshelfern (§§ 31 ff.) unterstützt, mithin von Persönlichkeiten, die voraussichtlich unter Berücksichtigung der Vorschläge der privaten Vereinigungen von der Justizverwaltung bestellt werden, ähnlich, wie die englischen visitors, die regelmäßig mit dem Dienst im Gefängnis beauftragte und dazu abgeordnete Mitglieder von Gefängnisgesellschaften sind. Bei der Fürsorge für entlassene Gefangene werden die Fürsorgevereine in besonders großem Umfange herangezogen werden. Da die Vereine zufolge ausdrücklicher Anordnung vom Staate zu fördern und zu unterstützen sind, wird ihre Existenz in Zukunft voraussichtlich gesicherter sein als jetzt. Das Gesamtergebnis der Neuregelung wird wahrscheinlich sein, daß sich die privaten Vereinigungen mehr der wertvolleren sittlich-erzieherischen Arbeit widmen können. Hierzu werden sie Helfer aus allen Kreisen der Bevölkerung, vor allem auch aus den sozialen Schichten, denen die Rechtsbrecher gewöhnlich entstammen, heranziehen und ausbilden müssen. Die entsprechende Aufgabe obliegt übrigens den staatlichen Fürsorgern in gleicher Weise für ihren Geschäftsbereich. Eine besonders wichtige Aufgabe werden die privaten Vereinigungen in der rechtzeitigen Beschaffung und Vermittlung von Arbeit für Entlassene — soweit die Arbeitsbeschaffung nicht durch die öffentlichen Arbeitsnachweise erfolgt — und in der Ermittelung geeigneter Familien, die Entlassene in ihre Hausgemeinschaft aufzunehmen gewillt sind, sowie in der Fürsorge für die schutzlosen und hilfsbedürftigen Familien Strafgefangener, für die sie neben der amtlichen Fürsorge (§ 236) vorzugsweise berufen erscheinen, zu erfüllen haben. Weiter werden sie sich ganz besonders aller solcher Entlassener annehmen müssen, die infolge krankhafter Veranlagung und Neigungen (Trinker usw.) einer besonderen Behandlung bedürfen. Die Vereinigungen können und müssen also mit aller Kraft dahin arbeiten, daß die Entlassenen alsbald nach der Entlassung wieder in die Gesellschaft eingegliedert werden. Daneben können sie eine sehr bedeutungsvolle Tätigkeit dadurch entwickeln, daß sie die Gesellschaft über die Bedeutung und den Zweck des Strafvollzugs und der Fürsorge, sowie über die Verbrechensbekämpfung unterrichten, auf die Pflichten der einzelnen Gesellschaftsschichten gegenüber den Entlassenen hinweisen und allgemein für die Verbreitung sozialer Anschauungen auf dem Gebiete der Strafentlassenenpflege sorgen. Welche Erfolge erzielt auf ähnlichen Gebieten die Howard League in England! Solange noch nicht allgemein bei den Behörden wie im Volke die Überzeugung durchgedrungen ist, daß die Strafvollzugsgrundsätze (1923) und die Vorschläge des *Entw.* zweckmäßig und brauchbar sind, solange man in manchen Kreisen noch die Zuweisung nützlicher und produktiver Arbeit an Gefangene mißbilligt, sich gegen die Einführung von modernen Arbeitsmethoden im Gefängnis wehrt, nicht zulassen will, daß Gefangene zu einem Beruf, in einem Handwerk ausgebildet werden, solange man noch nicht das Verständnis für den Erziehungsgedanken im Strafvollzug hat, die Vergünstigungen des Stufenstrafvollzugs als Humanitätsduselei bezeichnet, Unterricht, bildende Vorträge, Ruhetagsfeiern als etwas Überflüssiges und eine dem Strafzweck zuwiderlaufende Unterhaltung des Gefangenen betrachtet, solange entlassenen Gefangenen beim Wiedereintritt in das freie Leben Schwierigkeiten aller Art bereitet werden, solange der Entlassene, auch wenn er die besten Vorsätze hat, als ein Geächteter behandelt wird —, solange haben die Gefängnisvereine die überaus große und wichtige Aufgabe der Aufklärung, der Verbreitung von Verständnis für die Behandlung Straffälliger und der Bekämpfung ungerechtfertigter Vorurteile zu erfüllen.

Fassen die Schutzvereine für Strafentlassene ihre Aufgabe in der angedeuteten Richtung auf, so werden sie wahrscheinlich dem Volke außerordentlich wertvolle Dienste leisten. Ihre Aufgabe ist dann gewaltig groß. Sie brauchen dem Staat und der öffentlichen Wohlfahrtspflege das grundsätzliche Vorrecht auf dem Gebiet der Strafentlassenenfürsorge nicht zu neiden.

Die praktische Durchführung der Entlassenenfürsorge.

Die Vorschriften der §§ 232 ff. gelten nicht nur für aus der Strafhaft Entlassene, sondern auch für solche Entlassene, die aus Trinkerheilanstalten oder Erziehungsanstalten, öffentlichen Heil- und Pflegeanstalten, Arbeitshäusern und aus der Sicherungsverwahrung entlassen werden (§ 268 Abs. 4)[22]. Diese Anordnung ist durchaus

[22]) Für aus der Untersuchungshaft Entlassene gelten

zweckentsprechend, weil die Wiedereingliederung dieser Gruppe Entlassener im allgemeinen noch schwieriger ist als die Wiedereingliederung der zu Freiheitsstrafe Verurteilten. Eine Nachbehandlung kann wegen der Eigenart der Persönlichkeit hier selbst, nachdem die Straffälligen die besondere Anstalt mit Erfolg durchlaufen haben, nicht entbehrt werden.

Das Ziel der Entlassenenfürsorge ist grundsätzlich das gleiche wie das Ziel des Strafvollzugs, und zwar auch dann, wenn es sich um die Nachbehandlung im Falle des Vollzugs einer sichernden Maßnahme handelt. Mit Recht bezeichnet § 232 entsprechend den §§ 57, 156 als Ziel der Entlassenenfürsorge, den Bestraften einem gesetzmäßigen Leben in der Freiheit zuzuführen. Damit ist klargestellt, daß eine innere Wandlung im ethischen Sinne, etwa gar eine religiöse Bekehrung ebensowenig wie im Strafvollzug oder während des Vollzugs der sichernden Maßnahmen herbeizuführen, daß vielmehr lediglich gesellschaftliche Besserung (Resozialisierung) anzustreben ist. Die Entlassenenfürsorge erreicht genug, wenn sie den Rückfall verhütet. Auch die privaten Vereine müssen sich grundsätzlich, soweit sie an der Entlassenenfürsorge mitarbeiten wollen, auf diesen Standpunkt stellen. Eine unterschiedslose Zuweisung Entlassener von den staatlichen Stellen an konfessionell eingestellte Vereine dient weder den Interessen der Entlassenen, noch der Vereine. Konfessionell eingestellten Vereinen möchten Entlassene nur dann zugewiesen werden, wenn die Entlassenen damit einverstanden sind.

Das Verfahren der Entlassenenfürsorge kann im Rahmen dieser Arbeit nicht eingehender behandelt werden. Zunächst muß gesagt werden, daß die Entlassenenfürsorge bereits im Gefängnis einzusetzen hat, wie das in mehreren deutschen Ländern und auch im Ausland, vor allem in England, wo die visitors die Gefangenen zwecks Vorbereitung ihrer Ent-

---

sie zunächst nicht, weil der *Entw.* nur den Vollzug von Freiheitsstrafen und sichernden Maßnahmen behandelt. Durch landesrechtliche Vorschriften kann jedoch die Entlassenenfürsorge auch auf entlassene Untersuchungsgefangene erstreckt werden, die erfahrungsgemäß der Fürsorge häufig in viel höherem Maße bedürfen als entlassene Strafgefangene. Es ist durchaus erwünscht, daß die Länder von dieser Möglichkeit Gebrauch machen, wie dies z. B. schon in Sachsen (VO. des JM. v. 23. 3. 23, §§ 1, 10, 12) geschehen ist. Die Einrichtung der Gefängnisfürsorge an Untersuchungsgefangenen hat sich in Sachsen, besonders in den großen Untersuchungsgefängnissen der Großstädte, sehr bewährt. Die Vorschriften der §§ 232—238 werden vorbehaltlich § 116 StPO. der Regelung in der Hauptsache zugrunde gelegt werden können.

lassung im Gefängnis aufsuchen, mit sehr gutem Erfolge schon jetzt geübt wird. Wenn auf Grund solcher Erfahrungen § 233 vorsieht, daß die Fürsorgearbeit bereits während der Strafzeit einzusetzen hat, und wenn § 234 Abs. 4 den Vertretern der öffentlichen Wohlfahrtsstellen und privaten Fürsorgevereine ungehinderten Verkehr mit Gefangenen in Fürsorgeangelegenheiten über die allgemeinen Vorschriften der §§ 115 ff. hinaus gestattet, so wird damit eine notwendige Voraussetzung für erfolgreiche Arbeit nach der Entlassung geschaffen. Besonders zu begrüßen ist, daß § 27 in folgerichtiger Durchführung der Grundgedanken der §§ 232/38 eine Verpflichtung des Staates zur Anstellung von Fürsorgern begründet. Damit wird eine Beamtengruppe in die Gefängnisse und die Fürsorge eingeführt, die bisher nur in einigen deutschen Ländern bekannt war[23]). Davon, daß die Länder geschulte Berufsbeamte in der erforderlichen Zahl hauptamtlich anstellen, wird das Schicksal der Gefängnisfürsorge wesentlich abhängen.

Die praktische Durchführung der Entlassenenfürsorge darf in keiner Hinsicht die Formen einer Art Polizeiaufsicht annehmen. Auf das peinlichste ist darauf zu halten, daß alle mit der Bearbeitung von Angelegenheiten der Entlassenenfürsorge betrauten Stellen die Strafentlassenen richtig behandeln[24]).

Die Verfahrensvorschriften der §§ 234—236 entsprechen erprobter Praxis. In § 236 möchten jedoch die Worte: »infolge der Strafvollstreckung« gestrichen werden, weil die Anregung auch dann geboten ist, wenn die Not der Familie aus anderen Gründen, etwa wegen Krankheit oder Erwerbslosigkeit der Angehörigen, eingetreten sein sollte. Die Sicherung geordneter häuslicher Verhältnisse und die Ermöglichung der Rückkehr des Gefangenen in solche ist eine der

---

[23]) Der Haushaltplan des Freistaates Sachsen sieht für das Rechnungsjahr 1927/28 insgesamt 26 besondere Fachbeamte auf dem Gebiete der Gefängnis- und Entlassenenfürsorge vor. Davon einen (der zugleich Kommissar für die Strafentlassenenpflege ist) in A XII, 6 in A XI, die übrigen überwiegend in A X. Der durchschnittliche tägliche Bestand beträgt in Sachsen etwa 5000 Gefangene. Der Bedarf an Fürsorgern ist mit den im Haushaltplan vorgesehenen Stellen noch keineswegs gedeckt.

[24]) § 72 Abs. 2 Sächs. AusfVO. zum Wohlf.Pfl.Gesetz v. 20. 3. 26 Gesetzbl. 76: »Das Ehrgefühl der Haftentlassenen ist zu schonen und zu stärken. Bloßstellung und Bekanntgabe der Straffälligkeit sind zu vermeiden.« Polizeibeamte oder uniformierte Beamte dürfen mit der Erledigung von Aufgaben der Strafentlassenenpflege nicht betraut werden. Auch die Schutzaufsicht (§§ 292 ff.) darf nicht durch Polizeiorgane ausgeübt werden. So ausdrücklich § 401 Abs. 3 *SchwzEntw.* 1918 und *Entw.* § 294 Abs. 2.

Hauptaufgaben vorbeugender Fürsorge. Wie schon *Krohne* (S. 282) mit feinem Verständnis für die Aufgaben der Fürsorge erkannt hat, muß der Gefangene nach seiner Entlassung einen Menschen haben, dem er vertraut; eine sehr wichtige, bislang vielfach noch nicht genügend gewürdigte Voraussetzung des Erfolgs der Entlassenenfürsorge. Schon im Gefängnis muß der Straffällige an eine Persönlichkeit gebunden werden, der er Vertrauen schenkt, die ihm mit Rat und Tat zur Seite steht. Die Fürsorge darf sich nicht in bloß äußerlicher Hilfe erschöpfen. Daß der Entlassene Arbeit und Unterkommen hat, daß er bei der Entlassung mit dem nötigen Bargeld für die nächste Zeit versehen wird, ist selbstverständlich. Ohne die Erfüllung solcher materieller Voraussetzungen ist die Existenz des Entlassenen ja überhaupt in Frage gestellt. In vielen Fällen wird es zur Erreichung gesellschaftlicher Besserung genügen, die Existenz des Entlassenen durch solche wirtschaftliche Mittel sicherzustellen. Heute, in einer Zeit weitgehender Erwerbslosigkeit, muß die Beschaffung von Arbeit für den zu Entlassenden schon vom Gefängnis aus als eine regelmäßig unentbehrliche Voraussetzung für das Erzielen von Erfolgen im Strafvollzug und der Fürsorge bezeichnet werden. Indessen gewährleistet wirtschaftliche Hilfe das künftige Wohlverhalten des Entlassenen noch nicht in allen Fällen. Manche Entlassene müssen fortdauernd dem günstigen seelischen Einfluß eines ihnen vertrauten Menschen unterliegen. Zur Ermöglichung solcher Beeinflussung kann die im *Entw.* geregelte Form der Schutzaufsicht verwendet werden, das Ziel kann aber auch auf Grund formloser Bindung des Schützlings an den Fürsorger oder dessen Helfer erreicht werden. Innerhalb eines solchen Rahmens (Schutzaufsicht im gesetzlichen Sinne oder freiwillig geduldete Schutzaufsicht) hat sich die Arbeit des Fürsorgers oder Helfers zu entwickeln. Auf den Inhalt dieser Arbeit, die nur von erprobten und erfahrenen Fachbeamten oder Helfern verrichtet werden kann, und die Arbeitsmethoden kann hier nicht näher eingegangen werden[25]).

---

[25]) Die wissenschaftliche Theorie der besonderen fürsorgerischen Behandlung Straffälliger ist in der letzten Zeit wiederholt behandelt worden. S. hierzu insbes. Grohmann: »Die sittliche und soziale Hebung Verbrecherischer« (*ZStW.* 46, 374), »Die mystisch-kommunikative Methode« (Deutsche Zeitschr. f. Wohlf.-Pfl., Dezember-Heft 1926) und »Zur Therapie des kriminellen Alkoholikers« (*MKrimPsych.* 1926, Heft 1/2).

Bei Jugendlichen ist besonders wichtig, daß neben Arbeit, Unterkommen und Verpflegung Menschen und Gemeinschaften zur Verfügung stehen, die sich der Entlassenen mit wirklicher Teilnahme annehmen. Der Jugendbewegung und Jugendpflege bietet sich hier ein weites Arbeitsfeld (Bondy a. a. O. S. 100).

Notwendig erscheint eine theoretische Untersuchung der juristischen, kriminalpolitischen und fürsorgerischen Grundlagen der sozialen Gerichtshilfe für Erwachsene, die hauptsächlich in Preußen immer mehr an Boden gewinnt, bis jetzt aber nirgends gesetzlich geregelt ist, um zu der Frage Stellung nehmen zu können, inwieweit die soziale Gerichtshilfe und die Gefängnis- und Entlassenenfürsorge Zusammenhänge aufweisen, oder ob sie voneinander getrennt zu halten sind. Grohmann hat sich mit sehr beachtlichen Gründen für eine scharfe Trennung der beiden Einrichtungen voneinander ausgesprochen, weil die Gerichtshilfe für Erwachsene ihrem Wesen nach eine Einrichtung, ein Organ der Rechtspflege sei und als eine besondere Form der Ermittelungstätigkeit mit der Entlassenenfürsorge, die ein Zweig der allgemeinen Wohlfahrtspflege sei und eine rein charitative Tätigkeit darstelle, nichts gemein habe. Eine Verquickung der beiden Arbeitsgebiete miteinander werde beide Einrichtungen nachteilig beeinflussen[26]). Dieser Standpunkt ist innerlich gerechtfertigt. Die Gefangenen- und Entlassenenfürsorge hat einen schon festgestellten Rechtsbruch, eine nachgewiesene Kriminalität zur Voraussetzung und zum Anlaß, die Gerichtshilfe soll dazu mitwirken, einen Rechtsbruch erst festzustellen und dessen gerechte Sühne zu finden. Mit dem Wesen der Gefängnis- und Entlassenenfürsorge als eines Vertrauensverhältnisses zwischen dem Fürsorger und seinem Schützling scheint es mir nicht vereinbar zu sein, daß der Fürsorger gelegentlich auch als Organ der Rechtspflege, u. U. gegen seinen Schützling auftritt. Stellt der Fürsorger im Strafverfahren oder im Gnadenverfahren den Behörden Material zum Nachteil seines Schützlings zur Verfügung, so wird dadurch das Vertrauensverhältnis schwer beeinträchtigt. Diese Erfahrung ist schon in Sachsen mit der Vorschrift des § 12 VO. des JM. vom 27. März 1923 über Gefängnisfürsorge (gutachtliche Äußerung des Fürsorgers zum Gnadengesuch seines Schützlings) gemacht worden. Im Gnadenverfahren bedeutet es einen großen Unterschied, ob sich jemand zu einem Gnadengesuch als Strafvollzugsbeamter oder als Fürsorger zu äußern hat. Man sollte einen Fürsorger nicht zwingen, in allen Fällen Gutachten zu Gnadengesuchen seiner Schützlinge abzugeben, sondern die Äußerung in sein pflichtmäßiges Ermessen stellen.

---

[26]) *MKrimPsych.* 1926, 95 ff. Die Literatur, die sich mit der Einführung und Verbreitung der sozialen Gerichtshilfe für Erwachsene beschäftigt, hat, soweit sie bislang auf diese Grenzfragen eingegangen ist, sich für die Zulässigkeit und Durchführbarkeit der Vereinigung beider Einrichtungen miteinander ausgesprochen (zuletzt z. B. Nötzel, Mon.-Blätter f. Gerichtshilfe 1926, S. 19, 26, 27, 33).

Übergangsheime.

Zum Schluß soll noch auf eine gegenwärtig im Mittelpunkt des Interesses der Fachkreise stehende Einzelfrage um deswillen näher eingegangen werden, weil sie für die praktische Durchführung der Entlassenenfürsorge von ausschlaggebender Bedeutung ist, nämlich die Frage der Errichtung von Übergangsheimen. Der Internationale Gefängniskongreß in Rom 1885 hat das Bedürfnis nach Errichtung von Asylen für entlassene Gefangene verneint (v. Holtzendorff-v. Jagemann II. 367). Auch Krohne wendet sich gegen solche Heime. »Sie sind grundsätzlich zu vermeiden, denn das hieße die verbrecherische Gemeinschaft, welche das Gefängnis durch straffe Zucht aufgehoben hat, bei laxer Zucht wiederherstellen« (S. 283). Bei der hieraus hervorgehenden Abneigung der früheren Praxis gegen die Errichtung von Heimen sowie bei der Kostspieligkeit ihrer Errichtung und Unterhaltung gibt es deshalb gegenwärtig nur eine geringe Zahl von Heimen, meist private, ganz wenig staatliche Heime. Heute ist der Ruf nach Errichtung von Übergangsheimen in der Wissenschaft und der Praxis so allgemein, daß die Frage als zugunsten der Errichtung von Heimen entschieden gelten kann[27]). Übergangsheime sind ebenso notwendig wie Gefängnisse! Auch § 234 Abs. 3 setzt Übergangsheime voraus. Die vorhandenen Übergangsheime reichen nicht aus, um die große Masse mittelloser Entlassener, die kein Unterkommen und keine Arbeit haben, vorläufig aufzunehmen. Das Bedürfnis nach Übergangsheimen besteht vor allem in den großen Städten, wo die Entlassenen aus den Provinzialgefängnissen zusammenströmen. Trotz der ungünstigen Finanzverhältnisse muß ermöglicht werden, daß in allen größeren deutschen Städten Übergangsheime errichtet oder eingerichtet werden.

Diese Heime können ihren Zweck nur dann erfüllen, wenn sie auf die Bedürfnisse und die Persönlichkeit der Entlassenen die nötige Rücksicht nehmen; Arbeiterkolonien und Armenhäuser, wie sie Krohne zur Unterbringung Strafentlassener in Aussicht nahm, scheiden aus. Mit der Unterbringung besserungswilliger Strafent-

---

[27]) Aus der zuletzt erschienenen Literatur sei erwähnt: Freudenthal, *ZStW.* 46, 403, 412 ff., Fribolin, Die Fürsorge für entlassene Gefangene, DRZ. 1927, 59 (dieser für Errichtung staatlicher Heime), Just, Übergangsheime, Deutsche Zeitschr. f. Wohlf.-Pfl. I, 550 ff. (für Errichtung privater Heime), ferner Krebs, Heime und Arbeitsstätten für Strafentlassene, 3. Handb. d. Sächs. Schutzvereins f. Strafentl., Dresden 1927 S. 20 ff. (Zweckentsprechende Beschäftigung der Heiminsassen und angemessene Entlohnung besonders wichtig).

lassener in Kolonien für Bettler und Landstreicher (sog. »Arbeiterkolonien«) sind — was begreiflich ist — ungünstige Erfahrungen gemacht worden. Verfehlt wäre es auch, großstädtische Industriearbeiter oder kaufmännische Angestellte aufs Land, auf Güter, etwa gar weit entfernt von den Großstädten, bringen zu wollen. Für solche Gruppen von Entlassenen kommen nur Heime mit Werkstätten, Schreibstuben und dergleichen in den Großstädten selbst, wo die Entlassenen jeden Augenblick auf dem Arbeitsmarkt persönlich aufzutreten vermögen, in Betracht. Zu fordern sind staatliche Heime, wie sie bereits in Hamburg und Bayern bestehen. Diese Heime müssen weltanschaulich neutral geleitet sein, denn die Mehrzahl der Entlassenen zeigt keine Neigung, in Heimen mit Zwang zu religiösen Übungen zu bleiben, nachdem sie im Gefängnis von solchem Zwang befreit waren (§ 108). Ein Zwang zum Verweilen wäre unzulässig und brächte nur Schaden für das Heim, wie für die Insassen. Wir erreichen auch durchaus genug, wenn wir die Entlassenen im Übergangsheim zu gesetzmäßigem Leben bringen (§ 232 Satz 2). Hierauf möchte Rücksicht genommen werden, wenn etwa der bedingte Straferlaß nur unter der Bedingung des Eintritts in ein Übergangsheim bewilligt werden soll (§§ 37, 39 *AE.* 25). Ob die Heime ausschließlich für Strafentlassene bestimmt werden können, oder ob die Strafentlassenen mit nichtbestraften Erwerbslosen, Erwerbsbeschränkten usw. zusammengebracht werden dürfen oder möchten, ist unter den Fachleuten noch nicht klargestellt. Notwendig ist, daß auch in den Heimen besserungsfähige Entlassene möglichst von den Gewohnheitsverbrechern abgesondert werden. Ein Zusammenleben mit sittlich oder körperlich verwahrlosten Menschen kann dem besserungsfähigen Teil Entlassener keinesfalls zugemutet werden, wenn man überhaupt Gewicht darauf legt, die Strafentlassenen durch den Heimaufenthalt zu gesetzmäßigem Leben zu bringen.

Noch wichtiger als die Errichtung von Übergangsheimen ist allerdings die Gewinnung geeigneter Familien, die geneigt sind, Strafentlassene gleich nach der Entlassung in ihre Hausgemeinschaft aufzunehmen. Der Aufenthalt im Übergangsheim bedeutet für den Entlassenen, der dort die Schicksalsgefährten aus dem Gefängnis wieder trifft und sich der Hausordnung wie im Gefängnis fügen muß, eine Fortsetzung des verbitternden Ausschlusses aus der Gesellschaft. Im Übergangsheim ballt sich die Masse der von der Gesellschaft Ausgeschlossenen gefahrdrohend zusammen. Menschen mit guten Vorsätzen, die sich sehnen, aus dem Anstaltsleben endlich herauszukommen, werden sich im Übergangsheim nicht wohlfühlen. Das Heim bietet nicht die Möglichkeit der Wiedereingliederung in die

Gesellschaft. Es wird stets ein Notbehelf bleiben. Deshalb muß mit aller Kraft danach gestrebt werden — und hier ergibt sich eine verantwortungsvolle Aufgabe für Fürsorger, Helfer und Schutzvereine —, Familienpflege für Entlassene einzurichten. Statt Kasernierung also Zerstreuung der Entlassenen unter die freie Bevölkerung! Wenn für die Familienpflege die erheblichen Geldsummen, die für die Einrichtung und Unterhaltung von Heimen gebraucht werden, teilweise mit verwendet werden könnten, müßte es wohl gelingen, eine hinreichende Zahl von Familien zu finden, die Menschenliebe und Verständnis genug besitzen, um sich hilfsbedürftiger Entlassener anzunehmen. Mitunter haben selbst frühere Entlassene, die sich längere Zeit hindurch bewährt haben, ihre Dankbarkeit für die ihnen seinerzeit gewährte Hilfe dadurch bewiesen, daß sie, eingedenk der früher selbst durchgemachten Not, Strafentlassene bei sich aufnahmen. Die Lebensgemeinschaft mit vorbildlich lebenden Menschen wird den Entlassenen am ehesten dazu bringen, mit seiner Vergangenheit zu brechen und ein neues straffreies Leben zu führen.

Der Strafvollzug an jungen Gefangenen.

Von

Privatdozent Dr. Curt Bondy, Hamburg.

»Der Strafvollzug an Minderjährigen ist in besonderem Maße so zu bewirken, daß ihre Erziehung und Fortbildung und ihre körperliche Entwicklung gefördert werden.« (§ 195).

Diese Bestimmung leitet die besonderen Vorschriften über den Strafvollzug an Gefangenen unter fünfundzwanzig Jahren (junge Gefangene) ein; damit ist in bezug auf sie der Streit über die Zwecke des Strafvollzuges eindeutig zugunsten des Erziehungszweckes entschieden und die Bahn für die Ausgestaltung eines wirklichen Erziehungsstrafvollzuges frei. Der Strafvollzug ist sehr wohl in der Lage, der Erziehung des Gefangenen zu dienen. Das Wesen der Freiheitsstrafe besteht zunächst darin, daß der Verbrecher aus der Gemeinschaft entfernt wird, gegen die er sich verging, und daß ihm ferner das Selbstbestimmungsrecht genommen wird, das er mißbrauchte oder dessen er sich nicht zu bedienen verstand. Das Wesen der Erziehung liegt darin, den Zögling zu einer geschlossenen, verantwortungsvollen Persönlichkeit zu entwickeln und ihm die Einordnung in die Gesellschaft und das Kulturleben zu ermöglichen. Hieraus folgt für die Gefängniserziehung, daß der Gefangene einerseits so zu erziehen und so lange zu internieren ist, bis er wieder befähigt wird, sich in die Gesellschaft einzuordnen, und daß man ihm anderseits sein persönliches Bestimmungsrecht während der Strafzeit in dem Maße wiedergibt, als er es lernt, selbstverantwortlich zu leben[1]).

Aufgabe der folgenden Ausführungen ist es, einige wichtige Probleme des Strafvollzugs an jungen Gefangenen zu besprechen, und zwar im wesentlichen unter dem Gesichtspunkt, wie weit durch die Bestimmungen des *EntwStVG.* 27 der Erziehungsgedanke gefördert wird.

---

[1]) Einige Stellen dieses Aufsatzes sind meiner Schrift »Pädagogische Probleme im Jugendstrafvollzug«, Mannheim 1925, entnommen; verschiedene der hier nur kurz angedeuteten Fragen werden dort ausführlich behandelt.

Der *Entw.* hat eine erfreuliche Ausdehnung der Altersgrenze gebracht. Wir müssen danach jezt unterscheiden:

1. die 14—18jährigen,
2. die 18—21jährigen,
3. die 21—25- bzw. 28jährigen.

Zu 1: Im deutschen Strafvollzug ist die Durchschnittszahl der eigentlichen Jugendlichen, der 14—18jährigen, in den letzten Jahren ständig zurückgegangen und wird voraussichtlich noch weiter sinken, denn mit steigender Verbesserung und Differenzierung der Fürsorgeerziehungsanstalten werden nur noch in seltenen Ausnahmefällen Jugendliche ins Gefängnis geschickt werden.

Die Jugendlichen sind in der Regel von den anderen jungen Gefangenen getrennt zu halten (§ 196). Damit ist ein Grundsatz beibehalten, der schon im StGB. galt (§ 57 letzten Absatz) und vom JGG. (§ 16 Abs. 2) übernommen wurde. Ich persönlich begrüße diese Bestimmung, doch sei bemerkt, daß auf der Sachverständigenkonferenz vom 28. November 1925[2]) die Mehrheit gegen diese Trennung war[3]). Daß aber jugendliche und ältere Minderjährige nur zusammengebracht werden dürfen, wenn gleichartige Entwicklungsreife es gestattet, halte ich nicht für richtig, denn dies kann noch aus anderen Gründen wünschenswert sein. So kann es etwa durchaus im erzieherischen Interesse liegen, einen älteren, gut entwickelten Gefangenen als Führer in eine Jugendlichengruppe zu bringen[4]). Es muß dem Anstaltsleiter und seinen Helfern überlassen werden, zu entscheiden, wann die regelmäßige Trennung der Jugendlichen von den andern jungen Gefangenen aufgehoben werden soll. § 196 Abs. 3 Satz 2 sollte darum gestrichen werden.

Zu 2: Die 18—21jährigen werden auch in der Regel für sich gehalten. Ob die Trennung dieser Altersklassen von den 21—25-jährigen notwendig und richtig ist, besonders da auch die letzteren nur wenn sie noch keine oder keine erhebliche Freiheitsstrafe verbüßt haben, in besondere Anstalten oder Abteilungen geschickt werden (§ 207 Abs. 1), kann als zweifelhaft angesehen werden; doch fehlen hierüber wohl die nötigen Erfahrungen. In § 197 Abs. 1 wird erfreulicherweise die Überweisung in besondere Anstalten schon bei Strafen von 3 Monaten an vorgeschrieben, im Gegensatz zum § 211 Abs. 1 *GVF.*, der die Grenze auf 6 Monate fest-

---

[2]) *EntwVJH.* S. 14 und 15.

[3]) Ebenso Ellger, Der Erziehungszweck im Strafvollzug, Halle 1922, S. 30—36 und Gentz, *ZStW. 46*, 1925, S. 133.

[4]) Vgl. Herrmann, Das Hamburgische Jugendgefängnis Hahnöfersand, Mannheim 1926, 2. Aufl., S. 13 und 16.

setzte. Diese Mindestgrenze war von Preußen, Bayern, Hessen und Thüringen beibehalten worden, während andere Länder kürzere Fristen, Hamburg z. B. 2 Wochen (*HambDVO.* § 529), als Grenze genommen haben.[5])

Die aus den *GVF.* übernommene Bestimmung, daß mehrfach- oder langvorbestrafte junge Gefangene in den gewöhnlichen Strafanstalten untergebracht werden können (§ 197), ist begrüßenswert, um ganz ungeeignete und störende Elemente aus den Anstalten für junge Gefangene fernzuhalten; dagegen spricht das Bedenken, daß man allzu leicht unbequeme Gefangene aus dem besonderen Erziehungsstrafvollzug ausschließen wird, bevor alle Erziehungsmöglichkeiten erschöpft sind.

Mit der Bestimmung, daß in der Regel minderjährige Gefangene auch während der Überführung an einen anderen Ort von älteren Gefangenen getrennt gehalten werden sollen (§ 196 Abs. 1), wird ein dringender Wunsch der Praktiker erfüllt.[6])

Zu 3: Eine Überraschung war der § 207, nach dem unter bestimmten Voraussetzungen auch die 21—25 jährigen einem besonderen Strafvollzug unterworfen werden sollen. Damit ist der Entwurf weit über die Forderung der Sachverständigenkonferenz hinausgegangen[7]). Mit dieser Bestimmung ist der Erkenntnis Rechnung getragen, daß die psychische Entwicklung eines Menschen nicht mit der Erreichung der körperlichen Reife abgeschlossen ist und der Beobachtung, daß gerade bei jungen Verwahrlosten die Entwicklung manchmal verlangsamt ist und noch im dritten Jahrzehnt ein mehr oder weniger plötzlicher Entwickelungsschub eintreten kann.

Ein Gefangener einer Abteilung oder Anstalt für 21—25jährige kann, wenn er 25 Jahre alt wird, bis zum Ende seiner Strafzeit, aber nicht über sein 28. Lebensjahr hinaus, dort belassen werden (§ 208).

Dieser erheblichen Ausdehnung der Altersgrenze fehlt es nicht an Vorbildern in anderen Ländern. So können den amerikanischen reformatories durchweg Gefangene bis zu 30 Jahren überwiesen werden, und einige Länder gehen noch weit über diese Altersgrenze hinaus[8]).

Interessant ist ein Vergleich zwischen der Entwicklung des

---

[5]) Vgl. Francke, Zum gegenwärtigen Stande des Jugendstrafvollzuges in Deutschland. Zentralblatt für Jugendrecht und Jugendwohlfahrt, 17, 166—169 (1925 Heft 7).

[6]) *EntwVJH.* S. 14 D 2.

[7]) *EntwVJH.* S. 14 D 4.

[8]) Vgl. Herr, Das moderne amerikanische Besserungssystem, Berlin, Stuttgart, Leipzig 1907, S. 93—98.

Strafvollzugs an jungen Gefangenen und der des Jugendstrafrechts in Deutschland. Das Jugendgerichtsgesetz bezieht sich bekanntlich nur auf die eigentlichen Jugendlichen, die 14—18jährigen, doch ist schon längere Zeit eine lebhafte Bewegung im Gange, die die 18—20-(bzw. 21)jährigen dem Jugendrichter unterstellen will[9]). Darüber, wie weit auch die materiellrechtlichen Bestimmungen des Jugendgerichtsgesetzes, z. B. die Nichtanwendung der Todes- und Zuchthausstrafe, für diese Altersklasse in Betracht kommen sollen, besteht vorläufig noch keine einheitliche Meinung[10]). Es ist zu hoffen, daß mit Heraufsetzung der Altersgrenze im Strafvollzug eine solche auch im Strafrecht folgen wird und überhaupt mit fortschreitender Entwicklung der Kriminalpsychologie und Kriminalpädagogik die Grundsätze des Jugendstrafrechts und Jugendstrafvollzugs sich allmählich auf immer höhere Altersklassen der Kriminellen ausdehnen werden.

Die besonderen Vorschriften über den Strafvollzug an Gefangenen unter 25 Jahren gelten nach § 19 für Zuchthäuser, Gefängnisse und Einschließungsanstalten. Während für Minderjährige bei Bedarf besondere Anstalten oder Abteilungen eingerichtet werden müssen, besteht für die 21—25jährigen nur eine Kannvorschrift.

Daß somit die jungen Zuchthausgefangenen einem besonderen Erziehungsstrafvollzug unterworfen werden sollen, ist eine durchaus begrüßenswerte Bestimmung, die wohl für die meisten, wenn nicht für alle deutsche Staaten eine Neuerung bedeutet. Zweifellos befinden sich in den Zuchthäusern eine ganze Reihe erstbestrafte, durchaus erziehungsfähige junge Gefangene, die durch eine geeignete Behandlung vor weiterem Herabgleiten in das Verbrechen geschützt werden können. Das Zuchthaus für junge Gefangene bietet dadurch außerordentliche pädagogische Möglichkeiten, daß die Gefangenen immer eine lange Zeit, mindestens ein Jahr, dem erzieherischen Einfluß ausgesetzt sind. So wird auch u. U. in einem gut geführten Zuchthaus für 18—25jährige die Erziehung fortgesetzt, die im Jugendgefängnis (14—25jährige) begonnen hat, aber doch nicht lange und tiefgehend genug war, um den jungen Menschen vor weiteren Straftaten schützen zu können. Schon aus diesem Grunde dürfte engste Zusammenarbeit zwischen Jugendgefängnis und Zuchthaus für junge Gefangene angebracht sein. Die Untersuchungen und

---

[9]) Francke, Die Kriminalität der Achtzehnjährigen und ihre Bekämpfung. Zentralbl. f. Jugendrecht und Jugendwohlfahrt. 16, S. 7—11, (1924, Heft 1).

[10]) Für die Nichtanwendung: Dessauer, Die Jugendlichen im modernen Strafvollzug und die freie Liebestätigkeit. Donauwörth 1925. S. 11.

Erfahrungen im Jugendgefängnis müssen weitgehendst im Zuchthaus verwertet werden, wie überhaupt in viel stärkerem Maße, als es bis jetzt im allgemeinen geschieht, die Erfahrungen früherer Erziehungsstätten der Gefangenen — des Waisenhauses, der Schule, der Hilfsschule, der Fürsorgeerziehungsanstalten usw. — bei ihrer weiteren Behandlung benutzt werden müßten. Hierbei könnte die auf der Göttinger Tagung der Vereinigung für Jugendgerichte und Jugendgerichtsgehilfen besprochene Registrierung der Erziehungsmaßregeln[11]) gute Dienste leisten.

Auch für die Einschließungsgefangenen unter 25 Jahren sollen nach Bedarf besondere Anstalten oder Abteilungen eingerichtet werden. Gerade bei ihnen wird die Problematik dieser neuen Kategorie von Gefangenen, der «Überzeugungsverbrecher», besonders deutlich. Es sind also solche junge Menschen, bei denen der ausschlaggebende Beweggrund für ihre Tat darin bestand, daß sie sich dazu auf Grund ihrer sittlichen, religiösen oder politischen Überzeugung für verpflichtet hielten (§ 71 *AE.* 25). Ist nicht anzunehmen, daß in der überwiegenden Mehrzahl aller dieser Fälle eine Beeinflussung sehr wohl am Platze ist, die sich grundsätzlich nicht von der unterscheidet, die bei den jungen »gemeinen Verbrechern« angewandt wird? Aber noch wichtiger ist der besonders von Liepmann betonte Gesichtspunkt[12]), daß mit der Einteilung der Gefangenen in ehrenhafte und ehrlose die zweite Gruppe von vornherein in einer Weise degradiert wird, die nicht zu vereinen ist mit dem Grundsatz des Entwurfs, daß das Ehrgefühl des Gefangenen zu schonen und zu stärken ist (§ 58 Abs. 1). Diese Einteilung widerspricht den Grundsätzen einer modernen Erziehung, die nicht damit anfangen kann, dem Gefangenen seine ehrlose Gesinnung vorzuhalten. Die von Alfred Adler begründete Individualpsychologie betont immer wieder mit Recht die starken Minderwertigkeitsgefühle sozial degradierter Menschen und die Notwendigkeit, gerade durch Stärkung der Selbstachtung die Erziehung zu fördern. Und noch ein wichtiges Gegenargument: Man wird von den Strafvollzugsbeamten nicht verlangen können, bei der Behandlung der Gefangenen von einer Unterscheidung abzusehen, die im Gesetz verankert ist; und das bedeutet für den Erziehungsstrafvollzug eine ganz erhebliche Hemmung.

Bei dem Vollzug der Unterbringung in einer öffentlichen Heil- oder Pflegeanstalt, Trinkerheilanstalt oder Erziehungs-

---

[11]) Vgl. Kantorowicz, Heft 9 der Schriftenreihe der Vereinigung für Jugendgerichte und Jugendgerichtshilfen, Berlin 1927, S. 55—67.
[12]) Vgl. *MittIKV. 22,* 4 S. 46 ff.

anstalt, in einem Arbeitshaus oder in der Sicherungsverwahrung sind besondere Abteilungen für junge Gefangene nicht vorgesehen. Es mag sein, daß der besondere Charakter dieser Anstalten, ihrer Insassen und deren Behandlung eine Trennung nach Altersstufen nicht notwendig macht. Darüber läßt sich theoretisch schwer etwas sagen und erst die praktischen Erfahrungen in diesen Anstalten werden sichere Schlüsse zulassen. Trotzdem wäre zu wünschen, daß auch für diese Anstalten eine Bestimmung im *Entw.* eingeführt wird, nach Bedarf besondere Abteilungen für junge Inhaftierte einzurichten. — Der *Entw.* erwähnt nicht, ob besondere Abteilungen oder Anstalten nur für männliche oder auch für weibliche junge Gefangene eingerichtet werden sollen, doch dürfte hier die Bedarfsfrage (§ 19) maßgebend sein. Die besonderen Bestimmungen für weibliche Strafgefangene, wie sie sich in einigen DVO., z. B. Hamburg § 538 und Sachsen § 207, finden, sind in den *Entw.* nicht aufgenommen worden; es ist zu vermuten, daß sie in dem bisher noch nicht veröffentlichten *EntwAVO.* enthalten sind.

Das schwerste Hindernis für die Durchführung eines erfolgreichen Erziehungsstrafvollzugs bildet das bestimmte Strafmaß, das es unmöglich macht, einen Gefangenen nach Ablauf seiner Strafzeit weiter in der Strafanstalt festzuhalten oder seine Strafe abzukürzen. Es bedarf keiner weiteren Begründung, wenn behauptet wird, daß in wenigen Tagen oder Wochen ein verwahrloster Mensch nicht erzogen werden kann. Es ist oft betont worden, daß kurze Freiheitsstrafen gewöhnlich mehr Schaden als Nutzen bringen, doch wird von seiten der Jugendrichter betont, daß sie in der Praxis nicht immer auf dieselben verzichten können. Trotz der allgemeinen Unbeliebtheit der kurzen Freiheitsstrafen ist bisher eine wirklich brauchbare Ersatzmaßnahme nicht empfohlen worden. Der von Foerster[13]) und anderen vorgeschlagene und oft diskutierte Jugendarrest hat sich nicht durchsetzen können, hauptsächlich wohl darum, weil sich keine Instanz gefunden hat, die gewillt ist, die Durchführung zu übernehmen.

Der *AE. 25* und der *EntwStVG. 27* bringen uns die so sehr gewünschte unbestimmte Verurteilung nicht[14]). Es handelt sich bekanntlich hierbei um eine heftig umstrittene, grundsätzliche Frage. Leider haben sich auch hervorragende Pädagogen gegen die unbestimmte Verurteilung ausgesprochen, doch sind bei ihrer Entscheidung mehr philosophische als pädagogische Erwägungen maßgebend

---

[13]) Schuld und Sühne, München 1920, 3. Aufl., S. 108.
[14]) Vgl. *EntwVJH.* S. 13 C. 4.

gewesen. Der Strafvollzugspädagoge muß unbedingt die unbestimmte, bzw. die relativ bestimmte Verurteilung fordern, um mit Erfolg arbeiten zu können[15]).

Bis zur Einführung der relativ bestimmten Verurteilung, auf die wir immer noch hoffen, müßte von den Möglichkeiten der Strafaussetzung, vorläufigen Entlassung und Begnadigung in weitgehendem Maße, nach genauer Prüfung der individuellen Verhältnisse, Gebrauch gemacht werden, wobei aber immer nur eine Verkürzung, niemals eine Verlängerung der Strafe möglich ist. Allerdings bieten die Maßnahmen der Sicherung und Besserung durch ihre im allgemeinen unbestimmte Dauer Möglichkeiten, die auch erzieherisch ausgenutzt werden können.

Eine interessante Durchbrechung des Grundsatzes des festen Strafmaßes bildet der § 150, der es gestattet, einen mit Arrest bestraften Gefangenen noch bis zu einer Woche über das Ende seiner Strafzeit hinaus in der Anstalt zu belassen. Diese Bestimmung muß als ein Fortschritt begrüßt werden, da zur Entlassung kommende Gefangene sich oft absichtlich überaus schlecht benehmen, weil sie wissen, daß sie nicht über das Ende ihrer Strafzeit festgehalten werden dürfen. § 150 wird es ermöglichen, diesen erheblichen Mißstand zu beseitigen.

Neben der Länge der Strafzeit spielt die Haftform für den Erziehungsstrafvollzug eine ganz wesentliche Rolle. Der alte Kampf zwischen Einzelhaft und Gemeinschaftshaft ist noch nicht abgeschlossen. Es lassen sich zweifellos schwerwiegende Gründe für beide Auffassungen finden, denn sonst wäre der Kampf nicht mit solcher Stärke und Hartnäckigkeit geführt worden. Der wichtigste Einwand gegen die Gemeinschaftshaft war immer der, daß es sich hierbei um eine Verbrechergemeinschaft handle, die nicht nur die Gewohnheitsverbrecher noch schlechter und gefährlicher mache, sondern auch die Gelegenheitsverbrecher und besonders die Minderjährigen, die noch nicht so verdorben seien, erst zu vollendeten Verbrechern erzöge und daß das Gefängnis somit eine direkte Verbrecherschule sei. Diesem Einwand kann man sich nur schwer verschließen, wenn man weiß, wie übel meist das Leben auf den Gemeinschaftssälen, besonders auf den gemeinsamen Schlafsälen ist. Wenn es nicht gelingt, hier erhebliche Besserung zu schaffen, wird man wohl vom erzieherischen Standpunkt aus einer vermehrten Verwendung der Einzelhaft das Wort reden müssen.

Vielleicht bietet die Gemeinschaftserziehung, wenn sie zur Grundlage des gesamten Strafvollzugs an jungen Gefangenen

[15]) Allerdings ist die unbestimmte Verurteilung nur bei einer gut vorgebildeten und zuverlässigen Beamtenschaft ungefährlich.

gemacht wird, die Möglichkeit, eine solche Besserung herbeizuführen. Es kann hier nicht auseinandergesetzt werden, wie eine solche Erziehung im einzelnen durchzuführen ist. Es sei nur gesagt, daß aus der Verbrechergemeinschaft der Gemeinschaftshaft eine wirkliche Erziehungsgemeinschaft geschaffen werden muß, die einen wesentlichen Ansatzpunkt für die notwendige Wiedereinordnung des Gefangenen in die Gesellschaft bildet. Hierbei wird die Selbstverwaltung der Gefangenen, die der *Entw.* leider mit keinem Wort erwähnt, eine erhebliche Rolle spielen können. Daneben muß das Verhältnis des Erziehers zum Zögling, des Zöglings zum Erzieher und der Zöglinge untereinander ein anderes werden. Achtung, Vertrauen und Liebe sind die Vorbedingungen, die gegeben sein müssen, damit der Erzieher wirklich stark auf den Zögling wirken kann. Das alte System vom bloßen Befehlen und Gehorchen hat seine Wirkungskraft eingebüßt, weil die Werte und Normen, die früher die Autorität stützten, ihre unbedingte Gültigkeit verloren haben. An die Stelle des reinen Autoritätsverhältnisses muß im Jugendgefängnis jetzt ein Kameradschaftsverhältnis treten, eine persönliche Bindung zwischen Führer und Geführten. Dies darf letzten Endes aber nur ein Mittel sein, um die Entwicklung des Zöglings so zu fördern, daß die objektiven Werte, zu denen der Führer den Zögling zu bringen hat, immer mehr Selbständigkeit erlangen, so daß sie am Ende nicht um des Führers oder der Gemeinschaft, sondern um ihrer selbst willen geschätzt werden.

Nur wenn es gelingt, eine solche Gemeinschaftserziehung durchzuführen und im ganzen Gefängnis eine pädagogische Atmosphäre zu schaffen, ist die Möglichkeit für einen wirksamen Erziehungsstrafvollzug gegeben. Man darf sich nicht verhehlen, daß ein grundsätzlicher Mißerfolg der Gemeinschaftserziehung im Jugendgefängnis eine Erfahrung wäre, die sehr viele Hoffnungen auf einen erfolgreichen erzieherischen Strafvollzug an Jugendlichen überhaupt zerstören würde.

Neben den möglichen positiven Seiten der Gemeinschaftshaft bleiben deren Gefahren, in besonders starkem Maße bei den gemeinsamen Schlafsälen, bestehen, Gefahren, die hier so groß sind, daß sie unter Umständen die ganze Erziehungsarbeit zunichte machen können. So ist man ziemlich allgemein zu der klaren und begründeten Forderung gekommen: Gemeinschaftshaft am Tage — mit Ausnahme der ersten Stufen im Progressivsystem und einzelner Sonderfälle — und vollkommene Isolierung während der Nacht.

Diesen Forderungen wird der *Entw.* in jeder Beziehung gerecht. Die Einzelhaft, die wir im allgemeinen als Beruhigungs- und

Beobachtungszeit an den Anfang des Strafvollzugs stellen werden, darf nur mit Zustimmung des Anstaltsarztes länger als drei Monate dauern (§ 202). Es besteht aber kein Hindernis, überhaupt von ihr abzusehen. Von ganz besonderer Bedeutung ist die nunmehr bindende Vorschrift des § 202 Abs. 2, daß den in der Gemeinschaftshaft untergebrachten Minderjährigen für die Nacht Einzelzellen anzuweisen sind. —

Stufenstrafvollzug war der Kampfruf der Strafvollzugsreform. Jetzt ist er allgemein eingeführt, aber vielerorts verflacht und in seiner Bedeutung erheblich überschätzt. Man glaubt oft, Erziehungsstrafvollzug und Stufenstrafvollzug gleichsetzen und damit lebendige Erziehung durch ein starres System ersetzen zu können. Durch die Einführung des progressiven Strafvollzugs meinten viele Anstaltsleiter allen Reformforderungen Genüge getan zu haben, vergaßen aber, daß ein Stufenstrafvollzug, dem der lebendige Geist fehlt und bei dem die Milderungen für den Gefangenen nur Annehmlichkeiten bilden, ohne ihm in steigendem Maße Verantwortung aufzuerlegen und dadurch sein Verantwortlichkeitsgefühl zu wecken und zu stärken (§ 156 Abs. 2)[16]), leicht zu einem Heuchler- und Günstlingssystem führt, was kaum einen Fortschritt dem alten Strafvollzug gegenüber bedeuten würde. Der Stufenstrafvollzug kann ein wertvolles Mittel für den Erziehungsstrafvollzug bilden, aber er ist nicht der Erziehungsstrafvollzug. Da wir uns noch durchaus im Stadium der Versuche befinden und kein System jetzt schon den Anspruch erheben kann, nach allen Richtungen zu befriedigen, dürfte kaum irgendein spezieller Gesetzesvorschlag die Zustimmung auch nur eines großen Teils der deutschen Strafvollstreckungspraktiker und -theoretiker finden. Darum sollte das Gesetz nur Rahmenvorschriften geben, innerhalb deren die Möglichkeit besteht, den Stufenstrafvollzug in verschiedener Weise auszubauen. Dies ist beim *Entw.* auch innerhalb bestimmter Grenzen der Fall.

Es ist hier nicht meine Aufgabe, auf die Einzelheiten des Stufenstrafvollzugs einzugehen, nur die Frage über die Dauer des Aufenthalts auf den einzelnen Stufen soll hier näher betrachtet werden. Zwei Haupttypen haben sich herausgebildet: Einmal geschieht das Aufrücken von einer Stufe zur andern ganz automatisch, das andere Mal ist es ganz abhängig von dem Urteil der leitenden Beamten. Der Pädagoge müßte eigentlich mit dem zweiten System, wie es auch im § 160 vorgesehen ist, zufrieden sein; dagegen spricht aber, daß die Gefangenen damit ganz der möglichen Willkür der Be-

---

[16]) *EntwVJH.* S. 2 § 2 Nr. 2.

amten ausgesetzt sind und besonders, daß sie sich selbst nicht genau ausrechnen können, wann sie bei guter Führung voraussichtlich versetzt werden. Es handelt sich hier um die allgemein bekannte psychologische Tatsache, daß die unbestimmte Dauer einer unangenehmen Situation außerordentlich entmutigend und bedrückend wirkt und anderseits die schwersten Entbehrungen leichter ertragen werden, wenn ein bestimmtes Ende abzusehen ist. Die Erfahrungen im Kriege haben dies immer wieder erwiesen. Diese Tatsache muß beim Progressivsystem eine ausschlaggebende Rolle spielen, soll nicht eine starke Minderung seiner Wirkung eintreten. Aus diesen Erwägungen heraus wurde beim *EntwVJH.* ein Minderheitsvorschlag gemacht, der folgenden Wortlaut hat[17]):

1. Jeder Gefangene bleibt in der Regel auf der I. und II. Stufe je ein Viertel seiner gesamten Strafzeit.
2. Der Aufenthalt auf der I. und II. Stufe kann in besonderen Fällen durch den Direktor (Anstaltsrat, Strafvollzugsbehörde) abgekürzt werden. —
3. Die Verlängerung der Aufenthaltszeit auf einer Stufe, die Zurückversetzung und die Versetzung in eine Strafstufe müßten bestimmt befristet sein.

Als Haupterziehungsmittel wird immer wieder die Arbeit genannt. Der Gefangene soll durch den Vollzug der Freiheitsstrafe, soweit es erforderlich ist, an Ordnung und Arbeit gewöhnt werden (§ 57). Man hat der Gewöhnung bisher eine ganz außerordentliche Bedeutung beigemessen und geglaubt, daß es genüge, um einen Menschen zu einer bestimmten Tätigkeit oder Haltung zu bringen, ihn daran zu gewöhnen. Man vergaß aber, daß die Gewöhnung ihre Bedeutung nur für bestimmte Schichten im Aufbau unseres seelischen Daseins hat[18]). Sie ist durchaus wirksam bei den Betätigungen, die ein Übergewicht an Lustgewinn haben oder gefühlsmäßig neutral sind, aber schon leichte Unlustgefühle können jahrelange Gewohnheiten, besonders wenn sie bisher erzwungen wurden, über den Haufen werfen. So wird man es etwa in einer guten Strafanstalt unschwer erreichen können, einen Gefangenen zu fleißiger und guter Arbeit anzuhalten; daraus kann aber in keiner Weise geschlossen werden, daß er auch nach seiner Entlassung ordentlich arbeiten wird. Er wird dies .nur dann tun, wenn genügend starke Motive dafür vorhanden sind; dabei spielt die Gewöhnung vielleicht über-

[17]) *EntwVJH.* Fußnoten S. 3 u. 5.

[18]) Vgl. Nohl, Die Pädagogik der Verwahrlosten, in: Jugendwohlfahrt, Leipzig 1927, S. 110.

haupt keine wesentliche Rolle. Wir dürfen also, bei aller Anerkennung, die erzieherische Bedeutung der Arbeit im Sinne bloßer Gewöhnung nicht überschätzen. Die weitere Aufgabe muß darin bestehen, eine Arbeitspädagogik auch im Strafvollzug auszubilden, die bewußt über äußere Gewöhnung hinausgeht.

Mit den Bestimmungen über die Arbeit in den §§ 70—91 kann man im allgemeinen durchaus zufrieden sein: die Gefangenen sollen dauernd mit nützlichen und erziehlichen Arbeiten beschäftigt werden, gegebenenfalls eine Berufsausbildung bekommen, und es ist ihnen eine Arbeitsbelohnung zu gewähren. Bei den Minderjährigen wird der Erziehungsgedanke und die Berufsausbildungsaufgabe noch besonders betont (§ 204). Mit diesen Bestimmungen läßt sich alles Wünschenswerte durchführen; es fragt sich nur, ob sie auch wirklich in die Praxis übergeführt werden.

Ein dunkler Punkt bleibt aber bei den Bestimmungen über die Arbeit. Die tägliche Arbeitszeit soll nach der Art der Strafe verschieden bemessen werden (§ 78). Eine solche Bestimmung war verständlich bei der Auffassung, die man zur Zeit der Abfassung des geltenden Strafgesetzbuches über den Strafvollzug und die Arbeit hatte; es ist aber nicht verständlich, daß jetzt die Arbeit, der eine so große erziehliche Bedeutung beigemessen wird, gleichzeitig als Strafverschärfungsmittel angewandt werden soll. Es wäre darum sehr wünschenswert, daß Satz 1 des § 78 gestrichen und die Arbeitszeit allgemein der regelmäßigen Arbeitszeit für freie Arbeiter angeglichen würde.

Nun noch ein paar Worte über einige Einzelprobleme: das Tabakverbot, das Züchtigen und das Duzen der Gefangenen. § 203, der bestimmt, daß Minderjährigen der Genuß von Tabak nicht gestattet werden darf, wird bei den Insassen der Jugendgefängnisse keine große Sympathie finden, besonders in den Ländern, in denen nach den *DVO.*, z. B. Hamburg § 532, den 18—21jährigen der Genuß von Tabak erlaubt werden kann. Die Verbotsbestimmung gilt auch für die Gefangenen, die während des Vollzugs der Strafe 21 Jahre alt werden und bis zum Strafende, höchstens bis zum 25. Lebensjahre, in der Abteilung für 18—21jährige belassen werden können (§ 199). Die Meinungen über das Rauchen im Jugendgefängnis sind geteilt[19]). Es handelt sich hier um eine wichtigere Frage, als es auf den ersten Blick scheinen möchte, denn der Tabak spielt in den Strafanstalten, wie alle Praktiker wissen, eine ganz hervorragende Rolle.

---

[19]) Vgl. die Diskussion über die Rauchfrage im Jugendgefängnis im Zentralblatt für Vormundschaftswesen usw. 1924, Nr. 10, 11 und 12.

Es sind im wesentlichen gesundheitliche Gründe, die gegen den Tabakgenuß für minderjährige Gefangene angeführt werden. Man vergißt dabei aber, daß es sich um Menschen handelt, die im Durchschnittsalter unserer jüngeren Studenten stehen, und man vergißt außerdem, daß gerade bei den jugendlichen Kriminellen das Rauchen zu einer solchen Leidenschaft geworden ist, daß ihnen jedes Mittel recht ist, sich Tabak zu verschaffen; und wenn es kein reiner Tabak ist, so wird alles mögliche andere, Kaffeesatz, Matratzenfüllung, weggeworfene Zigaretten- und Zigarrenstummel, ausgekauter Kautabak usw. geraucht, Ersatzmittel, die zweifellos gesundheitsschädlicher sind als reiner Tabak. Als Verbotsgrund die Feuersgefahr anzuführen[20]), ist insofern falsch, als dieselbe Gefahr auch bei den erwachsenen Gefangenen besteht und außerdem bei verbotenem Rauchen Hilfsmittel der Feuergewinnung angewendet werden, die viel gefährlicher sind, als etwa die Benutzung eines Streichholzes. Ich glaube, daß wir es hier mit einem Verbot zu tun haben, das im allgemeinen undurchführbar ist. Je strenger das Verbot gehandhabt wird, desto größere Anstrengungen werden die Gefangenen machen, um heimlich zu rauchen und die Beamten zu hintergehen. Dadurch wird aber das Vertrauensverhältnis zwischen Erzieher und Zögling einer kaum tragbaren Belastungsprobe ausgesetzt. Letzten Endes handelt es sich beim Rauchverbot um eine unnütze Quälerei, durch die mehr Schaden als Nutzen angerichtet wird. Der § 203 sollte m. E. gestrichen werden, und es müßte dem Vorsteher des einzelnen Jugendgefängnisses überlassen bleiben, die Rauchfrage, möglichst im Zusammenhang mit dem Progressivsystem, selbständig zu regeln.

Leider ist der *EntwStVG.* der Anregung des *EntwVJH.*[21]), der eine besondere Bestimmung gegen jede körperliche Züchtigung auch der minderjährigen Gefangenen verlangte, nicht gefolgt. Es ist nicht ausgeschlossen, daß durch landesgesetzliche Bestimmungen das allgemeine Züchtigungsrecht der Lehrer auch für die Strafanstalten übernommen wird, und auch allgemein besteht die Gefahr, daß gerade von ungebildeten Menschen die körperliche Züchtigung nur allzu leicht als bequemes Disziplinarmittel gebraucht wird. Es scheint mir aber ganz zweifellos zu sein, daß Prügelstrafe und Erziehungsstrafvollzug unvereinbare Gegensätze darstellen[22]).

---

[20]) Többen, Die Jugendverwahrlosung und ihre Bekämpfung, Münster 1927, S. 733.

[21]) S. 11 § 46 u. S. 15 Nr. 11.

[22]) Vgl. Bondy, Pädagogische Probleme im Jugendstrafvollzug, Mannheim 1925, S. 78 ff.

Verschiedene *DVO.* haben Vorschriften über das Duzen der minderjährigen Gefangenen erlassen. Danach ist die Handhabung in den einzelnen Ländern ganz verschieden; in einigen Ländern dürfen die Jugendlichen geduzt werden, in anderen sogar die 18—21jährigen, während in anderen, so in Preußen und Hamburg, alle Gefangenen mit »Sie« angeredet werden. Der *Entw.*, ebenso wie auch schon die *GVF.* sagen hierüber nichts, m. E. mit Recht, denn es handelt sich wohl um Unterschiede, die von Gebräuchen in den einzelnen Ländern und von der sozialen Schicht, aus der die Mehrzahl der Gefangenen stammt, abhängig sind.

Es kann nicht oft und dringend genug betont werden, daß das ganze Strafvollzugsproblem letzten Endes eine Personenfrage ist. Je mehr die Pädagogik der Verwahrlosten zu der Überzeugung kommt, daß wirklicher erzieherischer Einfluß nicht durch ein bestimmtes System, z. B. den Stufenstrafvollzug, erreicht werden kann, desto mehr wird man verlangen müssen, daß in einem Strafvollzug, dessen Hauptprinzip die Erziehung ist, nur solche Beamten arbeiten, die ausreichende erzieherische Befähigung haben[23]). Die besten Gesetzesbestimmungen und die besten baulichen Anlagen nützen nichts, wenn diese Forderung nicht erfüllt ist. Die hierher gehörigen Bestimmungen der §§ 25—27 sind geradezu trostlos. Man hat das Gefühl, als ob den Verfassern des *Entw.* diese eminent wichtige Frage nicht in ihrer ganzen Bedeutung zum Bewußtsein gekommen sei. Eine Hoffnung bleibt noch, daß nämlich die AusführungsVO. nähere Angaben enthalten wird. Die Bestimmungen des *Entw.* bleiben noch hinter denen der *GVF.* (§ 9) zurück, nach denen Strafanstaltsbeamte im Hauptamt nur bestellt werden sollen, wenn sie theoretisch und praktisch ausgebildet sind. Der Paragraph bezeichnet dann im einzelnen die Gebiete, auf die sich die Ausbildung zu beziehen hat. Es muß unbedingt gefordert werden, daß das Gesetz selbst eindeutig bestimmt, daß die Strafanstaltsbeamten einer guten allgemeinen und speziellen Ausbildung bedürfen, was besonders für den Vorsteher und die andern leitenden Beamten gilt. In weit größerem Maße als bisher müssen Akademiker zur Gefängnisarbeit herangezogen werden[24]).

---

[23]) Vgl. Liepmann in der Einleitung zu Herrmann, Das Hamburgische Jugendgefängnis Hahnöfersand, 1. Aufl., Hamburg 1923, und Herrmann, Die pädagogische Ausbildung von Strafvollzugsbeamten an Jugendgefängnissen, Zeitschr. f. Kinderforschung, Bd. 29 Heft 1 S. 30—35, 1924.

[24]) Gutfleisch, Strafvollzug und Erziehung, Freiburg i. Br. 1926, S. 109, verlangt, daß der Direktor und seine Stellvertreter bei größeren Anstalten Akademiker seien.

Die Geldfrage darf hier keine ausschlaggebende Rolle spielen. Es ist selbstverständlich, daß bei besserer Ausbildung der Beamten auch ihre gehaltliche Eingruppierung höher sein muß. Aber es darf nicht vergessen werden, daß Erziehungserfolge für den Staat erhebliche Ersparnisse bedeuten, wenn es gelingt, einen Entlassenen auf eigene Füße zu stellen, der sonst vielleicht jahrzehntelang dem Staat zur Last liegen würde.

Gerade bei Anstalten für junge Gefangene müssen besondere Forderungen bezüglich Zahl und Qualität der Beamten gestellt werden. Es genügt nicht die Bestimmung, daß nach Bedarf Lehrer und Fürsorger im Haupt- und Nebenamt zu bestellen sind (§ 27), sondern es muß bindend vorgeschrieben werden, daß bei einer bestimmten Anzahl von Gefangenen eine bestimmte Anzahl von Lehrern und Fürsorgern einzustellen ist, wie es im *EntwVJH.*[25]) getan wird.

Über die Frage, wer das Amt des Fürsorgers übernehmen soll, sind die Meinungen sehr geteilt. Zweifellos hat die Forderung, einen Beamten zu bestellen, dem die gesamte Erziehungsfürsorge und der Unterricht obliegt[26]), sehr viel für sich, und in Thüringen hat sich diese Form auch bewährt. Sie hat den großen Vorteil, die Zahl der Beamten, mit denen der einzelne Gefangene zu tun hat, zu verringern, was durchaus im erzieherischen Interesse der Gefangenen liegt. Je mehr und in je vielfältigeren Funktionen der Erzieher mit dem Gefangenen zusammen ist, desto genauer wird er ihn kennen lernen, desto eher wird er die richtigen Mittel für seine Behandlung finden und desto stärker wird sein persönlicher Einfluß auf ihn sein.

Damit ist in keiner Weise der Geistliche von der Erziehungs- und Fürsorgetätigkeit ausgeschlossen. Sein Einfluß wird abhängig sein in erster Linie von seiner Persönlichkeit, in zweiter von der Stellung und der Macht, die die Kirche in dem betreffenden Lande überhaupt hat. Grundsätzlich ist aber die Forderung Gutfleischs abzulehnen, der dringend verlangt, daß von der Bestellung weltlicher Fürsorger generell abgesehen werde[27]). Dies würde ein unbegründetes Übergewicht der Kirche in der rein staatlichen Einrichtung des Strafvollzugs bedeuten. Ebenso aber ist vorläufig die Meinung von Többen[28]) abzulehnen, der die Bestellung eines hauptamtlichen Fürsorgers im allgemeinen nicht für empfehlenswert hält, da grundsätzlich alle Beamten sich der Fürsorge widmen sollen. Dies mag vielleicht künftig einmal gelten, wenn erst alle Beamten, vom

---

[25]) *EntwVJH.* S. 14 D. 5.
[26]) Vgl. *ThürDVO.* § 14.
[27]) Gutfleisch a. a. O. S. 98.
[28]) Többen a. a. O. S. 742.

Vorsteher bis zum Wachtmeister, entsprechende Ausbildung und Funktionen haben. Bis dahin werden wir fordern müssen, daß Fürsorger im Sinne der *ThürDVO.* oder spezielle Fürsorger bestellt werden.

Zum Teil werden auch die im Gesetz vorgesehenen ehrenamtlichen Anstaltshelfer (§§ 31 und 32) die Fürsorge für die Gefangenen und deren Angehörige übernehmen. Dies gilt vor allem für die Anstalten für junge Gefangene, für die besonders bestimmt wird, daß sich unter den Anstaltshelfern auch eine Frau befinden soll, eine Forderung, die nicht nur für die ehrenamtlichen Helfer gelten sollte. Falls keine Helfer bestellt sind, soll das Jugendamt die Aufgaben und Befugnisse eines Helfers ausüben (§ 201). Damit wird eine Zusammenarbeit in die Wege geleitet, die heute noch in vielen Fällen höchst mangelhaft ist. Neben dem Jugendamt wäre auch die Zusammenarbeit mit anderen Jugendwohlfahrtsbehörden und mit den Jugend- und Vormundschaftsrichtern wünschenswert[29]), was zum Teil schon durch § 234 bestimmt wird.

Wenn wir zum Schluß die Frage aufwerfen, ob der *EntwStVG.* 27 den Anforderungen entspricht, die man an ein Gesetz stellen muß, das Grundlage für den Erziehungsstrafvollzug sein soll, so wird man sie im allgemeinen durchaus bejahend beantworten können, abgesehen von der außerordentlichen Vernachlässigung der Beamtenfrage und einigen anderen oben besprochenen Bestimmungen, bei denen Änderungen wünschenswert wären.

Betrachtet man die Entwicklung der Strafvollzugsgesetzgebung vom Strafgesetzbuch an über die *BGr.* und den Vorläufer dieses *Entw.*, die GVF., so ist ein ganz erheblicher Fortschritt festzustellen. Mit der Freude über diesen *Entw.*, der hoffentlich bald Gesetz werden wird, verbindet sich aber die große Sorge, daß vieles von ihm nur auf dem Papier stehen bleiben und doch nicht in die Wirklichkeit umgesetz werden wird.

Mit diesem Gesetz kann ein Strafvollzug an jungen Gefangenen durchgeführt werden, der den Forderungen der Erziehung voll entspricht, aber nur dann, wenn gleichzeitig geeignete Menschen gewonnen und die nötigen Einrichtungen zur Verfügung gestellt werden, um es in die lebendige Wirklichkeit zu übertragen.

---

[29]) Vgl. *EntwVJH.* S. 15 Nr. 14.

Der Vollzug der bessernden und sichernden Maßnahmen.

Von

Prof. Dr. Franz Exner, Leipzig.

Man konnte fürwahr begierig sein zu sehen, wie der Entwurf eines Reichsstrafvollzuggesetzes sich zu den bessernden und sichernden Maßnahmen stellen würde. Denn hier ist Neuland und hier, in der Ordnung des Vollzuges, muß jeder die Probe bestehen, der für die Einführung derartiger von der Strafe verschiedener Präventivmittel in unsere Strafrechtspflege eintritt. Da ist es nun zunächst zu begrüßen, daß der *Entw.* das Problem in der Tat so aufgefaßt und nicht etwa die Regelung dieser Maßnahmen einem besonderen Gesetz zugeschoben hat, was kürzlich wieder gefordert wurde; denn wie das StGB. trotz seines Namens die bessernden und sichernden Maßnahmen umfassen soll, so muß auch das StVG. trotz seines Namens ein Gleiches tun.

Freilich kann man sich des Eindruckes nicht erwehren, daß die Verfasser des *EntwStVG. 27* das Sicherungssystem als einen Fremdkörper in ihrem Werke empfunden haben. Das »Buch«, das die Maßnahmen regelt, ist an das Buch, das die Strafen betrifft, lediglich angehängt, ohne daß das Gemeinsame gemeinsam geregelt wäre. Nur 13 Paragraphen »Allgemeine Vorschriften« organisatorischer Natur sind vorangestellt. Dagegen ist vieles im Abschnitt über die Freiheitsstrafe bestimmt, was einer analogen Regelung bei den anderen Freiheitsentziehungen nicht minder bedürfte. Nur einige Beispiele: Da heißt es, daß jede Strafanstalt einen Vorsteher haben (§ 25), daß die ärztliche Versorgung der Gefangenen sichergestellt werden müsse (§§ 26, 92 ff.), daß Anstaltshelfer vorgesehen werden können (§ 31), daß gewisse Vorkehrungen für die seelische Hebung der Häftlinge zu treffen seien (§§ 108 ff.), daß sie ein Beschwerderecht hätten usw. Wie steht es in allen diesen Punkten beim Arbeitshaus oder der Verwahrungsanstalt? Der *Entw.* schweigt darüber, und doch hätte die Regelung sehr einfach geschehen können entweder durch Verweisung oder durch Zusammenfassung der gemeinsamen Bestimmungen in einen vorangestellten allgemeinen Teil. Wie dürftig die Gesetzesbestimmungen bezüglich der Maßnahmen werden sollen, zeigt schon rein äußerlich ihr Umfang: in 38 Paragraphen werden vier untereinander gänzlich verschiedene Besserungs- und Sicherungsanstalten geregelt, während die Bestimmungen über die drei Arten der Strafanstalten 223 Paragraphen umfassen. Offenbar wollte man absichtlich das Wichtigste der Ausführungsverordnung überlassen, um nicht die Fahrt ins unbekannte Land von vornherein auf eine bestimmte Reiseroute festzulegen. Allein trotzdem hätten doch jene Selbstverständlichkeiten, die man für die Strafanstalten gesetzlich zu regeln für nötig hielt, auch für die Sicherungs- und Besserungsanstalten vorgesehen werden sollen.

I. Der erste Abschnitt des dritten Buches regelt die Maßnahmen, welche mit einer Freiheitsentziehung verbunden sind. Gewisse »Allgemeine Vorschriften« vorwiegend formellrechtlichen Inhalts sind vorangestellt. Hier hat der Gesetzgeber die schwere Aufgabe, die Organe zu bestimmen, von deren Entscheidung die Dauer der Freiheitsentziehung abhängen soll, denn die Anordnung der Maßnahmen geschieht nach dem *AE*. 25 auf unbestimmte Zeit, und zwar ist die Anordnung in die Hand des Richters[1]) gelegt[2]).

Ebenso wichtig ist aber, daß die Dauer der Freiheitsentziehung von einer richterlichen Instanz abhängig gemacht wird. Dies ist unbestritten. Der *EntwStVG*. 27 beruft hierfür das »Vollstreckungsgericht«; allein das Verfahren, das er dabei vorsieht, ist ebenso gewunden

---

[1]) Leider hat der vom Reichsrat 1927 beschlossene *Entw*. dies wieder abgeändert: bei der Heil- und Pflegeanstalt, bei der Trinker- und Entziehungsanstalt, sowie beim Arbeitshaus, soll das Gericht die Unterbringung lediglich für zulässig erklären, die Entscheidung über die tatsächliche Unterbringung aber der Verwaltungsbehörde überlassen. Durch diesen Vorschlag wird ein schon in den früheren *Entw*. überwundener Standpunkt wiederum aktuell. Soll man alle die Einwendungen kriminalpolitischer und organisatorischer Natur, die dagegen sprechen, abermals wiederholen? Das Sicherungssystem, das durch StGB. und StVG. in die Strafrechtspflege eingebaut wird, soll wieder aus diesem organischen Zusammenhang gelöst werden; einer bedenklichen Rechtszersplitterung wird Vorschub geleistet, überflüssige Doppelarbeit notwendig gemacht, dem Richter die Möglichkeit genommen, bei Bemessung der Strafe auf das ihr folgende Sicherungsmittel Rücksicht zu nehmen usw.

[2]) Im *EntwStVG*. 27 erleidet dies insofern eine Modifikation, als die Vollstreckungsbehörde (§ 256), normalerweise also die Staatsanwaltschaft (§ 2), einen Aufschub der Unterbringung veranlassen kann (§ 260 a. E.). Wenn auch die Aufschubgründe gesetzlich fixiert sind, so wäre doch zu fordern, daß jeder längere Aufschub von der Entscheidung einer gerichtlichen Instanz, dem Vollstreckungsgericht, abhängig gemacht wäre.

wie die Fassung seiner qualvoll stilisierten §§ 264—270. Bald ist es das Vollstreckungsgericht, das die letzte Entscheidung über die Dauer trifft, und zwar auf Antrag der Vollstreckungsbehörde bzw. Verwaltungsbehörde, bald sind es diese Behörden, wenn auch mit der von ihnen vorher beantragten »Zustimmung« des Vollstreckungsgerichts. Diese Zustimmung bedeutet materiell die Entscheidung, darum ist auch eine »Anfechtbarkeit der Erteilung oder Ablehnung der Zustimmung des Vollstreckungsgerichts« (§ 270) vorgesehen. Wozu alle diese Komplikationen? Der springende Punkt ist doch der, daß ohne Willen der richterlichen Instanz der Verwahrte weder vor einem bestimmten Zeitpunkt entlassen, noch über einen bestimmten Zeitpunkt hinaus festgehalten werden soll. Ich würde freilich noch weiter gehen: auch wenn die Entlassung aus der Heilanstalt oder Sicherungsverwahrung nach der geseztlichen Frist (§ 46 *AE.* 25) in Aussicht genommen wird, so sollte vorher noch die Entscheidung des Gerichts eingeholt werden, damit es Gelegenheit habe, die Fortdauer der Verwahrung anzuordnen. Das Ergebnis wäre also: in jedem Falle hat das Vollstreckungsgericht zur Bemessungsfrage Stellung zu nehmen (wobei selbstverständlich der Verwahrte zur gesetzlichen Frist entlassen wird, falls etwa durch Verzögerung bis dahin die Fortdauer noch nicht beschlossen wäre). Noch in einem anderen Punkte unterscheidet sich diese Lösung von der des *Entw.* Dieser will die Entscheidung immer auch

---

Gleiches hätte von »der Unterbrechung der Unterbringung« (§ 261) zu gelten.

Anmerkungsweise seien hier und im folgenden einige Gesetzesformulierungen zum Vorschlag gebracht. Sie beziehen sich der Einfachheit halber nur auf die Sicherheitsverwahrung. Statt §§ 260—263 *EntwStVG. 27* genügt ein Paragraph:

§ a. (Aufschub, Unterbrechung, Tagesurlaub.)

Ist der Verurteilte so krank, daß die Verwahrung für ihn mit Lebensgefahr verbunden ist, so hat die Vollstreckungsbehörde die Verwahrung vorläufig aufzuschieben oder zu unterbrechen. Die Unterbrechung bedarf der Zustimmung des Verwahrten, es sei denn, er wäre außerstande sie zu erklären oder er hätte selbst die Krankheit vorsätzlich herbeigeführt.

Aufschub oder Unterbrechung kann auch verfügt werden, wenn dringende Gründe der Verwaltung es gebieten. Aufschub und Unterbrechung sind unzulässig, wenn durch sie die öffentliche Sicherheit gefährdet würde. Ist der Verurteilte geisteskrank, so ist er ohne Aufschub oder Unterbrechung in eine Heil- und Pflegeanstalt im Sinne des § 43 StGB. vorläufig unterzubringen.

In allen diesen Fällen ist das Vollstreckungsgericht ungesäumt zu verständigen. Es trifft die weiteren Anordnungen.

Der Anstaltsleiter kann dem Verwahrten einen Tagesurlaub gewähren. § 221 *EntwStVG. 27* findet entsprechende Anwendung.

von einem Antrag bzw. einer Verfügung der Vollstreckungsbehörde abhängig machen. Meines Erachtens sollte das Gericht auch entgegen der Anschauung der Staatsanwaltschaft auf Fortdauer, Entlassung oder Widerruf zu erkennen in der Lage sein. Der Primat des Richters entspricht auch sonst unserer Anschauung, ist doch auch bei Bemessung der Strafe der Richter unabhängig von den Anträgen der Staatsanwaltschaft[3]).

Wie dem auch sei, sicher ist, daß das Vollstreckungsgericht im Vollzuge der Maßnahme eine entscheidende Rolle spielt. Wie sieht nun dieses V o l l s t r e c k u n g s g e r i c h t aus? Dies ist nach meiner Überzeugung geradezu eine Schicksalsfrage für das Gelingen der hier besprochenen Reform. Der *Entw.* antwortet darauf: Vollstreckungsgericht ist das Gericht, das die Sache in erster Instanz entschieden hat, und zwar in der Besetzung, die für Entscheidungen außerhalb der Hauptverhandlung vorgesehen ist (§ 4). Das wäre heute in den weitaus meisten Fällen der Amtsrichter allein, in den wenigen übrigen ein Kollegium von drei Berufsrichtern. Möglich, daß eine Reform der Gerichtsverfassung diese letzteren Fälle vermehrt. Wesentliche Veränderungen sind wohl kaum zu erwarten. Es ist hier nicht der Ort zu untersuchen, ob diese Regelung des Vollstreckungsgerichts für den Vollzug der Strafen angängig ist, für den Vollzug der Maßnahmen ist sie s c h l e c h t h i n a b z u l e h n e n.

Zunächst was die ö r t l i c h e Z u s t ä n d i g k e i t betrifft: bei den Maßnahmen, darüber sind jetzt alle einig, handelt es sich darum, die Persönlichkeit des Täters zu beurteilen und zu behandeln. Engste Fühlungnahme des Vollstreckungsgerichts mit dem Täter und seiner Behandlung ist Voraussetzung einer sachgemäßen Entscheidung. Örtlich zuständig muß also, wenn man nicht besondere Entlassungskommissionen oder Anstaltsgerichte einrichten will, das Gericht des Bezirkes sein, in dem die Anstalt gelegen ist, der diese Behandlung obliegt. Nur bei diesem Gericht ist der nötige Einblick in die tatsächlichen Unterlagen der Entscheidung zu erwarten, nur dieses Gericht kann (etwa bei regelmäßigen Gerichtstagen in der Anstalt) in unmittelbare Fühlung mit dem Verwahrten und seinen Aufsehern treten, nur dieses Gericht hat andauernde Praxis in den gerade diese Anstalt betreffenden Vollzugsangelegenheiten und daher die nötige Spezialerfahrung. Die Zufälligkeit, wo die Tat begangen wurde und wer daher Tatrichter war, hat mit dem Vollzug der Maßnahmen nicht das geringste zu tun. Vielleicht wendet man ein, daß der Tatrichter den Täter kenne und daher zu beurteilen vermöge. Allein es ist weder die

[3]) Vgl. die unten S. 253 § c und d vorgeschlagene Fassung.

Identität des Richters noch sein Gedächtnisvermögen gewährleistet. Übrigens kann man noch zweifeln, ob es besser ist, daß der Richter den Fall vergessen oder daß er ihn noch in Erinnerung habe, denn ersterenfalls erfolgt die Entscheidung ausschließlich auf Grund der Akten, letzterenfalls würde sie an dem Eindruck der Tat kleben, was von Übel sein kann. Mit der Tat hat die jetzt zu treffende Entscheidung nichts mehr zu tun, man befreie sich endlich von diesen Überbleibseln alter Vorurteile und fasse das Problem der Täterbehandlung scharf ins Auge!

Der zweite Punkt ist die Besetzung des Vollstreckungsgerichts. Nach dem *EntwStVG.* 27 sollen es ein oder mehrere Berufsrichter sein, und zwar keineswegs in Vollzugsfragen besonders eingearbeitete Kräfte. Dies ist unhaltbar. Wenn auch hoffentlich die Zeiten vorüber gehen werden, in denen »gewiegte Strafrichter« amtieren, die nie ein Gefängnis gesehen haben, so ist doch zu fordern, daß dem juristisch gebildeten Richter Personen beigeordnet werden, denen in Dingen der Kriminalpsychologie und des Strafvollzugs, soweit irgend möglich, ein sachverständiges Urteil zukommt. Ich denke an einen psychiatrisch gebildeten Arzt und an einen zweiten Beisitzer, der im Gefängniswesen, in der Entlassenenfürsorge oder dergl. arbeitet oder gearbeitet hat. Wenn dann die Justizverwaltung für die Zuteilung eines Richters als Vorsitzenden sorgt, der kriminalistische Bildung und Interessen hat, so wird, was die Besetzungsfrage betrifft, das Menschenmögliche getan sein. Darum sollte auch ein Rechtsmittel gegen die Entscheidungen dieses Vollstreckungsgerichts höchstens als Rechtsbeschwerde zulässig sein, während die tatsächlichen Voraussetzungen der Entlassung oder der Nichtentlassung nicht mehr überprüft würden.

Was den Vollzug der Freiheitsentziehung selbst betrifft, gibt der *EntwStVG.* wie gesagt, nur wenige Anhaltspunkte. Das ist gewiß richtig für die Heil- und Pflegeanstalt, die im wesentlichen an medizinischen Gesichtspunkten orientiert sein muß. Ähnliches gilt von der Trinkerheil- und Entziehungsanstalt. Für diese letzteren wie auch für die Arbeits- und Verwahrungsanstalt gibt der *Entw.* jeweils ein paar Normen betreffs Beschäftigung, Kleidung, Kost, Sicherungsmaßnahmen und Zuchtmittel. Die Bestimmungen über das Arbeitshaus (§§ 280/84) geben wohl keine Gewähr, daß sich die heutigen unerfreulichen Zustände der Arbeitshäuser ändern werden. Allein bei der bunten Mannigfaltigkeit dieser kommunalen und Landesanstalten mag es schwer sein von Reichs wegen tief einzugreifen, ohne auf allzuviel Widerstände zu stoßen.

Anders steht es mit der Sicherungsverwahrung. Hier

handelt es sich um etwas Neues, hier braucht nicht vorhandene Rechtszersplitterung beseitigt werden, um so wichtiger ist es, künftiger Rechtszersplitterung vorzubeugen. Das Reich sollte es sich zur Aufgabe machen, teils durch Gesetz, teils durch AVO. soweit regelnd einzugreifen, daß nur Details den Ländern zur Normierung übrig bleiben und allenfalls noch solche Materien, über die verschiedene Erfahrungen zu sammeln besonders wünschenswert ist.

Ich betrachte das Verwahrungsproblem, seitdem das Jugendgerichtsgesetz unter Dach ist, für das Wichtigste der ganzen Reform und möchte daher hier etwas ausführlicher sein. — Der Gedanke der Verwahrung gewohnheitsmäßiger Verbrecher hat in seinen verschiedenen Verwirklichungen etwas nach zwei Richtungen Schillerndes: bald finden wir das Verwahrungshaus als besonders geartete Strafanstalt, bald als besonders geartete Besserungsanstalt aufgefaßt. Es kann keine befriedigende Lösung des Vollzugsproblems geben, so lange diese doppelte Unklarheit herrscht.

1. Im *AE.* 25 finden wir die Verwahrung der Strafe angenähert. Sicher ist, daß dieser *Entw.* bei der Behandlung der Gewohnheitsverbrecher inkonsequent vorgeht. Auf der einen Seite ist er auffallend hart: nach ohnedies schon erhöhter Freiheitsstrafe (§ 77 *AE.* [78]) soll der Gewohnheitsverbrecher in die Verwahrungsanstalt eingewiesen werden. Diese Regelung müßte dem Vollzugsgesetzgeber dazu veranlassen, die Verwahrung möglichst wenig drückend auszugestalten, denn der Verwahrte hat ja seine Tat schon reichlich gebüßt. Offenbar schwebt dies auch dem *EntwStVG.* 27 vor, wenn er sagt: dem Verwahrten dürften nur die Beschränkungen auferlegt werden, die der Zweck der Maßregel und die Sicherheit oder Ordnung der Anstalt erfordern (§ 285). Doch auf der anderen Seite bestimmt der *AE.* 25, daß der Aufenthalt in der Verwahrung als Strafverbüßung angerechnet werden kann (§ 48), und zwar gilt die Strafe als abgebüßt durch eine Verwahrung von gleicher Dauer. Ja der Vollzugsgesetzgeber scheint diese Art der Strafverbüßung sogar für das Normale zu halten, denn es bedarf eines besonderen Antrags und Beschlusses, wenn der Gewohnheitsverbrecher in einem solchen Falle noch über die Strafzeit hinaus in der Verwahrung bleiben soll (§ 264, 1). Und nun kommt der springende Punkt. Wenn der Vollzug sich bemüht oder konsequenterweise sich bemühen muß, dem Verwahrten möglichste Erleichterung zu verschaffen, so kommt in diesen Fällen der Verurteilte sofort in den Genuß von Vergünstigungen, die sich bessere Elemente im Zuchthaus erst verdienen müssen, kann aber trotzdem am Ende der Strafzeit entlassen werden, als ob er im Zuchthaus gewesen wäre. Es geht ihm besser als dem anderen, der

nicht als Gewohnheitsverbrecher erklärt worden ist. Eine Prämie für Gewohnheitsmäßigkeit! Das sollte nach 40jährigem Nachdenken unserer Weisheit letzter Schluß sein? — Der *Entw.-StVG. 27* vermeidet freilich diese absurde Konsequenz; allein nur dadurch, daß er in der Ausgestaltung der Verwahrung sich inkonsequent wird. Denn — und das ist eben das Charakteristische — in seinem Verwahrungshaus herrscht Zuchthausbetrieb.

Sehen wir näher zu. Im bezug auf Lager, Kleidung, Kost (§ 286) steht der Verwahrte dem Zuchthausgefangenen gleich (§§ 63—65, 151), nur soll sich seine Anstaltskleidung von der des Strafgefangenen unterscheiden. Im bezug auf Arbeit (§ 287) steht er ebenfalls dem Zuchthausgefangenen gleich. Dasselbe gilt nicht minder von der Art der gegen ihn zulässigen Sicherungsmaßnahmen (§ 288), von dem gegen ihn zulässigen Waffengebrauch (§ 289) und den gegen ihn zulässigen Zuchtmitteln (§ 290). Und endlich die Vergünstigungen (§ 291); man hätte nach dem oben zitierten Grundsatz des § 285 erwartet, daß dem Verwahrten alle Erleichterungen zugebilligt werden, die innerhalb des gesteckten Rahmens möglich sind. Dies ist aber offenbar nicht beabsichtigt, denn § 291 bestimmt, daß manchen Verwahrten gewisse Vergünstigungen gewährt werden »können«, und daß das Maß derselben sich nach der Führung in der Anstalt richten solle. — Wir sehen also: In bezug auf die vom *EntwStVG.* gegebenen bindenden Normen steht der Verwahrte dem Zuchthausgefangenen gleich; in bezug auf die Vergünstigungen steht er schlechter, denn sie »können« ihm gewährt werden, dem Zuchthausgefangenen der zweiten und dritten Stufe »werden« sie gewährt, und zwar in noch weiterem Umfange (§ 168). Fügt man hinzu, daß die Verwahrung in besonderen Abteilungen des Zuchthauses vollzogen werden kann, daß der Verwahrte nach den vorliegenden Bestimmungen keinen gesetzlichen Anspruch haben soll auf »ernste, gerechte und menschliche Behandlung« (§ 58) auf Gesundheitsfürsorge (§§ 92 ff.), auf Besuche und Briefe (§ 115 u. 119) auf Limitierung seiner täglichen Arbeitszeit (§ 152), auf Limitierung der Einzelhaft (§ 55), keine Beschwerderechte (§ 213) usw. während man es allerdings nötig findet, diese Ansprüche für das Zuchthaus ausdrücklich gesetzlich festzulegen, so kommt man zu dem Ergebnis: der Verwahrte ist ein entrechteter Zuchthausgefangener. Man braucht sich nicht zu wundern, daß der *AE.* 25 diese »Verwahrung« bei manchem Verurteilten unbedenklich an die Stelle einer Zuchthausstrafe von gleicher Dauer treten läßt. Weniger begreiflich dagegen ist, daß diese sogenannte Verwahrung bei den anderen Verurteilten neben der bereits erhöhten Strafe verhängt werden soll, und zwar mit der Begründung, daß die Verwahrung in diesem Falle keine Strafe sei.

Man hat die ganze Unterscheidung von Zuchthaus und Verwahrung als »Etikettenschwindel« bezeichnet. Dem *EntwStVG. 27* ist der Vorwurf nicht zu ersparen, daß er alles getan hat, um diese Kritik zu rechtfertigen, denn nach seinen Bestimmungen unterscheidet sich die Verwahrung vom Zuchthaus in der Tat nur durch die veränderte Etikette. Ist es etwas anderes als Etikettenänderung, wenn der Haftbefehl nun »Verwahrungsbefehl« überschrieben ist, wenn die betreffende Abteilung des Zuchthauses nun »Sicherungsverwahrung« heißt, wenn die Kleider des Verwahrten braun sind statt grau (da ja vorsorglich anbefohlen ist, daß die Anstaltskleidung von der Zuchthauskleidung sich unterscheiden soll; § 286)? Oder werden die Hausstrafen weniger schmerzlich sein, weil sie zwar im gleichen Umfange wie im Zuchthaus zulässig sind, aber beileibe nicht Hausstrafen genannt, sondern mit dem harmlos klingenden Namen »Zuchtmittel« bezeichnet werden (§ 290)? Überall ist das Äußere, das Unwesentliche, die Etikette eine andere, die Sache nicht.

Nach alledem gibt es für die gesetzgeberische Behandlung des gefährlichen Gewohnheitsverbrechers nur zwei Möglichkeiten:

a) Abschaffung der Verwahrung und Einführung des unbestimmten Strafurteils. Auf diese Lösung gehe ich nicht ein, weil sie der *AE.* 25 abgelehnt hat. Nur eins sei bemerkt: Man glaube nicht, daß hier mit einem Schlage die Vollzugsschwierigkeit beseitigt ist, denn auch im Zuchthaus wird man, um nicht die übelsten Elemente mit den besseren zusammenzuwerfen, besondere Abteilungen für Gewohnheitsverbrecher machen müssen, und dann wird sich wieder die Frage ergeben, ob die Strafe bei diesen auf unbestimmte Zeit Verurteilten in völlig gleicher Weise zu vollziehen ist.

b) Beibehaltung der Verwahrung und reinere Durchführung ihres Grundgedankens. Das würde bedeuten: es wird Ernst gemacht mit den Hafterleichterungen, soweit sie mit der Sicherheit und Ordnung in der Anstalt vereinbar sind. Es wird eine wirkliche »Verwahrung« eingeführt, die dann freilich nicht einer Zuchthausstrafe gleichgeachtet werden kann. Letzteres will aber nicht heißen, daß ein Vikariieren ausgeschlossen sei. Jede Freiheitsentziehung bedeutet ein schweres Übel; dies zu verkennen, wäre weltfremd, es für unbeachtlich zu halten, ungerecht. Nur die Gleichung Verwahrung = Zuchthaus ist verfehlt, denn eine einfache

Freiheitsentziehung kann nicht einer qualifizierten schlechthin gleichgeachtet werden; dagegen könnte allerdings eine Freiheitsstrafe durch eine Verwahrung von längerer Dauer verbüßt werden. Es ließe sich etwa in der Weise, wie es heute für die Relation für Zuchthaus und Gefängnis gilt, bestimmen: 8 Monate Strafzeit ist = 12 Monate Verwahrung. Das verwirkte Übel bleibt dem Verurteilten nicht erspart, allein an Stelle der Intensität des Übels würde die Extensität treten. Bei dieser Lösung könnte sogar grundsätzlich immer die Strafe in der Verwahrungsanstalt verbüßt werden und das dualistische System wegfallen. Dies hätte praktisch einen mehrfachen Vorteil: der angestrebte Schutz der Gesellschaft würde länger dauern, man könnte die Verwahrung so human gestalten, als die Umstände es zulassen und brauchte doch nicht das unpraktische System der Kumulation von zwei verschiedenartigen Freiheitsentziehungen zur Anwendung zu bringen[4]). Die »reinere Durchführung

[4]) Mit diesem Vorschlage trete ich für den Standpunkt des *SchwzE.* ein. Dessen Regelung habe ich allerdings bei der Jenenser Tagung der JKV. als die Lösung bezeichnet, die wohl für die Zukunft, aber noch nicht für heute befürwortet werden könne (Schweiz. Z. f. Str. 34, 196). Jedoch haben mich einerseits gewisse Erfahrungen auf dem Londoner Gefängniskongreß, anderseits die Experimente des *AE.* 25 in Verbindung mit dem *EntwStVG.* 27 eines Besseren belehrt.

Die Reichsratsbeschlüsse haben dagegen den *AE.* in gerade entgegengesetzter Richtung abgeändert. Der § 48 des *AE.* 25 soll gestrichen, jedes Vikariieren verboten werden; in allen Fällen soll Freiheitsstrafe und Verwahrung hintereinander vollzogen werden. (Über die Reihenfolge des Vollzugs sagen die Beschlüsse des Reichsrats nichts, daher muß darüber im StVG. etwas bestimmt werden. Vermutlich wird die Strafe gegenüber der Verwahrung obligatorisch den Vortritt haben, hoffentlich nicht auch gegenüber der Heil- und Trinkeranstalt, denn das wäre absolut verfehlt.) Die Kumulation der Freiheitsentziehungen hat ihre großen Bedenken. Der Verurteilte wird hintereinander zwei verschiedenen Regimen unterworfen; daß dies nur schädlich sein kann ist klar und überdies neuerdings in England immer wieder bestätigt. Das Wichtigste scheint mir aber folgendes: Ein großer Vorteil, den die ganze Einführung der Verwahrungsanstalt mit sich bringt, besteht darin, daß man die erprobtermaßen unerziehlichen Elemente vom Zuchthaus fernhält, um daselbst mit besserem Erfolge die hoffnungsvollen Fälle behandeln zu können. Versetzt man die Leute aber zuerst doch in das Zuchthaus, so begibt man sich dieses Vorteils, und ohne den einen nützen zu können, schädigt man die anderen. Natürlich müßten diese Verwahrungskandidaten auch im Zuchthaus in einer besonderen Abteilung zusammengefaßt werden; wenn nun, wie der *EntwStVG.* vorsieht, die Verwahrung ihrerseits ebenfalls in einer Abteilung des Zuchthauses vollzogen wird, so wäre man glücklich bei zwei Zuchthausabteilungen für Gewohnheitsverbrecher angelangt. Da man ferner die

der Verwahrungsidee« ist übrigens unabhängig von der Frage, ob die Verwahrung die Strafe absorbiert oder neben sie tritt, denn wenn die Verwahrung neben der Strafe vollzogen wird, ist es noch notwendiger, ihr den Strafcharakter nach Möglichkeit zu nehmen[5]).

Danach wären also dem Verwahrten vom ersten Tage an grund-

Geschlechter trennen und für geistig Minderwertige vorsorgen muß, so kommt man zu immer weiterer Teilung und Kräftezersplitterung.

Gegen das Vikarieren wird immer wiederum eingewendet, es sei ungerecht, die schwersten Verbrecher straflos zu lassen; aber kann man ehrlicherweise von Straflosigkeit sprechen, wenn einer statt zwei Jahre Zuchthaus mindestens drei Jahre, aber vielleicht viel länger in der Verwahrung sitzt? Mir scheint es im Gegenteil gerade »ungerecht« eine derartige Freiheitsentziehung zu behandeln, als wäre sie kein Übel, während man ohne Bedenken die viel gelindere Untersuchungshaft auf die Freiheitsstrafe anzurechnen pflegt.

Vorschläge:

§ b.

Die Sicherungsverwahrung tritt an die Stelle der verwirkten Strafe.

§ c. (Dauer.)

Die Verwahrung soll solange dauern, als der Schutz der öffentlichen Sicherheit es erfordert.

Die Verwahrung dauert nicht weniger als 3 Jahre und mindestens bis zum Ende der Strafzeit. Bei Berechnung der Strafzeit werden 8 Monate Freiheitsstrafe 12 Monaten Verwahrung gleichgeachtet.

Vor Ablauf dieser Frist hat das Gericht über die Fortdauer der Verwahrung zu entscheiden. Ordnet das Gericht die Fortdauer an, so ist jeweils vor Ablauf von weiteren 3 Jahren die Entscheidung des Gerichts einzuholen, wenn das Gericht nicht eine kürzere Frist hierfür bestimmt.

Hat das Gericht bei Ablauf der Frist nicht die Fortdauer angeordnet, so ist der Verwahrte ohne weitere Weisung zu entlassen.

§ d. (Entlassung.)

Die Entlassung ist stets eine vorläufige. Die Probezeit ist 3 Jahre, sie kann vom Gericht nachträglich auf 5 Jahre verlängert werden.

Der Entlassene wird unter Schutzaufsicht gestellt oder in einem Übergangsheim untergebracht. Das Gericht kann ihm besondere Pflichten auferlegen.

Die Entlassung wird endgültig, wenn die Verwahrung nicht vor Ablauf der Probezeit neuerlich angeordnet wird.

Das Gericht ordnet die neuerliche Verwahrung an, wenn der Entlassene während der Probezeit wegen eines neuen Verbrechens oder vorsätzlichen Vergehens zur Freiheitsstrafe verurteilt wird oder die ihm auferlegten Pflichten wiederholt gröblich verletzt hat. § c gilt entsprechend.

[5]) Nach den Beschlüssen des Reichsrates, die ein Vikarieren ausschließen, müßten also die Bestimmungen des *EntwStVG. 27* über die Verwahrung gründlich abgeändert werden.

sätzlich alle Hafterleichterungen zu gewähren, welche die Strafgefangenen im Progressivsystem erst erarbeiten müssen. In jedem Einzelpunkt wird man wohl nicht so weit gehen, in anderen Punkten dagegen sogar dieses Maß überschreiten können. Im ganzen wäre die Behandlung mehr der Haft als dem Zuchthause anzugleichen (§§ 189 ff.). Grundsatz ist: Verwahrung ist einfache Freiheitsentziehung mit Arbeitspflicht[6]).

---

[6]) Einige Vorschläge an Stelle der §§ 286, 287 und 291 des *EntwStVG. 27*.

§ e. (Lager, Kleidung, Kost.)

Die Verwahrten erhalten Bettlager, Bekleidung und Kost von der Anstalt. Sie dürfen eigene Bettstücke und eigene Wäsche benutzen, wenn die Sachen ausreichend, ordentlich und schicklich sind.

Es kann ihnen Selbstbeköstigung gestattet werden. Sie dürfen sich Zusatznahrungsmittel beschaffen.

In der arbeitsfreien Zeit ist ihnen Tabakgenuß gestattet, soweit die Ordnung und Feuersicherheit dadurch nicht gefährdet wird. § 67, 2 (*EntwStVG. 27*) findet entsprechende Anwendung.

§ f. (Arbeit.)

Die Verwahrten sind verpflichtet zu arbeiten. Es kann ihnen gestattet werden, sich selbst zu beschäftigen. Soweit dies nicht geschieht, ist ihnen Arbeit zuzuweisen. Sie können auch außerhalb des Anstaltsbereichs beschäftigt werden.

Die tägliche Arbeitszeit beträgt 8 Stunden. Die Verwahrten können dazu verhalten werden, gegen erhöhte Arbeitsentlohnung täglich eine Überstunde zu arbeiten.

§ g. (Entbehrliche Gegenstände.)

Entbehrliche Gegenstände sind den Verwahrten auf ihren Wunsch zu belassen oder während der Strafzeit wieder auszuhändigen, soweit es mit der Ordnung der Anstalt vereinbar und ein Mißbrauch nicht zu befürchten ist.

§ h. (Besuche und Briefe.)

Die Fristen, nach deren Ablauf Besuche empfangen und Briefe abgesendet werden dürfen, sind kürzer zu bemessen, als bei Strafgefangenen.

§ i. (Bewegung im Freien.)

Die tägliche Bewegung im Freien ist für die Verwahrten auf mindestens zwei Stunden zu bemessen. Bei der Bewegung im Freien ist der Verkehr der Gefangenen untereinander nur zu beschränken, soweit es Sicherheit und Ordnung erfordern.

§ k. (Beschäftigung in der arbeitsfreien Zeit.)

Die Verwahrten dürfen sich in der arbeitsfreien Zeit in geeigneter Weise beschäftigen. Ihnen können Freistunden (§ 113, Abs. 2) gewährt werden.

Die Verwahrten dürfen sich Bücher, Zeitschriften und andere

Freilich, je mehr Erleichterungen man von Anfang an gewährt, desto schwieriger ist es, in der Verwahrungsanstalt ein Progressivsystem im üblichen Sinne durchzuführen. Der *EntwStVG. 27* hat auch mit Recht von einer Stufeneinteilung abgesehen. Er spricht nur von Gruppen (§ 291), denen nach ihrer Führung verschiedene Vergünstigungen gewährt werden können. Dies leitet bereits zum zweiten Punkt über, dem Verhältnis der Verwahrung zum Besserungsgedanken.

2. Soll die Verwahrung sichernde oder bessernde Maßnahme sein? Diese Frage stellen, heißt, so sollte man glauben, sie im ersteren Sinne bejahen. Doch so einfach liegt auch hier der Fall nicht. Die Unklarheit der Gedanken über diesen Punkt ist z. B. die Ursache, daß die Engländer wenig befriedigt sind von den Erfolgen ihrer schönen Detentionsanstalt in Camp Hill. Diese Sachlage ist mir auf dem Londoner Gefängniskongreß völlig deutlich geworden. Vielfach rückfällige Verbrecher werden, nachdem sie eine Zuchthausstrafe von mindestens drei Jahren verbüßt haben, in jene neue Anstalt eingewiesen. Man erhoffte sich davon die Besserung der Verbrecher und hat daher Camp Hill mit besonderen Besserungsmethoden und progressiv-erziehlich eingerichtet. Aber die Verbrecher kommen, wie gesagt, erst dann in diese Behandlung, wenn sie bereits mehrfach rückfällig sind und zuvor eine schwere Zuchthausstrafe verbüßt haben. Da praktisch nur die übelsten und schwersten Verbrecher zur Detention verurteilt werden, so kommt man zu dem Ergebnis, wie ich es in London ausgedrückt habe: »Man schickt unverbesserliche Verbrecher nach Camp Hill und ist enttäuscht, wenn sie ungebessert die Anstalt verlassen.«

Man muß sich also klar darüber werden, was man eigentlich will. Ist es Besserung, dann müssen die Leute in einem Zeitpunkt in dem sie noch zu retten sind, dieser Behandlung unterzogen werden; ist es aber lediglich Schutz der Gesellschaft, dann sind die unerziehbaren Individuen gerade diejenigen, auf die es ankommt, dann braucht man aber auch nicht zu klagen, wenn Besserungserfolge nur ausnahmsweise erreicht werden. Der Zwiespalt von Besserungs- und Sicherungsgedanke ist auch in den Leitsätzen des

---

Druckschriften selbst beschaffen und Zeitungen halten. Die Vorschriften des § 112 Abs. 2 bis 4 finden Anwendung.

§ l. (Vergünstigungen.)

Einem Verwahrten, der sich durch 1 Jahr in der Anstalt gut geführt hat, werden über die §§ e—k hinaus Vergünstigungen gewährt, soweit sie mit der Sicherheit und Ordnung in der Anstalt vereinbar sind.

EntwStVG. 27 erkennbar. Abs. 1 des § 283 hat lediglich das Verwahrungsziel im Auge, nach Abs. 3 »soll« die Behandlung des Ungebrachten das Ziel der Besserung verfolgen, was freilich anders klingt als das »hat das Ziel zu verfolgen«, z. B. beim Arbeitshaus (§ 280). Daß Besserung immer erstrebenswert sein wird, ist selbstverständlich, es hervorzuheben harmlos. Allein die Verwahrungsanstalt ist nicht der Platz für ein progressives Besserungssystem, wie wir es für das Zuchthaus wünschen. Freilich ist nichts dagegen einzuwenden, vielmehr wird es die Behandlung der Leute und Disziplin in der Anstalt nur fördern, wenn man gewisse besondere Vergünstigungen, die man ohnedies aus Gründen der Organisation und Kosten nicht allein zubilligen kann, für diejenigen aufspart, die sich in der Anstalt tadellos führen. Aber es ist sicher richtig, daß der *EntwStVG.* ein ausgebautes Progressivsystem ablehnt, denn dies führt unweigerlich dazu, die Leute anfangs unter ein scharfes Regime zu stellen, um ihnen sodann allmählich Erleichterungen gewähren zu können mit anderen Worten zur Verwandlung der Verwahrung in Zuchthausstrafe.

Vor dieser letzteren Vermischung sei noch einmal gewarnt. Unsere Gerichte werden sich nicht zu lang dauernden Verwahrungen entschließen, wenn sie praktisch nichts anderes als Zuchthausstrafen sind. Norwegen, das mit dieser Einrichtung in 20 Jahren im ganzen zwei Leute zur Verwahrung gebracht hat[7]), weil die Gerichte die grausame Maßregel nicht anwenden wollten, ist ein abschreckendes Beispiel, auf das nicht oft genug hingewiesen werden kann. Je härter die Behandlung ist, die dem Gewohnheitsverbrecher droht, desto weniger Gewohnheitsverbrecher werden von dieser Behandlung erfaßt werden.

Nicht der Gedanke der Besserung, sondern der Gedanke einer möglichst humanen Sicherung hat die Verwahrung zu beherrschen. Der Gesetzgeber muß alles tun, daß die Leute nicht zu unverbesserlichen Verbrechern werden, aber, wenn sie es sind, so muß er sie als solche behandeln.

Alles andere ist Illusion, und zwar eine gefährliche Illusion. Dies führt zu einer sehr wichtigen Erwägung. Es ist auf das wärmste zu begrüßen, daß der *EntwStVG. 27* besondere Anstalten und Abteilungen für jüngere Gefangene und für erstmals bestrafte ältere Gefangene vorsieht. Hier handelt es sich um

---

[7]) Freudenthal, *Aschrott-Kohlrausch* S. 162.

durchaus hoffnungsvolle Fälle und hier ist daher der Punkt, in dem wir alle Kräfte einzusetzen haben, um erziehlich, bessernd zu wirken. Da aber unsere sachlichen Hilfsmittel durch unsere Finanzlage derzeit beschränkt sind, die Verfügung über ein Beamtenpersonal, das für jene hohen Ziele wirklich geeignet und aufs beste vorgebildet ist, auch künftig immer beschränkt sein wird, so wollen wir nicht unsere Kräfte zersplittern durch einen fortgesetzten Versuch an untauglichen Objekten! Freilich ist das ein nüchterner Standpunkt und es klingt viel schöner, wenn Freudenthal sagt: für den Kriminalpolitiker gibt es keinen Unverbesserlichen[8]). Das halte ich für absolut falsch. Fürwahr, weit haben sich die jetzigen Führer der JKV. von dem Programm ihres Begründers entfernt! Für v. Liszt war »Unschädlichmachung der Unverbesserlichen« neben »Besserung der Verbesserlichen« der Hauptprogrammpunkt, für Freudenthal ist Unverbesserlichkeit »kein kriminalpolitischer Begriff«. Zurück zu Liszt! Solange wir nicht Einrichtungen kennen, die alle Verbrecher bessern, wollen wir zwar solche Einrichtungen zu suchen nicht müde werden, aber wir dürfen uns doch nicht so stellen, als ob wir sie schon gefunden hätten. Eine derartige Politik schadet der Gesamtsache unserer Reform oder führt mindestens wie in England zur Erkenntnis, »die Verwahrungsanstalt hat sich nicht bewährt«.

Wann darf man denn behaupten, die Verwahranstalt habe sich bewährt? Die Antwort lautet: Wenn alle oder annähernd alle gefährlichen Gewohnheitsverbrecher, die der Praxis unterkommen, in die Verwahrung eingewiesen und solange oder annähernd so lange festgehalten werden, als ihre Gefährlichkeit andauert. Dieser Erfolg scheint mir aber nur dann garantiert, wenn drei Bedingungen erfüllt sind: wenn die Verwahrung

1. nach Möglichkeit des Strafcharakters entkleidet,
2. auf unbestimmte Zeit angeordnet und
3. stets nur bedingt aufgehoben wird[9]), so daß, falls die Entlassung sich als verfrüht erweist, Wieder-Verwahrung zulässig ist.

Die besprochenen Prinzipien sind ein Schema der Behandlung, das seine Verwirklichung in den verschiedensten Anstaltsformen finden kann, in landwirtschaftlichen Anstalten sowohl wie in solchen, die auf Gewerbebetrieb abgestellt sind. Was die Art der Anstalt anlangt, machen v. Hentig und einige Praktiker noch besondere Vor-

---

[8]) Freudenthal a. a. O. S. 168.

[9]) Vgl. oben S. 253 § d.

schläge, die für die Zukunft zweifellos Beachtung heischen[10]). Die sogenannten Unverbesserlichen sollen in zwei psychologisch unterschiedene Gruppen geteilt werden: die passiven, schwachen, assozialen Individuen sollen in ein »Verwahrhaus« untergebracht werden, das in bezug auf Bewachung, Disziplin und Beschäftigung der Internierten ganz anders aussehen kann, als die »Sicherungsanstalt«, welche für die aktiven, willensstarken und darum bedenklicheren Typen bestimmt wäre. Dies scheint mir richtig, wofern man die Einteilung abstellt auf den Persönlichkeitstypus, wie er sich speziell im Anstaltsmilieu entfaltet; denn die Frage ist, wie die Anstaltsbehandlung zu gestalten ist, und es ist ja bekannt, daß oft recht energische und aktive Personen in der Anstalt schmiegsam, passiv und leicht zu führen sind.

Allein diese ganze Frage ist noch nicht spruchreif. Das StVG. und die AVO. brauchen und können heute noch nicht zu ihr Stellung nehmen. Wir haben noch keine Erfahrung, wieviel Personen von den Gerichten als verwahrungsbedürftig erkannt werden, noch weniger wissen wir, wie viele von ihnen dem einen oder anderen Typ zugehören, und wie viele und wie große Anstalten wir daher bedürfen. Wenn Heindl Recht darin hat, daß alle Verwahrungsbedürftigen in Deutschland leicht in zwei Anstalten unterzubringen sind, so wird man den einzelnen Ländern nicht ein mehrgestaltiges Anstaltssystem zumuten können. Praktisch wird die Entwicklung wohl diese sein: während einer Übergangszeit wird die Verwahrung in alten Gefangenanstalten oder Abteilungen derselben vollzogen werden; die Übergangszeit muß zum genauesten Studium dieses Verbrechermaterials benützt werden und auf Grund der so erworbenen Kenntnisse wird man dann unter Benützung der Erfahrungen, die andere Länder mit ähnlichen Anstalten gemacht haben, zur Neuanlage der nötigen Einrichtungen schreiten können. Das StVG. sollte für dieses notwendige Übergangsstadium ein Maximum bestimmen, jedoch über den Typus der Anstalt nichts vorschreiben. Was aber gesetzlich heute schon vorgesehen werden könnte, wenn auch nicht bindend, ist das Übergangsheim, in welchem dem vorläufig Entlassenen die ersten Schritte in die Freiheit erleichtert werden[11]).

II. Der zweite Abschnitt des dritten Buches des *EntwStVG.* 27 handelt von den Maßnahmen, welche nicht mit Freiheitsentziehung verbunden sind. Hier ist lediglich die Schutzaufsicht ausführlicher geregelt. Bei den anderen Maßnahmen

[10]) v. Hentig, *BlGK.* 57 S. 275 und die dort Angegebenen.
[11]) Neuerdings v. Hentig a. a. O.

besteht der »Vollzug« im wesentlichen in der Verständigung der jeweils zuständigen Behörden. Diese Bestimmungen brauchen uns hier nicht weiter zu beschäftigen, allein bezüglich der Schutzaufsicht, die gewiß die hoffnungsvollste aller dieser Maßregeln ist, seien noch zwei Punkte hervorgehoben.

Das Charakteristische der Schutzaufsicht ist ihre Elastizität und die sich daraus ergebende vielseitige Verwendungsmöglichkeit. In der Tat finden wir sie auch im *AE.* 25 auf höchst verschiedenartige Fälle angewendet, allein die Idee der Schutzaufsicht erschöpft sich auch hierin noch nicht. Vor allem die Entlassenenfürsorge ist ihren Zielen und Mitteln nach im wesentlichen nichts anderes als Schutzaufsicht. Der *EntwStVG.* 27 (§ 232) bezeichnet als das Ziel der Entlassenenfürsorge, »den Bestraften einem gesetzmäßigen Leben in der Freiheit zuzuführen«. Dies gilt auch für die Schutzaufsicht. Freilich beschränkt sich die Entlassenenfürsorge nach dem *Entw.* großenteils auf Fürsorgearbeit während der Strafzeit, wenn auch im Hinblick auf die bevorstehende Zeit der Freiheit. Sie sorgt nicht so sehr für »Entlassene« als vielmehr für »Zuentlassende«. Wünschenswert wäre jedoch, daß die Fürsorge auch für die erste Zeit der Freiheit aufrecht bliebe. Anderseits ist die Schutzaufsicht zwar Aufsicht über den Freien, aber wenn es sich um einen Haftentlassenen handelt, wäre zu fordern, daß die Tätigkeit des Helfers schon zu einer Zeit einsetzt, in der der Schützling noch in Haft ist, da die Fühlungnahme mit ihm nicht früh genug beginnen kann[12]). So fließen die beiden Institutionen zusammen und manche Verschiedenheit in ihrer Regelung im *Entw.* entbehrt in der Tat der inneren Begründung. Nicht nur dem Fürsorgeorgan sollte z. B. der Verkehr mit den Gefangenen gestattet sein (§ 234), sondern im gleichen Umfange auch dem künftigen Helfer. Anderseits sollte nicht nur diesem die Akteneinsicht gewährt sein (§ 296), sondern ebenso auch den Fürsorgeorganen. Und was viel wichtiger ist: soweit der Staat organisierend eingreift, sollte für eine gemeinsame Organisation gesorgt werden; dies scheint mir nach den Bestimmungen des *EntwStVG.* 27 nicht gesichert zu sein.

In einem bedeutsamen Punkte freilich sind beide Institutionen verschieden. Hinter dem Helfer stehen Zwangsmittel: das Vollstreckungsgericht kann den bedingten Straferlaß usw. widerrufen (§ 298), die Fürsorge für den unbedingt Entlassenen aber entbehrt eines Zwangsmittels und doch wäre dies in den meisten Fällen nötig, in welchen wirksam für den Entlassenen gesorgt werden muß, mag

[12]) Unrichtig § 295 a. E. *EntwStVG.* 27.

diese Sorge nun so oder so genannt werden[13]). Dies führt zu einer Forderung, die dem *AE.* 25 gegenüber zu erheben ist, die Forderung nach einer »bedingten Strafverlängerung« analog der uns längst geläufigen bedingten Strafverkürzung. Das Vollstreckungsgericht sollte das Recht haben, bei Ende der Strafzeit die Strafe bedingt um ⅓ ihrer Dauer zu verlängern mit der Wirkung, daß der gleichzeitig unter Schutzaufsicht gestellte Entlassene diesen Strafzuschlag verbüßen muß, wenn er während einer Probezeit sich schlecht führt. Zu dieser Regelung könnte sich vielleicht mancher entschließen, der das unbestimmte Strafurteil ablehnt, und durch sie würde erst unserer Entlassenenfürsorge das Rückgrat gegeben, das sie nicht entbehren kann.

[13]) Grünhut, in *Aschrott-Kohlrausch* S. 174.

Sachregister.

Bearbeitet von stud. iur. Friedrich Wilhelm Lucht.

E.

F.

G.

H.

I.

T.

U.

V.

W.

Z.

Gedruckt bei A. W. Hayn's Erben, Potsdam

Kolibri 360 GmbH
Ferdinand-Jühlke-Straße 7
99095 Erfurt, Deutschland
produktsicherheit@kolibri360.de